Wolfgang Imo

Grammatik

Eine Einführung

Mit Grafiken und Abbildungen

J.B. Metzler Verlag

Der Autor
Wolfgang Imo ist Professor für germanistische Linguistik an der Universität Duisburg-Essen.

Bibliografische Information der Deutschen Nationalbibliothek
Die Deutsche Nationalbibliothek verzeichnet diese Publikation in der Deutschen Nationalbibliografie; detaillierte bibliografische Daten sind im Internet über http://dnb.d-nb.de abrufbar.

ISBN 978-3-476-02612-5
ISBN 978-3-476-05431-9 (eBook)
DOI 10.1007/978-3-476-05431-9

Dieses Werk einschließlich aller seiner Teile ist urheberrechtlich geschützt. Jede Verwertung außerhalb der engen Grenzen des Urheberrechtsgesetzes ist ohne Zustimmung des Verlages unzulässig und strafbar. Das gilt insbesondere für Vervielfältigungen, Übersetzungen, Mikroverfilmungen und die Einspeicherung und Verarbeitung in elektronischen Systemen.

© 2016 J.B. Metzler Verlag GmbH, Stuttgart
www.metzlerverlag.de
info@metzlerverlag.de

Einbandgestaltung: Finken & Bumiller, Stuttgart (Foto: shutterstock.com, Markus Kaemmerer)
Satz: primustype Hurler GmbH, Notzingen

Inhaltsverzeichnis

Vorwort		VII
1	**Wozu Grammatik?**	1
2	**Was ist Grammatik?**	5
3	**Die Bestimmung der Wortarten: Grundlagen**	13
3.1	Die Wortarten des Deutschen	13
3.2	Die Flexion: Deklination und Konjugation	15
3.2.1	Die Deklination: Kasus, Numerus, Genus, Komparation	16
3.2.2	Die Konjugation: Tempus, Numerus, Person, Modus, Genus Verbi	18
3.3	Die Distribution	19
3.3.1	Die Stellung im Satz	19
3.3.2	Die Kombination mit anderen Wörtern	24
3.4	Bestimmung der Wortarten: Die Wortarten-›Murmelbahn‹	26
4	**Die Bestimmung der Wortarten: Detailfragen und Probleme**	29
4.1	Details der Wortartenbestimmung	29
4.2	Die richtige Reihenfolge bei der Wortartenbestimmung	33
4.3	Einige Probleme beim Erkennen von Flektierbarkeit	34
4.4	Probleme mit der Semantik, oder: Warum die Semantik außen vor bleibt	35
5	**Die konjugierbare Wortart: Das Verb**	37
5.1	Das Konjugationssystem der Verben	39
5.1.1	Übersicht über die Konjugationsparameter	40
5.1.2	Die Konjugationsparameter von Verben am Beispiel von *jagen* und *schlagen*	46
5.2	Partikelverben und Präfixverben	56
5.3	Funktionsverbgefüge	56
5.4	Valenz und Dependenz	57
5.4.1	Valenz und Dependenz bei Verben	57
5.4.2	Valenz bei anderen Wortarten als Verben	62
6	**Die deklinierbaren Wortarten**	67
6.1	Das Nomen (Substantiv)	67
6.2	Das Adjektiv	76
6.3	Artikel und Pronomen	82
6.3.1	Die Artikel des Deutschen	83
6.3.2	Artikelähnliche Pronomen (Begleitpronomen)	85
6.3.3	Pronomen als Ersatzformen für Nomen (Stellvertreterpronomen)	88
7	**Die nicht flektierbaren Wortarten**	93
7.1	Das Adverb	93
7.2	Die Präposition	98

7.3	Die Konjunktion	102
7.4	Die Partikel	106

8 Vom Wort über die Phrase zum Satz — 115

8.1	Die Bestimmung von Phrasen	116
8.2	Die Nominalphrase (NP)	118
8.3	Die Adjektivphrase (AdjP)	127
8.4	Die Präpositionalphrase (PP)	132
8.5	Die Adverbphrase (AdvP)	134
8.6	Nicht phrasenfähige Wortarten	137
8.7	Der Satz	137
8.7.1	Satz und Verbphrase (VP)	137
8.7.2	Fragesätze und Imperativsätze	143
8.7.3	Untergeordnete Sätze	145
8.7.4	Koordination und koordinierte Sätze	154
8.7.5	Das Erkennen und Beschreiben von ambigen Sätzen	158

9 Phrasen und ihre Funktionen: Die Satzgliedanalyse — 161

9.1	Die Satzglieder	161
9.1.1	Das Prädikat	166
9.1.2	Das Subjekt	166
9.1.3	Das Objekt	171
9.1.4	Das Adverbial	181
9.1.5	Das Prädikativ	189
9.2	Das Satzteilglied Attribut	192

10 Das Feldermodell – »Die schreckliche deutsche Sprache...« — 199

10.1	Die Felder des Verbzweitsatzes (V2-Satz)	203
10.2	Die Felder des Verberstsatzes (V1-Satz)	209
10.3	Die Felder des Verbletztsatzes (Verbendsatz)	211
10.3.1	Sätze mit subordinierenden Konjunktionen	212
10.3.2	Relativsätze	214
10.3.3	Infinitivsätze (Infinitivphrasen)	215
10.4	Die Koordinationsposition (KP)	217
10.5	Die Erweiterung des Feldermodells: Vor-Vorfeld und rechtes Außenfeld	219
10.5.1	Das Vor-Vorfeld (VVF)	219
10.5.2	Das rechte Außenfeld (rAF)	223

11 Ausblick: Gibt es eine Grammatik der gesprochenen Sprache? — 227

12 Anhang — 231

12.1	Weiterführende Literatur	231
12.1.1	Grammatiken des Deutschen	231
12.1.2	Vertiefungen zu einzelnen Teilbereichen der Grammatik	232
12.1.3	Einführungen in Syntaxtheorien	232
12.1.4	Einführungen in die Syntax des gesprochenen Deutsch	233
12.1.5	Linguistische Lexika	233
12.1.6	Literaturverzeichnis	234
12.2	Sachregister	235

Vorwort

Diese Einführung in die grammatischen Grundlagen des Deutschen setzt keine Vorkenntnisse voraus: Sie kann im Studium ebenso verwendet werden wie in der Schule, für die Weiterbildung von Lehrkräften ebenso wie für den universitären Deutsch-als-Fremdsprache-Unterricht.

Einer generellen Einführung in das Thema (Kapitel 1) folgt eine begriffliche Klärung dessen, was unter ‚Grammatik' verstanden wird (Kapitel 2). Die Kapitel 3 und 4 beschäftigen sich mit der Systematik sowie den Problemen der Wortartenbestimmung. In den Kapiteln 5 bis 7 werden die Wortarten des Deutschen vorgestellt: In Kapitel 5 die konjugierbare Wortart Verb, in Kapitel 6 die deklinierbaren Wortarten Nomen, Adjektiv, Artikel und Pronomen und in Kapitel 7 die nicht flektierbaren Wortarten Adverb, Präposition, Konjunktion und Partikel. Nach der Bestimmung der Wortarten geht es in Kapitel 8 darum, wie aus Wörtern Phrasen und aus Phrasen schließlich Sätze werden. Dabei wird ein möglichst einfacher und unmittelbar verständlicher Zugang gewählt, der keinen Anspruch auf eine bestimmten syntaktischen Ansätzen zuzuordnende Phrasenstrukturtheorie legt. Es ist jedoch auf Grundlage der hier vorgelegten einfachen Phrasenstrukturanalyse leicht möglich, sich in unterschiedliche theoretische Ansätze der Phrasenstrukturgrammatik oder auch der generativen Grammatik (Transformationsanalysen) einzuarbeiten. Die Phrasenstrukturanalyse ist in dieser Einführung aber nicht Selbstzweck oder als eine Übung in Syntaxtheorie gedacht, sondern sie ist den folgenden Zielen untergeordnet: (1) Die Phrasenstrukturbäume sollen dafür sensibilisieren, dass Sätze interne hierarchische Strukturen aufweisen. (2) Sie sollen beim Verstehen ambiger Sätze helfen. (3) Sie bilden die Grundlage für die Zuweisung der syntaktischen Funktionen (Satzgliedanalyse).

Wie Erfahrungen in der Lehre gezeigt haben, ist vor allem der dritte Bereich sehr wichtig, da Studierende dazu tendieren, in Sätzen wie *Der Mann, den ich gestern im Kaufhaus gesehen habe, geht dort drüben gerade über die Straße.* beispielsweise nur *Mann* (oder bestenfalls *Der Mann*) als Subjekt zu bezeichnen oder *die Straße* als Akkusativobjekt zu identifizieren, obwohl diese Nominalphrase der Präposition *über* untergeordnet ist und nicht dem Verb *gehen*. Solche Fehler entstehen dadurch, dass die Phrasen nicht erkannt wurden, die die Grundlage für die Satzgliedanalyse sind. In Kapitel 9 zur Satzgliedanalyse werden daher entsprechend die in Kapitel 8 beschriebenen Phrasen um Satzgliedinformationen erweitert. In Kapitel 10 wird das topologische Modell (Feldermodell) des Deutschen vorgestellt, das vor allem im fremdsprachendidaktischen Bereich, aber auch in Ansätzen wie der Gesprächsanalyse oder der Interaktionalen Linguistik, häufig verwendet wird. Den Abschluss bildet ein kurzer Ausblick auf einige syntaktische Phänomene der gesprochenen Sprache (Kapitel 11).

Deutsche Sprache – schwere Sprache. Dieser Spruch hat sich beim Schreiben der vorliegenden Grammatikeinführung mehr als einmal bewahrheitet. Ich bin daher den kritischen Leser/innen und ganz besonders den Kolleg/innen, die sich bereit erklärt haben, das Manuskript in ihren Seminaren einer Beta-Testphase zu unterziehen, zu allergrößtem Dank verpflichtet: Mein Dank geht an Katharina König, Jens Lanwer, Irina Mostovaia, Steffen Pappert, Lars Wegner und Eva Zitta für ihre wertvolle Kritik und ihre Anregungen sowie Georgios Coussios und Lisa Korte für das abschließende Korrekturlesen. Ganz besonders danke ich Irina Mostovaia für ihr akribisches Lesen des Manuskripts und die spannenden Diskussionen über die Fallstricke der deutschen Grammatik! Nicht zuletzt möchte ich mich auch ganz herzlich bei Gertrud Reershemius für den ›native speaker test‹ der englischen Testsätze bedanken!

1 Wozu Grammatik?

Zu Beginn der Beschäftigung mit einem Gegenstand steht die Frage: Wozu? Hier also: Wozu die Beschäftigung mit Grammatik? Vor allem deutsche Muttersprachler stellen sich diese Frage, denn sie behaupten – sicher nicht ganz zu Unrecht –, dass sie ja die Grammatik des Deutschen beherrschen. Und wenn man die gesprochene Sprache als Grundlage nimmt, so kann man für Muttersprachler tatsächlich festhalten, dass diese die Grammatik des Deutschen tagtäglich meist mehr oder weniger ohne Probleme anwenden. Sie verfügen über ein implizites Grammatikwissen, das dafür sorgt, dass sie Deutsch sprechen können. Die Frage ist also: Weshalb ist es notwendig, das implizite Grammatikwissen um explizites Grammatikwissen zu erweitern, also das Grammatikwissen in Regeln auszudrücken und bewusst zu machen?

Es gibt eine ganz Reihe von Antworten auf diese Frage:

1. Grammatikwissen ist notwendig, wenn man Deutsch an Nicht-Muttersprachler vermitteln will: Diese erste Antwort leuchtet intuitiv allen ein. Wer eine fremde Sprache lernt, benötigt dazu explizite Grammatikkenntnisse, und entsprechend brauchen diejenigen, die Deutsch als Fremdsprache (oder Deutsch als Zweitsprache) vermitteln, ebenfalls Grammatikwissen. Dies gilt sowohl dann, wenn man tatsächlich z. B. Deutsch als Fremdsprache im Ausland unterrichtet, als auch dann, wenn man in Deutschland an einer Schule mit einem hohen Anteil von Schülerinnen und Schülern, die nicht Deutsch als Muttersprache haben, beschäftigt ist, und daher etwa Förderunterricht für Deutsch als Zweitsprache anbieten muss. Helbig (1992: 154–155) stellt fest, dass Lehrende im Fremdsprachenunterricht (FU) deutlich mehr Grammatikwissen benötigen als Lehrende im Muttersprachunterricht:

Wozu Grammatikwissen?

»Deutlich und allgemein gesagt: Für den FU braucht man nicht weniger, sondern mehr Grammatik als für den Muttersprachunterricht [...] Der Lehrer der Fremdsprache (ebenso wie der Lehrbuchautor) braucht zweifellos viel Grammatik. Er braucht viel mehr Grammatik als der Lerner. Er braucht ein Regelwissen über die Grammatik, das so vollständig, so genau und so explizit wie möglich ist. Für den Lehrer stellt in diesem Falle das Maximum das Optimum dar.«

Doch nicht nur für den Fremdsprachenunterricht ist Grammatikwissen unerlässlich, auch im Muttersprachunterricht benötigen Lehrende ein umfassendes Grammatikwissen.

2. Grammatikwissen ist notwendig, wenn man Schreiben lernen will: Dieses Argument gilt auch für Schülerinnen und Schüler mit Deutsch als Muttersprache, denn anders als das Sprechen erfordert das Schreiben einen hohen, bewussten Lernaufwand: Schon in der Grundschule ist das Wissen über grammatische Kategorien wie etwa das Nomen unerlässlich, um die Groß- und Kleinschreibung zu erlernen. In den weiterführenden Schulen – und im Übrigen auch noch an der Universität – wird dann schrittweise das Schreiben immer anspruchsvollerer Textsorten eingeübt. Um z. B. bei einem Essay komplexe Sätze korrekt zu bilden, Fehler in der Kongruenz zu vermeiden oder vorausverweisende (kataphorische) oder rückverweisende (anaphorische) Bezüge herzustellen, sind grammatische Kenntnisse unerlässlich. Auch bei einem besonders häufigen, scheinbar orthographischen Fehler, der Verwechslung von *dass* und *das*, liegt die Ursache in der Syntax: Wenn man weiß, was eine Subjunktion und was ein Relativpronomen ist, dann passieren Fehler wie *Er sagte ihr, das er heute etwas später kommen wird.* (mit dem Asterisk * markiert man in der Sprachwissenschaft falsche oder nicht belegte Strukturen) nicht mehr.

3. Grammatikwissen ist notwendig, um Einsichten in den Bau der Sprache zu erwerben: Und solche Einsichten werden gebraucht, wenn man z. B. den unfreiwilligen Witz der folgenden Schlagzeile aus der *Hamburger Morgenpost* (der Rubrik »Hohlspiegel« aus der *Spiegel*-Ausgabe 27/2014: 1134 entnommen) nachvollziehen will:

Aus dem »Hohlspiegel«

> 60 Beamte gingen gegen Urlauber mit Bierflaschen vor

Nur wer über Grammatikwissen verfügt, kann den Witz verstehen und erklären, der – grammatisch gesprochen – daraus resultiert, dass die Präpositionalphrase *mit Bierflaschen* entweder als Attribut zu *Urlauber* betrachtet werden kann (in diesem Fall handelt es sich um Urlauber mit Bierflaschen) oder als Adverbial zum Verb des Satzes (in diesem Fall würden die Polizisten mit Bierflaschen gegen Urlauber vorgehen, die Bierflaschen wären also das Instrument).

Ein Beispiel für einen literarischen Text, bei dem das Grammatikwissen Grundlagen für die Textinterpretation liefern kann, ist der folgende Auszug aus dem Text *Nach Nora* von Elfriede Jelinek (2013), der den Brand in einer Textilfabrik und den Tod vieler Näherinnen behandelt:

Elfriede Jelinek: *Nach Nora* (2013)

»Ich sehe derzeit noch nicht, wie ich mir das leisten könnte, und auch nicht, wie man diese armen Frauen hätte bewahren können. Ich sehe gar nichts. Was sie nähen, ist ja nicht fürs Bewahren bestimmt, sondern fürs Verbrauchen und Verbrauchtwerden. Für dieses Kleid würden Sie sterben, nicht wahr! Es ist aus unserer neuen Kollektion und kostet nur 19 Euro 90. Mehr dürfte es nicht kosten, sonst würde es eine andre kaufen, die 49 Euro 99 dafür ausgeben könnte. Gut, daß es eine andre an Ihrer statt tut, ja, auch das Sterben! Sterben findet woanders statt. Nein, Führungen können wir nicht anbieten. Es ist immer besser, woanders zu sterben als dort, wo man im neuen Top in den Club geht und selber top ist. Im Jenseits können Sie nicht mehr herumgeführt werden, und Sie können auch Ihre neuen Klamotten dort nicht mehr ausführen. Dürften wir vielleicht als Alternative zum Sterben unsere Hausmarke topfit anbieten? Dazu müssen Sie Ihren Körper aber etwas bewegen. Dafür sitzt dann das Kleid, wir sagten es schon, dann sitzt es aber viel besser, das sagten wir nicht.«

Auffällig ist beispielsweise an diesem Text eine Kette nominalisierter Verben, d. h. Verben, die zu Nomen (Substantiven) umgeformt wurden: Das *Bewahren* führt zum *Verbrauchen*, dieses zum *Verbrauchtwerden* und jenes schließlich zum *Sterben*. Durch den Einsatz solcher grammatischer Mittel lassen sich Argumentationsketten auf sehr subtile Weise aufbauen. Im Bereich des Argumentationsaufbaus fallen hier auch die zahlreichen, variierenden Verknüpfungstechniken auf: Zunächst koordinierende Konjunktionen wie *und* und *sondern*, gefolgt von der subordinierenden Konjunktion *dass* und schließlich die Konjunktionaladverbien *sonst, dazu* und *dafür*. Über den gezielten Einsatz von grammatischen Mitteln erzeugen Autoren die Wirkung ihrer Texte – und in manchen Fällen lässt sich ein Autor auf den ersten Blick an seinen Texten erkennen, wie dies etwa bei dem österreichischen Autor Thomas Bernhard der Fall ist, dessen Texte durch den ständigen Wechsel zwischen ›Bandwurmsätzen‹ und kurzen, abgehackten Sätzen sowie durch den exzessiven Gebrauch von Redeanführungskonstruktionen sofort zu erkennen sind.

Bedeutung von Grammatikwissen: Die dritte, etwas zirkuläre Antwort – man benötigt Grammatikwissen um zu wissen, wie unsere Sprache aufgebaut ist – ist nicht umsonst am längsten ausgefallen: Grammatikwissen ist das Grundlagenwissen für das Verständnis unserer primär über Sprache vermittelten Welt, und erst wenn man über explizites Grammatikwissen verfügt, kann man die Struktur unserer Sprache auch reflektieren. Nach einer – zugegebenermaßen etwas abstrakten – Definition von Grammatik durch Östman (2015: 23) gilt:

> »grammar$_{def}$ = an abstraction of any organization into significance«.

Grammatik-Definition von Östman 2015

Grammatik ist also eine Art ›Destillation‹ einer bedeutungsgebenden Ordnung aus einer Masse von Daten. Grammatik, so Östman, ist nicht etwas, das sich nur auf Sprache beziehen muss: Alles menschliche Verhalten kann als Grammatik beschrieben werden (die Art und Weise, wie man sich kleidet, sich gegenüber anderen Menschen verhält etc.), denn in allen Bereichen lassen sich abstrakte, mit Bedeutung und Funktion versehene Organisationsmuster erkennen, die die menschliche Interaktion strukturieren. Die Sprache ist jedoch der Bereich sozialer Ordnung, der für die Menschen am wichtigsten ist, denn mit Sprache kann über weite Strecken hinweg oder von Angesicht zu Angesicht, im konkreten Moment oder über die Spanne von Jahrhunderten, zwischen zwei Personen oder zwischen Millionen Menschen kommuniziert werden.

Damit Sprache funktionieren kann, wird Grammatik benötigt, deren Zweck darin besteht, dass die vielen aneinandergereihten Wörter »significance«, also Bedeutung, erlangen, indem sie geordnet werden: Der Satz *Jonas gibt Kevin etwas von seinem Eis ab.* hat eine andere Bedeutung als *Kevin gibt Jonas etwas von seinem Eis ab.*, während *Von etwas Kevin ab gibt Jonas Eis seinem.* keine Bedeutung hat. Es ist die Grammatik, die dafür sorgt, dass Ordnung und Bedeutung aus dem Chaos der Wörter entstehen.

Diese Einführung hat das Ziel, die Abstraktion der sprachlichen Ordnung, die man Grammatik nennt, möglichst anschaulich darzustellen. Das Buch richtet sich an alle, die ohne Vorkenntnisse einen Einblick in die Struktur der deutschen Sprache erwerben wollen. Es wird dabei auf komplexe Theorien und rein theorieinterne Diskussionen verzichtet. Besonders gilt dies für das Kapitel zur Phrasenstruktur: Hier wurde bewusst nicht auf eine Theorie rekurriert, sondern ein möglichst einfacher, unmittelbar verständlicher Zugang ohne theoretischen Überbau gewählt.

1 Wozu Grammatik?

Ebenso geht es nicht darum, Unmengen an Faktenwissen zu präsentieren, das einfach nur auswendig gelernt (und dann wieder vergessen) wird. Stattdessen soll durch die Fokussierung auf die wichtigsten Strukturelemente der Grammatik und den Schwerpunkt auf der Analyse von Beispielen ein Verständnis für den systematischen Aufbau der deutschen Sprache erlangt werden. Mit dem erworbenen Wissen ist es möglich, eigenständige syntaktische Analysen durchzuführen und Texte hinsichtlich ihrer Struktur zu verstehen. Um den Stoff handhabbar zu gestalten, verwendet diese Einführung primär standardsprachliche Schriftbeispiele. Auf gesprochene Sprache wird nur gelegentlich eingegangen. Das erworbene Strukturwissen lässt sich aber problemlos auf die Analyse interaktionaler, gesprochener Sprache anwenden, um so die Unterschiede zwischen dialogischer Syntax und monologischer, normierter Schriftsprache zu reflektieren.

Die Einführung ist in vier große Teile gegliedert: Der erste Teil behandelt die Wortarten des Deutschen (Kapitel 3 bis 7). Im zweiten Teil wird gezeigt, wie aus Wörtern Phrasen und aus Phrasen Sätze werden (Kapitel 8). Der dritte Teil befasst sich mit der Satzgliedanalyse, d. h. der Frage, welche Funktionen die im vorigen Kapitel behandelten Phrasen im Satz haben (Kapitel 9). Im letzten Teil werden schließlich Sätze und Satzmuster des Deutschen im Rahmen des Feldermodells beschrieben (Kapitel 10).

2 Was ist Grammatik?

Um zu klären, was genau wir heute unter ›Grammatik‹ verstehen, ist ein kurzer Blick in die Vergangenheit hilfreich. Der Ausdruck ›Grammatik‹ geht auf das griechische Wort ›gramma‹ (›Buchstabe‹) zurück. Grammatik ist also etymologisch betrachtet die ›Buchstabenlehre‹. Im Lateinischen wurde dann die ›ars grammatica‹ daraus, die ›Sprachlehre‹ oder ›Sprachkunst‹. Diese Ursprünge weisen darauf hin, dass die Beschäftigung mit der Grammatik eng mit der Beschäftigung mit der Schrift verbunden ist. In der Tat wurde in der Antike die griechische und später lateinische Grammatik vor allem deshalb zu einem Lehr- und Forschungsgegenstand, weil man in Kontakt mit anderen Völkern trat und daher Fragen der Übersetzung zwischen den Sprachen einen hohen Stellenwert bekamen.

Geschichte der Grammatik: Mit dem Aufstieg des Römischen Reiches und der Hochschätzung griechischer Lehrer in Rom wuchs der Bedarf an Sprachlehren, mit denen Griechisch und Lateinisch unterrichtet werden konnte. Im Mittelalter fand die Grammatik dann Eingang in den ›Kernlehrplan‹ des Studiums. Man studierte zu jener Zeit die ›sieben freien Künste‹, die ›septem artes liberales‹, die gegliedert waren in das **Trivium** – bestehend aus Grammatik, Rhetorik und Logik/Dialektik – sowie das **Quadrivium**, das Arithmetik, Musik, Geometrie und Astronomie umfasste. Noch im Mittelalter bedeutete Grammatik allerdings nicht ›Grammatik des Deutschen‹. Nicht umsonst steht die Grammatik an erster Stelle im Quadrivium: Sie war dafür zuständig, die Studenten in die Lage zu versetzen, griechische und lateinische Texte lesen zu können. Eine deutsche Grammatik im Sinne einer systematischen Beschäftigung mit der deutschen Sprache existierte noch nicht. Erst mit der der Erfindung des Buchdrucks und der damit eingehenden Forderung nach einer standardisierten Schreibsprache, mit der Entstehung des Nationalstaates und mit dem Rückgang des Lateinischen als Wissenschaftssprache bei gleichzeitigem Erstarken der Nationalsprachen in Europa wuchs in Deutschland das Interesse an der Beschäftigung mit der eigenen Sprache: Es wurden Vorschläge für die Verbesserung des Deutschen gemacht, Wörterbücher erstellt und schließlich auch Grammatiken geschrieben.

Definition von Grammatik: Im Lauf der Zeit ist die heutige Bedeutung von Grammatik entstanden: Üblicherweise definiert man Grammatik als eine **Sammlung von Aussagen über den Bau einer Sprache**. Die zwei zentralen Komponenten, die den formalen Kern einer Sprache ausmachen, bestehen aus

- **dem Lexikon** (also der Sammlung aller Wörter einer Sprache) und
- **den grammatischen Regeln**, d. h. den Regeln, die festlegen, wie die Wörter miteinander kombiniert werden können.

Lexikon und Grammatik

Die weite Definition von Grammatik: Zuweilen stößt man auf eine sehr weite Grammatikdefinition, wie sie z. B. in der Duden-Grammatik zu finden ist: Dort werden mit Grammatik (beinahe) alle Aspekte bezeichnet, die mit dem Gebrauch von Sprache zu tun haben: Es finden sich u. a. Kapitel zu Phonologie, Orthographie, Morphologie, Syntax, Textlinguistik und zu den Strukturen gesprochener Sprache. Hier grenzen wir den Begriff der Grammatik jedoch ein und verwenden eine enge Definition von Grammatik.

Die enge Definition von Grammatik: In der engen Definition umfasst die Grammatik zwei Strukturbereiche:

Die Morphosyntax ist an der Schnittstelle von Morphologie (Flexionslehre) und Syntax angesiedelt. Sie beschreibt, wie Wörter grammatisch verändert werden können oder müssen. Ein Beispiel ist die Verbflexion: Wenn man das Personalpronomen *ich* in einem Satz als Subjekt verwenden und mit dem Verb *schreiben* verbinden will, dann gibt es die morphosyntaktische Regel, dass das Verb entsprechend angepasst (flektiert) werden muss, es muss in der ersten Person Singular stehen: *Ich schreibe*. Dies ist eine grammatische Information, die auf der morphologischen Ebene, d. h. in Bezug auf die Formveränderung des Verbs, kodiert wird.

Die Distribution beschreibt die Stellung der Wörter im Satz. Im Deutschen gibt es z. B. die distributionelle Regel, dass in einem Hauptsatz immer nur eine ›Einheit‹ (Konstituente) vor dem finiten Verb stehen darf, also *[Ich] schreibe seit einem halben Jahr an einem neuen Buch.* oder auch *[Seit einem halben Jahr] schreibe ich an einem neuen Buch.*, aber nicht **[Ich seit einem halben Jahr] schreibe an einem neuen Buch.*

Syntax

Diese Einführung beschränkt sich also auf morphosyntaktische und distributionelle Aspekte, die beide zusammen auch als **Syntax** bezeichnet werden. Mit Syntax ist wieder ein neues Fachwort ins Spiel gebracht. Wörtlich bedeutet ›Syntax‹ die ›Zusammenordnung‹, sie befasst sich also mit den Regeln, wie Wörter zu größeren Wortgruppen (Phrasen) und dann schließlich zu Sätzen zusammengeordnet werden. Die Syntax des Deutschen muss also einerseits Informationen über die Veränderungsmöglichkeiten von Wörtern enthalten (Morphosyntax) und andererseits über die Stellungsmöglichkeiten (Distribution). In dieser Einführung setzen wir somit Syntax und Grammatik gleich.

Zur Vertiefung

> **Morphologie**
>
> Die Morphologie wird in älteren Grammatiken auch Formenlehre genannt. Sie setzt sich aus den griechischen Wörtern ›morphé‹ (Form) und ›lógos‹ (Lehre) zusammen. In der Linguistik befasst sich die Morphologie mit dem inneren Aufbau von Wörtern. Es werden drei große Bereiche unterschieden, von denen nur der dritte, die Flexion, für die Syntax unmittelbar relevant ist. Die beiden anderen (Komposition und Derivation) betreffen dagegen die Wortbildung unabhängig von der Syntax. Die Grundeinheiten der Morphologie sind die Morpheme, die kleinsten bedeutungstragenden Einheiten einer Sprache: Manchmal sind Morpheme deckungsgleich mit Wörtern, wie z. B. im Fall der Wörter *und, über, gestern* oder *dort*. Es handelt sich jeweils um ein Morphem, das zugleich ein Wort ist. Andere Wörter, wie z. B. *Tische, Berge, Autos* oder *Straßen*, bestehen dagegen aus zwei Morphemen, einmal einem Grundmorphem, das die Bedeutung trägt (*Tisch-, Berg-, Auto-, Straße-*), und einmal einem Pluralmorphem, das die Funktion hat, Plural zu kodieren (*-e, -e, -s, -n*).

Was ist Grammatik?

Komposition: Die Komposition beschreibt den Aufbau von komplexen Wörtern, die wiederum aus anderen Wörtern (bzw. aus Morphemen) bestehen. Die Aufgabe der Kompositionsmorphologie besteht darin, die Regeln des Aufbaus zu beschreiben (z. B. den Unterschied zwischen *Babyflasche* und *Flaschenbaby*).

Derivation: Die Derivationsmorphologie beschreibt, wie mit Hilfe von Derivationssuffixen, also funktionstragenden, nicht selbständigen Morphemen, Wörter verändert werden können. Dabei gibt es auf der einen Seite rein bedeutungsverändernde Derivationssuffixe, wie z. B. das Präfix *un-*, mit dem Wörter negiert werden können (*Glück – Unglück*; *liebenswürdig – unliebenswürdig*; *bezahlbar – unbezahlbar* etc.), und auf der anderen Seite Derivationssuffixe, mit denen die Wortart verändert werden kann, wie das Suffix *-lich*, mit dem z. B. ein Nomen in ein Adjektiv ›verwandelt‹ werden kann (*Glück – glücklich*; *Amt – amtlich*; *Sinn – sinnlich* etc.).

Flexion: Während die Komposition und die Derivation sozusagen vor der Syntax angesiedelt sind, d. h. also Wörter bereitstellen, mit denen dann Sätze gebildet werden können, ist die Flexionsmorphologie ein Teil der Syntax. Bei der Flexion werden Wörter durch Flexionssuffixe grammatisch verändert, d. h. es wird z. B. bei Verben die Zeitform (*ich lache – ich lachte*) oder der Numerus (*ich lache – wir lachen*) markiert oder bei Nomen der Kasus (*das Haus – des Hauses*) oder der Numerus (*Haus – Häuser*). Die Flexion ist deshalb Teil der Syntax, weil man im Deutschen die Wörter mit Hilfe der Flexion aufeinander abstimmen muss: Man muss z. B. Nomen immer in unterschiedlichen Kasus realisieren (*Der Junge*$_{\text{(Kasus: Nominativ)}}$ *gibt seiner Schwester*$_{\text{(Kasus: Dativ)}}$ *das Buch*$_{\text{(Kasus: Akkusativ)}}$), und diese Kasus kodieren die Rollen im Satz (wer handelt, wer ist der Empfänger, wer ist die Einheit, mit der etwas passiert etc.). Zudem muss man auch Nomen und Verb aufeinander abstimmen: *Der Junge singt.* (Verb und Nomen stehen beide im Singular) vs. *Die Jungen singen.* (Verb und Nomen stehen beide im Plural).

Die Aufgabe der Grammatik besteht darin, Wörter zu Sätzen zu ordnen: Der Satz ist die größte Einheit, mit der sich die Grammatik beschäftigt (noch größere, hier aber nicht weiter behandelte, Einheiten wären z. B. der Text, das Gespräch, die Sequenz etc.).

Wenn man Grammatik also als die Lehre bezeichnet, Wörter zu Sätzen zusammenzuordnen und dabei – das betrifft den Bereich der Morphosyntax – darauf zu achten, dass die Wörter auch korrekt angepasst (flektiert) werden, so stellt sich als Nächstes die Frage, was unter einem Satz zu verstehen ist. Und hier landet man direkt bei einem Dilemma: Es gibt keine eindeutige, klare und unumstrittene Satzdefinition in der Linguistik (im Übrigen genauso, wie es keine klare Wortdefinition gibt, weshalb wir in dieser Einführung das ›Wort‹ in einem alltagssprachlichen Verständnis verwenden).

In einem bekannten linguistischen Nachschlagewerk, dem *Metzler Lexikon Sprache*, heißt es entsprechend im Eintrag »Satz«:

»In seinen Bedeutungen schillernder Begriffsname, der bald unmittelbar beobachtbare natürlichsprachl. Ausdrücke bezeichnet, bald Gegenstände einer syntakt. oder

semant. Beschreibung [...]. Allein schon auf dieser meist unkontrolliert waltenden Vielfalt gründen sich bis heute – verständlicherweise fruchtlose – Debatten über die rechte ›Definition‹ des Satzes.«
(Glück 2010: 595)

Mindestens sieben grundlegende Satzdefinitionen gibt es, wobei die ersten drei sich allerdings nicht primär auf syntaktische Kriterien beziehen und daher ausgeklammert werden können:

<small>Drei nicht-syntaktische Satzdefinitionen</small>

1. Orthographische Definition: Es ist möglich, den Satz als die Einheit zu definieren, die mit einem Großbuchstaben beginnt und mit einem Punkt endet. Dies bezieht sich allerdings ausschließlich auf schriftlich realisierte Sprache und klammert die gesamte gesprochene Sprache aus. Zudem ist die Definition insofern unbrauchbar, als sie zirkulär ist: Um einen Punkt zu setzen, muss man ja bereits wissen, wo ein Satz zu Ende ist, man benötigt also andere Informationen als die orthographischen zu einer Satzbestimmung.

2. Semantische Definition: Auf der Bedeutungsebene sind Sätze als Einheiten mit einem propositionalen Gehalt zu beschreiben, d. h. als Einheiten, die einen bestimmten Aussageinhalt transportieren. Man kann aber auch Einheiten mit einem propositionalen Gehalt vorfinden, die dennoch keinen Satzstatus haben (wenn z. B. ein Kleinkind *Flasche Papa!* sagt, kann das im gegebenen Kontext als *Papa hat die Flasche!* oder *Gib Papa die Flasche!* etc. verstanden werden). Umgekehrt ist es möglich, syntaktisch korrekte Sätze ohne einen sinnvollen propositionalen Gehalt zu bilden – ein berühmtes Beispiel ist der von dem amerikanischen Sprachwissenschaftler Noam Chomsky erfundene Satz »Farblose grüne Ideen schlafen wütend.«, der semantisch unsinnig, aber syntaktisch korrekt ist. (Im Original lautet der Satz »Colorless green ideas sleep furiously«; Chomsky 1957/2002: 15). Chomsky verwendet dieses Beispiel, um zu illustrieren, dass Semantik und Syntax voneinander unabhängig sind. Während dieser Satz nur semantisch unsinnig, aber nicht syntaktisch falsch ist, wäre ein Satz wie »Furiously sleep ideas green colorless« (*Wütend schlafen Ideen grüne farblos.*) sowohl semantisch unsinnig als auch syntaktisch falsch. Semantik und Syntax sind also zwar miteinander verbunden, aber dennoch hat die Syntax eine Eigenständigkeit, so dass rein semantische Satzdefinitionen wenig hilfreich sind.

3. Pragmatische (handlungsbezogene) bzw. kommunikativ-funktionale Definition: Bestimmte Funktionen oder Inhalte sprachlichen Handelns können auch durch nicht-satzähnliche Einheiten transportiert werden. So kann man statt *Nein!* zu sagen, den Kopf schütteln oder statt *Es ist mir egal.* auch *Pfff!*. Eine pragmatische Satzdefinition hilft also nicht dabei, Sätze sinnvoll zu definieren.

Wir nehmen daher nur die Satzdefinitionen in den Blick, die – entsprechend der Beschränkung auf Grammatik im engeren Sinne – formal, also syntaktisch, bestimmt sind, nicht solche, die semantisch oder pragmatisch operieren. Dabei werden wir besonders auf **vier Satzdefinitionen** zusammen mit den ihnen zugehörigen Grammatikansätzen eingehen:

<small>Vier syntaktische Satzdefinitionen</small>

1. Strukturalistische Satzdefinition: Nach der strukturalistischen Sichtweise setzt sich ein Satz aus Wörtern zusammen, die Phrasen (Wortgruppen) bilden, die intern hierarchisch geordnet sind. Ein strukturalistisch definierter Satz ist also eine Kombination aus bestimmten Phrasentypen. Ein Beispiel für eine strukturalistische Satzdefinition ist:

> Ein Satz ist eine Kombination mindestens aus einer Nominalphrase im Nominativ mit einer Verbphrase:
> [Die Sonne]*(Nominalphrase im Nominativ)* [scheint]*(Verbphrase)*.

Strukturalistische Satzdefinition

2. Funktionale Satzdefinition (Definition im Rahmen der Satzgliedanalyse): Hier fragt man nach den Aufgaben bzw. Funktionen, die bestimmte Einheiten im Satz erfüllen. Diese Aufgaben werden von den aus der Schule bekannten Satzgliedern und Satzteilgliedern wie Subjekt, Objekt, Prädikat, Adverbial, Prädikativ und Attribut ausgeübt. Ein Satz in dieser Sichtweise beschreibt also die möglichen Kombinationen dieser Satzglieder. Ein Beispiel für eine funktionale Satzdefinition ist:

> Ein Satz besteht mindestens aus einer Kombination aus Subjekt und Prädikat:
> [Die Sonne]*(Subjekt)* [scheint]*(Prädikat)*.

Funktionale Satzdefinition

3. Satzdefinition der Valenz- und Dependenzanalyse: Die Valenz- und Dependenzgrammatik fragt danach, welche Einheiten in einem Satz andere ›regieren‹, d. h. z. B. Forderungen nach bestimmten Begleitern aufstellen. Die wichtigste Wortart, die Forderungen aufstellt und andere Wörter regiert, ist das Verb. Verben stehen daher in der Valenzgrammatik an oberster Stelle. Man kann nun einen Satz dahingehend definieren, dass man ihn als ein Verb mit all seinen Forderungen bezeichnet. Das Verb *geben* stellt z. B. die Forderungen auf, dass ein *Geber*, ein *Empfänger* und etwas *Gegebenes* vorhanden sein müssen, und entsprechend ist ein Satz mit dem Verb *geben* erst dann vollständig, wenn mindestens diese drei Einheiten vorhanden sind. Ein Beispiel für eine Satzdefinition aus Sicht der Valenzgrammatik ist:

> Ein Satz besteht aus einem Verb, dessen Forderungen erfüllt sind:
> *scheint*(die Sonne)

Satzdefinition aus Sicht der Valenzgrammatik

4. Satzdefinition der Felderanalyse (topologische Analyse): Dieses speziell für das Deutsche entwickelte Syntaxmodell nimmt vor allem die Besonderheit des Deutschen in den Blick, dass das Verb sehr feste Positionen im Satz hat. Es gibt Sätze mit Verben
- an erster Position (z. B. Fragesätze wie *Kommst du morgen zu Besuch?*)
- an zweiter Position (*Ich komme morgen zu Besuch.*)
- an der letzten Position (*…dass ich morgen zu Besuch komme.*)

2 Was ist Grammatik?

Eine Satzdefinition nach dem Feldermodell lautet also:

Satzdefinition nach dem Feldermodell

> Ein Satz ist eine Abfolge von Wörtern, bei denen je nach Satztyp das Verb an einer von drei möglichen Positionen stehen kann. Die Felder vor oder nach dem Verb unterliegen bestimmten Regularitäten bezüglich ihrer Besetzung.

In dieser Einführung werden die hier skizzierten vier Satzdefinitionen ausführlich behandelt: Die strukturalistische Satzdefinition in Kapitel 8, die Definition im Kontext der Satzgliedanalyse in Kapitel 9, das Feldermodell in Kapitel 10 und die Valenz- und Dependenzanalyse in Kapitel 5.4.

Normative und deskriptive Grammatiken: Die meisten Menschen haben die Vorstellung, dass die Grammatik einer Sprache feste ›Regeln‹ enthält, dass es dabei eindeutig ›richtige‹ und ›falsche‹ Sätze gibt und dass manche Menschen die ›Regeln‹ nicht einhalten (dies aber tun sollten). Ein Nichtbeachten dieser ›Regeln‹ gilt dabei als Fehler. Es gibt in der Tat Grammatiken, die diese Sichtweise vertreten. Man nennt sie **präskriptive (vorschreibende)** bzw. **normative Grammatiken**. Sie werden v.a. in der Schule oder im Fremdsprachenunterricht eingesetzt. In der Linguistik vertritt man aber eine andere Position. Eine Grammatik gilt dort lediglich als eine Sammlung von Regularitäten (nicht Regeln!), die sich im Laufe der Zeit herausgebildet haben und mehr oder weniger stabil sind, d.h. von den meisten Menschen genutzt werden. Eine derart konzipierte Grammatik nennt man **deskriptive Grammatik (beschreibende Grammatik)**, da keine Vorschriften gemacht werden und auch keine Aussagen darüber, ob eine Struktur ›gut‹ oder ›schlecht‹ ist, sondern nur, wie weit verbreitet sie ist. Dies gilt insbesondere für die interaktionale, informelle Sprache, die unter einer deskriptiven Perspektive nicht als fehlerhaft abgetan wird, sondern mit ihren eigenen Regularitäten ernst genommen wird. Auch in dieser Einführung wird, wenn von grammatischen ›Regeln‹ gesprochen wird, dies nicht im vorschreibenden Sinn gemeint, sondern lediglich in einem beschreibenden Sinn. De facto lässt sich die Trennung allerdings nicht so strikt vornehmen: Jede deskriptive Grammatik kann als präskriptive Grammatik verwendet werden und darüber hinaus kann auch der Anspruch einer echt deskriptiven Grammatik schon deshalb nicht erfüllt werden, weil man dafür Unmengen an Daten sammeln müsste – gesprochene Alltagssprache, Vorträge, politische Reden, medial vermittelte gesprochene Sprache, geschriebene Sprache in Zeitungen, Büchern, Gesetzestexten, in E-Mails, im Instant Messaging, in Weblogs etc. –, um überhaupt zu wissen, welche grammatischen Muster in welchen Situationen und mit welcher Häufigkeit vorkommen. Eine deskriptive Grammatik des Deutschen ist daher genauer als eine ›eher deskriptive‹ Grammatik zu bezeichnen, sie zeichnet sich vor allem durch eine prinzipielle Offenheit gegenüber sprachlicher Variation aus. Der Unterschied eines präskriptiven Ansatzes gegenüber einem deskriptiven Ansatz lässt sich am Gebrauch von *weil* und *obwohl* mit Verbzweitstellung illustrieren:

Was ist Grammatik?

Wir biegen lieber hier rechts ab, weil da vorne wird gebaut und die Straße ist gesperrt.
Ich nehme noch ein Stück Kuchen. Obwohl: Ich habe ja schon zwei gegessen.

Aus präskriptiver Sicht gilt der Gebrauch eines Hauptsatzes nach *weil* und *obwohl* als ›schlechter Sprachgebrauch‹ oder als ›falsch‹. Aus deskriptiver Sicht fragt man, wie häufig diese Strukturen vorkommen, in welchen Situationen man sie einsetzt und ob sie eine besondere Funktion haben. Wenn letzteres der Fall ist, werden sie in den Grammatiken erwähnt. Die genannten Konjunktionen *weil* und *obwohl* mit Verbzweitstellung haben übrigens aufgrund ihrer weiten Verbreitung und der Tatsache, dass sie in der interaktionalen, vor allem gesprochenen, Sprache besondere Funktionen erfüllen, bereits Aufnahme in die Duden-Grammatik gefunden.

Arbeitsaufgabe

Aufgabe 1: Der folgende Text von Bastian Sick (2005: 182–183) behandelt den sogenannten *am*-Progressiv, d. h. die ›Verlaufsform‹, die vor allem im gesprochenen Deutsch gebräuchlich ist. Handelt es sich dabei um einen präskriptiven oder deskriptiven Text? Begründen Sie Ihre Entscheidung. Wie stehen Sie zu den Aussagen?

»Es gibt in der deutschen Sprache so manches, was es offiziell gar nicht gibt. Die sogenannte Rheinische Verlaufsform zum Beispiel. Die hat weniger mit dem Verlauf des Rheins zu tun, dafür umso mehr mit Grammatik. Vater ist das Auto am Reparieren, Mutter ist die Stube am Saugen. Und der Papst war wochenlang im Sterben am Liegen.«

Es folgen zahlreiche Beispiele für diese Konstruktion. Dann fragt »Holly«, eine Amerikanerin, den Sprachexperten Bastian Sick:

»Warum bringen sie einem das nicht im Deutschunterricht bei? Da lernt man alle möglichen Regeln und Formen, aber dass es diese Verlaufsformen gibt, das verheimlichen sie einfach!«

Dieser antwortet:

»Lehrer sind angehalten, nur Hochdeutsch zu unterrichten. Für Sonderformen der Umgangssprache ist im Deutschunterricht normalerweise kein Platz. Obwohl man ein paar Kenntnisse manchmal schon brauchen kann – bei der Zeitungslektüre zum Beispiel. Gelegentlich findet man die umgangssprachliche Verlaufsform nämlich selbst in Überschriften. In der ›Frankfurter Allgemeinen Zeitung‹ konnte man lesen: ›Das Geschäftsmodell für den Smart ist am Wanken‹. Und im ›Kölner Stadt-Anzeiger‹ stand unlängst: ›Ölpreis weiter am Sinken‹. Da ist mancher Leser verständlicherweise ›am Kopfschütteln‹.«

> Lösungen zu den Aufgaben in diesem Band finden sich unter:
> http://www.metzlerverlag.de/imo_grammatik

Die Lösungen

3 Die Bestimmung der Wortarten: Grundlagen

3.1 Die Wortarten des Deutschen
3.2 Die Flexion: Deklination und Konjugation
3.3 Die Distribution
3.4 Bestimmung der Wortarten: Die Wortarten-›Murmelbahn‹

3.1 | Die Wortarten des Deutschen

Wie bei so Vielem in der deutschen Grammatik herrscht auch in Bezug auf die Zahl der Wortarten Uneinigkeit. Im Folgenden werden exemplarisch einige **Wortartenlisten** aus einschlägigen Grammatiken oder Handbüchern angeführt, die zeigen, welche Systematisierungen der Wortarten möglich sind:

- In Anlehnung an die antike Wortartenbestimmung geht man oft von **zehn Wortarten** aus: Substantiv (Nomen), Verb, Adjektiv, Artikel, Pronomen, Adverb, Konjunktion, Präposition, Numerale und Interjektion (Linke/Nussbaumer/Portmann 1996: 73).
- In der Duden-Grammatik (2009) geht man von **acht Wortarten** aus: Verb, Substantiv (Nomen), Adjektiv, Pronomen, Adverb, Partikel, Präposition und Junktion.
- Helbig (1999) nimmt **elf Wortarten** an: Verb, Substantiv (Nomen), Adjektiv, Pronomen, Artikel, Adverb, Präposition, Konjunktion, Partikel, Modalwort und Satzäquivalent.
- Eisenberg (2013: 22–23) geht von den **5 Grundkategorien** Verb, Nomen, Präposition, Konjunktion und Adverb aus. Partikeln sind demnach Teil der Adverbklasse, während die Nomen als Überbegriff die deklinierbaren Wortarten der Substantive, Adjektive, Numeralia, Artikel und Pronomen einschließen. Die Gesamtzahl der Wortarten beträgt also, wenn man die Teilklassen der Nomina einzeln betrachtet, wie bei der Duden-Grammatik neun, allerdings sind die Wortarten nicht deckungsgleich (Partikeln sind keine eigenständige Wortart bei Eisenberg, dafür aber Numeralia).
- Das *Handbuch der deutschen Wortarten* (Hoffmann 2009) nimmt sogar **24 Wortarten** an und führt Kategorien wie Anapher, Personendeixis, Relativum, Reflexivum u. a. ein. Diese ›Explosion‹ der Wortarten ist darin begründet, dass im *Handbuch der deutschen Wortarten* ein funktionaler Ausgangspunkt gewählt wurde statt des traditionell formalen, dass also auf die Frage fokussiert wurde, zu welchen Zwecken bestimmte Wörter verwendet werden, und weniger, welche morphologischen und distributionellen Eigenschaften sie besitzen.

Wortartenlisten

3 Die Bestimmung der Wortarten: Grundlagen

Wie kommt dieses Chaos bei der Wortartenbestimmung zustande? Ist es vielleicht so, dass man völlig willkürlich unterschiedliche Mengen an Wortarten annehmen kann? Das ist natürlich nicht der Fall. Ganz so chaotisch, wie es zunächst erscheint, ist deren Bestimmung nicht. Über die meisten Wortarten – z. B. die flektierbaren Wortarten, d. h. diejenigen, die nach Kasus, Numerus, Genus **dekliniert** oder die, die nach Tempus, Modus, Genus Verbi, Person und Numerus **konjugiert** werden –, herrscht Einigkeit. Auch bei den nicht flektierbaren Wortarten, d. h. bei denen, die ihre Form nicht verändern können, gibt es einige (Präpositionen, Adverbien, Konjunktionen), die unstrittig sind.

Die unterschiedliche Gesamtzahl an Wortarten ergibt sich vor allem dadurch, dass im Bereich der unflektierbaren Wortarten das eindeutig bestimmbare formale Kriterium der Veränderbarkeit des Wortes (Flexion) fehlt und so als formale Kriterien nur die Stellung (Distribution) in einem Satz und eventuell noch die Valenz (Forderung nach einem bestimmten Begleiter) übrig bleiben. Aus diesem Grund müssen dort zusätzliche funktionale oder auch semantische Kriterien herangezogen werden, d. h. es wird gefragt, was die Aufgabe einer bestimmten Gruppe von Wörtern ist. Diese Frage nach der Funktion von Wortarten führt bei manchen Grammatikautoren (Helbig 1999 bzw. Helbig/Buscha 2005) zu einer neuen Wortart, dem Modalwort, mit dem Sprechereinstellungen zu einer Äußerung ausgedrückt werden. Die Frage nach der Bedeutung der Wortarten führt dagegen zu der Wortklasse der Numeralia, der Zahlwörter. Unter einer solchen funktionalen oder semantischen Perspektive kommen natürlich immer mehr mögliche Wortarten in den Blick, denn je detaillierter man die **Funktionen und Bedeutungen** von Wörtern erfasst, desto kleinere (und damit auch desto mehr) Klassen von Wörtern muss man annehmen, bis man schließlich bei einer fast unüberschaubaren Zahl von Wortarten endet. Aus diesem Grund wird in dieser Einführung versucht, die Kriterien, die mit der Funktion und der Bedeutung zu tun haben, so selten wie nur möglich anzuwenden. Stattdessen werden die Wortarten weitgehend formal bestimmt. Funktionsklassen und Bedeutungsklassen können innerhalb einer Wortart differenziert werden, sollen aber nicht zu neuen Wortarten führen, da ansonsten die formalen Eigenschaften der Wortart ›verwässert‹ würden und die Gemeinsamkeiten in Bezug auf die Flexionsfähigkeit und Stellung in Äußerungen aus dem Blick gerieten.

Zwei formale Kriterien sind für die Wortartenbestimmung zentral:

Formale Kriterien der Wortartenbestimmung

- die **Flexion** (bestehend aus 2 Flexionsgruppen, der Deklination und der Konjugation)
- die **Distribution**

Acht Wortarten: Wenn man sich auf diese beiden formalen Kriterien bei der Bestimmung von Wortarten beschränkt, erhält man die Wortarten:

Acht Wortarten

- Verb
- Nomen
- Adjektiv
- Artikel / Pronomen
- Adverb
- Präposition

- Konjunktion
- Partikel

Im Folgenden sollen nun kurz die Möglichkeiten der Flexion im Deutschen dargestellt werden, danach die für die Wortartenbestimmung relevanten Distributionsvarianten.

Ein Problem bei der Bestimmung der Wortarten ist dabei, dass man sich in einem Zirkel befindet: Um die Wortarten bestimmen zu können, benötigt man bereits ein Grundwissen über die Satzstruktur. Um die Satzstruktur zu verstehen, benötigt man umgekehrt aber das Wissen über die Wortarten. Es ist daher unvermeidlich, dass zunächst die absolut notwendigen Grundbegriffe der Syntax eingeführt werden, ohne die die Wortartenbestimmung unmöglich ist. Es wurde versucht, diese erste Einführung auf das Nötigste zu beschränken. Ausführlich werden alle beschriebenen syntaktischen Phänomene in den weiteren Kapiteln erläutert.

3.2 | Die Flexion: Deklination und Konjugation

Ein Wort flektieren zu können, bedeutet Folgendes:
- Entweder kann man es in Bezug auf **Kasus** (›Fall‹, d. h. Nominativ, Genitiv, Akkusativ und Dativ), **Numerus** (›Anzahl‹, d. h. Singular oder Plural) und **Genus** (grammatisches ›Geschlecht‹, d. h. Maskulinum, Femininum oder Neutrum) sowie in manchen Fällen in Bezug auf die **Komparation** (›Steigerungsformen‹) wie **Positiv** (*schön*), **Komparativ** (*schöner*) und **Superlativ** (*am schönsten*) verändern. Diese Art der Flexion nennt man **Deklination**.
- Oder man kann es in Bezug auf **Tempus** (›Zeitform‹), **Numerus** (›Anzahl‹), **Person**, **Modus** (Indikativ, Konjunktiv und Imperativ) und **Genus Verbi** (Aktiv und Passiv) verändern – diese Art der Flexion nennt man **Konjugation**.

Flexionskategorien

Auf die einzelnen Kategorien innerhalb der beiden Flexionsvarianten Deklination und Konjugation wird in der Folge noch im Detail eingegangen. Für die Wortartenbestimmung genügt es zunächst, die auffälligsten Flexionsmerkmale herauszugreifen, also die Flexionsmerkmale, die entweder nur in der Deklination zu finden sind oder nur in der Konjugation.

Das ist für die **Deklination** die Veränderung in Bezug auf den Kasus (und dort als am besten sichtbaren Kasus den Genitiv) sowie als zweites Kriterium die Komparierbarkeit, d. h. die Frage, ob man das Wort steigern kann. Für die **Konjugation** ist es die Veränderung in Bezug auf das Tempus, d. h. die Zeitform.

3.2.1 | Die Deklination: Kasus, Numerus, Genus, Komparation

Bestimmte Wörter – Nomen, Adjektive, Pronomen und Artikel – können dekliniert werden, d. h. man kann an ihnen Informationen über Kasus, Numerus und Genus ablesen. Für die Wortartenbestimmung kann man sich auf den Kasustest beschränken, d. h. immer dann, wenn ein Wort im Kasus verändert werden kann, ist es ohne Zweifel deklinierbar. Neben Kasus, Numerus und Genus wird eine Wortart, die Adjektive, darüber hinaus auch noch in Bezug auf die Komparation verändert.

Veränderungen in Bezug auf den Kasus

Es erscheint zunächst nicht besonders schwierig, die Veränderungen eines Wortes zu erkennen, die die Deklination ausmachen. Ein Problem ist allerdings, dass im Deutschen im Lauf der Sprachgeschichte viele der Flexionsendungen zwar von der Wortoberfläche verschwunden sind, aber immer noch sozusagen ›virtuell‹ vorhanden sind. Das betrifft vor allem die Nomen (Substantive). Es kann daher bei der Frage nach der Deklinierbarkeit nicht darum gehen, dass man in jedem Fall eine sichtbare Endung hat, sondern darum, ob es ›erlaubt‹ ist (und Sinn ergibt), ein Wort in einen bestimmten Kasus zu setzen. Ein einfacher Test, mit dem man diese ›virtuelle‹ Deklinierbarkeit feststellen kann, besteht darin, mit der sicherlich jedem noch aus Schulzeiten bekannten Frage *Wer oder was?* nach dem Kasus zu fragen, denn das Fragepronomen *wer* passt sich dem jeweiligen Kasus an *Wer oder was?* (Nominativ), *Wessen?* (Genitiv; hier gibt es nur *wessen*), *Wen oder was?* (Akkusativ) und *Wem oder was?* (Dativ) und legt somit den Kasus offen.

Wie sehr im Laufe der Zeit die Kasusendungen abgebaut wurden, soll anhand eines Vergleichs des maskulinen Nomens *Mann* mit dem femininen Nomen *Frau* erläutert werden. Das Wort *Mann* hat im Althochdeutschen ein gut ausgebautes und sichtbares System an Endungen (lediglich Akkusativ und Nominativ haben die gleiche Form). Im Althochdeutschen hätte man die folgenden Formen:

Der ›**man**‹ (Nominativ; Frage: Wer oder was?) *steht auf der Straße.*
Ich sehe das Auto des ›**mannes**‹ (Genitiv; Frage: Wessen?).
Ich sehe den ›**man**‹ (Akkusativ; Frage: Wen oder was?).
Ich gebe dem ›**manne**‹ (Dativ; Frage: Wem oder was?) *ein Buch.*

Vergleicht man diese Formen mit den heutigen, so wird der Verlust an eindeutiger Markierung deutlich (entweder ein völliger Verlust der Endung im Gesprochenen oder Geschriebenen oder eine phonologische Reduktion von Vollvokalen auf Endungen mit dem sogenannten Schwa-Laut, dem unbetonten [ə] im Gesprochenen):

Der **Mann** (Nominativ; Frage: Wer oder was?) *steht auf der Straße.*
Ich sehe das Auto des **Mannes** (Genitiv; Frage: Wessen?).
Ich sehe den **Mann** (Akkusativ; Frage: Wen oder was?).
Ich gebe dem **Mann** (Dativ; Frage: Wem oder was?) *ein Buch.*

Es ist nun auch klar, warum hier der Genitiv als diejenige Kasusform ausgewählt wurde, mit der die Deklinierbarkeit eines Wortes überprüft werden kann: Der Genitiv ist die Form, die sich sprachgeschichtlich noch am längsten gehalten hat, während die anderen Formen zwar von der sichtbaren Wortoberfläche verschwunden sind, aber natürlich ›virtuell‹ immer noch da sind: In dem Satz *Ich gebe dem Mann ein Buch.* liegt zwar die Form *Mann* ohne Endung vor, das Wort ist aber dennoch eindeutig im Kasus Dativ dekliniert, wie man an der Frage *Wem gebe ich das Buch?* sowie an der Tatsache, dass der Artikel im Dativ stehen muss, sehen kann (noch vor weniger als 100 Jahren existierte im Übrigen noch die Dativendung, man musste sagen: *Ich gebe dem Manne ein Buch.* Die Dativendung ist inzwischen weitgehend aus dem Sprachgebrauch verschwunden und hält sich nur noch in festen Redewendungen wie *in diesem Sinne*).

Die femininen Nomen haben ihre Endungen im Singular heute sogar völlig verloren: Aus den althochdeutschen Formen von *frouwa* (Frau) wurden im heutigen Deutsch Formen ohne sichtbare Flexionsendungen (aber dennoch mit ›virtueller‹ Flexion):

*Die ›**frouwa**‹ steht auf der Straße.* vs. *Die **Frau** (Nominativ) steht auf der Straße.*
*Ich sehe das Auto der ›**frouwūn**‹.* vs. *Ich sehe das Auto der **Frau** (Genitiv).*
*Ich sehe die ›**frouwūn**‹.* vs. *Ich sehe die **Frau** (Akkusativ).*
*Ich gebe der ›**frouwūn**‹ ein Buch.* vs. *Ich gebe der **Frau** (Dativ) ein Buch.*

Doch auch hier sind im heutigen Deutsch die Endungen lediglich nicht mehr auf der Oberfläche sichtbar, nicht aber verschwunden: Man kann bei allen vier Sätzen die Frage nach dem Kasus stellen: *Wer* steht auf der Straße?, *Wessen* Auto sehe ich?, *Wen* sehe ich?, *Wem* gebe ich ein Buch?. Aus diesem Grund gelten die Nomen als flektierbar, obwohl man keine Endung ›sehen‹ kann.

Regel für die Bestimmung der Flektierbarkeit von Wörtern in Bezug auf den Kasus: Wenn man testen möchte, ob ein Wort flektiert werden kann, wird gefragt, ob man ein Wort in einen Satz wie diesen einfügen kann: *Ich sehe das Auto der jungen Frau.*, d. h. in einen Satz, in dem der Genitiv verlangt wird. Wenn dann das Wort die Information ›Genitiv‹ annimmt (wie *der*, *jungen* und *Frau*), ist es flektierbar, bzw. genauer gesagt deklinierbar; wenn nicht, ist es nicht deklinierbar.

Ein Beispiel soll dies veranschaulichen. Stellt man die Frage, ob das Wort *und* deklinierbar ist, so würde man den Satz *Ich sehe das Auto des und.* erhalten – ein unsinniger und unmöglicher Satz (wenn man den etwas absurden Fall ausklammert, dass es einen Menschen mit dem Namen *und* gibt. In diesem Fall wäre *Und* dann in der Tat flektierbar). Gleiches gilt auch für die übrigen Kasusfragetests: Weder auf *Wer oder was?*, noch auf *Wessen?*, *Wen oder was?* oder *Wem oder was?* kann man mit *und* antworten. Das Wort ist also nicht deklinierbar.

Neben dem Kasus muss als zweite wichtige Deklinationskategorie auch die **Komparation** überprüft werden. Wir zählen hier die Komparation im weiteren Sinn auch zur Deklination, obwohl diese Zuordnung nicht überall so gemacht wird (zuweilen wird die Komparation als Teil der Derivation aufgefasst, also als Teil der Wortbildungsmorphologie). Da – wie wir sehen werden – die komparierbaren Wortarten aber eine Teilmenge der deklinierbaren Wortarten ausmachen, bietet sich die Integration der Komparation in die Deklination an.

Die Komparation ist einfacher zu erklären als die übrigen Parameter der Deklination (v. a. als der Kasus). Es ist zu fragen, ob man ein Wort in Äußerungen wie *Xer als Y* einfügen kann (Komparativ) oder *der/die/das Xste Y* (Superlativ). Weniger abstrakt: Wenn man ein Wort wie *schnell* in Äußerungen wie *schneller als Y* oder *das schnellste Y* verwenden kann, heißt das, dass es komparieret werden kann. Die Komparation erfolgt in den meisten Fällen über die Endungen *-er* und *-st-* (*schön – schöner – am schönsten, laut – lauter – am lautesten, hoch – höher – am höchsten* etc.). Nur in einer kleinen Gruppe von Ausnahmen werden sogenannte Suppletivformen verwendet, d. h. für das entsprechende Wort stehen Ersatzformen bereit. Das bekannteste Wort mit diesen Ersatzformen ist *gut*: *gut – besser – am besten*. Wenn man statt *gut, hoch, laut* etc. ein Wort zu komparieren versucht, das nicht komparieret werden kann, erhält man z. B. unsinnige Formen wie *Auto – *Autoer – *am Autosten, Mann – *Manner – *am Mannsten* oder *und – *under – *am undesten*: Alle diese Wörter sind nicht komparierbar.

3.2.2 | Die Konjugation: Tempus, Numerus, Person, Modus, Genus Verbi

Während die Flexionsgruppe der Deklination drei bzw. vier Parameter bereitstellt (Kasus, Numerus, Genus und Komparation), müssen bei der Konjugation fünf Parameter beschrieben werden. Für den Einstieg in die Wortartenbestimmung genügt es, wenn man, wie bei den deklinierbaren Wortarten, als Testkriterium den auffälligsten und am leichtesten zu testenden Parameter herausnimmt, das Tempus. Die Kategorie des Tempus zeigt an, zu welchem Zeitpunkt etwas geschieht. Im Deutschen gibt es insgesamt **sechs Tempora:**

Sechs Tempora im Deutschen
- Plusquamperfekt *(Ich hatte das Buch bereits gelesen.)*
- Präteritum (auch Imperfekt; *Ich las das Buch.*)
- Perfekt *(Ich habe das Buch gelesen.)*
- Präsens *(Ich lese das Buch.)*
- Futur I *(Ich werde das Buch lesen.)*
- Futur II *(Ich werde das Buch gelesen haben.)*

Es ist natürlich nicht notwendig, bei der Wortartenbestimmung immer nach allen Tempusvarianten zu fragen: Es reicht völlig aus, zu überprüfen, ob man ein Wort in Vergangenheit, Präsens und Zukunft setzen kann. Fragt man etwa, ob das Wort *gehen* konjugiert werden kann, lautet die Antwort eindeutig *ja*: Man kann ebenso sagen *(ich) gehe* (Präsens) wie *(ich) ging* (Präteritum) wie *(ich) werde gehen* (Futur I). Wörter wie *Auto, Mann, Frau, schön, hoch, und* etc. sind dagegen nicht konjugierbar, man kann sie nicht in Bezug auf Präsens, Vergangenheit und Zukunft verändern. Es wird sich zeigen, dass es im Deutschen nur eine einzige – allerdings sehr viele Mitglieder umfassende – Wortart gibt, die konjugiert werden kann: das Verb.

3.3 | Die Distribution

Bei der Frage nach der Distribution eines Wortes müssen zwei Aspekte berücksichtigt werden: Zum einen kann gefragt werden, wo in einem Satz ein Wort überhaupt stehen kann. Kann es an vielen unterschiedlichen Stellen stehen oder ist es auf bestimmte Positionen, etwa auf den Anfang eines Satzes, beschränkt? Zum anderen kann gefragt werden, ob das Wort mit anderen Wörtern entweder kombiniert werden kann oder sogar kombiniert werden muss, also überhaupt nicht alleine verwendet werden kann.

3.3.1 | Die Stellung im Satz

Es gibt eine ganze Reihe von Fragen bezüglich der Stellung im Satz, die für die Wortartenbestimmung relevant werden:

- Kann ein Wort im Vorfeld eines Satzes stehen, d. h. ist es vorfeldfähig?
- Kann ein Wort zwischen Artikel und Nomen vorkommen?
- Stellt ein Wort eine Verknüpfung zwischen zwei Wörtern, Phrasen oder Sätzen her?
- Kann ein Wort alleine stehen und wenn ja, in welchen Kontexten?

Fragen nach der Distribution von Wörtern

Vorfeldfähigkeit

Mit dem **Vorfeld** ist ein Konzept verbunden, das erst in Kapitel 10 ausführlich erläutert wird. Es handelt sich dabei um die Tatsache, dass Sätze im Deutschen in sogenannte **Felder** aufgeteilt werden können, die sich an der Stellung des Verbs orientieren. Für die Wortartenbestimmung ist es zunächst nur notwendig, die Struktur des Hauptsatzes im Deutschen zu verstehen. Anders als etwa im Englischen ist die Wortstellung im Deutschen nicht mit Subjekt – Prädikat – Objekt zu beschreiben. Im folgenden Beispiel findet sich zwar genau diese Stellung, das Deutsche und das Englische scheinen identisch zu sein:

(1) *The ice cream vendor* (Subjekt) *gave* (Prädikat) *the little kid* (Dativobjekt) *an ice-cream cone* (Akkusativobjekt).
(2) *Der Eisverkäufer* (Subjekt) *gab* (Prädikat) *dem kleinen Kind* (Dativobjekt) *eine Eiswaffel* (Akkusativobjekt).

Vergleich der Satzstellung im Deutschen und Englischen

Wenn man nun aber nicht das Subjekt, sondern eines der Objekte an den Satzanfang stellen möchte, zeigen sich die Unterschiede:

(3) ?*An ice-cream cone* (Akkusativobjekt) *gave* (Prädikat) *the ice cream vendor* (Subjekt) *the little kid* (Dativobjekt).
(4) *Eine Eiswaffel* (Akkusativobjekt) *gab* (Prädikat) *der Eisverkäufer* (Subjekt) *dem kleinen Kind* (Dativobjekt).

Oder:

(5) ?*The little kid* (Dativobjekt) *gave* (Prädikat) *the ice cream vendor* (Subjekt) *an ice-cream cone* (Akkusativobjekt).
(6) *Dem kleinen Kind* (Dativobjekt) *gab* (Prädikat) *der Eisverkäufer* (Subjekt) *eine Eiswaffel* (Akkusativobjekt).

Die englischen Sätze in 3 und 5 sind so kaum möglich. Nur in ganz besonderen Kontexten mit einer Kontrastrelation könnte man sich diese Sätze eventuell vorstellen, im Normalfall würde man aber denken, dass in 3 *die Eiswaffel* das Subjekt sei und so die unsinnige Aussage entsteht, dass eine Eiswaffel dem Eisverkäufer ein kleines Kind gibt, und in 5 würde man denken, dass *das kleine Kind* das Subjekt sei, das dem Eisverkäufer eine Eiswaffel gibt (anstatt umgekehrt). Um die Bedeutung, wie sie in den deutschen Sätzen 4 und 6 vorliegt, beizubehalten, müsste bei den englischen Sätzen die Satzstruktur verändert werden. Es wäre z. B. möglich, zu sagen *An ice-cream cone the ice cream vendor gave to the little kid.* oder *To the little kid the ice-cream vendor gave an ice-cream cone.* Das Dativobjekt muss dabei in ein Präpositionalobjekt mit der Präposition *to* umgewandelt werden, und zudem stehen nun sowohl Objekt als auch Subjekt vor dem Prädikat – eine Struktur, die im Deutschen nicht möglich ist. Diese Sätze sind allerdings im Englischen sehr markiert und nur in bestimmten Kontexten (z. B. in einer Kontrastrelation) und mit einer bestimmten Betonung möglich.

Noch deutlicher wird der Unterschied zwischen den beiden Sprachen, wenn man ein Adverb wie *heute, gestern* oder *gleich* hinzufügt:

(7) *Yesterday* (Adverbial) *the ice cream vendor* (Subjekt) *gave* (Prädikat) *the little kid* (Dativobjekt) *an ice-cream cone* (Akkusativobjekt).
(8) *Gestern* (Adverbial) *gab* (Prädikat) *der Eisverkäufer* (Subjekt) *dem kleinen Kind* (Dativobjekt) *eine Eiswaffel* (Akkusativobjekt).

Während in allen englischen Sätzen das Subjekt immer *vor* dem Prädikat stehen bleibt und die Einheit, die an den Satzanfang gesetzt wird, dann entsprechend zusammen mit dem Subjekt vor dem Prädikat realisiert wird, gilt im Deutschen die Regel, dass nur eine Einheit vor dem finiten Verb (d. h. dem flektierten Verbteil des Prädikats, an dem die Information über Person und Numerus angezeigt wird) stehen darf. Diese Einheit darf zwar mehrere Wörter umfassen, diese müssen aber eine sogenannte Phrase bilden, d. h. sehr eng zusammengehören (mehr zu Phrasen und zu Tests zum Bestimmen von Phrasen in Kapitel 8). Diese Position vor dem finiten Verb nennt man Vorfeld.

Die Satzstruktur des deutschen Hauptsatzes: Während die englische Satzstruktur also mit **Subjekt – Prädikat – Objekt** korrekt beschrieben werden kann, muss für den deutschen Hauptsatz (andere Satztypen haben jeweils andere Abfolgeregeln) die Satzstruktur mit

Deutsche Hauptsatzstruktur	Vorfeld – finites Verb – Mittelfeld (wenn vorhanden) – infinites Verb (wenn vorhanden) – Nachfeld (wenn vorhanden)

angegeben werden (mehr dazu in Kapitel 10). In den folgenden Beispielen steht das Subjekt, d. h. die Einheit, die im Nominativ steht und die man mit *Wer oder was?* erfragt, einmal in der Mitte (1. und 3. Beispiel), einmal am Ende (2. Beispiel) und einmal am Anfang (letztes Beispiel) des Satzes:

> 1. *Bald* (Vorfeld) *werden* (finites Verb) [*wir*$_{Subjekt}$] *in Urlaub* (Mittelfeld) *fahren* (infinites Verb).
> 2. *Auf dem Tisch* (Vorfeld) *liegt* (finites Verb) [*ein Buch*$_{Subjekt}$] (Mittelfeld).
> 3. *Über diese Unverschämtheit* (Vorfeld) *werden* (finites Verb) [*wir*$_{Subjekt}$] *uns noch* (Mittelfeld) *unterhalten* (infinites Verb), *wenn du wieder zu Hause bist* (Nachfeld).
> 4. [*Das Essen*$_{Subjekt}$] (Vorfeld) *hat* (finites Verb) *heute mal wieder ausgezeichnet* (Mittelfeld) *geschmeckt* (infinites Verb).

Stellung des Subjekts

Für die Bestimmung der Wortarten ist nun von Bedeutung, dass viele Wörter des Deutschen nicht alleine im Vorfeld, vor dem finiten Verb im Hauptsatz, stehen dürfen, d. h. für die Wortartenbestimmung ist das Kriterium der Vorfeldfähigkeit sehr wichtig. Zu beachten ist dabei, dass das Wort, das in Bezug auf seine Fähigkeit, im Vorfeld stehen zu können, getestet wird, dort alleine stehen muss und nicht mit anderen Wörtern zusammen.

Beispiele für Vorfeldfähigkeit-Tests: Da die Frage nach der Vorfeldfähigkeit nur für die nicht flektierbaren Wörter relevant ist, wird die Vorfeldfähigkeit in der Folge an einigen nicht flektierbaren Wörtern illustriert:

Frage 1: Ist das Wort *heute* vorfeldfähig?
Antwort: Ja, denn man kann einen Satz bilden wie *Heute regnet es.*
Frage 2: Ist das Wort *morgen* vorfeldfähig?
Antwort: Ebenfalls ja, denn man kann einen Satz bilden wie *Morgen wird es regnen.* (Hier ist *wird* der finite Verbteil, *regnen* der infinite, und das Wort *morgen* steht alleine vor dem finiten Verbteil).
Frage 3: Ist das Wort *dort* vorfeldfähig?
Antwort: Ebenfalls ja, wie man an dem Satz *Dort hat es gestern heftig geregnet.* sehen kann (Hier ist *hat* der finite Verbteil, *geregnet* der infinite, und wieder steht das Wort *dort* alleine vor dem finiten Verb).
Frage 4: Ist das Wort *und* vorfeldfähig?
Antwort: Nein. Der Satz *Und hat es gestern dort heftig geregnet.* funktioniert nicht als Hauptsatz. Achtung: Bei *und* können sogenannte Koordinationsellipsen auftreten, wie in dem Satz *Er muss heute lange arbeiten und kommt daher erst spät nach Hause.* Hier scheint *und* im Vorfeld des zweiten Hauptsatzes, also direkt vor dem finiten Verb *kommt*, zu stehen. Diese Annahme ist aber nicht richtig, da zwischen *und* und *kommt* sozusagen ›virtuell‹ das Subjekt *er* eingefügt werden muss. Dieses kann hier weggelassen werden (Auslassung = Ellipse), weil bei koordinierten Sätzen aus stilistischen Gründen die Wiederholung gleicher Einheiten vermieden werden kann. Der Vorfeldtest muss sich daher immer auf alleine stehende Hauptsätze, nicht auf koordinierte Sätze beziehen!
Frage 5: Ist das Wort *auf* (aus der Phrase *auf dem Land*) vorfeldfähig?

Antwort: Nein. Der Satz *Auf hat es dem Land gestern heftig geregnet.* funktioniert nicht. Achtung: Der Wortarten-Test betrifft immer nur einzelne Wörter, die Frage ist, ob ein Wort alleine im Vorfeld stehen kann, nicht mit anderen Wörtern zusammen: Der Test darf daher nicht sein, alle Wörter der Phrase *auf dem Land* vor das Verb zu stellen, sondern nur *auf* alleine.

Frage 6: Ist das Wort *sehr* (aus dem Satz *Das Konzert war sehr laut.*) vorfeldfähig?

Antwort: Nein. Der Satz *Sehr war das Konzert laut.* funktioniert nicht. Achtung: In manchen Fällen kann man sich Situationen ausdenken, in denen eine Vorfeldfähigkeit in der gesprochenen Sprache möglich wäre. Dies betrifft vor allem Kontrastakzente oder Bekräftigungen. Solche umgangssprachlichen Sätze dürfen für die Wortartenbestimmung nicht herangezogen werden, sondern nur solche, die schriftsprachlich und ohne einen Kontext möglich sind. So ist z. B. bei dem Satz *Ich habe mich sehr über das Geschenk gefreut.* die Variante *Sehr habe ich mich über das Geschenk gefreut.* möglich, wenn man den Satz als bekräftigende Antwort verwendet oder einen Kontrast aufbaut und das Wort *sehr* betont. Es dürfen aber nur alleine stehende, kontextfreie Sätze für diesen Test verwendet werden. Ohne weiteren Kontext wäre der Satz *Sehr habe ich mich über das Geschenk gefreut.* nicht angemessen, *sehr* ist also nicht vorfeldfähig.

Die Position zwischen Artikel und Nomen

Eine weitere wichtige Position, die für die Wortartenbestimmung benötigt wird, ist die Position zwischen einem Artikel und einem Nomen. Man fragt dabei, ob das entsprechende Wort alleine zwischen Artikel und Nomen stehen kann. Wenn man also Kombinationen aus Artikel und Nomen vorfindet wie *das Auto, dem Auto, des Autos, der Berg, die Berge, den Männern, der Frauen, ein Pferd, eines Hundes* etc., dann können nur bestimmte Wörter alleine (Achtung: wieder gilt, dass das betreffende Wort alleine dort stehen muss!) zwischen die beiden Wörter eingefügt werden. Man kann z. B. sagen: *das alte Auto, dem schnellen Auto, des geputzten Autos, der hohe Berg, der blonden Frauen, den lachenden Männern, ein zugerittenes Pferd, eines trainierten Hundes* etc. Es ist dagegen nicht möglich, z. B. einen weiteren Artikel dort einzufügen (*das das Auto) oder ein weiteres Nomen (**den Männern Männern*) oder auch eine ganze Reihe anderer Wörter (*der und Berg, *ein sehr Pferd, **eines gestern Hundes* etc.). Alle diese Äußerungen sind ungrammatisch. Eine Äußerung wie *des gestern geputzten Autos* wäre zwar möglich, allerdings steht *gestern* dann zusammen mit *geputzten* zwischen dem Artikel und dem Nomen, nicht alleine – *gestern* hat den Test also nicht bestanden.

Die Verknüpfung von Wörtern, Phrasen und Sätzen

Es gibt eine Gruppe von Wörtern, die dazu verwendet werden, andere Wörter, Wortgruppen (Phrasen) oder Sätze miteinander zu verbinden. Dabei kann man unterscheiden zwischen

- Wörtern, die ausschließlich Sätze verbinden können (subordinierende Konjunktionen, auch genannt Subjunktionen) und
- Wörtern, die Sätze, Phrasen und Wörter gleichermaßen verbinden (koordinierende Konjunktionen).

Koordinierende Konjunktionen: Wörter, die auf allen drei Ebenen (Wort, Phrase und Satz) verknüpfende Funktionen haben können, sind z. B. *und*, *oder* und *aber*:

Koordination

- Wortebene: Ein sehr [[lautes] und [gutes]] Konzert.
                    Nur [[heute] und [morgen]] läuft der Sonderverkauf noch.
- Phrasenebene: Ein Amphibienfahrzeug kann man [[auf dem Land] und [im Wasser]] benutzen.
                    Ich nehme [[einen Kaffee] oder [einen Tee]].
- Satzebene: [[Er hat Angst] aber [er will den Fallschirmsprung trotzdem machen]].
                    [[Die Sonne scheint] und [der Himmel ist blau]].
                    [[Kommt er spielen] oder [muss er noch Hausaufgaben machen]]?
                    [[Verschwinden Sie] oder [ich rufe die Polizei]]!

Am deutlichsten wird die Funktion, gleichwertige Teile miteinander zu verknüpfen, immer dann, wenn Sätze verknüpft werden: Dort wird klar, dass die verknüpfenden Wörter tatsächlich außerhalb der Sätze stehen: In allen Beispielen der Satzverknüpfung sind die beiden Satzteile jeweils selbständig – im vierten Fall (*[[Verschwinden Sie] oder [ich rufe die Polizei]]!*) werden sogar unterschiedliche Satztypen miteinander verbunden, ein Imperativsatz (*Verschwinden Sie!*) und ein Aussagesatz (*Ich rufe die Polizei.*). Das koordinierend (beiordnend) verbindende Wort könnte also syntaktisch betrachtet auch weggelassen werden.

Subordinierende Konjunktionen: Bei subordinierenden Konjunktionen wird das Verb des Satzes, in dem die subordinierende Konjunktion steht, immer an das Ende des Satzes verdrängt. Beispiele sind *dass*, *obwohl* oder *weil*: Er weiß, <u>dass</u> er keine Chance <u>hat</u>. Wir wollen noch bleiben, <u>obwohl</u> es schon so spät <u>ist</u>. <u>Weil</u> es heute sehr stark <u>regnet</u>, wird es wieder zu vielen Unfällen kommen. In allen Beispielsätzen werden zwei Sätze (erkennbar daran, dass es zwei finite Verben gibt) miteinander verbunden, wobei allerdings anders als bei den koordinierenden Konjunktionen der untergeordnete Satz von dem übergeordneten abhängig ist und damit nur der übergeordnete Satz alleine stehen könnte (dies ist im zweiten Satz mit *Wir wollen noch bleiben.* der Fall). Häufig sind sogar beide Sätze, der über- und der untergeordnete, voneinander abhängig. Im ersten Satz könnte weder *Er weiß.* alleine stehen – bestenfalls als Ellipse (Auslassung), d. h. als Antwort, bei der man das, was die Person weiß, bereits aus dem Kontext kennt – noch *dass er keine Chance hat*. Gleiches gilt im dritten Satz, wo weder *Weil es heute sehr stark regnet*, noch *wird es wieder zu vielen Unfällen kommen.* in dieser Form alleine stehen könnten (auch hier könnte der *weil*-Satz nur als Antwortellipse alleine stehen). Subordinierende Konjunktionen können also nur Sätze verbinden, nicht Wörter oder Phrasen.

Subordination

Wörter, die alleine stehen können

Dieses Kriterium ist nicht im engeren Sinne für die Wortartenbestimmung notwendig, da die Frage, ob ein Wort autonom als eine Art ›Satz-Ersatz‹ dienen kann, erst für Teilklassen innerhalb anderer Wortarten relevant wird, dabei vor allem innerhalb der großen und heterogenen Klasse der Partikeln. So gibt es etwa die Klasse der Antwortpartikeln (*ja*, *nein*), die ebenso wie bestimmte Interjektionen (*oh*, *aua*, *ach*) autonom sind, also alleine stehen können. Fast alle anderen Wörter können zwar auch alleine stehen, aber nur als Ellipsen, d. h. sie benötigen einen Kontext, der rekonstruiert werden kann, wie z. B. im folgenden Fall:

A: *Wann hat er die Hausarbeit abgegeben?*
B: *Gestern.*

Man kann hier argumentieren (auch wenn diese Sichtweise in der linguistischen Forschung nicht unumstritten ist), dass der Antwort *Gestern.* der Satz *Er hat gestern die Hausarbeit abgegeben.* zugrunde liegt. Bei einem Dialog wie

A: *Hat er gestern die Hausarbeit abgegeben?*
B: *Ja.*

kann man dagegen keinen Satz bilden, in den *ja* eingebettet ist, *ja* bleibt auch in einer umfangreichen Antwortversion autonom, so dass im Endeffekt also zwei Sätze (bzw. satzwertige Einheiten) vorliegen würden, wie in: *[Ja], [er hat gestern die Hausarbeit abgegeben].*

3.3.2 | Die Kombination mit anderen Wörtern

Das zweite distributionelle Kriterium, die Frage nach den Kombinationsmöglichkeiten von Wörtern, ist eng mit der nach der generellen Stellung von Wörtern im Satz verbunden. Zum Teil spielen aber auch andere Faktoren als die reine Stellung (also wo im Satz das betreffende Wort steht) eine Rolle, weshalb dieser Punkt extra aufgeführt wird.

Die Kasusforderung: Besonders hervorzuheben ist die Tatsache, dass manche Wörter die Forderung aufstellen, dass, wann immer sie verwendet werden, andere Wörter in einem bestimmten Kasus mit ihnen zusammen auftreten müssen. Für die Verben ist diese Tatsache sicherlich die auffälligste Eigenschaft. Auch bei manchen Adjektiven und Nomen lässt sie sich beobachten. Für die Wortartenbestimmung ist die Fähigkeit, Begleiter auszuwählen, bei den flektierbaren Wörtern allerdings nicht weiter wichtig, die bereits zuvor genannten Kriterien der Deklination bzw. Konjugation sowie die Stellung im Satz reichen zu ihrer Klassifizierung aus. Wichtig ist diese Fähigkeit aber bei einer nicht flektierbaren Wortart, der Präposition, da sie in diesem Fall das zentrale Merkmal ist, das eine Präposition z. B. von einer Partikel unterscheidet: Präpositionen zeichnen sich dadurch aus, dass sie festlegen, dass bei ihnen ein Nomen in einem bestimmten Kasus stehen muss. So legt die Präposition *in* fest, dass entweder ein Nomen im Akkusativ folgen muss (wenn eine Richtung angezeigt werden soll, wie bei *Ich lege den Apfel [in die Schüssel].*) oder ein Nomen im Dativ, (wenn der Ort angezeigt wird: *Der Apfel liegt [in der Schüssel].*). Die Präposition *trotz* dagegen legt fest, dass ein Nomen im Genitiv folgen muss (*[Trotz des schlechten Wetters] gehen wir spazieren.*). Ohne den Begleiter, den diese Präpositionen fordern, können sie nicht verwendet werden. Das Merkmal, das für die Wortartenbestimmung von Bedeutung ist, ist demnach das der Kasusforderung (der Fachausdruck lautet **Rektion**). Die Frage lautet also: Fordert ein nicht flektierbares Wort ein anderes, das einen bestimmten Kasus aufweisen muss, ohne das es nicht verwendet werden kann?

Rektion

Die Artikelfähigkeit: Eine weitere Besonderheit in Bezug auf die Kombinierbarkeit von Wörtern ist die Tatsache, dass es manche Wörter gibt, vor die man einen Artikel stellen kann, der dann in Kasus, Numerus und Genus gleich flektiert wird. Dieses Phänomen der Übereinstimmung von Flexionskategorien nennt man **Kongruenz**. Wenn man vor ein Wort einen Artikel setzen kann, nennt man es ›artikelfähig‹. Beispiele für artikelfähige Wörter sind *der Mann*, *ein Auto*, *die Häuser*. Nicht artikelfähig sind dagegen Wörter wie *lachen, grün, und, sehr, der, in* etc. Achtung: Das Wort darf dabei nicht verändert werden, d. h. es muss immer noch die gleichen morphologischen und syntaktischen Eigenschaften wie zuvor behalten. So würde das nominalisierte Verb *das Lachen* die Fähigkeit verlieren, im Tempus verändert zu werden (**das Lachte*, **das werde Lachen*). Mit anderen Worten: Das Verb ist zu einem Nomen (Substantiv) geworden. Gleiches gilt für das nominalisierte Adjektiv *das Grün*, das die Fähigkeit der Komparation (**das Grüner*) verliert und zu einem Nomen (Substantiv) geworden ist. In der Schriftsprache zeigt man hier durch Großschreibung an, dass das Wort die Wortart gewechselt hat. Bei der Frage nach der Artikelfähigkeit gilt also: Das Wort muss auch mit dem Artikel die gleichen Fähigkeiten behalten, die es vorher schon hatte.

Kongruenz

Bezugswörter: Eine letzte wichtige Kombinationsmöglichkeit wird nur kurz angesprochen, da sie erst auf der Ebene von Detailunterscheidungen innerhalb einer Wortart relevant wird, nicht aber bei der Unterscheidung der Wortarten selbst. Es handelt sich um die Tatsache, dass manche Wörter bestimmte Bezugswörter brauchen, ohne die sie nicht verwendet werden können: So benötigt *sehr* ein Adjektiv oder ein Verb als direktes Bezugswort: *Es war [sehr laut].*, während *nur* mit vielen unterschiedlichen Wörtern kombiniert werden kann: *[Nur heute] scheint die Sonne. Heute fahren [nur Sonntagsfahrer] auf der Autobahn. Er singt [nur laut], aber nicht gut. Er kann [nur singen], aber nicht tanzen.* Hier wird *nur* erst mit einem Adverb, dann mit einem Nomen, dann mit einem Adjektiv und schließlich mit einem Verb verbunden. Für die Bestimmung von Partikelklassen – also die Subklassen innerhalb der Wortart Partikel – sind diese unterschiedlichen Kombinationsmöglichkeiten relevant.

3.4 | Bestimmung der Wortarten: Die Wortarten-›Murmelbahn‹

Nachdem die Grundlagen der Flexion und der Distribution geklärt sind, ist es nun endlich möglich, eine **Systematik der Wortartenbestimmung** zu erarbeiten. Diese Systematik sieht so aus, dass man für jedes Wort, das man einer Wortart zuordnen will, eine Kette von Fragen jeweils mit *ja* oder *nein* beantworten muss. Am Ende dieser Fragekette steht die Zuordnung zu einer von insgesamt acht Wortarten. Man kann sich den im Folgenden erläuterten Wortartenentscheidungsbaum wie eine Murmelbahn vorstellen: Oben lässt man die ›Murmel‹, d. h. das Wort, das man bestimmen möchte, hineinfallen. Bei jeder Abzweigung wird eine weitere Eigenschaft des Wortes erfragt und je nachdem, wie die Antwort ausfällt, ›rollt‹ die ›Wort-Murmel‹ nach links oder nach rechts, bis sie schließlich in einem der Fächer mit einem ›Wortarten-Etikett‹ liegen bleibt. Wichtig ist, dass man die Fragen immer in dieser Reihenfolge beantwortet und nicht mit einer ›niedrigeren‹ Frage beginnt!

Fragetests zur Wortartenbestimmung

1. Kann das Wort überhaupt flektiert werden (egal ob dekliniert oder konjugiert)?
2.1 Wenn das Wort flektiert werden kann, kann es dann konjugiert werden (d. h. kann die Zeit verändert werden) oder kann es dekliniert werden (kann man es in den Genitiv setzen)?
3.1.1 Wenn das Wort konjugiert werden kann, ist es ein **Verb**.
3.1.2 Wenn das Wort dekliniert werden kann: Kann es komparariert werden und zwischen Artikel und Nomen stehen? (Komparierbarkeit gilt allerdings nicht für alle Adjektive, die Stellung zwischen Artikel und Nomen dagegen schon!)
3.1.2.1 Wenn es kompariert werden kann und zwischen Artikel und Nomen stehen kann, ist es ein **Adjektiv**.
3.1.2.2 Wenn es nicht kompariert werden kann und nicht zwischen Artikel und Nomen stehen kann: Ist es artikelfähig?
3.1.2.2.1 Wenn es artikelfähig ist, ist es ein **Nomen**.
3.1.2.2.2 Wenn es nicht artikelfähig ist, ist es entweder ein **Artikel** oder ein **Pronomen**.
2.2 Wenn das Wort nicht flektiert werden kann: Kann es alleine (!) im Vorfeld stehen?
3.2.1 Wenn das Wort alleine im Vorfeld stehen kann, ist es ein **Adverb**.
3.2.2 Wenn es nicht alleine im Vorfeld stehen kann: Hat es eine Kasusforderung?
3.2.2.1 Wenn es eine Kasusforderung hat, ist es eine **Präposition**.
3.2.2.2 Wenn es keine Kasusforderung hat: Verknüpft es Wörter, Phrasen oder Sätze?
3.2.2.2.1 Wenn es Wörter, Phrasen oder Sätze verknüpft, ist es eine **Konjunktion**.
3.2.2.2.2 Wenn es keine Wörter, Phrasen oder Sätze verknüpft, ist es eine **Partikel**.

Weitaus übersichtlicher kann man dieses Verfahren in der eben erwähnten »Wortartenbestimmungsmurmelbahn« darstellen: Ganz oben lässt man

Bestimmung der Wortarten: Die Wortarten-›Murmelbahn‹

3.4

das Wort X ›hineinfallen‹, das man näher bestimmen möchte. Dieses ›rollt‹ nun in Stufen nach unten, bis es in einer der ›Auffangschalen‹ der Wortarten landet:

Schnelltest zur Wortartenbestimmung

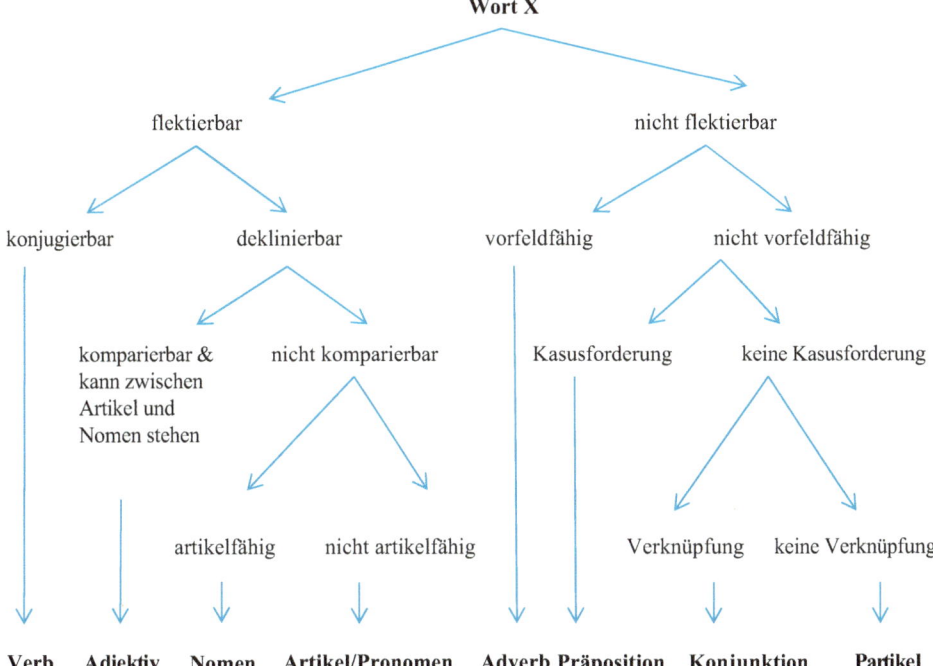

Probieren wir nun aus, was passieren wird, wenn wir die ›Murmeln‹ in den Entscheidungsbaum geben, d. h. alle Wörter in folgendem Satz einer Wortart zuordnen wollen:

Heute fahren wir in den Zoo, weil das Wetter sehr schön ist.

Beispielsatzanalyse

Die Wortartenzuordnung ergibt Folgendes:
- *heute*: nicht flektierbar, vorfeldfähig: Adverb
- *fahren*: flektierbar, konjugierbar: Verb
- *wir*: flektierbar, deklinierbar, nicht komparierbar, nicht artikelfähig: Pronomen (Achtung: Das Wort *wir* kann tatsächlich dekliniert werden, nur sehen die Formen jeweils sehr unterschiedlich aus. Die Tests ergeben aber, dass man *wir* in den Dativ (*Wem gefällt es?* Uns *gefällt es.*), Akkusativ (*Wen sehen wir?* Uns *sehen wir.*) und Genitiv (*Wessen gedenken wir?* Unser *gedenken wir.*) setzen kann!) (zur weiteren Differenzierung von Artikeln und Pronomen s. Kap. 6.3)
- *in*: nicht flektierbar, nicht vorfeldfähig, Kasusforderung: Präposition
- *den*: flektierbar, deklinierbar, nicht komparierbar, nicht artikelfähig: Artikel (zur weiteren Differenzierung von Artikeln und Pronomen s. Kap. 6.3)

3 Die Bestimmung der Wortarten: Grundlagen

- *Zoo*: flektierbar, deklinierbar, nicht komparierbar, artikelfähig: Nomen
- *weil*: nicht flektierbar, nicht vorfeldfähig, keine Kasusforderung, Verknüpfung: Konjunktion (genauer: eine subordinierende Konjunktion (Subjunktion), da das Verb an das Satzende ›verdrängt‹ wird)
- *das*: flektierbar, deklinierbar, nicht komparierbar, nicht artikelfähig: Artikel (zur weiteren Differenzierung von Artikeln und Pronomen s. Kap. 6.3)
- *Wetter*: flektierbar, deklinierbar, nicht komparierbar, artikelfähig: Nomen
- *sehr*: nicht flektierbar, nicht vorfeldfähig, keine Kasusforderung, keine Verknüpfung: Partikel
- *schön*: flektierbar, deklinierbar, komparierbar und kann zwischen Artikel und Nomen stehen: Adjektiv
- *ist*: flektierbar, konjugierbar: Verb

Der Wortartenentscheidungsbaum lässt sich im Übrigen auch ›rückwärts‹ zur Bildung von Definitionen benutzen: Ein Adverb ist eine nicht flektierbare, vorfeldfähige Wortart. Eine Präposition ist eine nicht flektierbare, nicht vorfeldfähige, kasusfordernde Wortart. Ein Nomen ist eine flektierbare, deklinierbare, nicht komparierbare, artikelfähige Wortart etc.

Arbeitsaufgabe

Aufgabe 1: Bestimmen Sie alle Wortarten in den folgenden Beispielsätzen:
(1) *Wegen des schlechten Wetters müssen wir zu Hause bleiben, obwohl wir eigentlich spazieren gehen wollten.*
(2) *Das Kind, das gerade ein Eis gekauft hat, geht dort über die Straße.*
(3) *Woher wusste er denn von der heutigen Geburtstagsfeier?*

4 Die Bestimmung der Wortarten: Detailfragen und Probleme

4.1 Details der Wortartenbestimmung
4.2 Die richtige Reihenfolge bei der Wortartenbestimmung
4.3 Einige Probleme beim Erkennen von Flektierbarkeit
4.4 Probleme mit der Semantik, oder: Warum die Semantik außen vor bleibt

4.1 | Details der Wortartenbestimmung

Der Beispielsatz, der am Ende des vorigen Kapitels verwendet wurde, war absichtlich einfach gehalten, um das Verfahren der Wortartenbestimmung zu illustrieren. Versuchen wir nun die Wortartenbestimmung bei einigen etwas komplizierteren Wörtern, den Adjektiven:

Ist eine Mumie eigentlich toter als ein Zombie oder umgekehrt?
Die drei Kinder, die heute ihren fünften Geburtstag haben, bekommen zwanzig Lollies.
Soll ich das lilane Hemd oder den orangen Pullover anziehen?
Ein singender Vogel sitzt in dem gestern gekauften Vogelhaus.

Adjektive bereiten ein großes Problem bei der Wortartenbestimmung. Es gibt in dieser Wortart eine Reihe von Wörtern, die man gerne den Adjektiven zuordnen will (und die auch in keine andere Wortart passen), die aber als Adjektive ›aus der Reihe tanzen‹. Darunter fallen:

1. **Adjektive, die aus semantischen Gründen nicht (oder zumindest aus Sicht mancher Sprachpfleger nicht) flektiert werden können.** Es handelt sich dabei um Adjektive, bei denen die Bedeutung sowohl eine Vergleichsform als auch einen Superlativ zweifelhaft erscheinen lässt. Eine Gruppe, bei der oft gesagt wird, dass sie aus diesem Grund nicht kompariert werden kann, ist die der **Farbadjektive**. Zuweilen wird behauptet, dass *grün*, *blau*, *schwarz* etc. Eigenschaften seien, die entweder vorhanden sind oder eben nicht. Es mache daher keinen Sinn, von *grüner / am grünsten*, *blauer / am blausten* oder *schwärzer / am schwärzesten* zu sprechen. Dieses Argument kann allerdings schnell widerlegt werden. Es trifft nur zu, wenn man diese Adjektive auf die simple Angabe der Anwesenheit einer bestimmten Farbe reduziert. Im Sprachgebrauch kodieren Farbadjektive aber nicht nur das Farbmerkmal, sondern auch die Intensität der Farbe. So ist es problemlos möglich, davon zu sprechen, dass das Gras in diesem Sommer *grüner* ist als letzten Sommer (im Englischen gibt es sogar das Sprichwort *The grass is always greener on the other side.*, d. h. man hat immer das Gefühl, dass das Gras des Nachbarn schöner aussieht, also ein ›volleres‹ Grün hat als das eigene), man kann sagen, dass Bayern den *blausten* Himmel in Deutschland hat (nämlich *das tiefste Blau*), und man kann bei

Farbadjektive

Neumond auf dem Land *in der schwärzesten Nacht* unterwegs sein. Das Argument, dass diese Adjektive nicht kompariert werden könnten, ist also nicht plausibel.

Schwieriger wird es mit Adjektiven wie *tot* oder *schwanger*. Hier ist es tatsächlich so, dass man keine ›normalen‹ Szenarien kennt, in denen diese Adjektive kompariert werden. Allerdings kann man sich – zugegeben oft eher absurde – Situationen ausdenken, in denen die Komparation dieser Adjektive Sinn ergeben könnte. Zum Beispiel kann man *tot* und *lebendig* dann steigern, wenn man sie im übertragenen Sinn verwendet (*Ich habe mich nie lebendiger gefühlt!*) oder wenn ein Arachnophobiker weiter auf die bereits mit dem Hausschuh erschlagene Spinne einschlägt und jemand sagt: *Hör auf, die ist tot, toter geht es gar nicht*. Auch *schwanger* kann man komparieren, wenn man z. B. mit *schwanger* wieder nicht – wie bei den Farbadjektiven – bloß die Anwesenheit oder Abwesenheit des Merkmals *schwanger* kodiert, sondern den Grad der Schwangerschaft. In diesem Fall könnte man durchaus von einer Frau, die im 8. Monat schwanger ist, sagen, sie sei *schwangerer* als eine, die erst im 2. Monat schwanger ist. Dieses Argument ist zugegebenermaßen etwas an den Haaren herbeigezogen und für manche dieser Adjektive muss daher einfach festgehalten werden, dass für sie nur das Kriterium zutrifft, dass sie flektiert werden sowie zwischen Artikel und Nomen stehen (*eine schwangere Frau*), nicht aber kompariert werden können.

2. Zahladjektive: Noch schwieriger wird es bei den Zahladjektiven wie *drei, vier, zwanzig, fünftausend, erste, zweite, dritte* etc. Während die Ordinalzahlen (Ordnungszahlen) wie *erste, zweite, dritte* schon auf den ersten Blick als deklinierbar erkennbar sind (vgl. *der erste/zweite/dritte... Geburtstag* vs. *des ersten/zweiten/dritten... Geburtstags*), scheinen die Kardinalzahlen (Grundzahlen) wie *eins, zwei, drei, vier...* zunächst unflektierbar zu sein:

Die drei (Nominativ) *Musketiere treffen sich heute.*
Das sind die Säbel der drei (Genitiv) *Musketiere.*
Ich sehe die drei (Akkusativ) *Musketiere.*
Er will den drei (Dativ) *Musketieren den Säbel klauen.*

Der Grund, warum (fast) alle Zahladjektive als unflektierbar erscheinen, liegt allerdings darin, dass sie im Plural vorkommen, und dort Adjektive generell kaum unterscheidbare Flexionsendungen haben (vgl. *Die mutigen Musketiere... / ...der mutigen Musketiere... / ...die mutigen Musketiere... / ...den mutigen Musketieren...*). Die prinzipielle Flektierbarkeit der Zahladjektive wird aber dann ersichtlich, wenn man das einzige Zahladjektiv betrachtet, das im Singular vorkommt, nämlich *ein*:

Der eine Musketier (Nominativ) *ist da, die beiden anderen noch nicht.*
Das ist nur der Säbel des einen Musketiers (Genitiv), *wo sind die anderen beiden Säbel?*
Ich sehe nur den einen Musketier (Akkusativ).
Ich will nur dem einen Musketier (Dativ) *den Säbel klauen.*

Zudem zeigt sich die Flexion auch dann, wenn vor dem Nomen kein Artikel steht, sondern nur ein Adjektiv, denn im Genitiv werden dann auch die

Pluralzahladjektive flektiert: *Das sind die Säbel dreier Musketiere.* Die generelle Deklinierbarkeit der Zahladjektive ist damit gegeben, auch das Kriterium der Stellung zwischen Artikel und Nomen, das Adjektive auszeichnet, trifft sowohl für die Kardinal- als auch die Ordinalzahlen zu. Definitiv unmöglich ist aber die Komparation: *drei – dreier – am dreisten* funktioniert nicht. Zahladjektive zählen also zwar zu den Adjektiven (aufgrund der Deklinierbarkeit und der Distribution), stellen aber aufgrund ihrer Nicht-Komparierbarkeit eine Randgruppe dar.

3. Historisch betrachtet junge Farbadjektive wie *rosa, lila, orange, beige, anthrazit, magenta, champagner* etc. sind ein weiterer Problemfall. Vermutlich werden die Urteile über die Angemessenheit von *ein oranges / beiges / rosanes / lilanes / anthrazitenes / magentanes / champagneres Kleid* weit auseinandergehen. Übereinstimmung wird aber sicher darin herrschen, dass die letzten drei Formen (*anthrazitenes, magentanes, champagneres*) sehr fragwürdig erscheinen, die mittleren beiden (*rosanes* und *lilanes*) deutlich besser, aber nach Umgangssprache klingen, während *orangenes* und *beiges* womöglich den meisten gar nicht auffallen (das beim Verfassen dieses Textes verwendete Autokorrekturprogramm hat beim Schreiben von *orangenes* und *beiges* z. B. keinen Fehler angezeigt!).

Der Grund für diese Unsicherheit hinsichtlich der Flektierbarkeit liegt dabei in der Sprachgeschichte: Alle diese Adjektive sind historisch betrachtet neue Adjektive, die erst noch in das Sprachsystem integriert werden müssen. Je älter sie sind, desto höher ist die Chance, dass sie dekliniert – und schließlich auch kompariert – werden können. Auf amüsante, wenn auch nicht immer linguistisch korrekte Weise widmet sich der Journalist Bastian Sick (2004) in einer Glosse mit dem Titel »Sind rosane T-Shirts und lilane Leggins erlaubt?« diesem Thema der Deklination der neuen Farbadjektive. Hier muss man sich also gedulden und diesen neuen Farbbezeichnungen so lange in der Wortart der Adjektive ›Asyl gewähren‹, bis sie entweder wie ihre ›alteingesessenen‹ Kollegen *grün, rot, blau* etc. auch standardsprachlich dekliniert werden oder – was bei ›Modefarbadjektiven‹ wie *champagner, mauve* oder *magenta* der Fall sein könnte – einfach wieder aussterben.

4. Partizipien sind die letzte Problemgruppe bei den Adjektiven. Bei diesen sprechen schon ihr lateinischer Name – das Wort ›Partizip‹ wurde abgeleitet von lateinisch *particeps* (teilhabend) – sowie die in älteren deutschen Grammatiken zu findende Bezeichnung ›Mittelwörter‹ Bände: Partizipien sind Wörter, die an zwei Wortarten ›teilhaben‹ beziehungsweise ›mitten‹ zwischen diesen Wortarten stehen. Die beiden Wortarten, die bei den Partizipien beteiligt sind, sind die Verben und die Adjektive. Partizipien werden aus Verben gebildet, und es gibt zwei Partizipien: das Partizip I und das Partizip II. Das Partizip I wird dabei zwar aus einem Verb gebildet, hat aber nichts mehr mit dem Verb zu tun, sondern wird genau wie ein Adjektiv verwendet.

Gebildet wird das **Partizip I**, indem die Endung *-end* an einen Verbstamm gehängt wird:

singen – singend	*lachen – lachend*	Partizip I
kochen – kochend	*laufen – laufend*	

4 Die Bestimmung der Wortarten: Detailfragen und Probleme

Alle diese Partizipien lassen sich zwischen einen Artikel und ein Nomen einfügen und werden dekliniert: *ein singender Gitarrenspieler, des kochenden Wassers, das lachende Kind, dem laufenden Verfahren* etc. Nur die Komparierbarkeit ist bei den meisten dieser Partizipien zumindest eingeschränkt, wenn nicht unsinnig, was an ihrer Herkunft aus der Wortart der Verben liegt. Hier gilt, wie bei den oben erwähnten Zahladjektiven, dass es sich um eine Randgruppe innerhalb der Adjektive handelt, die nicht kompariert werden kann.

Anders als das Partizip I, das durchweg als Adjektiv behandelt werden kann, ist das Partizip II ist ein ›echtes‹ Mittelwort: Nur im konkreten Gebrauchskontext kann man entscheiden, ob man ein ›Partizip-II-als-Adjektiv‹ oder ein ›Partizip-II-als-Verb‹ vorliegen hat. Gebildet wird das **Partizip II** entweder mit dem Präfix *ge-* und dem Suffix *-en* (*gesungen, gelaufen*) oder mit dem Präfix *ge-* und dem Suffix *-t* (*gekocht, gelacht*).

Partizip II
singen – gesungen   *kochen – gekocht*
laufen – gelaufen   *lachen – gelacht*

Genau wie das Partizip I kann man das Partizip II wie ein Adjektiv verwenden (*das gekochte Gemüse, die gelaufenen Kilometer* etc.), und eine Komparation ist meistens ebenfalls nicht möglich. Zugleich bildet das Partizip II aber auch in Kombination mit einem Hilfsverb ein komplexes Verb, z. B. beim Perfekt (*Ich habe das Buch gelesen. Ich habe laut gelacht. Ich bin lange gelaufen.*) oder beim Passiv (*Ich werde von ihm geschlagen. Das Gemüse wird kurz gekocht.*). Wenn man nur die Partizip-II-Form ohne Kontext einer Wortart zuordnen soll, gibt es also immer zwei Lösungen: *gekocht* kann sowohl ein Adjektiv als auch ein Verb sein. In konkreten Äußerungen ist diese Unbestimmtheit allerdings immer aufgehoben, da man durch einen Test herausfinden kann, ob es sich um ein Verb oder ein Adjektiv handelt: Der Test besteht darin, bei einem komplexen Verb, bei dem ein Partizip II vorkommt, die Präsensform im Aktiv zu bilden. In dem Fall verschwindet das Partizip II:

Aus *Ich werde von ihm geschlagen.*   wird   *Er schlägt mich.*
Aus *Er hat laut gelacht.*   wird   *Er lacht laut.*

Dagegen bleibt das Partizip II erhalten, wenn es kein Teil des komplexen Verbs ist, also nicht der Wortart Verb zugeordnet werden kann:

Aus *Wir werden das Gemüse nur gekocht essen.* wird *Wir essen das Gemüse nur gekocht.*

Da *gekocht* erhalten bleibt, ist es kein Teil des Verbs, das Verb ist *essen*, das hier im Futur mit dem Hilfsverb *werden* realisiert wird.

Zur Vertiefung

Partizipialsätze – gibt es so etwas?

In manchen Grammatiken findet sich die Kategorie des Partizipialsatzes. Darunter werden Strukturen wie die Folgenden gefasst:

Ein fröhliches Lied singend machte er sich auf den Weg.

Die Haare frisch geschnitten machte er sich auf den Weg zum Bewerbungsgespräch.

Diejenigen, die die unterstrichenen Abschnitte als Partizipialsatz ansehen, betrachten das jeweilige Partizip (*singend, geschnitten*) als eine Art ›Verb-Ersatz‹ und würden die Äußerungen *ein fröhliches Lied singend* oder *die Haare frisch geschnitten* wie einen Nebensatz behandeln, der einem Hauptsatz (*Er machte sich auf den Weg.* bzw. *Er machte sich auf den Weg zum Bewerbungsgespräch.*) untergeordnet ist. Das Problem mit dieser Sichtweise ist aber, dass diese Partizipialsätze nichts weiter als komplexe Adjektivphrasen sind: Strukturell gibt es keinen Unterschied zwischen den folgenden Sätzen:

Ein fröhliches Lied singend macht er sich auf den Weg.
Die Haare frisch geschnitten machte er sich auf den Weg zum Bewerbungsgespräch.
Fröhlich machte er sich auf den Weg.
Frei von Sorgen machte er sich auf den Weg.
Selbstbewusst machte er sich auf den Weg zum Bewerbungsgespräch.
Glücklich über seine neue Frisur machte er sich auf den Weg zum Bewerbungsgespräch.

In allen Fällen ist ein Adjektiv die zentrale Informationseinheit, nicht ein Verb.
Weshalb kommt es nun aber dazu, dass die ersten beiden Beispiele von manchen als Partizipialsätze angesehen werden? Ein Punkt ist sicher der, dass nach den Rechtschreibregeln solche Partizip-Strukturen durch Kommata abgetrennt werden können (man kann alternativ also auch schreiben *Ein fröhliches Lied singend, machte er sich auf den Weg.*) Das führt dazu, dass man denken könnte, es handelt sich um einen untergeordneten Satz, ähnlich wie z. B. ein Nebensatz: *Weil die Sonne so schön schien, machte er sich auf den Weg.* Eine solche Argumentation ist aber nicht sinnvoll: Kommaregeln können nicht als Beleg für eine Satzstruktur gelten. Ein zweiter Grund, warum manchmal von Partizipialsätzen gesprochen wird, ist durch den Vergleich mit dem Englischen gegeben. Dort gibt es tatsächlich sehr komplexe Partizipialstrukturen, die besser als Sätze aufgefasst werden, wie z. B. den folgenden Satz: *Having eaten his breakfast and having put on his new suit, he went to work.*
Im Deutschen gibt es aber solche Strukturen nicht: **Sein Frühstück gegessen habend und seinen neuen Anzug angezogen habend ging er zur Arbeit.* Wir bleiben also bei der Regel: Die Partizipien in solchen Strukturen sind immer als Adjektive zu behandeln (ausführlich werden Adjektivphrasen mit Partizipien in Kapitel 8.3 beschrieben).

4.2 | Die richtige Reihenfolge bei der Wortartenbestimmung

Am Beispiel des Wortes *deshalb* lässt sich sehr gut zeigen, weshalb es unbedingt erforderlich ist, die Reihenfolge der Fragen in der ›Wortarten-Murmelbahn‹ einzuhalten. Wenn man von der ersten Frage, ob *deshalb* flektierbar ist (es ist nicht flektierbar) direkt zu der vierten Frage springt, nämlich ob es Wörter, Phrasen oder Sätze verknüpft, würde man denken, dass es sich um eine Konjunktion handelt: Mit *deshalb* werden nämlich in der Tat Sätze verknüpft: *Ich muss heute länger arbeiten. Deshalb kann ich nicht mit ins Kino kommen.* Allerdings hätte man dann übersehen, dass *deshalb* vorfeldfähig ist, eine Eigenschaft, die zuerst mit der zweiten Frage überprüft werden muss. Als nicht flektierbares, vorfeldfähiges Wort ist *deshalb* trotz seiner Fähigkeit, Sätze zu verknüpfen, ein Adverb, da Konjunktionen nicht die Eigenschaft besitzen, im Vorfeld von Sätzen aufzutreten. Die Verknüpfungsfähigkeit ist kein formales Kriterium, sondern lediglich eine Funktion: *Deshalb* ist ein sogenanntes **Konjunktionaladverb**, also ein Adverb, das ähnlich funktioniert, wie ansonsten Konjunktionen – aber eben anders als Konjunktionen die formale Eigenschaft der Vorfeldfähigkeit besitzt.

Konjunktional-adverb

4.3 | Einige Probleme beim Erkennen von Flektierbarkeit

Bei Verben hat man meist keine Probleme, die Flexionsendungen direkt zu erkennen. Etwas schwieriger ist das dagegen bei Nomen, Artikeln, Pronomen und Adjektiven.

Erkennungsprobleme bei Nomen: Wie bereits erwähnt, wurden die Flexionsendungen der Nomen im Deutschen im Laufe der Jahrhunderte langsam abgebaut. Das führt dazu, dass z. B. bei Feminina im Singular anscheinend keine Flexion mehr vorliegt, denn die Wortform ändert sich nicht: *Die Straße* (Nominativ; Femininum; Singular) *ist nass. Der Belag der Straße* (Genitiv; Femininum; Singular) *ist nass. Ich fahre auf der Straße* (Dativ; Femininum; Singular). *Ich überquere die Straße* (Akkusativ; Femininum; Singular). Dennoch gilt das Wort *Straße* wie alle Nomen als flektierbar, denn auch wenn keine sichtbare Flexionsendung vorliegt, enthält das Wort im konkreten Verwendungskontext immer die Informationen über Kasus, Genus und Numerus. Es handelt sich also um eine ›versteckte‹ Flexion. Der Kasus-Test liefert Klarheit: Man kann jeweils mit *wer?, wessen?, wem?* und *wen?* nach dem Kasus fragen.

Erkennungsprobleme bei Artikeln und Pronomen: Bei Artikeln und Pronomen besteht das Problem, dass diese Wörter einerseits sehr kurz sind, so dass eine Trennung in Wortstamm und Flexionsendung absurd erscheint, oder dass sie für jede Flexionsform eine völlig unterschiedliche Wortform aufweisen. Ersteres gilt für Artikel: Diese Wörter sind so kurz, dass man übersehen kann, dass z. B. *der, dessen, dem, das* oder *ein, eines, einem, ein* jeweils Flexionsformen von einem einzigen zugrundeliegenden Wort sind. Bei *ein* ist das noch etwas leichter zu erkennen, da die Grundform *ein* noch relativ umfangreich ist und die Flexionsendungen *-es* oder *-em* kürzer sind. Bei *der* ist dies schon schwieriger, denn dort ist die Grundform des Artikels eigentlich nur noch *d-*. An dieses *d-* werden dann die Endungen *-er, -essen, -em* und *-as* angehängt.

Das gleiche gilt für das Interrogativpronomen (Fragepronomen) *wer*, das ebenfalls flektierbar ist (*wer, wessen, wem, wen*) und eigentlich nur aus dem Stamm *w-* besteht.

Bei anderen Pronomen ist dagegen oft ein vollständiger Wechsel der Form zu beobachten: So lautet der Plural von *ich wir*, der Genuswechsel bei *er* führt zu *sie* und der Kasuswechsel von *du* führt zu folgenden Formen: *Du* (Nominativ) *denkst an den Urlaub. Wir gedenken deiner* (Genitiv). *Ich gebe dir* (Dativ) *das Buch. Ich verstehe dich* (Akkusativ). Es ist daher sinnvoll, sich bei Artikeln und Pronomen einen Überblick über die Formen zu verschaffen, um sich diese Flexionsvarianten einzuprägen.

Erkennungsprobleme bei Adjektiven: Bei Adjektiven kommt vielen häufig der Englischunterricht in die Quere. Dort findet ein Wechsel der Wortarten statt, je nachdem ob das Wort attributiv bzw. prädikativ oder adverbial verwendet wird: *The beautiful* (attributives Adjektiv) *singer. The singer is beautiful* (prädikatives Adjektiv). Aber: *The singer sings beautifully* (adverbiales Adverb). Allerdings kann man diesen Übergang in eine andere Wortart auch formal daran erkennen, dass die Adverb-Endung *-ly* angehängt wird. Im Deutschen findet dagegen kein Wortartenwechsel statt: *Die schöne* (attributives Adjektiv) *Sängerin. Die Sängerin ist schön* (prädikatives Adjektiv). *Die Sängerin singt schön* (adverbiales Adjektiv). Das Problem ist aber, dass nur im ersten Fall, nämlich dann, wenn ein Adjektiv sich auf ein Nomen bezieht (attributive Verwendung), dieses flektiert wird. Wenn es mit einem sogenannten Kopulaverb wie *sein* verwendet wird (prädikative Verwendung) oder sich auf ein Verb bezieht (adverbiale Verwendung), dann wird es nicht flektiert. Bei der Bestimmung der Flektierbarkeit von Adjektiven muss man also immer das entsprechende Wort in eine attributive Verwendung bringen und dann die Frage stellen, ob es an dieser Stelle bei Beibehaltung seiner Grundbedeutung flektiert werden kann. Beispiel: *Er arbeitet hervorragend*. Frage: Ist *hervorragend* ein Adjektiv? Antwort: Ja, denn wenn man es bei gleicher Bedeutung attributiv verwendet, muss es flektiert werden: *Der hervorragende Arbeiter.*

4.4 | Probleme mit der Semantik, oder: Warum die Semantik außen vor bleibt

Die Wortartenbestimmung kommt weitestgehend ohne einen Rückgriff auf die Bedeutungen der Wörter aus. Am Beispiel der Numeralia kann man gut zeigen, warum man die Semantik nicht für die Bestimmung von Wortarten nutzen sollte. Es erscheint zwar verlockend, eine Wortart Numerale zu bilden, die sich dadurch auszeichnet, dass alle Mitglieder dieser Wortart ›Zählwörter‹ sind. Beispiele sind *Million, zehntausend, drei, erstens, zweitens, Drittel* etc.

Wer den Wortartenbaum verstanden hat, sieht aber sofort, dass diese Wörter ›quer‹ zu anderen Wortarten stehen:
- *Million* und *Drittel* verhalten sich genau wie Nomen, sie können mit einem Artikel kombiniert und auch mit einem Adjektiv erweitert werden: *Er hatte kürzlich im Lotto eine Million gewonnen. Das letzte Drittel des Films war das spannendste.*

- *Zehntausend* und *drei* wiederum verhalten sich wie Adjektive. Sie können zwischen Artikel und Nomen stehen und flektiert (allerdings nicht kompariert) werden: *Ich habe die drei Aufgaben nicht geschafft. Die Airbags zehntausender Autos mussten ausgetauscht werden.*
- *Erstens* und *zweitens* wiederum verhalten sich wie Adverbien, d. h. sind nicht flektierbar, aber vorfeldfähig: *Erstens regnet es heute, und zweitens habe ich keine Lust, auszugehen.*

Es ist also nicht sinnvoll, bei Wörtern, die zwar ähnliche Bedeutungen haben, aber sich derart unterschiedlich verhalten, von einer einheitlichen Wortart auszugehen.

Arbeitsaufgaben

Aufgabe 1: Bestimmen Sie alle Wortarten in den beiden Beispielsätzen. Beispielsatz 1 stammt aus einem Rezept, Beispielsatz 2 aus einem Werbetext für ein Vogelhaus:
(1) *Die mit einem scharfen Messer unter fließendem Wasser abgeschälten Schwarzwurzeln werden in kochendes Salzwasser gegeben.*
(2) *Der einfach durch das abnehmbare Dach einzufüllende Futtervorrat hält sich lange frisch.*

Aufgabe 2: In welchen der folgenden Fälle liegt ein Partizip als Adjektiv, in welchen als Verb vor?
(1a) *Er hat die Aufgaben alle gelöst.*
(1b) *Die in Wasser gelöste Tablette muss vor dem Essen eingenommen werden.*
(2a) *Ein Auto können wir genauso gut auch gebraucht kaufen.*
(2b) *Wir haben das Auto jeden Tag gebraucht.*
(3a) *Der intensiv geräucherte Schinken verkauft sich sehr gut.*
(3b) *Der Schinken wird intensiv geräuchert.*

Aufgabe 3: In Schulbüchern für die Grundschule finden sich oft Bezeichnungen wie ›Tunwort‹ für Verben oder ›Dingwort‹ für Nomen. Bei diesen Bezeichnungen handelt es sich um semantische Kategorien, d. h. eine inhaltliche Beschreibung. Skizzieren Sie anhand einiger Beispiele, warum diese Bezeichnungen als Wortartenbezeichnungen problematisch sind.

5 Die konjugierbare Wortart: Das Verb

5.1 Das Konjugationssystem der Verben
5.2 Partikelverben und Präfixverben
5.3 Funktionsverbgefüge
5.4 Valenz und Dependenz

Aus der Sicht der Wortartenbestimmung ist die wichtigste Eigenschaft von Verben die Tatsache, dass sie die einzigen Wörter im Deutschen sind, die konjugiert werden können, d. h. dass sie in Bezug auf Tempus, Numerus, Person, Modus und Genus Verbi verändert werden können.

Bevor die einzelnen Konjugationskategorien im Detail dargestellt werden, muss darauf eingegangen werden, dass es **vier Hauptgruppen von Verben** gibt:

1. **Die Vollverben:** An diese Klasse denkt man normalerweise, wenn man von Verben spricht. Es handelt sich dabei um Verben, die alleine das Prädikat in einem Satz bilden können und eine eigenständige Bedeutung haben. Beispiele für Vollverben sind *gehen, essen, fliegen, existieren, denken, geben, schlagen* etc.

Vier Hauptgruppen von Verben

2. **Die Hilfsverben (Auxiliarverben):** Hilfsverben sind – wie der Name schon sagt – grammatische Hilfsstrukturen, die nur zusammen mit Vollverben auftreten können, nicht aber alleine. Sie dienen dazu, z. B. die Tempusform des Perfekts (*ich habe gegessen*) oder des Futurs (*ich werde essen*) zu bilden, die Genus-Verbi-Form des Passivs (*der Kuchen wird gegessen*) oder mit der *würde*-Form auch die Modus-Form des Konjunktivs (*er würde den Kuchen essen*). Die Hilfsverben des Deutschen sind eine eng begrenzte Klasse und umfassen die folgenden Verben als Kernformen: *haben, sein, werden*. Achtung: Das Hilfsverb *haben* kann zugleich auch als Vollverb vorliegen, wenn auch mit anderer Bedeutung:
- *Er hat ein Auto.* Das Vollverb *haben* hat hier die Bedeutung *besitzen*.

Dagegen:
- *Er hat ein Auto gekauft.* Das Hilfsverb *haben* dient der Perfektbildung, das Vollverb ist das Verb *kaufen*.

Die Hilfsverben *sein* und *werden* können auch als Kopulaverben (siehe 4.) verwendet werden und stehen dann alleine:
- *Er ist Arzt.* Das Kopulaverb *ist* verbindet das Prädikativ *Arzt* mit dem Subjekt *er*.
- *Er ist zum Arzt gegangen.* Das Hilfsverb *ist* markiert das Tempus Perfekt zusammen mit dem Vollverb *gehen*.

3. **Die Modalverben:** Auch die Modalverben können nicht alleine stehen und benötigen ein Vollverb. Dieses Vollverb steht im Infinitiv ohne die Infinitivpartikel *zu*. Anders als die Hilfsverben haben die Modalverben aber keine rein grammatischen Funktionen, sondern tragen eine eigene

Bedeutung zu einem Vollverb bei, die aus dem Bereich der Äußerungsmodalisierung stammt: Es wird angezeigt, ob eine Handlung erlaubt, möglich, gewünscht, gewollt etc. ist. Die Modalverben des Deutschen sind *dürfen*, *können*, *mögen*, *müssen*, *sollen* und *wollen*. Als relativ neues Modalverb ist in den letzten Jahrzehnten negiertes *brauchen* hinzugekommen: *Du brauchst die Aufgaben heute nicht machen.* Diese Verwendung gilt bei vielen allerdings noch als umgangssprachlich. Achtung: Auch wenn man manche Modalverben scheinbar alleine verwenden kann (Wenn man z. B. fragt *Kannst du morgen?*), zählt das nicht als alleinstehende Verwendung, da ein Vollverb hier mitgedacht werden muss (*Kannst du morgen vorbeikommen/arbeiten/mich treffen*...?). Ein solches Weglassen von Äußerungsteilen nennt man Ellipse.

Zur Vertiefung

Ellipsen

Als ›Ellipsen‹ bezeichnet man Auslassungen von Satzteilen, bei denen der Satz dennoch verständlich bleibt. Man unterscheidet dabei zwischen Ellipsen, die (1) vom unmittelbaren verbalen Kontext abhängen, und solchen, die (2) mehr oder weniger als feste Muster etabliert sind und eher vom situativen Kontext abhängen (Man muss allerdings festhalten, dass die Grenzen fließend sind: die folgende Zuordnung geht daher nur von typischen Vertretern aus und ist nicht ausschließend zu sehen!).
Koordinationsellipsen gehören z. B. zum ersten Typ: Wenn zwei Äußerungen mit einer Konjunktion verbunden werden, dann können die Satzteile, die sich wiederholen, weggelassen werden: *Wir gehen gleich einkaufen und (wir) bringen dir Eis mit. Morgen gibt es Regen und nächste Woche (gibt es) Schnee.*
Antwortellipsen gehören gleichfalls meist zum ersten Typ: Bei einer Antwort kann man alles weglassen, was in der Frage bereits geäußert wurde: Frage: *Wann kommst du an Weihnachten zu uns zu Besuch?* Antwort: *Am 23.* (Kurz für: *Ich komme am 23. zu euch zu Besuch.*). Frage: *Wo soll das Regal hin?* Antwort: *Dort.* (Kurz für: *Dort soll das Regal hin.*).
Situative Ellipsen, bei denen Äußerungsteile weggelassen werden, die über den Kontext erschlossen werden müssen, werden eher dem zweiten Ellipsentyp zugeordnet, da sie nicht direkt auf verbalen Kontext verweisen, sondern auf allgemeine Wissensbestände oder vom Sprecher als bekannt vorausgesetzte Aspekte. Darunter fällt z. B. die Frage *Kommst du morgen?*, bei der durch den allgemeineren, aber nicht unbedingt unmittelbar davor besprochenen Kontext für den Angesprochenen klar ist, wohin und zu welchem Zweck er kommen soll. Extreme Fälle für Kontextellipsen sind auch Äußerungen wie *Dorthin!*, mit denen man z. B. dem Möbelpacker mitteilen kann *Der Schrank soll dorthin gestellt werden.*
Ebenfalls zum zweiten Typ gehören die in der gesprochenen Sprache sehr verbreiteten **Verbspitzenstellungen** wie *Komme gleich! Gefällt mir. Mag ich nicht.*, wo entweder ein Personalpronomen (*Ich komme gleich!*) oder das Demonstrativpronomen *das* weggelassen werden (*Das gefällt mir. Das mag ich nicht.*).
Ein weiteres Beispiel für Ellipsen des zweiten Typs sind **elliptische Routinefloskeln**, die mit festen kommunikativen Aufgaben und Handlungssituationen verbunden sind, wie *Herzlichen Glückwunsch zum Geburtstag!*

Der Nächste, bitte! Auf Gleis 2 der Intercity nach Hamburg! Häufig sind diese Routinen so stark verfestigt, dass eine Satzform sehr holprig und ungewöhnlich klingen würde (?*Der Nächste soll bitte in das Sprechzimmer eintreten!* ?*Ich überbringe dir einen herzlichen Glückwunsch zum Geburtstag.*).

Zuletzt ist noch die **Aposiopese** als Vertreter des zweiten Typs zu nennen. Dabei handelt es sich um einen Satzabbruch, bei dem man davon ausgeht, dass der Hörer sich den Rest erschließen kann. Aposiopesen finden sich als routinierte Ellipsen etwa bei Drohungen wie *Du räumst sofort dein Zimmer auf, sonst...!*, wo das *sonst...!* sich als feste Drohformel etabliert hat. Weniger routiniert sind Aposiopesen, die z. B. Ratlosigkeit, Verwunderung oder starke Emotionen anzuzeigen: *Das Konzert war einfach...! Ich habe mir das durchgelesen, aber...!* Oft werden solche Aposiopesen gestisch und mimisch begleitet, z. B. mit Kopfschütteln, Gesten der Ratlosigkeit o. Ä., um den notwendigen Kontext herzustellen, der bei der Interpretation hilft.

4. Die Kopulaverben: Diese Gruppe umfasst die Verben *sein*, *werden* und *bleiben*. Sie heißen Kopulaverben, weil sie zwei Einheiten miteinander ›verkuppeln‹ und dabei keine oder nur eine geringe eigene Bedeutung beitragen. Sie sind von den Hilfsverben dadurch zu unterscheiden, dass sie alleine, d. h. nicht zusammen mit einem Vollverb, im Satz verwendet werden. Wenn man sagt *Er ist Arzt.* oder *Das Gras ist grün.* besteht die Aussage eigentlich nur aus *Er = Arzt* bzw. *Gras = grün*. Das Verb *sein* gibt lediglich die Information, dass die zwei Einheiten identisch sind bzw. der einen Einheit eine Eigenschaft zugeschrieben wird. In vielen Sprachen muss das Verb *sein* daher auch nicht realisiert werden. Im Russischen würde man etwa sagen *On wratsch*, wörtlich *Er Arzt*. Die Kopula ist hier unnötig. Etwas anders sieht es aus bei *Er wird Arzt. / Er bleibt Arzt.* sowie *Das Gras wird grün. / Das Gras bleibt grün.* Im Kern geschieht das Gleiche wie bei *sein*, es werden Eigenschaften oder Einheiten ›verkuppelt‹. Anders als bei *sein* steuern diese beiden Kopulaverben aber noch eine Zusatzbedeutung bei: *werden* kann umschrieben werden mit ›sein in der Zukunft‹ und *bleiben* mit ›sein, das vor dem Sprechzeitpunkt bestand und danach weiterbesteht‹.

5.1 | Das Konjugationssystem der Verben

Eine wichtige formale Unterscheidung innerhalb der Klasse der Vollverben ist die in regelmäßige (schwache) und unregelmäßige (starke) Verben. Die meisten Verben gehören heute der Klasse der regelmäßigen Verben an, zu der auch die meisten ehemaligen starken Verben mit der Zeit übergewechselt sind. Dieser Prozess dauert bis heute an: Bei Verben wie *backen* klingt die Präteritumform *buk* so altmodisch, dass die Sprecherinnen und Sprecher entweder die neue schwache Präteritumform *backte* verwenden, oder, da diese Form für viele noch nicht zum allgemein akzeptierten Standard geworden ist, das Problem umgehen, indem sie stattdessen die Perfektform *habe gebacken* verwenden. Auch bei *scheinen* ist der Sprachwandel im Gange, man kann ständig Sätze wie *Die Sonne scheinte.* statt *Die Sonne schien.* sowohl hören als auch lesen. – Was ist nun aber ein ›starkes‹ bzw. ›schwaches‹ Verb?

Starke Verben: Stark ist ein Verb dann, wenn es wie *tr*a*nken – tr*a*nk – getr*u*nken* seinen Stammvokal ändert (diese Vokalveränderung nennt man Ablaut) und keine Suffixe (Endungen) benötigt, wenn die Präteritumform gebildet werden soll. Zudem wird die Form des Partizip II, die für die Perfektbildung notwendig ist, dadurch gebildet, dass das Verb von den Affixen *ge-* und *-en* eingeklammert wird.

Beispiele für starke Verben

Präsens	Präteritum	Partizip II
blasen	blies	geblasen
heben	hob	gehoben
trinken	trank	getrunken
ziehen	zog	gezogen

Schwache Verben: Ein schwaches Verb verändert dagegen seine Stammform nicht, benötigt dafür aber ein Suffix für die Präteritumbildung und wird im Partizip II von den Affixen *ge-* und *-(e)t* eingeklammert. Das Präteritumsuffix besteht aus der Folge *-te-* sowie zusätzlich einer Personenmarkierung: *Ich machte, du machtest, er machte, wir machten, ihr machtet, sie machten.*

Beispiele für schwache Verben

Präsens	Präteritum	Partizip II
rasen	raste	gerast
leben	lebte	gelebt
blinken	blinkte	geblinkt
knien	kniete	gekniet

Egal ob ein Verb stark oder schwach flektiert wird – für alle Verben gilt, dass sie konjugiert werden können, und zwar nach den **Konjugationsparametern** Person, Numerus, Tempus, Modus und Genus Verbi.

5.1.1 | Übersicht über die Konjugationsparameter

Man geht von fünf Konjugationsparametern aus, d. h. fünf Merkmalen, die Informationen über ein jeweils in einer Äußerung verwendetes Verb angeben. Ein möglicher sechster Parameter, der Aspekt, kommt gerade hinzu, ist aber noch nicht vollständig grammatikalisiert.

1. Person: Es gibt drei Möglichkeiten der Markierung von Person: 1. Person, 2. Person und 3. Person. Die Bestimmung der Person bereitet erfahrungsgemäß die geringsten Probleme.

- Die erste Person betrifft den Produzenten einer Äußerung (*ich*) oder eine Gruppe, die den Produzenten mit einschließt (*wir*).

- Die zweite Person betrifft den Adressaten (*du*) oder eine Gruppe, die den Adressaten mit einschließt (*ihr*).
- Die dritte Person betrifft eine Person oder einen Gegenstand, der nicht Produzent und Adressat ist (*er, sie, es*) oder eine entsprechende Gruppe (*sie*).

2. Numerus: Hier gibt es zwei Möglichkeiten: Singular und Plural. Auch der Numerus ist nicht kompliziert. In der Interaktion mit der Person ergeben sich folgende Aufteilungen:

Person	Singular	Plural
1. Person	(ich) gehe	(wir) gehen
2. Person	(du) gehst	(ihr) geht
3. Person	(er/sie/es) geht	(sie) gehen

Person und Numerus

3. Tempus: Es gibt sechs Möglichkeiten der Tempusmarkierung: Präsens, Futur I, Futur II, Präteritum, Perfekt und Plusquamperfekt.

Das **Präsens** erfüllt im Deutschen mehrere Funktionen: Je nach Kontext kann es auf gegenwärtige Ereignisse verweisen, die sowohl momentanen Charakter haben können (*Gerade regnet es hier sehr stark!*) als auch länger andauern (*Wir haben das Jahr 2014.*). Zudem kann, wenn der Kontext ausreichende Informationen bereitstellt, das Präsens auch für den Verweis auf zukünftige Ereignisse eingesetzt werden. Sehr gute kontextualisierende Hinweise liefern z. B. temporale Adverbien (*Morgen fahren wir nach Berlin.*) oder temporale Präpositionalphrasen (*In zwei Jahren hat er seinen Masterabschluss.*). Als sogenanntes historisches Präsens (oder Erzählpräsens) wird das Präsens auch für eigentlich vergangene Ereignisse in Geschichten eingesetzt, die dadurch lebendiger gestaltet werden (*Am 5.8.1854 wacht der arme Schuster auf, weil er großen Lärm vor seiner Tür hört. …*).

Mit dem **Futur I** wird auf zukünftige, d. h. nach dem Sprechzeitpunkt stattfindende Ereignisse verwiesen (*Morgen wird es regnen.*). Je nach Kontext kann dabei auch eine skeptische Haltung verbunden sein (*Das wird nicht klappen.*).

Das **Futur II** nutzt man, um einen Zeitpunkt in der Zukunft anzuzeigen, der noch vor einem zweiten Zeitpunkt liegt: *Unser Hund wird die Mülleimer bereits durchwühlt haben* (Zeitpunkt in der Zukunft vom Sprechzeitpunkt aus), *wenn wir wieder vom Konzert zu Hause zurück sein werden* (Zeitpunkt nach dem ersten Zukunftszeitpunkt). Eine weitere Verwendungsweise ist das Anzeigen einer Spekulation über ein Ereignis in der Vergangenheit: *Viel Glück wird er mit seinem Versuch, eine Verlängerung für seine Bachelorarbeit zu bekommen, nicht gehabt haben.* (Der Versuch fand zu einem Zeitpunkt in der Vergangenheit statt, und der Sprecher weiß nicht, ob er Erfolg hatte oder nicht.).

Präteritum und **Perfekt** sind besonders kompliziert zu unterscheiden. Das liegt daran, dass in der gesprochenen Sprache (v. a. im süddeutschen Raum) das Präteritum kaum verwendet wird, sondern fast nur das Perfekt. Dadurch werden die Unterschiede verwischt, die die beiden Tempora prinzipiell ausdrücken könnten. Traditionell geht man von folgender Unterscheidung aus:

Das **Präteritum** wird verwendet, um anzuzeigen, dass etwas vom Betrachterzeitpunkt aus zu einem bestimmten Zeitpunkt in der Vergangenheit stattgefunden hat. Von welchem Zeitpunkt die Rede ist, wird nur durch den Zusammenhang oder durch zusätzliche Temporalangaben deutlich. Beispiele: *Gestern war ich auf einem Konzert. Vor drei Jahren tobte über Deutschland ein Sturm. Im Jahr 1492 entdeckte Kolumbus Amerika.* In allen Fällen wird mit dem Präteritum ein vergangenes Ereignis angezeigt.

Das **Perfekt** zeigt ebenfalls vergangene Ereignisse an, setzt aber das Ereignis stärker in Bezug zur Orientierungszeit (meist Sprechzeit). Der Kontrast zwischen *Es regnete.* und *Es hat geregnet.* illustriert den Unterschied zwischen Perfekt und Präteritum: Wenn man gerade aus dem Fenster auf die noch nasse Straße schaut, wird man sagen *Es hat geregnet.*, um den Bezug zur gegenwärtigen Situation hervorzuheben. Die Äußerung *Es regnete.* würde seltsam klingen. Allerdings wird sie durch das Hinzufügen eines passenden Ausdrucks akzeptabel: *Es regnete bis vor kurzem. Es regnete eben noch. Es regnete gerade.* Wenn man dagegen etwa einen Roman oder einen Fachtext über eine vergangene Zeit schreibt, würde man eher das Präteritum verwenden (*1066 setzte William the Conqueror seinen Fuß auf englischen Boden. Es regnete. Daher ließ er zunächst die Zelte aufbauen.*). Allerdings wäre auch das Perfekt nicht falsch. Im schriftlichen Gebrauch würde es jedoch etwas unbeholfen und informell wirken, das Präteritum klingt angemessener.

Das **Plusquamperfekt** nutzt man, um ein Ereignis vor einem Zeitpunkt in der Vergangenheit zu verorten, also eine Vor-Vergangenheit anzuzeigen: *Er hatte bereits das Licht ausgemacht und sich zur Ruhe gelegt, als ihm einfiel, dass er noch die Tür abschließen musste.* Das Ereignis *einfallen* findet in der Vergangenheit statt und noch vor diesem Ereignis finden die Ereignisse des *Licht Ausmachens* und des *zur Ruhe Legens* statt.

Zeitpfeil   Zur besseren Veranschaulichung kann man die Tempora auf einem Zeitpfeil anordnen:

Plusquamperfekt (Vor-Vergangenheit)	Präteritum (Vergangenheit)	Perfekt (Vergangenheit mit Bezug zur Gegenwart)	Präsens (Gegenwart)	Futur II (Zukunft vor der Zukunft)	Futur I (Zukunft)

4. Modus: Die Kategorie ›Modus‹ bietet drei Möglichkeiten: Indikativ, Konjunktiv und Imperativ.

Indikativ und Konjunktiv: Die Modi bereiten vielen Einsteigern in die Grammatik des Deutschen Probleme. Das liegt nicht zuletzt daran, dass der Konjunktiv häufig formal vom Indikativ nur schwer zu unterscheiden ist und dass der Konjunktiv II nur noch selten verwendet wird, mit der Ausnahme von einigen wenigen festen Floskeln, in denen der Konjunktiv II verbreitet ist (*Ich hätte gerne ein Glas Wasser. Es wäre gut/hilfreich/ nett..., wenn du morgen Zeit hättest. Ich wüsste zu gerne, was das soll. Könntest du mir helfen?*). Zudem steht neben dem traditionellen Konjunktiv auch noch eine Ersatzform mit der *würde*-Form zur Verfügung. Hier besteht das Problem, dass die gleiche *würde*-Form sowohl für Konjunktiv I als auch II verwendet wird, was die Unterscheidung der beiden Konjunktivformen weiter schwächt. Während man mit dem Indikativ auf Tatsachen verweist (*Es regnet. Er arbeitet morgen. Sie hat keine Lust.*), wird mit dem Konjunktiv die Möglichkeit einer Tatsache angezeigt. Der Konjunktiv I kodiert dabei ›möglich und wahrscheinlich‹, während der Konjunktiv II ›möglich, aber unwahrscheinlich‹ anzeigt. Mit dem Konjunktiv kann man entsprechend subtil seine Einstellung zum Ausdruck bringen:

1. **Indikativ:** *Er sagt, es regnet. Er sagt, er arbeitet morgen. Sie sagt, sie hat keine Lust.*
   In allen drei Fällen stellt man die Aussage nicht in Frage, man suggeriert mit dem Indikativ, dass die Aussage zutrifft bzw. dass man selbst der gleichen Ansicht ist.
2. **Konjunktiv I:** *Er sagt, es regne. Er sagt, er arbeite morgen. Sie sagt, sie habe keine Lust.*
   Hier distanziert sich der Sprecher von der Äußerung. Durch den Konjunktiv wird eine zusätzliche Information präsentiert, die man umschreiben kann mit ›Ich gebe wieder, was jemand sagte, verbürge mich aber nicht für die Wahrheit bzw. enthalte mich einer Stellungnahme, ob das zutrifft.‹
3. **Konjunktiv II:** *Er sagt, es regnete. Er sagt, er arbeitete morgen. Sie sagt, sie hätte keine Lust.*
   Der Konjunktiv II baut eine Distanz zwischen Sprecher und Äußerung auf. Er markiert, dass man der Aussage nicht zustimmt bzw. eventuell sogar Belege dafür hat, dass sie nicht stimmt. Man könnte beim Konjunktiv II typischerweise eine Umschreibung geben wie ›Ich gebe wieder, was jemand sagte, glaube aber nicht, dass das stimmt.‹

Die *würde*-Form des Konjunktivs ist eine historisch jüngere Ersatzform. Während der Konjunktiv eine synthetische Form ist, d. h. eine Form, die direkt am Vollverb über Flexion gebildet wird, handelt es sich bei dem *würde*-Konjunktiv um eine periphrastische Form, d. h. um eine Form, die mit zusätzlichen Wörtern, hier dem Hilfsverb *würde*, gebildet wird. Wenn grammatische Informationen mit Hilfe von solchen Hilfsverben angezeigt werden, spricht man von einer **analytischen Struktur** (z. B. *Ich würde gerne morgen zu dir kommen.*). Wenn dagegen die Informationen direkt am Verb kodiert werden, dann spricht man von einer **synthetischen Struktur** (z. B. *Ich käme gerne morgen zu dir.*). Während der synthetische Konjunktiv, insbesondere der Konjunktiv II, oft veraltet und gespreizt wirkt und daher vermieden wird (*Er sagt, er hebe* (Konjunktiv I) */ höbe* (Konjunktiv II) *mir noch von dem Kuchen auf. Sie versprach, sie helfe* (Konjunktiv I) */ hülfe* (Konjunktiv II) *mir morgen. Er denkt, er gewinne* (Konjunktiv I) */ gewönne* (Konjunktiv II) *dadurch Zeit. etc.*), wirkt die *würde*-Form unmarkiert (*Er sagt, er würde mir den Kuchen aufheben. Sie versprach, sie würde mir morgen helfen. Er denkt, er würde dadurch Zeit gewinnen.*). Allerdings geht die feine Unterscheidung zwischen Konjunktiv I und II verloren, da nur noch die eine *würde*-Form vorliegt. Man weiß also bei der *würde*-Form nicht, ob der Sprecher oder Schreiber die

Analytische und synthetische Struktur

schwächere Distanzierung wie beim Konjunktiv I oder die stärkere wie beim Konjunktiv II kodieren will.

Imperativ: Der Imperativ (die Befehls- oder Aufforderungsform) ist die dritte Option innerhalb der Bestimmung der Modi. Dieser ist unproblematisch zu erkennen (Beispiele: *Verschwinde!*; *Verschwindet!*; *Gib mir das Buch!*; *Macht die Tür zu!* etc.).

5. Genus Verbi: Für das Genus Verbi gibt es zwei Möglichkeiten: Aktiv und Passiv. Typischerweise wird das Passiv mit solchen Verben gebildet, die einen Begleiter im Akkusativ bei sich haben (transitive Verben). Dieser Begleiter wird dann zum neuen Subjekt, das Subjekt (der Begleiter im Nominativ) der Aktivvariante wird entweder getilgt oder mit der Präposition *von* angeschlossen:

- Aktiv: *Der Hund* (Nominativ) *jagt die Katze* (Akkusativ).
- Vorgangspassiv: a) *Die Katze* (Nominativ) *wird von dem Hund gejagt*.
  b) *Die Katze wird gejagt*.

Die Tatsache, dass der Begleiter im Nominativ (Subjekt) des Aktivsatzes im Passivsatz weggelassen werden kann, führt auch zu einer wichtigen Funktion des Passivs: Es ist damit möglich, das sogenannte ›Agens‹, die ›handelnde‹ Einheit, nicht realisieren zu müssen, sei es, weil man sie überhaupt nicht kennt oder weil sie nicht relevant ist.

Zwei Varianten des Passivs

Oft wird vergessen, dass es **zwei Varianten des Passivs** gibt: Das Vorgangs- und das Zustandspassiv. Mit Ersterem wird angezeigt, dass etwas gerade passiert (bzw. jemand oder etwas gerade etwas ›erleidet‹), während Letzteres anzeigt, dass das ›Leiden‹ ein andauernder Zustand ist. Das Vorgangspassiv wird mit einer Form des Hilfsverbs *werden* und dem Partizip II gebildet, das Zustandspassiv mit dem Hilfsverb *sein* und dem Partizip II.

Kontrastierende Beispiele für Vorgangs- und Zustandspassiv

Aktiv	Vorgangspassiv	Zustandspassiv
Ich wasche.	Ich werde gewaschen.	Ich bin gewaschen.
Du prüfst.	Du wirst geprüft.	Du bist geprüft.
Er öffnet die Tür.	Die Tür wird geöffnet.	Die Tür ist geöffnet.
Sie bauen ein Haus.	Ein Haus wird gebaut.	Ein Haus ist gebaut.

Achtung: Ein häufiger Fehler besteht darin, dass man das Vorgangspassiv deswegen nicht erkennt, weil man die Partizipform des Verbs für ein Adjektiv hält und das Hilfsverb *sein* für ein Kopulaverb. Diese Verwechslung entsteht, weil auf der einen Seite Sätze wie *Ich bin sauber. Du bist fähig. Die Tür ist offen. Ein Haus ist neu.* sehr ähnlich aussehen, dort aber das Verb *sein* wirklich ein Kopulaverb ist, und auf der anderen Seite das Partizip II ja auch tatsächlich ein Adjektiv sein kann (*Ein gewaschenes Kind. Ein geprüfter Student. Eine geöffnete Tür. Ein gebautes Haus.*). Die einzige Möglichkeit, die Unsicherheit in diesem Fall zu beheben, besteht in folgendem Test: Wenn ein Satz mit dem Verb *sein* und einem Partizip II vorliegt, kann man versuchen, das Verb *sein* durch die entsprechende Form des Verbs *werden* zu ersetzen, also aus dem Zustands- ein Vorgangspassiv zu machen. Wenn dies möglich ist, weiß man, dass die Zustandspassivform vorliegt, wenn nicht, handelt es sich um das Kopulaverb *sein*, nicht um das Passivhilfsverb.

Neben den zwei genannten gebräuchlichen Grundformen des Passivs gibt es auch noch eine spezielle Passivvariante, mit der der Empfang von etwas ausgedrückt wird. Daher nennt man dieses Passiv auch das **Rezipientenpassiv**. Es wird auf der Basis der Verben *kriegen* (umgangssprachlich), *bekommen* (neutral) oder *erhalten* (gehoben) gebildet: *Er kriegt zum Geburtstag ein Buch geschenkt. / Er bekommt zum Geburtstag ein Buch geschenkt. / Er erhält zum Geburtstag ein Buch geschenkt.* Anders als die beiden anderen Passivformen wird beim Rezipientenpassiv der Begleiter im Dativ zu dem im Nominativ:

Rezipientenpassiv

- Aktiv:
  Wir (Nominativ) *schenken ihm* (Dativ) *ein Buch zum Geburtstag.*
- Rezipientenpassiv:
  a) *Er* (Nominativ) *bekommt von uns ein Buch zum Geburtstag geschenkt.*
  b) *Er* (Nominativ) *bekommt ein Buch zum Geburtstag geschenkt.*

Der Aspekt – ein neuer Konjugationsparameter?

Zur Vertiefung

Ein sechster Konjugationsparameter könnte momentan im Bereich der Aspektmarkierung, d. h. der Markierung von andauernden oder gerade stattfindenden Handlungen, entstehen. Ursprünglich war die Aspektmarkierung durch *am* + Infinitiv (oder substantiviertem Verb) als ›rheinische Verlaufsform‹ auf den Westen Deutschlands entlang des Rheins beschränkt. Wie Untersuchungen zur gesprochenen Alltagssprache zeigen – z. B. eine Erhebung im Rahmen des von Elspaß/Möller erstellten *Atlas zur Deutschen Alltagssprache* (2007) – hat sich diese Konstruktion inzwischen über ganz Deutschland ausgebreitet. Unklar ist allerdings noch die Bewertung unter einer normgrammatischen Perspektive, wobei die Duden-Grammatik bereits eine weitgehende Akzeptanz vorschlägt:

»Bei *sein* + substantiviertem Infinitiv mit *am* (*ich bin am Überlegen*) oder (seltener) *beim* (*ich bin beim Aufräumen*) handelt es sich um eine Verlaufsform (Progressivkonstruktion), die mit der englischen Progressivform (*be dancing*) zu vergleichen, im Gegensatz zu dieser jedoch nicht voll grammatikalisiert ist. Sie wird vorzugsweise bei Tätigkeitsverben ohne Ergänzungen verwendet und ist in der gesprochenen Sprache weiter verbreitet als in der Standardschriftsprache« (Duden 2009: 434).

Umstritten ist allerdings die hier konstatierte Verwendung eines substantivierten Infinitivs. Verbreiteter, wenn man alltagssprachliche schriftliche Daten heranzieht, scheint die Verwendung eines Infinitivs (d. h. Kleinschreibung) zu sein. Das spricht dafür, dass in der Wahrnehmung der Schreiberinnen und Schreiber die *am*-Verlaufsform tatsächlich eine Verbkonjugationsform zu sein scheint. Da es sich um ein aktuelles Sprachwandelphänomen handelt, kann über die zukünftige Entwicklung der Form aber nur spekuliert werden.

5.1.2 | Die Konjugationsparameter von Verben am Beispiel von *jagen* und *schlagen*

Für die vollständige Bestimmung eines Verbs sind also eine ganze Menge Angaben notwendig, was zu einer entsprechend komplexen Beschreibung führt. Im Folgenden sollen beispielhaft an dem regelmäßigen Verb *jagen* und dem unregelmäßigen Verb *schlagen* alle Konjugationsformen präsentiert werden, um einen Überblick und ein schnelles Nachschlagen der Formen zu ermöglichen.

Präsens Indikativ: Bei manchen Verben, wie bei dem Verb *schlagen*, wird in der 2. bzw. 3. Person der Stammvokal geändert (z. B. Umlaut bei Verben mit Stammvokal *a*, wie bei *schlagen* vs. *schlägst*, oder *e/i*-Wechsel bei starken Verben mit *e* im Stamm, wie bei *geben* vs. *gibst*). Diese Stammänderungen sind sprachgeschichtliche Relikte.

Die Formen des Zustandspassivs erscheinen vielen zunächst ungewöhnlich. Einige Beispielsätze verdeutlichen aber schnell die unterschiedliche Bedeutung: *Der kleine Junge wird immer wieder von seinen Spielkameraden geschlagen.* (Vorgangspassiv) *Der kleine Junge ist mit einer schweren Krankheit geschlagen.* (Zustandspassiv). *Die Sahne wird gerade geschlagen.* (Vorgangspassiv) *Die Sahne ist schon geschlagen und steht im Kühlschrank.* (Zustandspassiv) *Ich werde von meinem Chef so gejagt, dass ich kaum noch mit der Arbeit hinterherkomme.* (Vorgangspassiv) *In meinem Job bin ich so gejagt, dass ich kaum noch mit der Arbeit hinterherkomme.* (Zustandspassiv).

Präsens Indikativ

Person	Genus Verbi	Numerus	
		Singular	Plural
1. Person	Aktiv	*(ich) schlage* *(ich) jage*	*(wir) schlagen* *(wir) jagen*
	Vorgangspassiv	*(ich) werde geschlagen* *(ich) werde gejagt*	*(wir) werden geschlagen* *(wir) werden gejagt*
	Zustandspassiv	*(ich) bin geschlagen* *(ich) bin gejagt*	*(wir) sind geschlagen* *(wir) sind gejagt*
2. Person	Aktiv	*(du) schlägst* *(du) jagst*	*(ihr) schlagt* *(ihr) jagt*
	Vorgangspassiv	*(du) wirst geschlagen* *(du) wirst gejagt*	*(ihr) werdet geschlagen* *(ihr) werdet gejagt*
	Zustandspassiv	*(du) bist geschlagen* *(du) bist gejagt*	*(ihr) seid geschlagen* *(ihr) seid gejagt*
3. Person	Aktiv	*(er/sie/es) schlägt* *(er/sie/es) jagt*	*(sie) schlagen* *(sie) jagen*
	Vorgangspassiv	*(er/sie/es) wird geschlagen* *(er/sie/es) wird gejagt*	*(sie) werden geschlagen* *(sie) werden gejagt*
	Zustandspassiv	*(er/sie/es) ist geschlagen* *(er/sie/es) ist gejagt*	*(sie) sind geschlagen* *(sie) sind gejagt*

Präsens Konjunktiv: Während der Indikativ dann eingesetzt wird, wenn der Sprecher entweder die Aussage selbst für wahr hält oder ihr zumindest neutral gegenübersteht, wird der Konjunktiv Präsens (Konjunktiv I) eingesetzt, um eine Sprecherhaltung zwischen Neutralität und leichter Distanz anzuzeigen, u. a. auch, um anzuzeigen, dass man fremde und nicht eigene Meinungen, Aussagen etc. zitiert.

Das Konjugationssystem der Verben

Das ›Problem‹ mit dem Konjunktiv Präsens ist, dass er in vielen seiner Formen nicht vom Indikativ Präsens zu unterscheiden ist: In der ersten Person Aktiv kann man z. B. nicht erkennen, ob Indikativ oder Konjunktiv vorliegt, beide Formen sind identisch, wie z. B. in *Er sagt, ich schlage* (Indikativ oder Konjunktiv I) *ihn*. Gut erkennbar ist der Konjunktiv dagegen in der zweiten Person und in der dritten Person Singular, wie in *Er sagt, du schlägst* (Indikativ) / *schlagest* (Konjunktiv I) *ihn*.

Präsens Konjunktiv

Person	Genus Verbi	Numerus	
		Singular	Plural
1. Person	Aktiv	(ich) schlage (ich) jage	(wir) schlagen (wir) jagen
	Vorgangspassiv	(ich) werde geschlagen (ich) werde gejagt	(wir) werden geschlagen (wir) werden gejagt
	Zustandspassiv	(ich) sei geschlagen (ich) sei gejagt	(wir) seien geschlagen (wir) seien gejagt
2. Person	Aktiv	(du) schlagest (du) jagest	(ihr) schlaget (ihr) jaget
	Vorgangspassiv	(du) werdest geschlagen (du) werdest gejagt	(ihr) werdet geschlagen (ihr) werdet gejagt
	Zustandspassiv	(du) seiest geschlagen (du) seiest gejagt	(ihr) seiet geschlagen (ihr) seiet gejagt
3. Person	Aktiv	(er/sie/es) schlage (er/sie/es) jage	(sie) schlagen (sie) jagen
	Vorgangspassiv	(er/sie/es) werde geschlagen (er/sie/es) werde gejagt	(sie) werden geschlagen (sie) werden gejagt
	Zustandspassiv	(er/sie/es) sei geschlagen (er/sie/es) sei gejagt	(sie) seien geschlagen (sie) seien gejagt

Präteritum Indikativ: Im Präteritum (auch: Imperfekt) tritt die Unterscheidung zwischen starken (unregelmäßigen) und schwachen (regelmäßigen) Verben zu Tage: Das starke Verb *schlagen* bildet das Präteritum durch Ablaut (Veränderung des Verbstamms von *schlagen* zu *schlug*), während das schwache Verb *jagen* seinen Verbstamm nicht verändert, sondern mit Hilfe der Suffixe *-te/-test/-ten/-tet* die Präteritumformen bildet. Bei den Passivformen wird jeweils nur das Hilfsverb (*werden* oder *sein*) in die jeweilige Präteritumform gebracht.

In der Umgangssprache (v. a. im süddeutschen Raum) wird das Präteritum seltener gebraucht als das Perfekt. Formen wie *ihr schlugt* oder *ihr jagtet* wirken daher auf viele Sprecher des Deutschen ›seltsam‹ oder ›veraltet‹ und werden stattdessen im Perfekt ausgedrückt (*ihr habt geschlagen/gejagt*).

Präteritum Indikativ

Person	Genus Verbi	Numerus	
		Singular	Plural
1. Person	Aktiv	(ich) schlug (ich) jagte	(wir) schlugen (wir) jagten
	Vorgangspassiv	(ich) wurde geschlagen (ich) wurde gejagt	(wir) wurden geschlagen (wir) wurden gejagt
	Zustandspassiv	(ich) war geschlagen (ich) war gejagt	(wir) waren geschlagen (wir) waren gejagt

5 Die konjugierbare Wortart: Das Verb

Person	Genus Verbi	Numerus	
2. Person	Aktiv	(du) schlugst (du) jagtest	(ihr) schlugt (ihr) jagtet
	Vorgangspassiv	(du) wurdest geschlagen (du) wurdest gejagt	(ihr) wurdet geschlagen (ihr) wurdet gejagt
	Zustandspassiv	(du) warst geschlagen (du) warst gejagt	(ihr) wart geschlagen (ihr) wart gejagt
3. Person	Aktiv	(er/sie/es) schlug (er/sie/es) jagte	(sie) schlugen (sie) jagten
	Vorgangspassiv	(er/sie/es) wurde geschlagen (er/sie/es) wurde gejagt	(sie) wurden geschlagen (sie) wurden gejagt
	Zustandspassiv	(er/sie/es) war geschlagen (er/sie/es) war gejagt	(sie) waren geschlagen (sie) waren gejagt

Präteritum Konjunktiv: Während der Konjunktiv Präsens (Konjunktiv I) eine neutrale bis leicht distanzierte Sprecherhaltung zum Gesagten ausdrückt, wird der Konjunktiv II für eine deutlich stärkere Distanzierung verwendet, die zwischen Skepsis und Unglauben bzw. Ablehnung des Äußerungsinhalts schwankt.

Beim Konjunktiv Präteritum (Konjunktiv II) gibt es ähnliche Probleme wie beim Konjunktiv Präsens: Während der Konjunktiv II bei den starken Verben (hier bei *schlagen*) sehr gut durch die Veränderung des Stammvokals zu erkennen ist (aus *a* wird *ü*), kann man bei den schwachen Verben Indikativ und Konjunktiv im Präteritum nicht unterscheiden.

Wie bereits beim Konjunktiv Präsens angemerkt, kann die periphrastische Form des *würde*-Konjunktivs sowohl für den Konjunktiv Präsens als auch den Konjunktiv Präteritum eingesetzt werden. Die *würde*-Konjunktiv-Formen im Präteritum sind also die gleichen wie die im Präsens. Gerade beim Konjunktiv Präteritum ziehen die meisten Sprecher die *würde*-Periphrase vor, da der Konjunktiv Präteritum bei vielen Verben ›altmodisch‹ oder ›steif‹ klingt (*Er sagt, er führe bald in den Urlaub. Sie sagt, sie höbe ihm das Essen für später auf. Er sagt, er grübe noch die Kartoffelbeete um.*)

Noch eine Anmerkung zur sogenannten Schwa-Tilgung: Der unbetonte *e*-Laut (der in der Linguistik *Schwa* genannt wird) in Formen wie *schlügest* oder *schlüget* wird in der Alltagssprache oft weggelassen, was zu Formen wie *schlügst* oder *schlügt* führt. Schriftsprachlich wird (noch) das *-e-* gefordert.

Präteritum Konjunktiv

Person	Genus Verbi	Numerus	
		Singular	Plural
1. Person	Aktiv	(ich) schlüge (ich) jagte	(wir) schlügen (wir) jagten
	Vorgangspassiv	(ich) würde geschlagen (ich) würde gejagt	(wir) würden geschlagen (wir) würden gejagt
	Zustandspassiv	(ich) wäre geschlagen (ich) wäre gejagt	(wir) wären geschlagen (wir) wären gejagt

Das Konjugationssystem der Verben

Person	Genus Verbi	Numerus	
2. Person	Aktiv	*(du) schlügest* *(du) jagtest*	*(ihr) schlüget* *(ihr) jagtet*
	Vorgangspassiv	*(du) würdest geschlagen* *(du) würdest gejagt*	*(ihr) würdet geschlagen* *(ihr) würdet gejagt*
	Zustandspassiv	*(du) wärest geschlagen* *(du) wärest gejagt*	*(ihr) wäret geschlagen* *(ihr) wäret gejagt*
3. Person	Aktiv	*(er/sie/es) schlüge* *(er/sie/es) jagte*	*(sie) schlügen* *(sie) jagten*
	Vorgangspassiv	*(er/sie/es) würde geschlagen* *(er/sie/es) würde gejagt*	*(sie) würden geschlagen* *(sie) würden gejagt*
	Zustandspassiv	*(er/sie/es) wäre geschlagen* *(er/sie/es) wäre gejagt*	*(sie) wären geschlagen* *(sie) wären gejagt*

Perfekt Indikativ: Ein Problem nicht nur für Fremdsprachenlerner, sondern auch für viele Muttersprachler, besteht darin, dass die Form des Perfekts entweder mit dem Hilfsverb *haben* oder mit dem Hilfsverb *sein* gebildet werden kann. Bei manchen Verben sind sogar beide Varianten möglich, die zu Bedeutungsunterschieden führen können, die meist mit der Unterscheidung transitiv – intransitiv zu tun haben: Das Verb *starten* erhält z. B. mit *haben* die Bedeutung, etwas zu starten (*Der Rennfahrer hat den Motor gestartet.*) und ist somit ein transitives Verb, während es mit *sein* die Bedeutung des Startens als intransitives Verb erhält (*Der Rennfahrer ist von der Pole Position aus gestartet.*). Die Regeln für die Wahl von *haben* oder *sein* als Perfekt-Hilfsverb sind ausgesprochen komplex. Eine sehr gute und ausführliche Darstellung aller Regeln findet sich in der Duden-Grammatik (2009: 470–472). Hier werden nur die wichtigsten dieser Regeln kurz erläutert: Die meisten Verben, d. h. transitive Verben (Verben mit einem Akkusativobjekt), reflexive Verben, intransitive Verben mit Genitivobjekt und Modalverben bilden das Perfekt mit *haben* (*Ich habe ihn* (Akkusativobjekt) *gesehen. Wir haben uns* (Reflexivpronomen) *beeilt. Wir haben der Verstorbenen* (Genitivobjekt) *gedacht. Dieses Ergebnis hat niemand gewollt* (Modalverb *wollen*). Die übrigen bilden das Perfekt mit *sein*.

Doppeltes Perfekt: Zum Schluss noch eine Bemerkung zum ›doppelten Perfekt‹. Viele Sprecherinnen und Sprecher des Deutschen verwenden in der Umgangssprache Formen wie *Ich habe das Buch gelesen gehabt. Ich habe meine Hausaufgaben gemacht gehabt. Er hat seine Arbeit erledigt gehabt.* Diese Form wird als ›doppeltes Perfekt‹ bezeichnet und gilt in der geschriebenen Standardsprache als nicht korrekt.

Perfekt Indikativ

Person	Genus Verbi	Numerus	
		Singular	Plural
1. P.	Aktiv	*(ich) habe geschlagen* *(ich) habe gejagt*	*(wir) haben geschlagen* *(wir) haben gejagt*
	Vorgangsp.	*(ich) bin geschlagen worden* *(ich) bin gejagt worden*	*(wir) sind geschlagen worden* *(wir) sind gejagt worden*
	Zustandsp.	*(ich) bin geschlagen gewesen* *(ich) bin gejagt gewesen*	*(wir) sind geschlagen gewesen* *(wir) sind gejagt gewesen*

Person	Genus Verbi	Numerus	
2. P.	Aktiv	(du) hast geschlagen (du) hast gejagt	(ihr) habt geschlagen (ihr) habt gejagt
	Vorgangsp.	(du) bist geschlagen worden (du) bist gejagt worden	(ihr) seid geschlagen worden (ihr) seid gejagt worden
	Zustandsp.	(du) bist geschlagen gewesen (du) bist gejagt gewesen	(ihr) seid geschlagen gewesen (ihr) seid gejagt gewesen
3. P.	Aktiv	(er/sie/es) hat geschlagen (er/sie/es) hat gejagt	(sie) haben geschlagen (sie) haben gejagt
	Vorgangsp.	(er/sie/es) ist geschlagen worden (er/sie/es) ist gejagt worden	(sie) sind geschlagen worden (sie) sind gejagt worden
	Zustandsp.	(er/sie/es) ist geschlagen gewesen (er/sie/es) ist gejagt gewesen	(sie) sind geschlagen gewesen (sie) sind gejagt gewesen

Perfekt Konjunktiv: Die Konjunktivformen im Perfekt werden dadurch gebildet, dass jeweils das Hilfsverb in den Konjunktiv Präsens gesetzt wird, d. h. man bildet den Konjunktiv von *haben* oder von *sein*, je nachdem welches Hilfsverb für die Perfektbildung verwendet wird: Für das Verb *fahren*, das das Perfekt mit *sein* bildet – *ich bin gefahren, du bist gefahren* etc. –, würde der Konjunktiv entsprechend lauten *ich sei gefahren, du seist gefahren* etc.

Wie stets beim synthetischen Konjunktiv sind die Formen nicht immer klar erkennbar: Bei Verben, die das Perfekt mit *sein* bilden, ist der Konjunktiv gut markiert (Indikativ: *bin, bist, ist, sind, seid, sind* vs. Konjunktiv: *sei, seiest, sei, seien, seiet, seien*), bei denen, die das Perfekt mit *haben* bilden, dagegen nicht, da viele der Konjunktivformen von *haben* mit denen des Indikativs identisch sind (Indikativ: *habe, hast, hat, haben, habt, haben* vs. Konjunktiv: *habe, habest, habe, haben, habet, haben*).

Auch im Perfekt kann man den periphrastischen *würde*-Konjunktiv verwenden. In diesem Fall wird die *würde*-Form zum neuen Hilfsverb und das Hilfsverb *haben* oder *sein* wird nicht flektiert: *Ich würde geschlagen haben, du würdest geschlagen haben* etc. im Aktiv oder *Ich würde gejagt worden sein, du würdest gejagt worden sein* etc. im Vorgangspassiv.

Perfekt Konjunktiv

Person	Genus Verbi	Numerus	
		Singular	Plural
1. P.	Aktiv	(ich) habe geschlagen (ich) habe gejagt	(wir) haben geschlagen (wir) haben gejagt
	Vorgangsp.	(ich) sei geschlagen worden (ich) sei gejagt worden	(wir) seien geschlagen worden (wir) seien gejagt worden
	Zustandsp.	(ich) sei geschlagen gewesen (ich) sei gejagt gewesen	(wir) seien geschlagen gewesen (wir) seien gejagt gewesen
2. P.	Aktiv	(du) habest geschlagen (du) habest gejagt	(ihr) habet geschlagen (ihr) habet gejagt
	Vorgangsp.	(du) seiest geschlagen worden (du) seiest gejagt worden	(ihr) seiet geschlagen worden (ihr) seiet gejagt worden
	Zustandsp.	(du) seiest geschlagen gewesen (du) seiest gejagt gewesen	(ihr) seiet geschlagen gewesen (ihr) seiet gejagt gewesen

Das Konjugationssystem der Verben

Person	Genus Verbi	Numerus	
3. P.	Aktiv	(er/sie/es) habe geschlagen (er/sie/es) habe gejagt	(sie) haben geschlagen (sie) haben gejagt
	Vorgangsp.	(er/sie/es) sei geschlagen worden (er/sie/es) sei gejagt worden	(sie) seien geschlagen worden (sie) seien gejagt worden
	Zustandsp.	(er/sie/es) sei geschlagen gewesen (er/sie/es) sei gejagt gewesen	(sie) seien geschlagen gewesen (sie) seien gejagt gewesen

Plusquamperfekt Indikativ: Für die Wahl des Hilfsverbs gilt, was bereits zur Bildung des Perfekts gesagt wurde. Der einzige Unterschied besteht darin, dass im Plusquamperfekt das jeweilige Hilfsverb (*haben* oder *sein*) in das Präteritum gesetzt wird. Der Plusquamperfekt eines Verbs wie *fahren*, das mit dem Hilfsverb *sein* die Tempusformen Perfekt und Plusquamperfekt bildet, wird daher entsprechend mit den Präteritumformen von *sein* gebildet: *Ich war gefahren, du warst gefahren, er/sie/es war gefahren, wir waren gefahren, ihr wart gefahren, sie waren gefahren*.

Person	Genus Verbi	Numerus	
		Singular	Plural
1. P.	Aktiv	(ich) hatte geschlagen (ich) hatte gejagt	(wir) hatten geschlagen (wir) hatten gejagt
	V. p.	(ich) war geschlagen worden (ich) war gejagt worden	(wir) waren geschlagen worden (wir) waren gejagt worden
	Z. p.	(ich) war geschlagen gewesen (ich) war gejagt gewesen	(wir) waren geschlagen gewesen (wir) waren gejagt gewesen
2. P.	Aktiv	(du) hattest geschlagen (du) hattest gejagt	(ihr) hattet geschlagen (ihr) hattet gejagt
	V. p.	(du) warst geschlagen worden (du) warst gejagt worden	(ihr) wart geschlagen worden (ihr) wart gejagt worden
	Z. p.	(du) warst geschlagen gewesen (du) warst gejagt gewesen	(ihr) wart geschlagen gewesen (ihr) wart gejagt gewesen
3. P.	Aktiv	(er/sie/es) hatte geschlagen (er/sie/es) hatte gejagt	(sie) hatten geschlagen (sie) hatten gejagt
	V. p.	(er/sie/es) war geschlagen worden (er/sie/es) war gejagt worden	(sie) waren geschlagen worden (sie) waren gejagt worden
	Z. p.	(er/sie/es) war geschlagen gewesen (er/sie/es) war gejagt gewesen	(sie) waren geschlagen gewesen (sie) waren gejagt gewesen

Plusquamperfekt Indikativ (V. p. = Vorgangspassiv, Z. p. = Zustandspassiv)

Plusquamperfekt Konjunktiv: Die Konjunktivformen im Plusquamperfekt werden dadurch gebildet, dass das Hilfsverb in den Konjunktiv Präteritum (Konjunktiv II) gesetzt wird, d. h. man bildet den Konjunktiv von *haben* oder *sein* (je nachdem welches Hilfsverb für die Plusquamperfektbildung im Indikativ verwendet wird). Für das Verb *fahren*, das das Plusquamperfekt mit *sein* bildet – *ich war gefahren, du warst gefahren* etc. – würde der Konjunktiv entsprechend lauten *ich wäre gefahren, du wärest gefahren* etc.

Auch im Plusquamperfekt kann man den periphrastischen *würde*-Konjunktiv verwenden. In diesem Fall wird die *würde*-Form zum neuen Hilfsverb und das Hilfsverb *haben* oder *sein* wird nicht flektiert: *Ich würde geschlagen haben, du würdest geschlagen haben* etc. im Aktiv oder z. B. *Ich würde gejagt worden sein, du würdest gejagt worden sein* etc. im Vorgangspassiv. Die Formen des *würde*-Konjunktivs im Plusquamperfekt sind dabei identisch mit denen im Perfekt.

Die konjugierbare Wortart: Das Verb

Plusquamperfekt Konjunktiv

Person	Genus Verbi	Numerus	
		Singular	Plural
1. P.	Aktiv	(ich) hätte geschlagen (ich) hätte gejagt	(wir) hätten geschlagen (wir) hätten gejagt
	V. p.	(ich) wäre geschlagen worden (ich) wäre gejagt worden	(wir) wären geschlagen worden (wir) wären gejagt worden
	Z. p.	(ich) wäre geschlagen gewesen (ich) wäre gejagt gewesen	(wir) wären geschlagen gewesen (wir) wären gejagt gewesen
2. P.	Aktiv	(du) hättest geschlagen (du) hättest gejagt	(ihr) hättet geschlagen (ihr) hättet gejagt
	V. p.	(du) wärest geschlagen worden (du) wärest gejagt worden	(ihr) wäret geschlagen worden (ihr) wäret gejagt worden
	Z. p.	(du) wärest geschlagen gewesen (du) wärest gejagt gewesen	(ihr) wäret geschlagen gewesen (ihr) wäret gejagt gewesen
3. P.	Aktiv	(er/sie/es) hätte geschlagen (er/sie/es) hätte gejagt	(sie) hätten geschlagen (sie) hätten gejagt
	V. p.	(er/sie/es) wäre geschlagen worden (er/sie/es) wäre gejagt worden	(sie) wären geschlagen worden (sie) wären gejagt worden
	Z.p.	(er/sie/es) wäre geschlagen gewesen (er/sie/es) wäre gejagt gewesen	(sie) wären geschlagen gewesen (sie) wären gejagt gewesen

Futur I Indikativ: Alle Futurformen werden mit dem Hilfsverb *werden* gebildet. Da auch das Vorgangspassiv mit dem Hilfsverb *werden* gebildet wird, können im Passiv unbeholfen klingende Formen entstehen, die zweimal das Hilfsverb *werden* enthalten. In dem Satz *Er wird geschlagen werden.* kodiert das erste *werden* Futur, das zweite dagegen Passiv.

Futur I Indikativ

Person	Genus Verbi	Numerus	
		Singular	Plural
1. P.	Aktiv	(ich) werde schlagen (ich) werde jagen	(wir) werden schlagen (wir) werden jagen
	V. p.	(ich) werde geschlagen werden (ich) werde gejagt werden	(wir) werden geschlagen werden (wir) werden gejagt werden
	Z. p.	(ich) werde geschlagen sein (ich) werde gejagt sein	(wir) werden geschlagen sein (wir) werden gejagt sein
2. P.	Aktiv	(du) wirst schlagen (du) wirst jagen	(ihr) werdet schlagen (ihr) werdet jagen
	V. p.	(du) wirst geschlagen werden (du) wirst gejagt werden	(ihr) werdet geschlagen werden (ihr) werdet gejagt werden
	Z. p.	(du) wirst geschlagen sein (du) wirst gejagt sein	(ihr) werdet geschlagen sein (ihr) werdet gejagt sein
3. P.	Aktiv	(er/sie/es) wird schlagen (er/sie/es) wird jagen	(sie) werden schlagen (sie) werden jagen
	V. p.	(er/sie/es) wird geschlagen werden (er/sie/es) wird gejagt werden	(sie) werden geschlagen werden (sie) werden gejagt werden
	Z.p.	(er/sie/es) wird geschlagen sein (er/sie/es) wird gejagt sein	(sie) werden geschlagen sein (sie) werden gejagt sein

Futur I Konjunktiv: Der Konjunktiv wird im Futur I dadurch gebildet, dass das Hilfsverb *werden* in den Konjunktiv I gesetzt wird. Wie bei allen Konjunktivformen finden sich auch hier wieder Formen, bei denen Indikativ und Konjunktiv nicht unterschieden werden können (z. B. in der ersten

Person). Der periphrastische *würde*-Konjunktiv ist nur in der Aktivform sinnvoll: *Ich würde schlagen werden, du würdest schlagen werden, er würde schlagen werden etc.* In den Passivformen führt er zu sehr unbeholfenen Formen: *Ich würde geschlagen werden werden, du würdest geschlagen werden werden, er würde geschlagen werden werden* etc. und kommt daher praktisch nicht zum Einsatz (das erste *werden* kodiert jeweils Passiv, das zweite Futur).

Futur I Konjunktiv

Person	Genus Verbi	Numerus	
		Singular	Plural
1. P.	Aktiv	*(ich) werde schlagen* *(ich) werde jagen*	*(wir) werden schlagen* *(wir) werden jagen*
	V. p.	*(ich) werde geschlagen werden* *(ich) werde gejagt werden*	*(wir) werden geschlagen werden* *(wir) werden gejagt werden*
	Z. p.	*(ich) werde geschlagen sein* *(ich) werde gejagt sein*	*(wir) werden geschlagen sein* *(wir) werden gejagt sein*
2. P.	Aktiv	*(du) werdest schlagen* *(du) werdest jagen*	*(ihr) werdet schlagen* *(ihr) werdet jagen*
	V. p.	*(du) werdest geschlagen werden* *(du) werdest gejagt werden*	*(ihr) werdet geschlagen werden* *(ihr) werdet gejagt werden*
	Z. p.	*(du) werdest geschlagen sein* *(du) werdest gejagt sein*	*(ihr) werdet geschlagen sein* *(ihr) werdet gejagt sein*
3. P.	Aktiv	*(er/sie/es) werde schlagen* *(er/sie/es) werde jagen*	*(sie) werden schlagen* *(sie) werden jagen*
	V. p.	*(er/sie/es) werde geschlagen werden* *(er/sie/es) werde gejagt werden*	*(sie) werden geschlagen werden* *(sie) werden gejagt werden*
	Z.p.	*(er/sie/es) werde geschlagen sein* *(er/sie/es) werde gejagt sein*	*(sie) werden geschlagen sein* *(sie) werden gejagt sein*

Futur II Indikativ: Das Futur II wird mit dem Futur-Hilfsverb *werden* sowie zusätzlich mit dem Perfekt-Hilfsverb *haben* oder *sein* (je nachdem, ob es sich um ein Verb handelt, das auch im Perfekt *haben* oder *sein* fordert) gebildet. Wenn dann auch noch das Futur II in eine Passivform gesetzt wird und darüber hinaus das Passiv-Hilfsverb *werden* hinzutritt, führt dies zu sehr komplexen Verbformen, die in der Alltagssprache kaum gebräuchlich sind (und auch in der Schriftsprache selten vorkommen).

Futur II Indikativ

P.	GV	Numerus	
		Singular	Plural
1.	A.	*(ich) werde geschlagen haben* *(ich) werde gejagt haben*	*(wir) werden geschlagen haben* *(wir) werden gejagt haben*
	V. p.	*(ich) werde geschlagen worden sein* *(ich) werde gejagt worden sein*	*(wir) werden geschlagen worden sein* *(wir) werden gejagt worden sein*
	Z. p.	*(ich) werde geschlagen gewesen sein* *(ich) werde gejagt gewesen sein*	*(wir) werden geschlagen gewesen sein* *(wir) werden gejagt gewesen sein*
2.	A.	*(du) wirst geschlagen haben* *(du) wirst gejagt haben*	*(ihr) werdet geschlagen haben* *(ihr) werdet gejagt haben*
	V. p.	*(du) wirst geschlagen worden sein* *(du) wirst gejagt worden sein*	*(ihr) werdet geschlagen worden sein* *(ihr) werdet gejagt worden sein*
	Z. p.	*(du) wirst geschlagen gewesen sein* *(du) wirst gejagt gewesen sein*	*(ihr) werdet geschlagen gewesen sein* *(ihr) werdet gejagt gewesen sein*

P.	GV	Numerus	
3.	A.	(er/sie/es) wird geschlagen haben (er/sie/es) wird gejagt haben	(sie) werden geschlagen haben (sie) werden gejagt haben
	V. p.	(er/sie/es) wird geschlagen worden sein (er/sie/es) wird gejagt worden sein	(sie) werden geschlagen worden sein (sie) werden gejagt worden sein
	Z. p.	(er/sie/es) wird geschlagen gewesen sein (er/sie/es) wird gejagt gewesen sein	(sie) werden geschlagen gewesen sein (sie) werden gejagt gewesen sein

Futur II Konjunktiv: Die Formen des Futur II Konjunktiv (das Futur-Hilfsverb *werden* wird dabei in den Konjunktiv I gesetzt) kann man kann formal zwar bilden, im Sprachgebrauch (vor allem im mündlichen Sprachgebrauch) sind sie aber aufgrund ihrer Komplexität und auch mangelnder Notwendigkeit äußerst selten anzutreffen.

Futur II Konjunktiv

P.	GV	Numerus	
		Singular	Plural
1.	A.	(ich) werde geschlagen haben (ich) werde gejagt haben	(wir) werden geschlagen haben (wir) werden gejagt haben
	V. p.	(ich) werde geschlagen worden sein (ich) werde gejagt worden sein	(wir) werden geschlagen worden sein (wir) werden gejagt worden sein
	Z. p.	(ich) werde geschlagen gewesen sein (ich) werde gejagt gewesen sein	(wir) werden geschlagen gewesen sein (wir) werden gejagt gewesen sein
2.	A.	(du) werdest geschlagen haben (du) werdest gejagt haben	(ihr) werdet geschlagen haben (ihr) werdet gejagt haben
	V. p.	(du) werdest geschlagen worden sein (du) werdest gejagt worden sein	(ihr) werdet geschlagen worden sein (ihr) werdet gejagt worden sein
	Z. p.	(du) werdest geschlagen gewesen sein (du) werdest gejagt gewesen sein	(ihr) werdet geschlagen gewesen sein (ihr) werdet gejagt gewesen sein
3.	A.	(er/sie/es) werde geschlagen haben (er/sie/es) werde gejagt haben	(sie) werden geschlagen haben (sie) werden gejagt haben
	V. p.	(er/sie/es) werde geschlagen worden sein (er/sie/es) werde gejagt worden sein	(sie) werden geschlagen worden sein (sie) werden gejagt worden sein
	Z. p.	(er/sie/es) werde geschlagen gewesen sein (er/sie/es) werde gejagt gewesen sein	(sie) werden geschlagen gewesen sein (sie) werden gejagt gewesen sein

Imperativ: Eine Form fehlte bislang in der Liste der Verbkonjugationsparameter: Der Parameter ›Modus‹ enthält ja neben den Einträgen ›Indikativ‹ und ›Konjunktiv‹ auch den Eintrag ›Imperativ‹. Da die Imperativformen nicht in allen der anderen Konjugationsparameter flektiert werden, werden sie hier getrennt aufgeführt.

Gebräuchliche Imperativformen

Imperativ Singular Aktiv	*Liebe!* (Alltagssprachlich oft ohne den Schwa-Laut: *Lieb!*)
Imperativ Singular Passiv	*Werde geliebt!* (Vorgangspassiv) *Sei geliebt!* (Zustandspassiv)
Imperativ Plural Aktiv	*Liebt!*
Imperativ Plural Passiv	*Werdet geliebt!* (Vorgangspassiv) *Seid geliebt!* (Zustandspassiv)

Infinitiv und Partizip: Neben den finiten Formen des Verbs (d. h. denen, die Informationen über Person und Numerus anzeigen) gibt es auch eine Reihe sogenannter infiniter Formen, die nicht in allen fünf Konjugationsparametern flektiert werden können.

Das Konjugationssystem der Verben

Diese infiniten Formen umfassen Infinitive und Partizipien.

1. Infinitive: Die Infinitivformen können im Präsens und Perfekt vorkommen sowie im Aktiv und Passiv. Auch andere Zeitformen sind prinzipiell möglich, allerdings tauchen die meisten dieser Infinitivformen nur selten auf.
- **Infinitiv Präsens:** *schlagen, jagen, gehen* (aktiv); *geschlagen werden, gejagt werden* (passiv)
- **Infinitiv Perfekt:** *geschlagen haben, gejagt haben, gegangen sein* (aktiv); *geschlagen worden sein, gejagt worden sein* (passiv)

2. Partizipien: Wie im Kapitel zur Bestimmung der Wortarten bereits erwähnt, ist für die Bildung der Verbkonjugationsformen nur das Partizip II relevant, das Partizip I dagegen nicht.
- **Das Partizip I** (auch: Partizip Präsens): Diese Form wird mit Hilfe des Suffixes *-end* aus einem Verb gebildet (*schlagend, jagend, fahrend* etc.). Das Partizip I wird immer als Adjektiv verwendet und kann nicht konjugiert werden.
- **Das Partizip II** (auch: Partizip Perfekt): Diese Form wird mit dem Präfix *ge-* und dem Suffix *-en* (bei starken Verben) oder *-t* (bei schwachen Verben) gebildet (*geschlagen, gejagt, gefahren* etc.).

Das Partizip II kann entweder als Adjektiv verwendet werden oder als Teil eines komplexen Verbgefüges (bei Verben, die aus einem Hilfs- oder Modalverb und einem Vollverb bestehen, stellt das Partizip II z. B. das Vollverb). Die Art der Verwendung lässt sich nur über den Kontext entscheiden: Als Adjektiv kann das Partizip II flektiert werden (*Der kürzlich im Schach von einem Computer geschlagene Weltmeister wittert Betrug. Das gejagte Reh rennt in das Dickicht. Die jeden Tag gefahrene Strecke kenne ich wie meine Westentasche.* etc.).

In anderen Sätzen wird dagegen das Partizip II benötigt, um die Tempora Perfekt, Plusquamperfekt und Futur II sowie das Passiv zu bilden. In diesen Fällen ist es Teil des Verbgefüges: *In einigen Jahren werden Computer alle Schachweltmeister geschlagen haben. Das Reh wird von den Hunden gejagt. Ich bin jeden Tag die Strecke gefahren.* Im ersten Satz besteht der Verbalkomplex aus den Hilfsverben *werden* und *haben* sowie dem Vollverb *schlagen*, das hier im Partizip II steht, da die Form des Verbs das Futur II ist. Im zweiten Fall besteht der Verbalkomplex aus dem Hilfsverb *werden* und dem Vollverb *jagen* im Partizip II. Hier handelt es sich um eine Passivkonstruktion. Im dritten Satz schließlich besteht der Verbalkomplex aus dem Hilfsverb *sein* und dem Vollverb *fahren* im Partizip II. Hier handelt es sich um eine Konstruktion im Perfekt. Kurz: Wenn das Partizip II in einem Satz das Vollverb stellt, d. h. alle anderen Verben ›nur‹ Hilfsverben oder Modalverben sind, dann ist es Teil des Verbkomplexes. Wenn es dagegen kein Vollverb ist, wird es in der Regel als Adjektiv behandelt (s. auch Kap. 4.1).

5.2 | Partikelverben und Präfixverben

Partikelverben sind im Deutschen sehr häufig. Ein Partikelverb ist eine komplexe Verbform, die aus einem Verb und einer Partikel besteht. Diese Partikel kann abgetrennt werden. Beispiele für Partikelverben sind: <u>auf</u>machen, <u>zu</u>machen, <u>an</u>reisen, <u>ab</u>laden, <u>aus</u>trinken etc. Im Hauptsatz bilden Verb und Verbpartikel die für das Deutsche typische Verbklammer (Kapitel 10): *Ich mache die Tür <u>auf</u>. Er <u>reis</u>t vor einer Woche <u>an</u>. Wir <u>tran</u>ken den Wein <u>aus</u>.*

Zudem wird bei der Bildung des Perfekts das Perfektaffix -ge- zwischen die Partikel und das Verb eingefügt: *Ich habe die Tür auf<u>ge</u>macht. Er ist an<u>ge</u>reist. Wir haben den Wein aus<u>ge</u>trunken.*

Partikelverben unterscheiden sich auf den ersten Blick nicht von **Präfixverben**: Auch letztere bestehen aus einem Verb und einer – allerdings im Fall der Präfixverben lediglich ›ehemaligen‹ – Partikel, die nicht mehr vom Verb getrennt werden kann: Verben wie *unterschreiben, befahren, bewerten, überlegen* etc. bilden keine Verbklammer mit dem Präfix: *Ich <u>un</u>terschreibe den Vertrag. Er <u>be</u>wertet die Leistungen. Wir <u>über</u>legen uns das.*

Bei der Perfektbildung kann bei Präfixverben kein zusätzliches Perfektaffix -ge- verwendet werden: *Ich habe den Vertrag unterschrieben. Er hat die Leistungen bewertet. Wir haben uns das überlegt.*

In der gesprochenen Sprache – nicht allerdings in der geschriebenen – lässt sich bei einem Verb wie *umfahren* der Unterschied zwischen Partikel- und Präfixverb sehr gut zeigen: Je nachdem, ob das Verb auf der ersten oder der zweiten Silbe betont ist, wird es als Partikelverb oder als Präfixverb realisiert:

Partikelverb oder Präfixverb

- Betonung auf der ersten Silbe, d. h. auf der Partikel: *úmfahren*: *Der Junge <u>fuhr</u> seine kleine Schwester <u>um</u>, die gerade erst das Radfahren lernte.* Hier handelt es sich um das Partikelverb *umfahren* mit der Bedeutung ›etwas mit einem Fahrzeug umwerfen‹.
- Betonung auf der zweiten Silbe, d. h. auf dem Verbstamm: *umfáhren*: *Der Junge umfuhr seine kleine Schwester, die gerade erst das Radfahren lernte.* Hier handelt es sich um das Präfixverb *umfahren* mit der Bedeutung ›um etwas herumfahren‹.

5.3 | Funktionsverbgefüge

Funktionsverbgefüge sind dadurch bestimmt, dass ein Verb eine Nominalphrase oder eine Präpositionalphrase als festen Begleiter bei sich hat, wobei dieser Begleiter nicht frei zum Verb hinzugefügt, sondern zum Teil des Verbs selbst wird. Meist haben diese Verben besondere Bedeutungen, die nichts mehr mit der ursprünglichen Verbbedeutung zu tun haben. Sehr gut ist das an verschiedenen Verwendungsweisen mit dem Verb *bringen* zu zeigen:

- *Ich brachte meinen Bruder <u>zum Bahnhof</u>. Ich brachte das Bier <u>zu Tisch 13</u>. Ich brachte den Rennfahrer <u>zur Strecke</u>.* – Es handelt sich in allen diesen Fällen nicht um Funktionsverbgefüge, da jeweils die ursprünglichen Bedeutungen der Verben aktiviert sind und die Begleiter

der Verben frei wählbar sind: Man kann für *Bahnhof*, *Tisch 13* und *Strecke* jedes beliebige Nomen einsetzen, das einen Ort bezeichnet.
- *Ich brachte den Hirsch zur Strecke. Ich brachte ihn in Verlegenheit. Ich brachte das Stück zur Aufführung.* – Bei diesen Fällen handelt es sich dagegen um Funktionsverbgefüge, da *zur Strecke bringen*, *in Verlegenheit bringen* und *zur Aufführung bringen* jeweils eigene, von der Ursprungsbedeutung von *bringen* abweichende Bedeutungen haben und die Nomen *Strecke*, *Verlegenheit* und *Aufführung* nicht oder nur in sehr engem Rahmen mit anderen Ausdrücken ausgetauscht werden können.

Es ist immer dann leicht, ein Verb als Funktionsverbgefüge zu erkennen, wenn die Bedeutung des Funktionsverbgefüges stark von der Einzelbedeutung der Bestandteile abweicht, z. B. in den Funktionsverbgefügen *in Frage kommen*, *in Wut geraten*, *in Angst geraten*, *zu Kreuze kriechen*, *den Kürzeren ziehen* etc. Schwierig wird es allerdings dann, wenn ein Begleiter des Verbs lediglich besonders häufig vorkommt, wie bei *Auto fahren* oder *Fahrrad fahren* bzw. *Kaffee kochen*. Auf der einen Seite wirken diese Ausdrücke wie ein einziges komplexes Verb, auf der anderen Seite ist die Bedeutung aber aus den Einzelteilen erschließbar und es sind andere Begleiter (*Skateboard fahren*, *Rollschuh fahren* etc.; *Tee kochen*, *Milch kochen* etc.) möglich. Ob man solche festen Wendungen als Funktionsverbgefüge bezeichnet oder nicht, ist oft umstritten, es handelt sich um eine grammatische ›Grauzone‹. Auf der Grenze zwischen einem Partikelverb und einem Funktionsverbgefüge steht z. B. *staubsaugen* vs. *Staub saugen*: Beide Schreibungen sind möglich. Wenn man sich für die erste Variante entscheidet, interpretiert man *staub* als eine Verbpartikel und setzt somit eine sehr enge Integration von Verbpartikel und Verb voraus (meist auch unter Annahme einer eigenen Bedeutung, die durchaus gegeben ist: Es wird ja nicht nur Staub gesaugt, sondern ›Dreck‹ im weiteren Sinne). Entscheidet man sich für die zweite Variante, wird *Staub* als Nomen interpretiert und somit eine freie Verbindung aus dem Verb *saugen* und dem gesaugten Objekt, dem Staub, suggeriert.

5.4 | Valenz und Dependenz

5.4.1 | Valenz und Dependenz bei Verben

Die beim Verb besonders auffällige Eigenschaft, bestimmte Begleiter zu ›fordern‹, hat zur Herausbildung eines eigenen Theoriegebäudes geführt, der Valenz- und Dependenzgrammatik. Unter der Verbvalenz versteht man die Tatsache, dass Verben bestimmte Begleiter fordern, ohne die ein Satz mit dem entsprechenden Verb unvollständig ist. Man kann dabei zwischen den Phänomenen der **Valenz** und der **Rektion** unterscheiden. Die Verbvalenz gibt an, wie viele Begleiter ein Verb bei sich hat, wobei diese Begleiter in Form von ›Werten‹ angegeben werden. Die Rektion dagegen gibt an, welchen Kasus die Begleiter haben müssen. Bei dem Verb *geben* kann man aus der Perspektive der Valenz sagen, dass das Verb drei Beglei-

Valenz und Rektion

ter benötigt. In Bezug auf die Rektion kann man sagen, dass ein Begleiter im Nominativ, einer im Akkusativ und einer im Dativ stehen muss: *[Die Eltern]* (Nominativ) *gaben [ihrem Kind]* (Dativ) *[ein Eis]* (Akkusativ).

Valenz: Die Redeweise von ›Valenz‹ bzw. ›Wertigkeit‹ sowie davon, dass ein Verb ohne seine Begleiter als ›ungesättigt‹ bezeichnet wird und ein Verb mit seinen Begleitern als ›gesättigt‹, ist der Chemie entnommen: So wie ein Sauerstoffatom alleine ›ungesättigt‹ ist und zwei ›Forderungen‹ nach Begleitern aufstellt, also erst z. B. zusammen mit zwei Wasserstoffatomen gesättigt ist, so stellt das Verb *öffnen* zwei ›Forderungen‹ auf und ist erst gesättigt, wenn diese erfüllt sind:

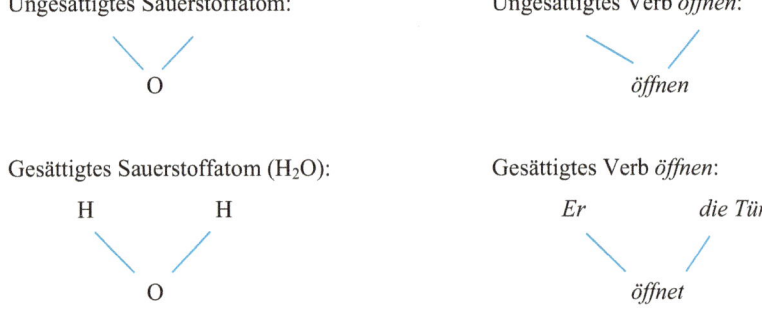

Das Verb *öffnen* ist also zweiwertig, d. h. in seiner Valenz sind zwei ›offene‹ Stellen angelegt. Bei den Verben muss man zwischen der semantischen Valenz (d. h. den inhaltlichen Kriterien der Begleiter) und der syntaktischen Valenz (d. h. der rein formalen Angabe der Art von Begleitern) unterscheiden. Im Fall von *öffnen* stellt das Verb eine Forderung nach zwei inhaltlichen Begleitern (nach jemandem, der öffnet, und nach etwas, das geöffnet wird) sowie nach zwei formalen Begleitern (nach einer Nominalphrase im Nominativ und einer im Akkusativ) auf.

Trennung zwischen semantischer und syntaktischer Valenz

Die **Trennung zwischen semantischer und syntaktischer Valenz** ist aus mehreren Gründen wichtig:

(1) Bei manchen Verben kann eine semantische Forderung auf unterschiedliche syntaktische Weise erfüllt werden. Das Verb *sagen* fordert z. B. inhaltlich jemanden, der etwas sagt, und etwas, das gesagt wird. Formal gibt es dazu zwei Realisierungsvarianten:

[Der Redner] (Nominalphrase im Nominativ) *wird [ein paar Worte]* (Nominalphrase im Akkusativ) *sagen.*
[Der Redner] (Nominalphrase im Nominativ) *wird sagen, [dass er glücklich über den Erfolg des Unternehmens ist.]* (Nebensatz)

Das Verb *sagen* kann also seine inhaltliche Forderung nach ›etwas, das gesagt wird‹ auf der formalen Ebene wahlweise als Nominalphrase im Akkusativ oder als Satz erfüllt bekommen.

(2) Manche Verben stellen keine inhaltlichen, dafür aber ausschließlich formale Forderungen auf. Das gilt etwa für die **Wetterverben**: Die Verben *regnen, hageln, schneien, blitzen, donnern* etc. benötigen keinen ›Regner‹,

5.4 Valenz und Dependenz

›Hagler‹, ›Blitzer‹ etc., da es sich bei Wetterphänomenen um reine Erscheinungen ohne Verursacher handelt. Auf formaler Ebene gilt aber im Deutschen, dass kein Verb ohne eine Nominalphrase im Nominativ auftreten kann (Ausnahmen siehe im nächsten Abschnitt), daher stellen diese Verben formal die Forderung nach einer Nominalphrase im Nominativ auf. Um diese Forderung zu erfüllen, wird das inhaltsleere Platzhalterpronomen *es* eingesetzt: *Es regnet / hagelt / schneit / blitzt / donnert* etc. Diese Verben sind also auf semantischer Ebene, d. h. auf der Inhaltsebene, nullwertig, auf formaler Ebene, d. h. auf syntaktischer Ebene, einwertig.

(3) Manche Verben weichen von der typischen Struktur der Verben im Deutschen insofern ab, als sie nicht notwendigerweise eine Nominalphrase im Nominativ fordern. Normalerweise gilt, dass jedes Verb im Deutschen mindestens eine Nominalphrase im Nominativ fordert (daher auch das leere *es* bei den Wetterverben). Eine Ausnahme bilden aber einige Empfindungsverben. Verben wie *frösteln, frieren, dürsten* u. a. stellen inhaltlich die Forderung nach jemandem auf, der diese Empfindung hat (also jemand, der *fröstelt, friert, dürstet* etc.). Formal stellen manche dieser Verben allerdings eine ›oder-Forderung‹ nach einem Begleiter auf: Sie benötigen entweder eine Nominalphrase im Nominativ (*Ich friere. Ich fröstele.*) oder eine Nominalphrase im Akkusativ (*Mich friert. Mich fröstelt.*).

Da in dieser Einführung grundsätzlich auf die formale, nicht auf die inhaltliche Seite der sprachlichen Phänomene fokussiert wurde, wird nun nur auf die syntaktische Valenz weiter eingegangen.

Verbklassen nach syntaktischer Valenz: Auf der Basis der syntaktischen Valenz kann man die folgenden Verbklassen bilden:

1. **Einwertige Verben** fordern nur eine einzige Ergänzung, wobei egal ist, welcher Art die Ergänzung ist: *schneien, regnen, hageln, frieren, frösteln, schwimmen, gehen, schlafen, atmen* etc. sind alles einwertige Verben, da sie nur einen Begleiter bei sich haben müssen, damit ein minimaler Satz entsteht: *Es schneit/regnet/hagelt. Mich friert/fröstelt. Ich schwimme/gehe/schlafe/atme.*
2. **Zweiwertige Verben** fordern zwei Ergänzungen. Auch hier spielt es keine Rolle, welcher Art diese Ergänzungen sind, sie können aus einer Nominalphrase im Nominativ und einer im Akkusativ bestehen (*Ich spiele Klavier. Sie sieht das Auto. Meine Tante besucht ihre Verwandten.* etc.), aus einer Nominalphrase im Nominativ und einer im Dativ (*Das Buch gehört ihm. Die Vorstellung gefällt den Zuschauern.*), aus einer Nominalphrase im Nominativ und einer im Genitiv (*Die Trauernden gedachten der Toten. Die Opfer bedürfen der Hilfe.*) oder einer Nominalphrase im Nominativ und einer Präpositionalphrase (*Das Buch fällt von dem Tisch. Mein Bruder fährt nach Berlin. Er wartet auf seine Eltern.*).
3. **Dreiwertige Verben** fordern insgesamt drei Ergänzungen (z. B. *geben, überreichen, nennen, stellen, legen* etc.) Auch hier gilt, dass die Art der Ergänzungen keine Rolle spielt: *Der Vorsitzende* (Nominalphrase im Nominativ) *überreicht dem langjährigen Mitarbeiter* (Nominalphrase im Dativ) *eine Urkunde* (Nominalphrase im Akkusativ). *Er* (Nominalphrase im Nominativ) *legte das Buch* (Nominalphrase im Akkusativ) *in den Schrank* (Präpositionalphrase). *Sie* (Nominalphrase im Nominativ)

Syntaktische Valenz

nannte ihn (Nominalphrase im Akkusativ$_1$) *einen Lügner* (Nominalphrase im Akkusativ$_2$).

Rektion: Während man bei der Valenz lediglich die Zahl der geforderten Begleiter nennt, gibt man bei der Bestimmung der Rektion eines Verbs an, welche Form diese Begleiter haben müssen. Dabei gilt, dass die Nominalphrase im Nominativ (d. h. das Subjekt) nicht mit gewertet wird, da fast alle Verben im Deutschen eine Nominalphrase im Nominativ bei sich haben müssen und diese daher nicht wirklich vom Verb ›regiert‹ wird: Wie oben zu sehen war, muss selbst ein Verb wie *regnen*, das inhaltlich überhaupt keinen Begleiter benötigt, eine Nominalphrase im Nominativ bei sich haben.

Verbklassen nach der Rektion: Bei der Rektion werden also nur die Objekte angegeben:
1. Verben, die einen **Akkusativ** regieren: *essen, sehen, bearbeiten, zerstören, lieben* etc.
2. Verben, die einen **Dativ** regieren: *helfen, ähneln, danken, schaden* etc.
3. Verben, die einen **Genitiv** regieren: *gedenken, bedürfen, erinnern* etc.
4. Verben, die eine **Präposition** regieren: *hängen an, warten auf, sich ärgern über, anrufen bei, zittern vor* etc. Die weitere ›Forderungsarbeit‹ wird dann von der Präposition übernommen, die ebenfalls Rektionsmerkmale aufweist. Beispiel: Das Verb *zittern* fordert die Präposition *vor: zittern vor X*. Die Präposition wiederum fordert als Begleiter eine Nominalphrase im Dativ: *vor Angst*. Gesamtstruktur: *Er zitterte vor Angst*.
5. Verben, die **zwei Akkusative** regieren: *nennen, lehren, schimpfen, kosten* (*Es kostet ihn keinen Cent. Er schimpft ihn einen Feigling.*)
6. Verben, die einen **Akkusativ und eine Präposition** regieren: *fragen, bitten* (*Er fragt ihn nach dem Weg. Wir bitten ihn um Hilfe.*)
7. Verben, die einen **Akkusativ und einen Dativ** regieren: *geben, verbieten, überreichen, befehlen* (*Sie gibt ihm ein Buch. Sein Vorgesetzter befahl dem Soldaten den Rückzug.*)
8. Verben, die einen **Akkusativ und einen Genitiv** regieren: *beschuldigen, anklagen, verdächtigen* (*Sie verdächtigt ihn des Mordes.*)
9. Verben, die **untergeordnete Sätze** fordern: *glauben, meinen, denken* (*Er glaubt, dass es gut ist.*). Diese Gruppe ist sehr groß, da viele Verben aus den oberen Gruppen alternativ auch eine Satzergänzung haben können, wie z. B. *fragen, verbieten, lehren* etc.

Traditionell gibt es für einige dieser Verbklassen spezielle Bezeichnungen. Alle diese Verbklassen haben insofern mit Valenz und Rektion zu tun, als sie die Wahlmöglichkeiten in Bezug auf ihre Begleiter deutlicher definieren als die übrigen Verben.

Transitive Verben: Als transitive Verben werden alle Verben bezeichnet, die einen Begleiter im Akkusativ bei sich haben, der im Passiv zum Nominativ wird. Aus der vorigen Liste der Verbklassen sind Verben aus der Gruppe (1) mit Sätzen wie *Ich esse einen Apfel. Ein Apfel wird von mir gegessen.*, aus den Gruppen (5) mit *Ich lehre ihn die Mathematik. Die Mathematik wird ihm von mir gelehrt.*, (6) mit *Wir bitten ihn um Hilfe. Er wird* *von uns um Hilfe gebeten.*, (7) mit *Der Vater kauft dem Kind ein Eis. Ein Eis wird dem Kind vom Vater gekauft.* und aus Gruppe (8) mit *Der Richter beschuldigt den Angeklagten des Mordes. Der Angeklagte wird vom Richter des Mordes beschuldigt.* als transitive Verben einzustufen. Entscheidend ist also nur die Anwesenheit eines Begleiters im Akkusativ, der im Passiv zum Nominativbegleiter werden kann, nicht aber, ob darüber hinaus noch weitere Begleiter anwesend sind.

Intransitive Verben sind alle diejenigen Verben, die keinen Begleiter im Akkusativ fordern. Das betrifft sowohl Verben, die überhaupt keine Begleiter außer dem im Nominativ bei sich haben (*Es regnet. Er lacht.*) als auch Verben, die z. B. einen Begleiter im Dativ (*Er ähnelt seinem Vater.*) oder im Genitiv (*Wir gedenken der Toten.*) bei sich haben.

Reflexive Verben sind eine weitere Verbgruppe mit besonderen Eigenschaften. Es handelt sich um solche Verben, die ein Reflexivpronomen als Begleiter bei sich haben, das sich auf die Nominalphrase im Nominativ (Subjekt) zurückbezieht. Dabei wird zwischen ›echten‹ reflexiven Verben unterschieden, bei denen ausschließlich eine rückbezügliche Konstellation möglich ist (*sich bedanken, beeilen, betrinken, erkälten* etc.) und solchen, bei denen entweder eine rückbezügliche Konstellation vorliegen kann, oder bei denen ›Handelnder‹ und ›Erleidender‹ unterschiedliche Personen sind (z. B. *erinnern, waschen, ärgern, verletzen* etc.). Wenn ein Verb beide dieser Möglichkeiten zulässt, spricht man im Fall einer reflexiven Verwendung von ›reflexiver Konstruktion‹, nicht von einem reflexiven Verb:

Echt reflexive Verben (ausschließlich reflexive Verwendung möglich; nicht-reflexive Konstruktionen sind nicht möglich)		Verben, die eine reflexive Konstruktion zulassen, aber auch nicht-reflexiv verwendet werden können	
echt reflexives Verb	unmögliche nicht-reflexive Konstruktion	reflexive Konstruktion	nicht-reflexive Konstruktion
ich bedanke mich wir beeilen uns sie betrinken sich ihr erkältet euch	*ich bedanke ihn *wir beeilen sie *sie betrinken mich *ihr erkältet uns	ich erinnere mich wir waschen uns sie ärgern sich ihr verletzt euch	ich erinnere ihn wir waschen sie sie ärgern mich ihr verletzt uns

Reflexive Verben vs. reflexive Konstruktionen

Reziproke Verben sind Verben, bei denen eine Art ›Abkürzungsstruktur‹ zwischen dem Begleiter im Nominativ und im Akkusativ vorliegt. Dabei wird ein gegenseitiges Wechselverhältnis angezeigt. Anstatt zu sagen *Anna hasst Janina und Janina hasst Anna.* kann man verkürzt sagen *Anna und Janina hassen sich.* Auf der Oberfläche sind reziproke Verben nur über den Kontext und die Plausibilität von reflexiven Verben zu unterscheiden: Der Satz *Anna und Janina hassen sich.* könnte auch reflexiv gelesen werden im Sinne von *Anna hasst sich und Janina hasst sich auch.*

5.4.2 | Valenz bei anderen Wortarten als Verben

Schließlich muss nun noch auf die Tatsache eingegangen werden, dass Valenz- und Dependenzeigenschaften auch bei einigen anderen Wortarten außer den Verben zu beobachten sind. Systematisch und durchgängig für alle Vertreter der Wortart gilt dies allerdings nur für die Verben im Bereich der flektierbaren Wortarten und die Präpositionen im Bereich der nicht flektierbaren Wortarten.

Valenz bei Präpositionen: Alle Präpositionen fordern grundsätzlich einen Begleiter (Valenz) in einem bestimmten Kasus (Rektion): *trotz* fordert eine Nominalphrase im Genitiv (*trotz des schlechten Wetters*); *seit* fordert eine Nominalphrase im Dativ (*seit dem fünften April 1948*); *über* fordert entweder eine Nominalphrase im Akkusativ, wenn eine Richtung angegeben werden soll (*Das Kind springt über den Graben.*) oder eine Nominalphrase im Dativ, wenn ein Ort angegeben wird (*Der Balken liegt quer über dem Graben.*) etc.

Valenz bei Adjektiven und Nomen: Nur in manchen Fällen können auch bestimmte Adjektive und Nomen Valenzeigenschaften aufweisen: Das Adjektiv *frei* fordert z. B. eine Präpositionalphrase mit *von* (*frei von Sorgen, frei von Armut, frei von Belastungen* etc.), das Adjektiv *ledig* fordert eine Nominalphrase im Genitiv (*seiner Sorgen ledig*) etc. Die meisten Adjektive (*gut, schön, grün, laut, hoch, schnell* etc.) stellen allerdings keine Forderungen nach einem Begleiter auf. Gleiches gilt für die Nomen: Im Großen und Ganzen kann man sagen, dass Nomen, die Valenzeigenschaften haben, diese ›vererbt‹ bekommen haben. Das passiert, wenn ein Nomen entweder aus einem Adjektiv abgeleitet wird, das selbst Valenzeigenschaften besitzt, oder aus einem Verb, das immer Valenzeigenschaften besitzt. In beiden Fällen werden die Valenzeigenschaften der ursprünglichen Wörter sozusagen ›vererbt‹: Wenn das valenztragende Adjektiv *frei* zu einem Nomen wird, ›erbt‹ das Nomen dessen Valenz: *Freiheit von X*. Wenn das Verb *überreichen* zu einem Nomen wird, ›erbt‹ das Nomen alle Ergänzungen des Verbs: Aus *Die Vorsitzende überreicht dem langjährigen Mitarbeiter eine Urkunde.* kann somit *[Die Überreichung der Urkunde an den langjährigen Mitarbeiter durch die Vorsitzende] fand am fünften Juli statt.* werden. (Die Ergänzungen bleiben semantisch betrachtet die gleichen, müssen in der syntaktischen Form allerdings z. T. verändert werden: Hier wurde aus der Nominalphrase *dem langjährigen Mitarbeiter* eine Präpositionalphrase mit *an* (*an den langjährigen Mitarbeiter*) und aus der Nominalphrase *die Vorsitzende* wurde eine Präpositionalphrase mit *durch* (*durch die Vorsitzende*).

Dependenz: Aufbauend auf der Beschreibung der Valenz und Rektion von Wörtern ist es nun möglich, ganze Satzstrukturen zu beschreiben. Dies ist die Aufgabe der Dependenzgrammatik, die Abhängigkeitsstrukturen durch **Dependenzbäume** darstellt. Da das Verb der wichtigste Bestandteil im Satz ist und zudem das Verb auch dafür sorgt, dass alle für einen minimalen Satz notwendige Begleiter anwesend sind, steht immer das Verb in einem Dependenzbaum an oberster Stelle, alle anderen Einheiten im Satz sind ihm untergeordnet:

5.4 Valenz und Dependenz

(1) **Dependenzbaum**

Die Vorsitzende überreichte dem langjährigen Mitarbeiter eine Urkunde:

In diesem Satz sind alle Einheiten unterhalb des Verbs von diesem gefordert, also Teil der Verbvalenz.

Ergänzungen und Angaben: Die sprachlichen Einheiten, die von einem Verb gefordert werden, nennt man Ergänzungen. Selbstverständlich gibt es neben den Ergänzungen auch noch Einheiten, die nicht vom Verb gefordert werden, aber dennoch im Satz vorkommen können. Diese Einheiten nennt man Angaben. Im folgenden Satz sind *gestern, im Konferenzraum, feierlich* und *während eines Festaktes* Angaben, da sie nicht vom Verb gefordert werden: *Die Vorsitzende überreichte gestern im Konferenzraum dem langjährigen Mitarbeiter feierlich eine Urkunde.* Angaben werden in der Baumdarstellung der Dependenz genau wie Ergänzungen behandelt, d. h. sie werden von dem Verb zwar nicht gefordert, sind ihm aber trotzdem untergeordnet, da sie es näher bestimmen:

(2)

Dependenzbaum mit Ergänzungen und Angaben

überreichte

| Die Vorsitzende | gestern | im Konferenzraum | dem langjährigen Mitarbeiter | feierlich | eine Urkunde |
| (Ergänzung) | (Angabe) | (Angabe) | (Ergänzung) | (Angabe) | (Ergänzung) |

Das Hauptkriterium für die Unterscheidung zwischen Ergänzung und Angabe besteht also darin, dass Ergänzungen vom Verb gefordert werden und daher nicht weggelassen werden können, ohne dass das Verb unvollständig wird. Angaben können dagegen problemlos weggelassen werden, ohne dass die Struktur ungrammatisch wird, sie sind optional. In manchen Fällen gibt es allerdings Streit darüber, ob ein bestimmtes Verb eine Ergänzung fordert oder nicht: Bei Äußerungen wie *Die Henne legt. Er trinkt. Er fährt.* kann man entweder annehmen, dass *legen, trinken* oder *fahren* als zwei Verben zu behandeln sind, einmal als eines, das eine Ergänzung fordert (*Die Henne legt ein Ei. Sie trinkt ein Glas Wein. Er fährt einen Toyota.*) und einmal als eines, das keine Ergänzung fordert und entsprechend auch eine andere Bedeutung hat (*Die Henne legt. = Die Henne ist im legefähigen Alter. Er trinkt. = Er ist Alkoholiker. Er fährt. = Er ist Berufskraftfahrer. Oder: Er übernimmt den Fahrdienst.*), oder dass die Ergänzung lediglich weggelassen wurde und über den Kontext mitgedacht werden muss (Ellipse). Über diese Frage lässt sich trefflich streiten, eine ausführliche Diskussion solcher Fragen findet sich in Ágel (2000).

Komplexe Dependenzstrukturen: Nur kurz und als Ausblick sollen noch komplexe Dependenzbeziehungen erwähnt werden. In einem Satz

wie *Die Lehrerin legte gestern das Buch auf den Tisch.* tauchen zwei valenzfähige Wortarten auf, nämlich das Verb *legen* und die Präposition *auf*. Dementsprechend wird der Dependenzbaum auch etwas komplizierter, da nun angegeben werden muss, dass *den Tisch* von *auf* gefordert wird:
(3)

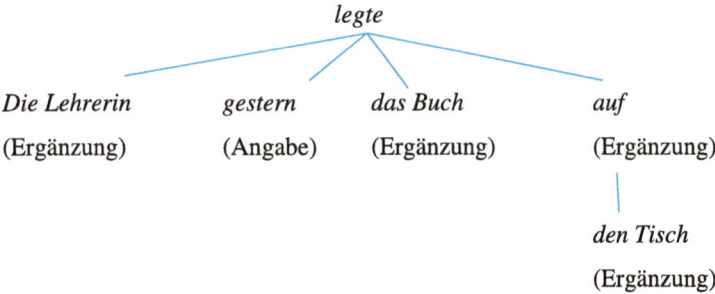

Auf diese Weise hat man dargestellt, dass das Verb *legen* als Ergänzung lediglich *auf X* fordert, dass dieses *X* aber wiederum von der Präposition *auf* gefordert wird, und nicht vom Verb: *auf* + Nominalphrase im Akkusativ. Die hier dargestellten Dependenzbäume sind noch sehr oberflächlich und können verfeinert werden (auch Artikel, Adjektive etc. können entsprechend hierarchisiert werden). Aus Platzgründen wird allerdings nicht weiter auf die Dependenzgrammatik eingegangen. Zur Vertiefung ist die Einführung von Ágel (2000) empfohlen.

Arbeitsaufgaben

Aufgabe 1: Werden die folgenden Verben stark oder schwach konjugiert? Notieren Sie die Formen des Präteritums und die des Partizips II.
winken, sinken, hängen, schleifen

Aufgabe 2: Bestimmen Sie die Konjugationsparameter aller Verben:
(1) Ich *werde* bis nächste Woche alle Klausuren *korrigiert haben*.
(2) Er *ist* von seiner Freundin *verlassen worden*.
(3) Sie *versprach* ihm, er *werde* bald viel Erfolg haben.
(4) Ihr *hattet* doch schon seit langem keine Lust mehr *gehabt*!
(5) Es *werde* Licht!
(6) Und es *wurde* Licht.
(7) Du *warst* umfassend *informiert gewesen*, als du dem bestechlichen Politiker die Stelle als persönlichen Referenten *angeboten hast*.
(8) Wann *wird* es endlich mal wieder im Winter *schneien*?
(9) Die Unternehmer *wären* Gewinner der Reformen *gewesen*, wenn sie nicht ihre Zustimmung zu dem Gesetz *verweigert hätten*.
(10) Ihr *lagt* mit eurer Annahme völlig falsch.

Valenz und Dependenz

Aufgabe 3: Setzen Sie die unterstrichenen Verben in den folgenden Sätzen jeweils in die Tempus- oder Modusform, die in der Klammer gefordert wird:

(1) *Es regnet.* (Plusquamperfekt)
(2) *Wir sind froh über jede Hilfe!* (Konjunktiv II)
(3) *Wir treffen uns morgen.* (Futur I)
(4) *Sie sagt, es wird bald besser werden.* (Konjunktiv I)
(5) *Er mag Kuchen.* (Perfekt)
(6) *Er sagt, er hat keine Lust.* (Konjunktiv I)

Aufgabe 4: Bilden Sie für die folgenden Verben jeweils das Vorgangs- und das Zustandspassiv:

(1) *Ich schlug ihn.*
(2) *Er hat die Tür geöffnet.*
(3) *Der Barkeeper schüttelt den Martini.*
(4) *Der Sturm wird die Stadt zerstören.*

Aufgabe 5: Ergänzung vs. Angabe: Bestimmen Sie im folgenden Satz Ergänzungen und Angaben. Begründen Sie Ihre Entscheidung.

Die Familie wartet seit fünf Stunden völlig entnervt auf dem Bahnsteig auf die Ankunft der Großeltern.

6 Die deklinierbaren Wortarten

6.1 Das Nomen (Substantiv)
6.2 Das Adjektiv
6.3 Artikel und Pronomen

6.1 | Das Nomen (Substantiv)

Definition von Nomen und Substantiv: Zur Bestimmung von Nomen benötigt man sowohl ein morphosyntaktisches Kriterium als auch ein distributionelles. In manchen Grammatiken verwendet man ›Nomen‹ als Überbegriff für alle deklinierbaren Wortarten: Nomen = Substantiv, Artikel, Adjektiv und Pronomen. Hier werden aber ›Nomen‹ und ›Substantiv‹ synonym verwendet, da es sich in Anlehnung an den englischen Sprachgebrauch durchgesetzt hat, in der Linguistik den Ausdruck ›Substantiv‹ durch den des Nomens zu ersetzen.

Auf **distributioneller Ebene** (d. h. der Frage nach den Kombinationsmöglichkeiten von Wörtern) zeichnen sich Nomen dadurch aus, dass sie als **artikelfähige Wortart** gelten, d. h. man kann vor ein Nomen einen Artikel platzieren und zudem zwischen Artikel und Nomen auch noch ein Adjektiv: *Haus* vs. *das alte Haus*; *Singen* vs. *das schöne Singen*; *Meer* vs. *ein blaues Meer* etc.

Auf **morphosyntaktischer Ebene** können Nomen als deklinierbare Wörter definiert werden.

Die **Deklination** umfasst Informationen über

- Genus (Geschlecht)
- Numerus (Singular und Plural)
- Kasus (die vier Fälle Nominativ, Genitiv, Akkusativ und Dativ, in denen Nomen auftreten können)

Deklination

Die Deklination alleine würde nicht ausreichen, um Nomen zu bestimmen, da auch die Wortarten Adjektiv, Artikel und Pronomen deklinierbar sind. Aus diesem Grund benötigt man zusätzlich das oben erwähnte Kriterium der Distribution. Allerdings haben Nomen in Bezug auf ihre Deklination eine Besonderheit: Sie verfügen als einzige der deklinierbaren Wortarten über ein sogenanntes festes Genus.

Genus: Nomen lassen sich aufgrund ihres Genus (ihres grammatischen Geschlechts) in drei Gruppen unterteilen:

- **Maskulina** (männliche Nomen) wie *der Berg, der Stein, der Mann, der Untergang* etc.
- **Feminina** (weibliche Nomen) wie *die Straße, die Burg, die Freiheit, die Frau* etc.
- **Neutra** (sächliche Nomen) wie *das Auto, das Haus, das Gehen, das Lachen, das Mädchen* etc.

Es ist wichtig, das Genus vom Sexus zu unterscheiden: Mit dem Sexus wird auf das natürliche bzw. biologische Geschlecht verwiesen, d. h. die Wörter *Mann*, *Junge*, *Eber*, *Hahn* etc. bezeichnen biologisch männliche Einheiten, *Frau*, *Mädchen*, *Hündin*, *Henne* etc. bezeichnen biologisch weibliche Einheiten und *Berg*, *Straße*, *Auto*, *Wolke* etc. bezeichnen Neutra. Mit dem Genus dagegen wird auf das rein grammatische Geschlecht verwiesen, das nichts mit dem biologischen Geschlecht zu tun hat. Die linguistische Forschung hat zwar inzwischen zahlreiche Regeln herausgefunden, nach denen im Deutschen die Wörter ihr Genus erhalten. Diese Regeln sind aber so komplex, dass man durchaus zunächst festhalten kann, dass im Großen und Ganzen die Zuordnung zufällig erscheint:

- *Berg*, *Straße* und *Auto* sind biologisch Neutra, aber ihr grammatisches Geschlecht (Genus) ist einmal maskulin (*der Berg*), einmal feminin (*die Straße*) und einmal neutrum (*das Auto*).
- *Mädchen* und *Fräulein* sind in Bezug auf ihr biologisches oder natürliches Geschlecht (Sexus) betrachtet Feminina, in Bezug auf ihr grammatisches Geschlecht (Genus) aber Neutra. Dies hängt mit den Diminutivendungen (Verkleinerungsformen) *-chen* und *-lein* zusammen, die automatisch zum Genus Neutrum führen (vgl. *der Tisch / das Tischchen*; *die Flasche / das Fläschchen*; *der Mann / das Männlein*). *Die Drohne* ist in Bezug auf ihr grammatisches Geschlecht (Genus) weiblich, bezeichnet aber in Bezug auf ihr biologisches bzw. natürliches Geschlecht (Sexus) eine männliche Biene.
- Bei Tierbezeichnungen herrscht eine besonders große Vielfalt: Für die biologisch unbestimmten, also sowohl männliche als auch weibliche Tiere umfassenden Bezeichnungen finden sich Feminina (*die Kuh*, *die Katze*, *die Maus*, *die Flunder*, *die Taube*, *die Biene*), Maskulina (*der Esel*, *der Hund*, *der Wal*, *der Hering*, *der Adler*, *der Bussard*) und Neutra (*das Pferd*, *das Schwein*, *das Wiesel*, *das Blässhuhn*).

Wie oben bereits erwähnt, besteht die Besonderheit von Nomen darin, dass sie ein festes Genus haben, d. h. jedes Nomen hat nur ein einziges Genus, das sich nicht ändert. Eine Ausnahme sind manche Kunstwörter wie *Nutella* oder Anglizismen wie *Laptop*: Hier können parallel mehrere Genusvarianten vorkommen, die entweder regional oder auch individuell verschieden sein können (*der/die/das Nutella*; *der/das Laptop*; *die/das Cola* etc.).

Numerus: Die meisten Nomen können in Bezug auf den Numerus verändert werden, d. h. sie können entweder im Singular oder im Plural auftreten: *der Berg – die Berge*; *das Haus – die Häuser*; *das Foto – die Fotos* etc. Eine Ausnahme bilden nicht zählbare Wörter wie *Milch*, *Butter*, *Honig* etc., die nur im Singular vorkommen können. Doch selbst bei diesen nicht zählbaren Wörtern ist es manchmal möglich, dass eine Pluralform existiert, wodurch meist eine neue Bedeutungskomponente entsteht. So gibt es etwa die Redewendung *mit allen Wassern gewaschen sein*, in der das nicht zählbare Wort *Wasser* im Plural vorkommt. Auch bei dem Wort *Holz* gibt es den Plural *Hölzer*, wobei *Hölzer* dann die neue Bedeutung *Holzsorten* bzw. *Holzgewächse* erhält.

Es gibt im Deutschen insgesamt fünf Möglichkeiten, den Plural zu bilden. Da die Pluralformen sich zusammen mit den Kasusformen verändern, wird darauf im Kontext der Diskussion der Kasusformen in diesem Kapitel noch genauer eingegangen.

Kasus: Die dritte Deklinationskategorie von Nomen ist die komplizierteste. Es gibt insgesamt vier Kasus (Nominativ, Genitiv, Dativ und Akkusativ). Darüber hinaus interagiert der Kasus auch mit dem Genus von Nomen (und einer Reihe weiterer Eigenschaften von Nomen), so dass man insgesamt drei Deklinationsklassen von Nomen aufstellen muss: die starke Deklination, die schwache Deklination und die Deklination der Feminina.

Die vier Kasus lassen sich mit Hilfe eines **Kasusfragetests** ermitteln:

- **Der Nominativ** wird mit *wer oder was?* erfragt. In dem Satz *Gestern war das Wetter ausnahmsweise sehr schön.* steht *Wetter* im Nominativ. In dem Satz *Mein Bruder ist Arzt.* stehen *Bruder* und *Arzt* im Nominativ.
- **Der Genitiv** wird mit *wessen?* erfragt. In dem Satz *Das Auto meines Freundes hat eine Panne.* steht *Freundes* im Genitiv. In dem Satz *Wir gedenken der Toten.* steht *Toten* im Genitiv.
- **Der Dativ** wird mit *wem oder was?* erfragt. Nach *meinem Bruder* in dem Satz *Ich schenkte meinem Bruder ein Buch.* kann mit *wem oder was?* gefragt werden.
- **Der Akkusativ** wird mit *wen oder was?* erfragt. Nach der Phrase *das Auto* in dem Satz *Ich muss das Auto morgen in die Werkstatt bringen.* muss man mit *wen oder was?* fragen.

Kasusfragetests

Funktionen der Kasusmarkierung: Die Kasus haben sehr wichtige grammatische Funktionen im Satz, denn mit ihnen werden Relationen (Beziehungen von Wörtern untereinander) kodiert, die zum Verständnis des Satzes notwendig sind. Zu diesen Relationen gehören:

1. Beziehungen, die von kasusfordernden Wortarten ausgelöst werden: Es gibt, wie man bei den Verben gesehen hat, einige Wortarten, die in der Lage sind, andere Wörter in einem bestimmten Kasus zu fordern (Rektion). Bei den nicht flektierbaren Wortarten sind das die Präpositionen, bei den flektierbaren Wortarten die Verben sowie einige Adjektive und Nomen. Mit Hilfe des Kasus wird eindeutig markiert, dass ein solches Forderungsverhältnis vorliegt. Beispiele für die Kasusforderung von Adjektiven sind: *Er ist seiner Sorgen ledig.* Der Genitiv zeigt an, dass *seiner Sorgen* zu *ledig* gehört. *Er ist ihm böse.* Der Dativ zeigt an, dass *ihm* zu *böse* gehört. Beispiele für die Kasusforderung bei Präpositionen sind: *Er fliegt über den Wald.* Der Akkusativ zeigt an, dass es sich um eine Richtung handelt. *Er fliegt über dem Wald.* Der Dativ zeigt an, dass es sich um einen Ort handelt.

2. Verben fordern bestimmte Kasus, und diese Kasus kodieren zugleich die Rollen in einem Satz. So wird in der Regel der Nominativ für die handelnde Person oder Sache, das sogenannte **Agens**, verwendet und der Akkusativ für die Person oder Sache, der etwas widerfährt, das sogenannte **Patiens**.

6 Die deklinierbaren Wortarten

Zur Vertiefung

Semantische Rollen

Die semantischen Rollen geben grundlegende Informationen darüber, wer in welcher Weise an dem durch den Satz ausgedrückten Geschehen beteiligt ist. Aus diesem Grund werden semantische Rollen zuweilen auch Partizipantenrollen (Teilnehmerrollen) genannt. Über die genaue Anzahl und Art der Rollen besteht in der Forschung keine Einigkeit. Unstrittig sind aber die Rollen Agens und Patiens:

Agens (vom lateinischen *agere*: ›handeln‹) bezeichnet die semantische Rolle der Personen oder der Dinge, die in einem Satz die vom Verb dargestellte Handlung kontrollieren, also die Handelnden sind:

Das Flugzeug$_{(Agens)}$ *fliegt über die Alpen.*
Das Auto wird von dem Mechaniker$_{(Agens)}$ *zerlegt.*

Patiens (vom lateinischen *patiens*: ›erleidend‹) kann als das Gegenstück des Agens bezeichnet werden. Es gibt an, welche Personen oder Dinge die ›Erleidenden‹ der Handlung durch das Agens sind:

Das Auto$_{(Patiens)}$ *wird von dem Mechaniker*$_{(Agens)}$ *zerlegt.*
Er$_{(Agens)}$ *putzt die Fenster*$_{(Patiens)}$.

Neben Agens und Patiens gibt es unter anderem noch die semantischen Rollen **Rezipient** (Empfänger eines Gegenstands), **Experiencer** (jemand, der einen Sinneseindruck wahrnimmt), **Lokus** (Ort eines Geschehens), **Instrument** (Angabe eines Instruments, das vom Agens benutzt wird) sowie eine Reihe weiterer Rollen (vgl. ausführlich hierzu Primus 2012).

Dadurch, dass im Deutschen die Kasus relativ gut erkennbar sind, haben wir die Möglichkeit, unterschiedliche Wortstellungen im Satz zu verwenden, ohne die Bedeutung zu verändern. Dies ermöglicht konzeptionelle und stilistische Varianten, die in den Sprachen, in denen die Kasus nicht sichtbar sind, nicht erlaubt sind. Ein Vergleich zwischen dem Deutschen (gut sichtbare Kasusmarkierung) und dem Englischen (praktisch keine Kasusmarkierung) macht dies deutlich:

Der Jäger (Agens im Nominativ) *tötet den Bären* (Patiens im Akkusativ).
The hunter (Agens im Nominativ) *kills the bear* (Patiens im Akkusativ).

In beiden Fällen wird der Satz so gelesen, dass der Jäger der Handelnde ist und der Bär das Opfer. Umgekehrt könnte auch der Bär der Handelnde sein und der Jäger das Opfer:

Der Bär (Agens im Nominativ) *tötet den Jäger* (Patiens im Akkusativ).
The bear (Agens im Nominativ) *kills the hunter* (Patiens im Akkusativ).

Das Englische hat nur diese beiden Möglichkeiten, da, anders als im Deutschen, Nominativ und Akkusativ nur über die Wortstellung zu erkennen sind: Das Englische hat die feste Wortstellung *Subjekt – Prädikat – Objekt*, d. h. wir wissen, dass das Nomen, das zuerst kommt, im Nominativ steht.

Das Deutsche benötigt dagegen keine feste Wortstellung, da Nominativ und Akkusativ klar erkennbar sind (zumindest immer dann, wenn ein bestimmter Artikel zusammen mit dem Nomen verwendet wird). Daher sind im Deutschen nun zwei weitere Varianten möglich:

Den Jäger (Patiens im Akkusativ) *tötet der Bär* (Agens im Nominativ).
Den Bären (Patiens im Akkusativ) *tötet der Jäger* (Agens im Nominativ).

Im Englischen sind diese beiden Varianten nicht möglich (bestenfalls in einer besonderen Kontrastintonation), da man automatisch das erste Nomen als das im Nominativ lesen würde. Das Deutsche erhält also über die Kasusmarkierung zusätzliche argumentstrukturierende und stilistische Optionen, d. h. eine freiere Wortstellung.

3. Kasus zur Markierung von Attributen: Der Kasus Genitiv dient schließlich auch der Markierung eines Attributs, d. h. er zeigt eine Zuschreibung von Eigenschaften an. Im Satz *Der Freund des Kindes hat morgen Geburtstag.* markiert der Genitiv, dass *des Kindes* sich auf *der Freund* bezieht und nähere Informationen dazu liefert.

Kasus und Wortstellung – ein typologischer Vergleich zwischen dem Deutschen, Englischen und Lateinischen

Zur Vertiefung

Es gibt zwei grundlegende Möglichkeiten, Beziehungen von Wörtern in einem Satz zu kodieren. Die eine Möglichkeit besteht darin, dies über die Kasusendungen zu tun. Der Nachteil dieser Methode ist, dass die deklinierbaren Wörter komplex sind, d. h. dass man die Kasusendungen einer Sprache kennen muss, um sie zu benutzen. Diesem Nachteil steht der Vorteil entgegen, dass es keine Festlegung der Wortstellung gibt: Die Wörter können frei im Satz positioniert werden, da man den Zusammenhang der Wörter aus deren Flexionsendungen ersehen kann. Ein Extrembeispiel für eine solche offene Wortstellung ist das Lateinische.

Da die Wörter sehr gut über ihre Endungen markiert sind, ist es rein grammatikalisch möglich, jede beliebige Reihenfolge zu wählen. Die zweite Möglichkeit besteht darin, statt der Kasusmarkierung die Reihenfolge der Wörter im Satz dazu zu nutzen, deren Beziehungen zueinander anzuzeigen. Das Englische ist ein Beispiel für diese Option. Im Englischen gibt es kaum noch Kasusendungen (den Genitiv ausgenommen), daher muss die Abfolgeregel *Subjekt – Prädikat – Objekt* strikt eingehalten werden.

Das Deutsche steht irgendwo zwischen dem Lateinischen und Englischen: Auf der einen Seite sind im Deutschen die Kasusendungen bereits so weit abgebaut worden, dass eine völlig freie Wortstellung nicht mehr möglich ist. Auf der anderen Seite sind die Kasusendungen – vor allem bei den Artikeln – aber doch noch deutlich genug erkennbar, um eine relativ offene Wortstellung zu ermöglichen.

Deklinationsklassen von Nomen

Im Folgenden werden nun die Deklinationsklassen der Nomen im Detail vorgestellt. Wie bereits erwähnt, gibt es drei grundlegende Deklinationsklassen: Die starke, die schwache und die Deklinationsklasse der Feminina.

1. Die Deklination der Feminina ist besonders einfach, denn im Singular gibt es keine Deklinationsendungen. Allerdings werden die Kasus zumindest teilweise durch den bestimmten Artikel noch markiert (*die/der/der/ die*), und ›virtuell‹ sind die Formen der Feminina weiterhin flektiert, da sie Kasusinformationen tragen:

Deklinationsklasse der Feminina

Nominativ: *die Frau, die Straße, die Fabrik, die Freiheit*
Genitiv: *der Frau, der Straße, der Fabrik, der Freiheit*
Dativ: *der Frau, der Straße, der Fabrik, der Freiheit*
Akkusativ: *die Frau, die Straße, die Fabrik, die Freiheit*

2. Starke Deklination: Nur unwesentlich deutlicher werden die Kasus an den Nomen markiert, die der starken Deklination angehören. Nur im Genitiv liegt bei der starken Deklination eine Markierung des Kasus durch die Endung *-(e)s* vor. Anders als bei den Feminina kodiert der bestimmte Artikel aber die Kasus eindeutig (*der/des/dem/den*). Der starken Deklination gehören alle Neutra (mit Ausnahme des Wortes *Herz*) an sowie viele Maskulina.

Starke Deklination

Nominativ: *der Lehrer, der Tisch, der Flug, das Tier, das Haus*
Genitiv: *des Lehrers, des Tisch(e)s, des Flug(e)s, des Tier(e)s, des Hauses*
Dativ: *dem Lehrer, dem Tisch, dem Flug, dem Tier, dem Haus*
Akkusativ: *den Lehrer, den Tisch, den Flug, das Tier, das Haus*

3. Schwache Deklination: Der dritte Deklinationstyp, ist der einzige, in dem alle Kasus außer dem Nominativ markiert werden. Im Genitiv, Dativ und Akkusativ wird jeweils die Endung *-en* angehängt. Auch bei der schwachen Deklination übernimmt der bestimmte Artikel die Aufgabe, die jeweiligen Kasus eindeutig zu markieren (*der/des/dem/den*). Dem Deklinationstyp der schwachen Deklination sind die meisten Maskulina zuzuordnen, die Lebewesen bezeichnen und entweder auf Konsonanten enden (*Bär, Mensch*) oder auf *-e* (*Bote, Junge*). Zudem werden viele Fremdwörter, die auf *-ant, -ent* oder *-ist* enden (*Informant, Delinquent, Kommunist*), schwach dekliniert.

Schwache Deklination

Nominativ: *der Bote, der Bär, der Prinz, der Informant*
Genitiv: *des Boten, des Bären, des Prinzen, des Informanten*
Dativ: *dem Boten, dem Bären, dem Prinzen, dem Informanten*
Akkusativ: *den Boten, den Bären, den Prinzen, den Informanten*

Es gibt eine Reihe von Regeln, welche Maskulina dem starken Deklinationstyp angehören, diese sind allerdings sehr komplex. Diese Regeln (ausführliche Details finden sich bei Köpcke 2005) führen zuweilen zu wenig intuitiven Zuordnungen von Nomen zum starken bzw. schwachen Deklinationstyp: So wird etwa das Lebewesen *Schwarzbär* schwach dekliniert (*des Schwarzbären, dem Schwarzbären, den Schwarzbären*), während das formal gleiche Wort *Rammbär*, das ein Gerät aus dem Tiefbau bezeichnet, stark dekliniert wird (*des Rammbärs, dem Rammbär, den Rammbär*), da es sich um einen unbelebten Gegenstand handelt.

Ausnahmen: Einige wenige Wörter wie *Herz*, *Name*, *Buchstabe*, *Funke*, *Gedanke*, *Wille* oder *Name* können nicht einer der Deklinationstypen zugeordnet werden, sondern werden unregelmäßig in einer Mischung aus der starken und der schwachen Deklination flektiert: *Das Herz, des Herzens* (Mischung aus der schwachen Endung *-en* und der starken Endung *-s*), *dem Herzen* (schwacher Deklinationstyp), *das Herz* (starker Deklinationstyp).

Holzmodell eines Rammbärs (Quelle: http://commons.wikimedia.org/wiki/File:Modell_einer_Ramme_(_Rammbär_).jpg?uselang=de)

Deklination der Nomen im Plural: Im Plural fällt die Unterscheidung zwischen den Deklinationstypen weg, dafür tritt an deren Stelle eine Vielfalt von insgesamt fünf verschiedenen Pluraltypen, wobei drei davon in zwei Varianten mit oder ohne Umlautbildung vorliegen. Auch die Pluralbildung verläuft bei genauer Analyse nicht willkürlich, doch sind die Zuordnungen zu den Pluraltypen so kompliziert, dass hier nicht näher darauf eingegangen werden kann (vgl. z. B. Köpcke 1993).

Grundsätzlich gilt, dass im Plural – wenn überhaupt – ausschließlich der Dativ noch zusätzlich zur generellen Pluralendung durch eine Flexionsendung markiert werden kann. Das Deutsche hat die folgenden Pluraltypen:

Pluraltypen des Deutschen

1. **Nullmarkierung** (mit oder ohne Umlaut) bezeichnet die Pluralbildung im Nominativ ohne eine Flexionsendung. In manchen Fällen finden sich in allen Kasus keine Veränderungen eines Wortes, wie bei dem Wort *Reifen*:

Nom: *die Reifen* (Singular *der Reifen*)
Gen: *der Reifen* (Singular *des Reifens*)
Dat: *den Reifen* (Singular *dem Reifen*)
Akk: *die Reifen* (Singular *den Reifen*)

Häufiger ist jedoch eine Veränderung im Dativ zu sehen, während die übrigen Kasus unverändert bleiben:
Nom: *die Koffer* (Singular *der Koffer*)
Gen: *der Koffer* (Singular *des Koffers*)
Dat: *den Koffern* (Singular *dem Koffer*)
Akk: *die Koffer* (Singular *den Koffer*)

Zudem gelten auch die Fälle, in denen eine Umlautbildung vorliegt, als Nullmarkierung:
Nom: *die Vögel* (Singular *der Vogel*)
Gen: *der Vögel* (Singular *des Vogels*)
Dat: *den Vögeln* (Singular *dem Vogel*)
Akk: *die Vögel* (Singular *den Vogel*)

2. **Pluralmarkierung durch -e** (mit oder ohne zusätzlichem Umlaut):
Nom: *die Tage* (Singular *der Tag*) / *die Bälle* (Singular *der Ball*)
Gen: *der Tage* (Singular *des Tages*) / *der Bälle* (Singular *des Balles*)
Dat: *den Tagen* (Singular *dem Tag*) / *den Bällen* (Singular *dem Ball*)
Akk: *die Tage* (Singular *den Tag*) / *die Bälle* (Singular *den Ball*)

3. Pluralmarkierung durch -er (mit oder ohne zusätzlichem Umlaut):
Nom: die Kinder (Singular das Kind) /
     die Häuser (Singular das Haus)
Gen: der Kinder (Singular des Kindes) /
     der Häuser (Singular des Hauses)
Dat: den Kindern (Singular dem Kind) /
     den Häusern (Singular dem Haus)
Akk: die Kinder (Singular das Kind) /
     die Häuser (Singular das Haus)

Während bei den ersten drei Pluraltypen jeweils zwei Varianten mit oder ohne Umlaut möglich sind, existiert bei den letzten beiden jeweils nur eine einzige Variante, d. h. im Plural kommt kein Umlaut dazu. Umlaute gibt es nur, wenn sie auch im Singular schon vorhanden waren, wie bei *Bär*:

4. Pluralmarkierung durch -en bzw. -n:
Nom: die Bären (Singular der Bär) / die Boten (Singular der Bote)
Gen: der Bären (Singular des Bären) / der Boten (Singular des Boten)
Dat: den Bären (Singular dem Bären) / den Boten (Singular dem Boten)
Akk: die Bären (Singular den Bären) / die Boten (Singular den Boten)

5. Pluralmarkierung durch -s:
Nom: die Parks (Singular der Park)
Gen: der Parks (Singular des Parks)
Dat: den Parks (Singular dem Park)
Akk: die Parks (Singular den Park)

Neben diesen regelmäßigen Pluraltypen gibt es noch spezielle Pluralformen, die meist bei Fremdwörtern vorkommen. Bei diesen besteht aber oft die Tendenz, dass sie im Lauf der Zeit den regelmäßigen Pluralformen angepasst werden. Beispiele, bei denen eine Alternativform besteht: *Atlas* vs. *Atlanten* (oder: *Atlasse*); *Espresso* vs. *Espressi* (oder: *Espressos*); *Cello* vs. *Celli* (oder: *Cellos*). Beispiele ohne Alternativform: *Drama* vs. *Dramen*; *Museum* vs. *Museen*; *Gymnasium* vs. *Gymnasien*; *Risiko* vs. *Risiken*.

Semantische Klassen von Nomen

Neben der morphologischen Unterscheidung von Nomen in unterschiedliche Deklinations- und Pluralklassen betrifft eine zweite Unterscheidung die in semantische Klassen. Die semantische Klassifikation von Nomen würde ein eigenes Lehrbuch füllen. Da sich diese Einführung auf syntaktische Aspekte beschränkt, soll hier nur kurz auf die semantische Grundunterscheidung der Nomen in Gattungsnamen und Eigennamen eingegangen werden.

Gattungsnamen (Appellativa) bezeichnen allgemeine Konzepte, Sachverhalte oder Gegenstände. Sie können unterteilt werden in **Konkreta** und **Abstrakta**. Zu den Konkreta zählen Nomen, die sich auf wahrnehmbare Phänomene beziehen (z. B. *Tisch, Hund, Mann, Frau, Wolke* etc.), während die Abstrakta auf nicht unmittelbar wahrnehmbare Phänomene referieren (z. B. *Freiheit, Liebe, Hoffnung, Härte, Dummheit* etc.).

Eigennamen (Nomina propria) sind z. B. **Personennamen** (*Noam Chomsky, Ferdinand de Saussure, Roman Jakobson*), **Ländernamen** (*Frankreich, Deutschland, Russland, Japan*), **Landschaftsnamen** (*Rhein, Mosel, Alpen, Schwarzwald, Nordsee, Bodensee*) oder **Produktnamen**. Syntaktisch ist die Unterscheidung von Nomen in Gattungs- und Eigennamen u. a. daher von Bedeutung, da Eigennamen oft nicht oder nur in speziellen Kontexten in den Plural gesetzt (*?die Japans, ?die Rheins* etc.) oder mit einem unbestimmten Artikel verbunden (*?ein Japan, ?ein Rhein*) werden können. Bei Personennamen verweist der Plural typischerweise auf die Familie (*die Jakobsons*) als Ganzes.

Valenz von Nomen

Eine weitere Unterscheidung von Nomen kann nach Valenzkriterien erfolgen. Die meisten Nomen wie *Tisch, Mensch, Hund, Meer, Wolke, Sonne, Baum* etc. haben keine syntaktische oder semantische Valenz, d. h. sie fordern keinen Begleiter. Eine kleinere Gruppe von Nomen, v. a. diejenigen, die aus Verben oder Adjektiven abgeleitet wurden, können dagegen Forderungen nach Begleitern aufstellen. Das liegt daran, dass bei der Umwandlung eines Verbs in ein Nomen die Valenz des Verbs auf das Nomen übertragen wird. Gleiches gilt auch für manche aus Adjektiven abgeleitete Nomen (für eine ausführliche Diskussion der Valenz von Nomen s. Kap. 5.4.2).

Arbeitsaufgaben

Aufgabe 1: Bestimmen Sie Kasus, Numerus und Genus der folgenden Substantive:
(1) *Dem Autofahrer entging die rote Ampel, weswegen er mit einer Strafe rechnen muss.*
(2) *Das eine Bild hängt schon an der Wand, das andere hänge ich morgen an die Wand.*
(3) *Der Abrieb der Reifen hält sich wegen der neuen Gummimischung in Grenzen.*
(4) *Der defekte Computer bedarf der gründlichen Überholung, wie sie nur von Experten des Rechenzentrums durchgeführt werden kann.*

Aufgabe 2: Weshalb wird das Wort ›Typ‹ in den beiden Beispielsätzen einmal stark und einmal schwach flektiert?
(1) *Auf der Automesse stellte sich heraus, dass die Probleme des neuen Typs geländegängiger Sportwagen von keinem der großen Autohersteller bislang gelöst werden konnten.*
(2) *Das arrogante Verhalten dieses unsympathischen Typen kann ich nicht länger ertragen, ich gehe daher jetzt lieber nach Hause.*

Aufgabe 3: Erklären Sie anhand des folgenden Beispiels eines ambigen (mehrdeutigen) Satzes aus dem »Lüdinghausener Kreiskurier« (zitiert nach *Der Spiegel* 2011: 48), weshalb im Deutschen eine ›Arbeitsteilung‹ zwischen Wortstellung und Kasus stattfinden muss:

»*Die Esel wollten natürlich alle Kinder streicheln.*«

Aufgabe 4: Welche der Nomen stellen Forderungen nach Begleitern im Sinne der Valenz? Wo ist die Forderung nach einem Begleiter erfüllt und wo nicht? Welche möglichen Begleiter könnte man hinzufügen, wenn man die Valenzforderung erfüllen möchte?

Das Schnitzen macht den Schülern großen Spaß, weil sie den Reichtum ihrer Ideen im Unterricht durch die neuen Workshopleiter kreativ umsetzen können und die Schule daher nicht so langweilig ist.

6.2 | Das Adjektiv

Wie in der Einleitung bereits erwähnt, bilden die Adjektive eine besonders heterogene Wortart mit entsprechend vielen Sonderregelungen und Ausnahmen. Da auf die für die Klassifikation als Wortart relevanten Besonderheiten bereits ausführlich in Kapitel 3 eingegangen wurde, werden diese hier nur kurz noch einmal erwähnt.

Die Wortart der Adjektive zeichnet sich auf der Ebene der morphosyntaktischen Eigenschaften durch die Deklinierbarkeit und prinzipielle Komparierbarkeit aus. Auf der distributionellen Ebene können alle Adjektive zwischen einen Artikel und ein Nomen platziert werden.

Kongruenz: Im Unterschied zu Nomen haben Adjektive ein freies Genus, d. h. sie passen sich, wenn sie dekliniert werden, an das Genus des Nomens an. Gleiches gilt auch für den Kasus und Numerus von Adjektiven, beide werden durch das jeweilige Bezugsnomen bestimmt. Dieses Phänomen nennt man Kongruenz. Sowohl Artikel als auch Adjektive, die vor einem Nomen stehen und sich auf dieses beziehen, müssen mit dem Nomen **kongruieren**:

- *Das alte* (Kasus: Nominativ; Numerus: Singular; Genus: Neutrum) *Haus wird morgen abgerissen.* – Das Adjektiv *alte* kongruiert mit dem Nomen *Haus* und übernimmt dessen Genus (Neutrum), Kasus (Nominativ) und Numerus (Singular).
- *Die alten Häuser werden morgen abgerissen.* – Das Adjektiv *alten* übernimmt wieder alle Deklinationsparameter von *Haus* und kongruiert mit ihm in Neutrum, Nominativ und Plural.
- *Den alten Häusern droht morgen der Abriss.* – Das Nomen *Häusern* ist hier im Dativ Plural realisiert, entsprechend wird auch das Adjektiv im Dativ Plural dekliniert.

Komparation: Die meisten Adjektive können kompariert (gesteigert) werden. Es gibt drei Komparationsformen: **Positiv** (Grundform), **Komparativ** und **Superlativ**.

Das Adjektiv

> **Der Elativ**
>
> Man kann darüber streiten, ob es sinnvoll ist, neben dem Superlativ im Deutschen auch noch den Elativ als Komparationskategorie anzunehmen. Formal unterscheiden sich Elativ und Superlativ nicht voneinander, der Unterschied ist ein semantischer: Während der Superlativ den höchstmöglichen Grad einer Eigenschaft angibt, gibt der Elativ lediglich einen sehr hohen Grad an. In den meisten Grammatiken wird allerdings nicht zwischen Superlativ und Elativ unterschieden. In den Sätzen *Heute war das schönste Wetter, das ich jemals erlebt habe.* kann die Form *schönste* als Superlativ angegeben werden, da es inhaltlich den höchsten Grad bezeichnet. Wenn man dagegen eine Aussage wie *Es war das schönste Wetter, und wir nutzten den Sonnenschein, um einen Ausflug zu machen.* betrachtet, so muss dies nicht heißen, dass es das schönste Wetter überhaupt (oder auch nur im Erleben des Sprechers) war, sondern dass es lediglich ein sehr schönes Wetter war.

Zur Vertiefung

Die meisten Adjektive können kompariert werden. Bei Adjektiven wie *schlecht*, *schnell*, *laut*, *alt* etc. wird es niemanden geben, der Zweifel an deren Komparierbarkeit äußern wird:

Positiv	Komparativ	Superlativ
schlecht	schlechter	am schlechtesten
schnell	schneller	am schnellsten
laut	lauter	am lautesten
alt	älter	am ältesten

Komparation von Adjektiven

Zu beachten ist allerdings, dass einige Adjektive eine sogenannte Suppletivform (Ersatzform) für die Komparation benötigen, wie z. B. *gut*, *besser*, *am besten*.

Schon etwas komplizierter wird es mit Adjektiven wie *tot*, *schwanger*, *fertig*, *heilbar*, *kinderlos*, *ledig* etc., bei Zahladjektiven wie *drei*, *vier*, *fünf* und bei manchen Farbadjektiven wie *orange*, *rosa*, *violett*, *beige* etc., die teilweise aus semantischen Gründen, teilweise deshalb, weil es sich sprachgeschichtlich noch um vergleichsweise neue Wörter handelt, nicht oder nur eingeschränkt kompariert werden können. Die Partizipien, die auf der Basis von Verben gebildet werden (Partizip I mit der Endung *-end* am Verbstamm, wie bei *sing-end*, *lach-end*, *tanz-end*, *geh-end* etc., Partizip II mit dem Präfix *ge-* und entweder dem Suffix *-t* oder *-en*, wie bei *ge-koch-t*, *ge-spiel-t*, *ge-sung-en* etc.) sind besonders problematisch: Das Partizip I wird immer wie ein Adjektiv behandelt und dekliniert (*das singende Kind*, *der lachende Mann* etc.), kann allerdings im Normalfall nicht kompariert werden. Das Partizip II kommt entweder als infiniter Teil des Verbs oder als Adjektiv vor. Im letzteren Fall ist ebenfalls meist nur die Deklination möglich (*das gekochte Gemüse*, *das gesungene Lied*), nicht aber die Komparation (für eine ausführliche Diskussion der in diesem Absatz genannten Adjektivgruppen s. Kap. 4.1).

Funktionen von Adjektiven: Eine weitere Besonderheit ist bei den Adjektiven die Tatsache, dass sie in drei Funktionen im Satz vorkommen können und dass sie, wenn sie in zwei der drei Funktionen auftreten, nicht dekliniert werden. Es ist daher an dieser Stelle notwendig, einen kurzen Vorgriff auf das Kapitel zu den syntaktischen Funktionen (Satzgliedanalyse) zu machen.

Drei Positions-
möglichkeiten
von Adjektiven

Die drei Positionsmöglichkeiten von Adjektiven sind:
1. Die Stellung zwischen Artikel und Nomen (attributiver Gebrauch):
Dies ist die prototypische Position von Adjektiven, denn an dieser Position werden sie flektiert, d. h. sie kongruieren in Kasus, Numerus und Genus mit dem Nomen, auf das sie sich beziehen. Ein solcherart verwendetes Adjektiv ist ein Attribut zu einem Nomen: *die hervorragende Sängerin*; *der schlechte Arzt*; *das schnelle Auto*. Alle Adjektive können an dieser Position stehen (und bei der Wortartenbestimmung muss man das Adjektiv immer an dieser Position testen!). Es gibt noch einen zweiten, allerdings deutlich selteneren attributiven Gebrauch, bei dem das Adjektiv dem Bezugsnomen nachgestellt wird und dann nicht flektiert wird. Neben Belegen aus der Literatur oder aus Liedern (*Röslein rot*; *Hänschen klein*) finden sich oft Verwendungen bei Gerichten (*Forelle blau*; *Nudeln süß-sauer*) oder Produktbezeichnungen (*Mohrrüben gekocht*; *Gurken eingelegt*; *Mandeln geraspelt*).
2. Die Kombination mit einem Kopulaverb (prädikativer Gebrauch):
Wenn ein Adjektiv mit einem Kopulaverb verwendet wird, dann wird es nicht flektiert: *Die Sängerin ist hervorragend. Der Arzt war schlecht. Das Auto ist schnell.* etc. Es handelt sich dennoch um Adjektive, da sie ohne Bedeutungsveränderung in die entsprechende prototypische Stellung zwischen Artikel und Nomen gebracht werden können (*Die hervorragende Sängerin. Der schlechte Arzt. Das schnelle Auto.*) und weil die Komparation immer noch möglich ist: *Der Arzt war schlechter (als der andere). Der Arzt war der schlechteste (der mich je behandelte.).*
3. Der Bezug eines Adjektivs auf ein Verb (adverbialer Gebrauch):
Auch dann wird das Adjektiv nicht dekliniert: *Die Sängerin singt hervorragend. Der Arzt arbeitet schlecht. Das Auto fährt schnell.* Es handelt sich hier immer noch um Adjektive, da sie ohne eine Bedeutungsveränderung in die Stellung zwischen Artikel und Nomen überführt werden können (*Das hervorragende Singen. Das schlechte Arbeiten. Das schnelle Fahren.*) und die Komparation erhalten bleibt (*Der Arzt arbeitet schlechter (als sein Kollege). Der Arzt arbeitet am schlechtesten (von allen in dieser Klinik)*.

Den Orientierungspunkt für die Bestimmung von Adjektiven bildet also immer die attributive Verwendung, d. h. die Position eines Adjektivs zwischen Artikel und Nomen.

Dafür spricht auch, dass alle Adjektive attributiv verwendet werden können, aber nicht alle Adjektive auch adverbial oder prädikativ. Das Adjektiv *klein* kann z. B. nur attributiv (*das kleine Auto, der kleine Junge* etc.) oder prädikativ (*Das Auto ist klein. Der Junge ist klein.*) verwendet werden, nicht aber adverbial (**Das Auto fährt klein. Der Junge läuft klein.* etc.).

Adjektive wie *monatlich* oder *jährlich* können nur attributiv (*das monatliche Erscheinen der Zeitschrift; die jährliche Feier*) oder adverbial (*Die*

6.2 Das Adjektiv

Zeitschrift erscheint monatlich. Die Feier findet jährlich statt.) verwendet werden, nicht aber prädikativ (**Die Zeitschrift ist monatlich. ?Die Feier ist jährlich.*).

Deklinationsklassen der Adjektive: Es gibt insgesamt drei Deklinationsklassen von Adjektiven, die starke, die schwache und die gemischte Deklination. Die Adjektivdeklination gehört insofern zu den kompliziertesten Phänomenen des Deutschen, als die Wahl einer der drei Deklinationsklassen nicht wie bei den Nomen fest vorgegeben ist, sondern davon abhängt, was für ein Artikel oder Artikelpronomen vor dem Nomen steht. Dieses Phänomen nennt man **Monoflexion**: Die Nomen haben im heutigen Deutsch keine besonders gut erkennbaren und unterscheidbaren Deklinationsendungen mehr. Die Artikel dagegen schon, und auch die Adjektive verfügen noch über relativ deutliche Deklinationsendungen. Da sowohl Artikel als auch Adjektive mit dem Nomen, auf das sie sich beziehen, kongruieren müssen, würde das heißen, dass im Extremfall dreimal hintereinander die gleichen Deklinationsinformationen zu Kasus, Numerus und Genus markiert werden müssten. Um diese Mehrfachkodierung zu reduzieren, lautet die **Regel der Monoflexion** wie folgt:

- Wenn ein Artikel verwendet wird, an dem man die Kasusinformationen gut ablesen kann, wird das folgende Adjektiv schwach dekliniert.
- Wenn ein Artikel verwendet wird, der die Kasusinformationen nur zum Teil kodiert oder wenn überhaupt kein Artikel verwendet wird, wird das Adjektiv stark dekliniert (d. h. das Adjektiv verfügt über gut erkennbare Kasusendungen).
- Nach einigen Artikelpronomen (den Begleiterpronomen) erfolgt eine gemischte Deklination aus starker und schwacher Deklination.

Regel der Monoflexion

An den folgenden Beispielsätzen wird die Monoflexion deutlich. Im jeweils ersten Satz wird das Adjektiv schwach dekliniert, da es auf einen bestimmten Artikel folgt, der eindeutig Kasus markiert. Im jeweils zweiten Satz muss das Adjektiv stark dekliniert werden, da das Artikelpronomen (genauer: das Indefinitpronomen) *manch* überhaupt keine Kasusinformationen bereitstellt und daher dieser ›Job‹ von dem Adjektiv übernommen werden muss.

Starke und schwache Deklination in Abhängigkeit vom Artikel bzw. Pronomen

(1a) *Das schnelle Auto gehört mir.* (Nominativ; schwache Deklination)
(1b) *Manch schnelles Auto war auf der Rennstrecke zu sehen.* (Nominativ; starke Deklination)
(2a) *Der Kauf des schnellen Autos hat sich gelohnt.* (Genitiv; schwache Deklination)
(2b) *Die Fahrt manch schnellen Autos endete abrupt in dieser gefährlichen Kurve.* (Genitiv; starke Deklination)
(3a) *Dem schnellen Auto gebe ich lieber Vorfahrt.* (Dativ; schwache Deklination)
(3b) *Mit manch schnellem Auto bin ich schon in meinem Leben gefahren.* (Dativ; starke Deklination)

(4a) *Ich möchte das schnelle Auto fahren.* (Akkusativ; schwache Deklination)
(4b) *Manch schnelles Auto habe ich schon gefahren.* (Akkusativ; starke Deklination)

Über die Eleganz der Beispielsätze mag man streiten – der Zweck besteht hier lediglich darin, den direkten Kontrast der Adjektive zu ermöglichen. Bei dem jeweils ersten Satz kommen nur zwei Flexionsendungen des Adjektivs vor, nämlich das *-e* (schnell*e*) im Nominativ und im Akkusativ sowie das *-en* (schnell*en*) im Genitiv und im Dativ. Der bestimmte Artikel (*das/des/dem/das*) zeigt dagegen relativ gut die Kasus an.

Bei den jeweils zweiten Sätzen wird durch das Indefinitpronomen *manch* überhaupt keine Kasusinformation vermittelt. Dafür übernimmt nun das Adjektiv dieses Aufgabe mit insgesamt drei Endungen: Im Nominativ und Akkusativ wird *-es* angehängt, im Genitiv *-en* und im Dativ *-em* (Der Flexionsabbau im Akkusativ ist im Deutschen schon sehr weit fortgeschritten, Akkusativ wird kaum markiert.).

Schwache Deklination: Ein Adjektiv wird schwach dekliniert, wenn es nach dem bestimmten Artikel oder nach einem Begleiterpronomen wie *derjenige, derselbe, dieser, jener, jeder, mancher, solcher, welcher, irgendwelcher* und *aller* vorkommt.

Schwache Deklination im Singular

Kasus	Genus: Maskulinum	Genus: Femininum	Genus: Neutrum
Nominativ	*der große Mann*	*die große Frau*	*das große Kind*
Genitiv	*des großen Mannes*	*der großen Frau*	*des großen Kindes*
Dativ	*dem großen Mann*	*der großen Frau*	*dem großen Kind*
Akkusativ	*den großen Mann*	*die große Frau*	*das große Kind*

Schwache Deklination im Plural

Kasus	Genus: Maskulinum	Genus: Femininum	Genus: Neutrum
Nominativ	*die großen Männer*	*die großen Frauen*	*die großen Kinder*
Genitiv	*der großen Männer*	*der großen Frauen*	*der großen Kinder*
Dativ	*den großen Männern*	*den großen Frauen*	*den großen Kindern*
Akkusativ	*die großen Männer*	*die großen Frauen*	*die großen Kinder*

Starke Deklination: Ein Adjektiv wird stark dekliniert, wenn überhaupt kein Artikel vor dem Adjektiv vorkommt (z. B. in Sätzen wie *In diesem Restaurant gibt es frischen Fisch.*) oder nach Begleiterpronomen wie *dessen, deren, wessen, manch, solch, welch* u. a.):

Starke Deklination im Singular

Kasus	Genus: Maskulinum	Genus: Femininum	Genus: Neutrum
Nominativ	*manch großer Mann*	*manch große Frau*	*manch großes Kind*
Genitiv	*manch großen Mannes*	*manch großer Frau*	*manch großen Kindes*
Dativ	*manch großem Mann*	*manch großer Frau*	*manch großem Kind*
Akkusativ	*manch großen Mann*	*manch große Frau*	*manch großes Kind*

6.2 Das Adjektiv

Starke Deklination im Plural

Kasus	Genus: Maskulinum	Genus: Femininum	Genus: Neutrum
Nominativ	manch große Männer	manch große Frauen	manch große Kinder
Genitiv	manch großer Männer	manch großer Frauen	manch großer Kinder
Dativ	manch großen Männern	manch großen Frauen	manch großen Kindern
Akkusativ	manch große Männer	manch große Frauen	manch große Kinder

Gemischte Deklination: Die gemischte Deklination findet sich nach dem unbestimmten Artikel *ein* sowie nach den Begleiterpronomen *manch ein*, *solch ein*, *ein solcher*, *kein* und nach den Possessivpronomen (*mein*, *dein*, *unser* etc.):

Gemischte Deklination im Singular

Kasus	Genus: Maskulinum	Genus: Femininum	Genus: Neutrum
Nominativ	sein großer Mann	seine große Frau	sein großes Kind
Genitiv	seines großen Mannes	seiner großen Frau	seines großen Kindes
Dativ	seinem großen Mann	seiner großen Frau	seinem großen Kind
Akkusativ	seinen großen Mann	seine große Frau	sein großes Kind

Gemischte Deklination im Plural

Kasus	Genus: Maskulinum	Genus: Femininum	Genus: Neutrum
Nominativ	seine großen Männer	seine großen Frauen	seine großen Kinder
Genitiv	seiner großen Männer	seiner großen Frauen	seiner großen Kinder
Dativ	seinen großen Männern	seinen großen Frauen	seinen großen Kindern
Akkusativ	seine großen Männer	seine großen Frauen	seine großen Kinder

Valenz bei Adjektiven: Wie bei allen Verben und Präpositionen und bei manchen Nomen gibt es auch bei den Adjektiven manche, die Valenzphänomene aufweisen, d. h. die bestimmte Begleiter fordern und diese in Bezug auf deren Kasus ›regieren‹. Man unterscheidet hier zwischen Adjektiven, die keine weitere Ergänzung benötigen (z. B. *schön*, *gut*, *laut*, *schnell* etc.) und solchen, die eine Ergänzung fordern. Wie bei den Nomen muss diese Ergänzung zwar nicht unbedingt auf der sprachlichen Oberfläche realisiert werden, sie wird aber auch unausgesprochen ›mitgedacht‹. Adjektive, die eine Ergänzung fordern, können nach ihrer Rektion unterteilt werden, d. h. danach, was sie als Begleiter ›fordern‹ und entsprechend ›regieren‹:

- Den Akkusativ regierende Adjektive, wie z. B. *breit* in dem Satz *Der Fluss ist [zehn Meter breit].* oder *tief* in *Der Tunnel wurde [einen Kilometer tief] in den Berg gebohrt.*
- Den Dativ regierende Adjektive wie z. B. *ähnlich* in dem Satz *Er ist [seinem Vater ähnlich].*, *angeboren* in *sein [ihm angeborener] Scharfsinn* oder *willkommen* in *die [den müden Wanderern willkommene] Erfrischung* etc.
- Den Genitiv regierende Adjektive wie *bedürftig* in dem Satz *Er ist [unserer Hilfe bedürftig].*, *kundig* in *Er ist [des Weges kundig].* oder *würdig* in *der [des Amtes würdige] Präsident* etc.
- Einen Präpositionalkasus regierende Adjektive wie *bedacht* in dem Satz *der [auf seine Sicherheit bedachte] Bergsteiger*, *immun* in *die [gegen Antibiotika immunen] Bakterien* oder *befreundet* in *Er ist [mit unseren Nachbarn befreundet].* etc.

Arbeitsaufgaben

Aufgabe 1: Bestimmen Sie die Adjektive in folgendem Satz. Warum sind manche der Adjektive nicht flektiert und warum können manche Adjektive nicht kompariert werden?

Der hart arbeitende Künstler präsentiert stolz seine aus rosa Marmor gehauene Skulptur.

Aufgabe 2: Warum heißt es *ein guter Wein* aber *der gute Wein*?

6.3 | Artikel und Pronomen

Die Wortarten der Artikel und der Pronomen zeichnen sich durch die Eigenschaften aus, dass sie deklinierbar, aber nicht komparierbar sind (morphosyntaktische Eigenschaften), und dass sie nicht artikelfähig und nicht durch ein vorangestelltes Adjektiv erweiterbar sind (distributionelle Eigenschaften).

Ein Problem ist, dass sich einige Pronomen wie Artikel verhalten, während andere eher Nomen ähneln. In manchen Grammatiken wird daher auch nicht zwischen Artikeln und Pronomen, sondern zwischen Artikelwörtern (die artikelähnliche Pronomen einschließen) und Pronomen unterschieden. Dies ergibt durchaus Sinn, wie der Vergleich der folgenden Beispielsätze zeigt:

Das neue Auto steht auf der Straße.
Dieses neue Auto steht auf der Straße.
Mein neues Auto steht auf der Straße.
Es steht auf der Straße.

Traditionell gilt das erste Wort (*das*) als Artikel, während *dieses*, *mein* und *es* als Pronomen gelten. Es ist aber unschwer zu erkennen, dass sich *dieses* und *mein* eher wie Artikel verhalten (sie können vor ein Nomen und ein Adjektiv gestellt werden), während *es* als Ersatz für ein Nomen (genauer: für eine Nominalphrase) dient.

Als Kompromiss zwischen der traditionellen Trennung in Artikel und Pronomen und dem Befund, dass eine große Gruppe von Pronomen sich eigentlich eher wie Artikel verhält, wird hier nun vorgeschlagen, drei Kategorien anzunehmen:

1. Artikel: Diese Gruppe ist sehr eng gefasst und schließt lediglich die beiden Artikeltypen des bestimmten Artikels (*der/die/das*) und des unbestimmten Artikels (*ein/eine/ein*) ein.

2. Artikelähnliche Pronomen (Begleiterpronomen): In dieser Gruppe gibt es zahlreiche Pronomen mit unterschiedlichen Bedeutungen und Funktionen. Sie verhalten sich in Bezug auf ihre Stellung im Satz wie Artikel, d. h. sie stehen vor einem Nomen. Ihre Vertreter sind: Demonstrativpronomen, Possessivpronomen, Interrogativpronomen, Indefinitpronomen und manche Relativpronomen.

3. Stellvertreterpronomen: Dies sind die Pronomen im engeren Sinn, d. h. sie stehen als ›Für-Nomen‹ (›Pro-Nomen‹) für ein Nomen bzw. eine Nominalphrase. Ihre Vertreter sind: Personalpronomen, Relativpronomen, Reflexivpronomen, Demonstrativpronomen, Possessivpronomen, Interrogativpronomen und Indefinitpronomen.

Die zwei Gruppen der artikelähnlichen Pronomen und der Stellvertreterpronomen sind schwer auseinanderzuhalten. Das liegt daran, dass alle artikelähnlichen Pronomen auch als Stellvertreterpronomen vorkommen können, umgekehrt aber nicht alle Stellvertreterpronomen auch als artikelähnliche Pronomen verwendet werden können. Das Kriterium der Distribution (wo steht das Pronomen, d. h. bezieht es sich auf eine Nominalphrase oder steht es allein) ist also für die Unterscheidung zwischen Begleiter- und Stellvertreterpronomen unerlässlich.

6.3.1 | Die Artikel des Deutschen

Im Deutschen gibt es zwei (oder, wenn man das Nicht-Vorhandensein eines Wortes ebenfalls zählen will, sogar drei) Artikel: den **bestimmten Artikel**, z. B. *der Baum, die Straße, das Auto*, den **unbestimmten Artikel**, z. B. *ein Baum, eine Straße, ein Auto* und den **Nullartikel**. Der Nullartikel – mit anderen Worten die Abwesenheit eines Artikels – kann als Pluralform des unbestimmten Artikels bezeichnet werden (*Bäume, Straßen, Autos*).

Der bestimmte Artikel dient dazu, ein Nomen als für die Rezipienten der Äußerung identifizierbar zu markieren. Die Identifizierbarkeit kann entweder dadurch entstehen, dass es nur einen einzigen Vertreter einer Klasse gibt (*die Sonne, der Papst, der Rhein, der Atlantik* etc.), oder dadurch, dass das Nomen durch Attribute zusätzlich identifiziert wird (*das Buch, das auf dem Tisch dort liegt, das rote Buch, das Buch mit dem roten Umschlag* etc.), oder schließlich dadurch, dass das Nomen bereits zuvor eingeführt wurde oder im Kontext klar ist, worauf man sich bezieht: *Ich traf gestern einen alten Freund. Mit dem Freund war ich dann den ganzen Abend in der Kneipe.* bzw. *Oh schau mal der Vogel!*. Den bestimmten Artikel gibt es sowohl im Singular als auch im Plural und er wird in Kasus, Numerus und Genus dekliniert:

Kasus	Genus: Maskulinum	Genus: Femininum	Genus: Neutrum
Nominativ	der Baum	die Straße	das Auto
Genitiv	des Baumes	der Straße	des Autos
Dativ	dem Baum	der Straße	dem Auto
Akkusativ	den Baum	die Straße	das Auto

Deklination des bestimmten Artikels im Singular

Kasus	Genus: Maskulinum	Genus: Femininum	Genus: Neutrum
Nominativ	die Bäume	die Straßen	die Autos
Genitiv	der Bäume	der Straßen	der Autos
Dativ	den Bäumen	den Straßen	den Autos
Akkusativ	die Bäume	die Straßen	die Autos

Deklination des bestimmten Artikels im Plural

Der unbestimmte Artikel hat dagegen die Aufgabe, zählbare, nicht näher bestimmte Nomen im Singular zu bezeichnen. Eine typische Funktion besteht darin, auf einen Vertreter einer Gattung zu verweisen (*Sie hat eine Katze.*) oder sich auf einen neuen, noch nicht im Gespräch eingeführten Gegenstand zu beziehen (*Ich habe gestern einen Freund getroffen.*). Den unbestimmten Artikel gibt es nur im Singular. Als Pluralform des unbestimmten Artikels kann der Nullartikel betrachtet werden. Die Formen des unbestimmten Artikels sind:

Deklination des unbestimmten Artikels

Kasus	Genus: Maskulinum	Genus: Femininum	Genus: Neutrum
Nominativ	ein Baum	eine Straße	ein Auto
Genitiv	eines Baumes	einer Straße	eines Autos
Dativ	einem Baum	einer Straße	einem Auto
Akkusativ	einen Baum	eine Straße	ein Auto

Den **Unterschied zwischen dem bestimmten und dem unbestimmten Artikel** kann man an folgenden Beispielsätzen illustrieren:
- *Im Stadtpark wurde der Baum gepflanzt.* Der bestimmte Artikel im Singular muss verwendet werden, wenn ein konkreter Baum gemeint ist, z. B. ein Baum, über den zuvor in der Zeitung berichtet wurde.
- *Im Stadtpark wurden die Bäume gepflanzt.* Der bestimmte Artikel im Plural wird dann verwendet, wenn man sich auf eine Menge konkreter, als bekannt vorausgesetzter Bäume beziehen will.
- *Im Stadtpark wurde ein Baum gepflanzt.* Der unbestimmte Artikel verweist lediglich generell auf die Kategorie *Baum*, nicht darauf, dass dem Hörer bekannt sein muss, um was für einen Baum es sich handelt.
- *Im Stadtpark wurden Bäume gepflanzt.* Der Nullartikel ist die Pluralvariante des unbestimmten Artikels, hier wird auf eine Menge nicht näher bekannter oder konkret zu bestimmender Bäume verwiesen. Der Nullartikel wird darüber hinaus auch bei nicht zählbaren Nomen verwendet: (*Ich mag Milch / Kaffee / Honig.* etc.). In dem Satz *Ich mag den Fisch.* Beziehet man sich auf einen konkreten Fisch, in *Ich mag einen Fisch.* auf einen nicht näher bestimmten Fisch aus einer Menge und in *Ich mag Fisch.* auf das Nahrungsmittel Fisch.

Syntaktische Funktionen des Artikels: Die Artikel haben nicht nur die Funktion, die Bestimmtheit / Unbestimmtheit eines Konzepts anzuzeigen, sie werden auch zur Markierung der syntaktischen Kategorien Kasus, Numerus und Genus verwendet. Wie in der Darstellung der Flexion von Adjektiven schon deutlich wurde, gilt im Deutschen das Prinzip der Monoflexion, d. h. wenn ein Artikel vorhanden ist, übernimmt dieser die Aufgabe, Kasus, Numerus und Genus eines Nomens eindeutig zu markieren. So kann man etwa bei dem Nomen *Baum* in den folgenden drei Phrasen nicht erkennen, ob es im Nominativ, Dativ oder Akkusativ vorliegt, der Artikel zeigt jedoch genau den jeweiligen Kasus an: *der Baum* (Nom.) / *dem Baum* (Dat.) / *den Baum* (Akk.).

Bei manchen Wörtern, die sich im Singular und Plural in der Form nicht unterscheiden, zeigt der Artikel zudem den Numerus eindeutig an, z. B.

der Reifen (Singular) / *die Reifen* (Plural) oder *der Besen* (Singular) / *die Besen* (Plural).

Bei wieder anderen Wörtern legt der Artikel das Genus offen und kann damit Wörter, die gleich aussehen oder klingen, unterscheiden, wie z. B. *der Band* (Buch einer Reihe) / *das Band* (Kordel, Schnur) / *die Band* (Musikgruppe; in der gesprochenen Sprache besteht allerdings aufgrund der anderen Aussprache hier ohnehin keine Verwechslungsgefahr, diese besteht nur in der geschriebenen Sprache) oder *das Partikel* (kleines Teilchen in der Physik) / *die Partikel* (nicht flektierbare, nicht vorfeldfähige, nicht kasusfordernde, nicht verknüpfende Wortart in der Linguistik).

6.3.2 | Artikelähnliche Pronomen (Begleiterpronomen)

Genau wie die Artikel haben Pronomen die Eigenschaften, flektierbar (genauer: deklinierbar), nicht komparierbar und nicht artikelfähig zu sein. Wie oben angedeutet, sind die Übergänge zwischen den Artikeln und den artikelähnlichen Pronomen fließend. Mit dem Ausdruck ›Begleiterpronomen‹ wird darauf verwiesen, dass diese Pronomen – genau wie die Artikel – nicht alleine stehen, sondern als Begleiter zu einem Nomen auftreten, auf das sie sich beziehen und mit dem sie kongruieren (in Kasus, Numerus und Genus übereinstimmen). Am deutlichsten wird die Ähnlichkeit von Artikeln und Begleiterpronomen bei der Gruppe der Demonstrativpronomen. Es ist zudem zu beachten, dass die artikelähnlichen Pronomen auch als Begleiterpronomen eingesetzt werden können, also entweder als Begleiter oder als Stellvertreter arbeiten (s. Kap. 6.3.3).

Demonstrativpronomen stehen als Begleiterpronomen an der gleichen Stelle wie Artikel (vor einem Nomen bzw. vor dem Adjektiv und dem Nomen), während sie als Stellvertreterpronomen ein Nomen (bzw. die jeweilige Nominalphrase) ersetzen. Demonstrativpronomen haben die Funktion, sprachlich auf etwas zu zeigen (von lateinisch *demonstrare*: ›zeigen‹). Die Demonstrativpronomen des Deutschen sind: *dieser/diese/dieses, der/die/das, derjenige/diejenige/dasjenige, jener/jene/jenes, solcher/solche/solches, derselbe/dieselbe/dasselbe, ersterer/erstere/ersteres, letzterer/letztere/letzteres*. Als Begleiterpronomen steht z. B. *dieser/diese/dieses* vor einem Nomen (*Ich habe diesen Kuchen gebacken.*) oder vor dem Nomen und Adjektiv (*Ich habe diesen leckeren Kuchen gebacken.*). Als Stellvertreterpronomen ersetzt es Nominalphrasen (*Ich habe einen Kuchen gebacken. Diesen* (d. h. den Kuchen) *werde ich morgen mitbringen.*) oder verweist auf Gegenstände im Gesprächskontext (*Welchen Kuchen soll ich nehmen? Nimm diesen!* (d. h. den Kuchen, der hier liegt)).

Das Demonstrativpronomen *der/die/das* unterscheidet sich in der Form nicht vom bestimmten Artikel. Der einzige Unterschied zwischen dem Demonstrativpronomen *der/die/das* und dem Artikel *der/die/das* ist, dass das Demonstrativpronomen betont wird:
- *Ich möchte den Kuchen.* Der bestimmte Artikel wird eingesetzt, wenn es z. B. in einer Bäckerei nur einen Kuchen in der Auslage gibt und ansonsten nur süße Teilchen (im Sinne von: *Ich möchte den Kuchen, und nicht das Teilchen.*). Hier verweist der bestimmte Artikel darauf,

dass der Kuchen vom Gesprächspartner eindeutig identifiziert werden kann.
- *Ich möchte* DEN *Kuchen.* Hier liegt ein Demonstrativpronomen als Begleiterpronomen vor. Das Demonstrativpronomen wird betont und es ›zeigt‹ sprachlich auf einen bestimmten Kuchen. Oft wird das Demonstrativpronomen auch noch von einer Zeigegeste mit der Hand oder dem Kopf begleitet. Das Demonstrativpronomen könnte man in diesem Satz z. B. einsetzen, wenn in der Auslage der Bäckerei mehrere Kuchen stehen und man, während man den Satz sagt, auf einen davon zeigt.
- *Ich möchte* DEN. Hier liegt ein Demonstrativpronomen als Stellvertreterpronomen vor. Das Bezugsnomen *Kuchen* ist über den Kontext eindeutig identifizierbar, indem man z. B. während der Äußerung auf den Kuchen zeigt, den man haben möchte.

Während das Demonstrativpronomen *der/die/das* nur über die Betonung – in der gesprochenen Sprache – oder durch orthographische Markierung wie z. B. Großschreibung in der informellen geschriebenen Sprache (*Ich will* DIE *nicht mehr sehen.*) vom bestimmten Artikel zu unterscheiden ist, ist das meist als prototypische Form angesehene Demonstrativpronomen *dieser/diese/dieses* über seine Form im Mündlichen und Schriftlichen gleichermaßen klar vom Artikel zu unterscheiden. Alle Demonstrativpronomen können nach Kasus – z. B. *diesem Haus* (Dativ), *dieser Straße* (Genitiv) etc. – sowie nach Genus (*dieser Baum* (mask.) / *diese Straße* (fem.) / *dieses Auto* (neutr.)) und nach Numerus (*dieser Baum* (Singular) / *diese Bäume* (Plural) dekliniert werden. Die Flexionsendungen der Demonstrativpronomen sind die gleichen wie beim bestimmten Artikel:

Deklination der Demonstrativpronomen

Kasus	Numerus: Singular	Numerus: Plural
Nominativ	*dieser/diese/dieses*	*diese/diese/diese*
Genitiv	*dieses/dieser/dieses*	*dieser/dieser/dieser*
Dativ	*diesem/dieser/diesem*	*diesen/diesen/diesen*
Akkusativ	*diesen/diese/dieses*	*diese/diese/diese*

Possessivpronomen dienen dazu, Zugehörigkeit oder Besitz anzuzeigen. Sie treten an der gleichen Stelle wie die Artikel und die Demonstrativpronomen auf (*Hier ist* mein *neues Fahrrad.* / *Hier ist* das *neue Fahrrad.*). Eine Besonderheit ist auch, dass das Possessivpronomen für alle Personen vorliegt, was zu einer großen Zahl an Formen führt: *Die Farbe meines/deines/ seines/ihres/seines/unseres/eures/ihres neuen Autos ist rot.* Das Possessivpronomen in der ersten Person wird wie folgt dekliniert:

Deklination der Possessivpronomen

Kasus	Numerus: Singular	Numerus: Plural
Nominativ	*mein/meine/mein*	*meine/meine/meine*
Genitiv	*meines/meiner/meines*	*meiner/meiner/meiner*
Dativ	*meinem/meiner/meinem*	*meinen/meinen/meinen*
Akkusativ	*meinen/meine/mein*	*meine/meine/meine*

Die Possessivpronomen in den übrigen Personen (*dein, sein/ihr/sein, unser, euer* und *ihr*) werden in der gleichen Art flektiert.

Auch das Possessivpronomen kann substantivisch (d. h. als Stellvertreterpronomen) verwendet und dann sogar mit einem Artikel kombiniert werden. Allerdings klingt die Form mit Artikel etwas veraltet: *Das ist der meine/deine/seine/unsere/eure/ihre!* Die Verwendung als Stellvertreterpronomen ohne Artikel ist dagegen unmarkiert: *Das ist deiner/meiner/seiner/unsrer/eurer/ihrer*.

Die Interrogativpronomen (*wer, was, welcher, was für ein* etc.) dienen dazu, nach Sachverhalten oder Gegenständen zu fragen. Mit ihnen werden die sogenannten Ergänzungsfragen (*w*-Fragen) gebildet, auf die mit einem inhaltstragenden Ausdruck geantwortet werden muss (das Gegenstück bilden die Entscheidungsfragen (*ja/nein*-Fragen), auf die mit Antwortpartikeln wie *ja, nein, doch* oder mit Kommentaradverbien wie *vermutlich, leider, glücklicherweise* geantwortet werden kann).

Manche Interrogativpronomen können nur als Stellvertreterpronomen (s. Kap. 6.3.3) vorkommen und ersetzen dann das Nomen, nach dem gefragt wird:

Wer hat morgen Zeit? (Nominativ)
Wem gefällt das? (Dativ)

Andere Interrogativpronomen sind Begleiterpronomen und müssen mit einem Nomen kombiniert werden:

[*Wessen* Auto] steht dort?
[*Welche* Band] spielt gerade?

Ein besonderer Fall ist *was für ein*, da in diesem komplexen phrasalen Interrogativpronomen nur das Wort *ein* flektiert wird. Dennoch fasst man die gesamte Struktur als ein einziges Pronomen auf: *Was für ein* Auto steht dort? (Nominativ, Neutrum), *Was für einem* Kunden hast du das Auto verkauft? (Dativ, Maskulinum), *Was für eine* Verkäuferin suchen Sie? (Akkusativ, Femininum).

Indefinitpronomen sind eine sehr ungeordnete ›Restklasse‹, die Pronomen umfasst, die auf eine unbestimmte Zahl von Dingen, Personen, Sachverhalten etc. verweisen. Einige liegen nur in einer einzigen Form vor, sind also nicht flektierbar und müssten eher den Adverbien zugeordnet werden. Weil sie aber die gleiche Funktion wie die anderen, flektierbaren Indefinitpronomen aufweisen, belässt man sie, etwas inkonsequent, in der Pronomenklasse. Es empfiehlt sich, die Indefinitpronomen schlichtweg auswendig zu lernen.

Flektierbare Indefinitpronomen sind *alle, einige, irgendeiner, irgendwelche, jeder, keiner, mancher, mehrere, etliche, jemand, irgendjemand, irgendwer* und *niemand*.

Nicht flektierbare Indefinitpronomen sind unter anderem *etwas, irgendetwas, man* und *manch*.

Die meisten Indefinitpronomen können entweder als Stellvertreterpronomen (jeweils das erste Beispiel) oder als Begleiterpronomen (zweites Beispiel) verwendet werden:

(1a) *[Alle] sind bereits versammelt.*
(1b) *[Alle Gäste] sind bereits versammelt.*
(2a) *Hier hat [jeder] das Recht, seine Meinung zu sagen.*
(2b) *Hier hat [jeder Besucher] das Recht, seine Meinung zu sagen.*
(3a) *Auf der Promi-Gala war [niemand].*
(3b) *Auf der Promi-Gala war [niemand Bekanntes].*

6.3.3 | Pronomen als Ersatzformen für Nomen (Stellvertreterpronomen)

Diese Pronomen sind ›Pro-Nomen‹ im eigentlichen Sinn, d. h. Ersatzformen für Nomen. Sie können daher auch als ›Stellvertreterpronomen‹ bezeichnet werden. Pronomen, die ausschließlich als Stellvertreterpronomen verwendet werden, sind die Personalpronomen und die Reflexivpronomen. Bei den Relativpronomen werden die meisten nur als Stellvertreterpronomen verwendet, und auch bei den Indefinitpronomen gibt es zahlreiche Vertreter, die nur als Stellvertreter fungieren. Die übrigen Pronomen, die bereits besprochenen Demonstrativpronomen, Possessivpronomen und Interrogativpronomen, liegen dagegen häufiger als Begleiterpronomen vor.

Personalpronomen: Das Personalpronomen kann nur als Stellvertreterpronomen verwendet werden. Mit den Personalpronomen der ersten und zweiten Person im Singular oder Plural wird auf den Produzenten einer Nachricht und den Empfänger verwiesen (*ich/wir* vs. *du/ihr*), mit denen der dritten Person bezieht man sich auf ›Besprochenes‹, wobei die Pronomen der dritten Person im Singular und Plural sowohl auf Personen als auch auf Gegenstände / Sachverhalte verweisen können: *Ich habe dir doch von ihm erzählt.* Das Pronomen *ich* verweist als personendeiktischer (sprachlich auf Personen zeigender) Ausdruck auf den Sprecher, *du* auf den Hörer und *ihm* auf etwas oder jemanden, über den oder das gesprochen wird.

Die Personalpronomen sind flektierbar, allerdings verändern sich die Formen der Pronomen stark, d. h. es werden nicht einfach nur Flexionsendungen angehängt, sondern die Wortstämme mit verändert:

Deklination der Personalpronomen

Kasus	1. Person Singular / Plural	2. Person Singular / Plural	3. Person Singular / Plural
Nominativ	ich / wir	du / ihr	er, sie, es / sie
Genitiv	meiner / unser	deiner / euer	seiner, ihrer, seiner / ihrer
Dativ	mir / uns	dir / euch	ihm, ihr, ihm / ihnen
Akkusativ	mich / uns	dich / euch	ihn, sie, es / sie

Beispielsätze mit Personalpronomen in unterschiedlichen Kasus sind:

Ich erinnere euch an den Termin. (2. Person, Plural, Akkusativ)
Sie gaben ihnen ein Geschenk. (3. Person, Plural, Dativ)
Wir gedenken ihrer. (3. Person, Singular, Femininum, Genitiv oder 3. Person, Plural, Genitiv)

Die meisten Formen der Personalpronomen werden keine Probleme bereiten. Nur die Genitivform wird vielen ungewöhnlich erscheinen. Das liegt daran, dass auf den ersten Blick eine Verwechslungsgefahr mit dem Possessivpronomen (*mein, dein, unser* etc.) besteht. Das Possessivpronomen zeigt aber immer Besitz an, während das Personalpronomen von einem Verb gefordert wird. Verben, die eine Ergänzung im Genitiv fordern, sind aber selten geworden und klingen entsprechend altmodisch: *bedürfen, gedenken, sich enthalten, sich bedienen, sich erinnern*: *Sie bedient sich der Forschungsergebnisse.* Ersetzt man die Nominalphrase *der Forschungsergebnisse* durch ein Personalpronomen im Genitiv, erhält man den Satz: *Sie bedient sich ihrer.* In dem Satz *Wir erinnern uns der großen Opfer.* kann die Nominalphrase *der großen Opfer* durch ein Personalpronomen im Genitiv ersetzt werden: *Wir erinnern uns ihrer.*

Das Reflexivpronomen verweist auf bereits erwähnte Einheiten im Satz und wird mit reflexiven Verben und in reflexiven Konstruktionen verwendet. Wenn man es genau nimmt, gibt es nur ein ›echtes‹ Reflexivpronomen, und zwar für die dritte Person Singular und Plural, nämlich das Pronomen *sich*. Für alle anderen Formen werden Personalpronomen ›recycelt‹. Man muss dabei allerdings zwischen reflexiven Verben und Verben, die auch, aber nicht zwingend reflexiv verwendet werden, unterscheiden. Bei einem ›echten‹ reflexiven Verb muss ein Reflexivpronomen verwendet werden, bei einem ›unechten‹ kann dagegen sowohl ein Reflexivpronomen als auch ein Personalpronomen verwendet werden, man bezeichnet diese Strukturen als reflexive Konstruktionen:

Echt reflexives Verb	Unecht reflexives Verb, reflexiv gebraucht	Unecht reflexives Verb, nicht reflexiv gebraucht
Ich konzentriere mich.	*Ich ärgere mich.*	*Ich ärgere ihn.*
Du konzentrierst dich.	*Du ärgerst dich.*	*Du ärgerst mich.*
Er/sie konzentriert sich.	*Er/sie ärgert sich.*	*Er/sie ärgert ihn.*
Wir konzentrieren uns.	*Wir ärgern uns.*	*Wir ärgern sie.*
Ihr konzentriert euch.	*Ihr ärgert euch.*	*Ihr ärgert uns.*
Sie konzentrieren sich.	*Sie ärgern sich.*	*Sie ärgern mich.*

reflexive Verben und reflexive Konstruktionen

Bei einem unechten reflexiven Verb ist es entweder möglich, eine Tätigkeit auf denjenigen zu beziehen, der sie ausführt (*sich waschen, sich duschen, sich ärgern* etc.), oder auf jemanden anderen (*jemanden waschen, jemanden duschen, jemanden ärgern*). Bei einem echt reflexiven Verb dagegen kann sich die Handlung nur auf die ausführende Person beziehen (*Ich konzentriere mich.* vs. **Ich konzentriere ihn.*).

Ein besonderer Fall, der in manchen Grammatiken als eigene Kategorie aufgeführt wird, ist das Reziprokpronomen. Es wird bei den Reflexivpronomen behandelt, da es nur ein einziges ›echtes‹, d. h. ausschließlich als Reziprokpronomen verwendetes Wort gibt, und zwar *einander*. Ansonsten werden die Reflexivpronomen verwendet, die durch den Kontext reziprok gedeutet werden können. Reziprok heißt, dass zwei (oder mehr) Einheiten in einem Satz aufeinander bezogen sind: In dem Satz *Thomas und Anna liebten einander.* wird ausgesagt, dass Thomas Anna liebt und Anna Thomas. In dem Satz *Thomas und Anna liebten sich.* wird durch den Kontext klar, dass hier das Reflexivpronomen *sich* reziprok gemeint ist, dass also nicht gemeint ist, dass Thomas sich liebt und Anna ebenfalls sich liebt, sondern dass Anna Thomas liebt und umgekehrt.

Die Relativpronomen (*der, welcher, wer, was* etc.) stehen in einem Attributsatz als Stellvertreter für eine Nominalphrase aus dem übergeordneten Satz – in dem Satz *Der Mann, der dort mit seinem Hund spazieren geht, wohnt in unserer Straße.* steht das Relativpronomen *der* für *der Mann* – oder in einem sogenannten weiterführenden Relativsatz für den Inhalt des gesamten übergeordneten Satzes (In dem Satz *Das Wetter ist heute großartig, was uns alle freut.* bezieht sich *was* auf *Das Wetter ist heute großartig.*).

Die Relativpronomen können nach Kasus, Numerus und Genus flektiert werden:

Den Mann, der dort steht, kenne ich. (Nominativ, Maskulinum, Singular)
Die Frau, die dort steht, kenne ich. (Nominativ, Femininum, Singular)
Das Fußballspiel, das ich morgen anschauen will, beginnt um 20 Uhr.
    (Akkusativ, Neutrum, Singular)
Die Autos, denen der TÜV Fahrtauglichkeit bescheinigt, müssen ver-
    schrottet werden. (Dativ, Neutrum, Plural)
Die Verstorbenen, derer wir gedenken, standen uns nahe. (Genitiv, Plural)

Als Begleiterpronomen kann das Relativpronomen eingesetzt werden, wenn es Teil einer Nominalphrase ist:

Das Auto, [dessen Motor] den Geist aufgegeben hat, steht dort drüben.
Wir bitten alle Teilnehmer, [deren Tickets] bereits bezahlt sind, das Schiff
    zu besteigen.

Egal, ob ein Relativpronomen als Stellvertreter- oder Begleiterpronomen verwendet wird, gilt für die Relativpronomen eine syntaktische Besonderheit, die ansonsten nur noch die unflektierbare Wortart der subordinierenden Konjunktionen auszeichnet: Sie verlangen, dass das Verb in dem Satz, in dem sie auftreten, an das Ende rückt, dass also der entsprechende Relativsatz syntaktisch als Nebensatz markiert wird. Relativpronomen haben daher automatisch auch eine verknüpfende und subordinierende Funktion.

Das ›Pronomen‹ es verdient eine gesonderte Erwähnung, weil es viele unterschiedliche Funktionen erfüllen kann. Neben seinem Einsatzzweck als Personalpronomen (*Dort steht mein neues Auto. Ich habe es erst gestern gekauft.*) kann *es* zu folgenden weiteren Zwecken eingesetzt werden:

- Als ›**leeres**‹ **Subjekt oder Objekt**: Da im Deutschen die Regel herrscht, dass (mit der Ausnahme von Empfindungsverben wie *Mich friert. Mich fröstelt. Mich dürstet.* etc.) kein Satz ohne ein Nomen im Nominativ, das funktional betrachtet das Subjekt stellt, vorkommen darf, muss in den Fällen, in denen ein Verb auf der semantischen Ebene kein Subjekt fordert, das inhaltsleere *es* als Platzhalter eingefügt werden: *Es regnet. Es schneit. Es ist spät. Es ist kalt.* etc. Bei manchen Ausdrücken gilt das gleiche auch für die Objektstelle: *Ich habe es* (Akkusativobjekt) *eilig. Ich habe es* (Akkusativobjekt) *satt.* etc.
- Als **Korrelat**: Wenn man einen Satz mit einem eingebetteten Nebensatz oder Infinitivsatz bildet, muss oder kann man mit dem Korrelatwort *es*

vom übergeordneten Satz darauf verweisen: *Es ärgert mich, dass er mir ständig widerspricht. Mich ärgert (es), dass er mir ständig widerspricht.* Aber: *Dass er mir ständig widerspricht, ärgert mich.*
- Als **expletive Struktur** (Platzhalter): *Es* kann dafür eingesetzt werden, die Satzstruktur zu bewahren, wenn man das Wortmaterial umstellt. Es ist möglich, in dem Satz *Gestern war ein ereignisreicher Tag.* alles inhaltstragende Wortmaterial nach das finite Verb zu verschieben. Da im Deutschen die Regel allerdings lautet, dass in Hauptsätzen vor dem finiten Verb eine Konstituente stehen muss, tritt das Platzhalter-*es* ein: *Es war ein ereignisreicher Tag gestern.*

Arbeitsaufgabe

Aufgabe 1: Bestimmen Sie in den folgenden Sätzen die Pronomen:
(1) *Dieses Auto hat ihm nicht gefallen.*
(2) *Der Mechaniker, der mein Auto repariert hat, hat sich über die schlechte Verarbeitung beklagt.*
(3) *Welche Farbe gefällt dir am besten?*
(4) *Keine von diesen Farben überzeugt mich.*

7 Die nicht flektierbaren Wortarten

7.1 Das Adverb
7.2 Die Präposition
7.3 Die Konjunktion
7.4 Die Partikel

7.1 | Das Adverb

Adverbien sind als Wortart relativ leicht zu bestimmen: Es handelt sich dabei um die einzige Wortart, die nicht flektierbar ist, aber alleine im Vorfeld eines Satzes stehen kann. In dem Satz *Wann hat es gestern hier so stark geregnet?* sind die folgenden Wörter Adverbien:

- *wann* (Das Interrogativadverb steht hier ohnehin bereits im Vorfeld des Satzes, d. h. vor dem finiten Verb *hat*.)
- *gestern* (Das Temporaladverb kann in Sätzen wie *Gestern hat es hier so stark geregnet.* im Vorfeld stehen.)
- *hier* (Das Lokaladverb kann in Sätzen wie *Hier hat es gestern so stark geregnet.* im Vorfeld stehen.)

Das Wort *so* ist in diesem Satz kein Adverb, sondern eine Gradpartikel, da es sich als verstärkender Ausdruck auf *stark* bezieht (*so stark*) und ein Bezugswort braucht. Alleine kann es nicht im Vorfeld stehen: **So hat es gestern hier stark geregnet.* Auch *stark* ist kein Adverb, sondern ein Adjektiv, das adverbial gebraucht wird, d. h. sich in seiner Funktion auf das Verb *geregnet* bezieht (Adverbiale dürfen nicht mit Adverbien verwechselt werden! Bei Adverbialen handelt es sich um eine funktionale Kategorie, die in Kapitel 9.1.4 beschrieben wird.). Das Wort *stark* ist ohne Bedeutungsveränderung flektierbar, wenn man es, wie in dem Satz *Der starke Regen, der gestern hier fiel.*, vor ein Nomen setzt.

Wie sieht es nun mit Adverbien im folgenden Satz aus?

Ich habe das doch nicht so gemeint.

In diesem Satz gibt es nur ein Adverb, das Wort *so*. Anders als im vorigen Satz bezieht sich *so* nicht auf ein Folgewort und kann daher auch alleine im Vorfeld stehen: *So habe ich das doch nicht gemeint.* Das Wort *so* kann also je nach Bedeutung oder Funktion zwei verschiedenen Wortklassen angehören. Im ersten Satz ist es eine Gradpartikel, bezieht sich auf das Adjektiv *stark* und gibt den Grad der Stärke an. Im zweiten Satz ist es ein Adverb mit der Bedeutung ›auf diese Weise/Art‹. Das Wort *nicht* ist zwar ebenfalls nicht flektierbar, kann aber nicht im Vorfeld stehen. Es ist eine Negationspartikel (s. Kap. 7.4). Das Wort *das* ist deklinierbar (hier steht es im Akkusativ, Singular, Neutrum) und somit ein Pronomen.

Zur Verfestigung der Wortartentests für Adverbien noch ein dritter Beispielsatz:

Wem hast du damals den Schlüssel gegeben?

Nur *damals* ist ein Adverb (*Damals habe ich ihm den Schlüssel gegeben.*), da es alleine im Vorfeld stehen kann und nicht flektiert wird. *Wem* dagegen ist kein Adverb, da es flektiert (genauer: dekliniert) wird (Kasus: Dativ). Es handelt sich um das Interrogativpronomen *wer* (*wer* = Nominativ; *wessen* = Genitiv; *wem* = Dativ; *wen* = Akkusativ).

Adverb vs. Adjektiv: Ein Adverb muss in unterschiedlichen Sätzen alleine im Vorfeld stehen können und darf nicht flektiert werden. Eine Verwechslungsgefahr besteht vor allem mit Adjektiven, die immer dann, wenn sie sich auf ein Verb beziehen (adverbialer Gebrauch) oder mit einem Kopulaverb zusammen verwendet werden (prädikativer Gebrauch), nicht flektiert werden. Der Test, ob es sich um ein Adverb handelt, besteht darin, das betreffende Wort zwischen einen Artikel und ein Nomen zu platzieren. Wenn das Wort dann, ohne seine Bedeutung zu verändern, dekliniert wird (also mit dem Nomen kongruiert), handelt es sich um ein Adjektiv, wenn nicht, um ein Adverb:

Das Wetter war schön.	vs. *das schöne Wetter* (Adjektiv)
Das Konzert war gestern.	vs. **das gesterne Konzert* (Adverb)
Der Bus fährt schnell bis nach Dortmund.	vs. *der schnelle Bus* (Adjektiv)
Der Bus fährt vielleicht bis nach Dortmund.	vs. **der vielleichte Bus* (Adverb)

Die Deklinationsendungen müssen dabei immer direkt an das betreffende Wort angefügt werden. Wenn man aus *gestern* zuerst das Wort *gestrig* machen würde, wäre das nicht mehr dasselbe Wort: Das Suffix *-ig* dient nämlich dazu, aus einem Nomen (*Fisch* vs. *fischig*; *Teig* vs. *teigig* etc.) oder einem Adverb (*heute* vs. *heutig*; *gestern* vs. *gestrig* etc.) ein Adjektiv zu machen, das dann wie alle Adjektive flektiert werden kann.

Subklassen von Adverbien: Innerhalb der Adverbien gibt es eine große Zahl semantisch und funktional unterschiedlicher Subklassen. Da sich die meisten dieser Subklassen syntaktisch nicht voneinander unterscheiden, müssen hier entsprechend zusätzliche semantische und syntaktische Kriterien herangezogen werden.

Temporaladverbien sind diejenigen Adverbien, die einen Zeitpunkt oder Zeitraum angeben; z. B. *heute, gestern, morgen, dann, damals, jetzt, nun* etc.

Lokaladverbien beziehen sich auf einen Ort: *hier, dort, da, oben, unten* etc.

Modaladverbien geben die Quantität oder Qualität von Dingen an; z. B. *Scharenweise / haufenweise stürmten die Kunden das Kaufhaus. Größtenteils / einigermaßen / halbwegs / teilweise haben wir verstanden, worum es geht.* Beispiele für Modaladverbien der Qualität sind: *Folgendermaßen / so / genauso werden wir vorgehen. Kurzerhand / insgeheim / anstandslos / gern hat er sich um alles gekümmert. Unversehens / hinterrücks / nebenbei kaufte sie alle Aktien der Firma auf.*

Präpositionaladverbien (auch: Pronominaladverbien): Für diese Subgruppe von Adverbien existieren zwei Bezeichnungen, wovon eine die Funktion in den Blick nimmt (Pronominaladverb), die andere die Form (Präpositionaladverb). Es handelt sich um Adverbien wie *dafür, damit,*

7.1 Das Adverb

dagegen, dazwischen, darunter, hierauf, hieraus, hierunter, hierzu, woran, worauf, wobei, worüber, wovon, wozu, wodurch etc.

Formal bestehen diese Adverbien aus einem Adverb (*da, hier, wo*), das mit einer Präposition (*von, auf, während* etc.) verschmolzen ist (daher der Name Präpositionaladverb).

Aus funktionaler Perspektive besteht die Aufgabe dieser Adverbien darin, als eine Ersatzform (Pro-Form) für eine Präpositionalphrase zu dienen: Aus *für die Geschenke* wird *dafür*, aus *mit dem Auto* wird *damit*, aus *gegen seine Auffassung* wird *dagegen*, aus *Er arbeitet an was?* wird *woran*, aus *Er redet von was?* wird *wovon*, aus *Wir ziehen unsere Schlussfolgerungen aus diesem Text.* wird *hieraus.* etc. Diese Verwendung als ›Ersatzwort‹ für eine Präpositionalphrase erklärt die zweite Bezeichnung ›Pronominaladverb‹: Diese Adverbien funktionieren ähnlich wie Stellvertreterpronomen, wobei Pronomen allerdings Nomen (bzw. Nominalphrasen) ersetzen, während Pronominaladverbien Präpositionalphrasen ersetzen.

Da die Kategorie der Präpositionaladverbien (Pronominaladverbien) eine Mischkategorie aus der Art der Bildung (Präposition + Adverb), d. h. also einer formalen Kategorie, und der Verwendungsweise (Vertretung für einen anderen sprachlichen Ausdruck, ähnlich wie ein Pronomen), d. h. also einer funktionalen Kategorie, ist, bestehen teilweise Überschneidungen mit drei anderen Adverbkategorien, nämlich

- **Interrogativadverbien** (Frageadverbien) wie *worauf, worüber, worunter* (*Worauf freut sie sich?; Worüber habt ihr geredet?; Worunter leidet sie?*)
- **Relativadverbien** wie *wovon, worüber, wogegen* (*Das ist etwas, wovon sie nichts weiß. Das ist etwas, worüber sie nichts weiß. Das ist etwas, wogegen sie machtlos ist.*)
- **Konjunktionaladverbien** wie *dagegen, dazwischen, dazu* (*Er fühlt sich schon lange nicht besonders gut. Dagegen hat bislang kein Mittel geholfen. Hinter dem Wald beginnen die Hügel. Dazwischen ist noch ein Fluss. Wir müssen jetzt anfangen. Dazu muss jemand das Licht ausmachen.*)

In allen Fällen handelt es sich formal um Kombinationen aus einer Präposition und einem Adverb, funktional ist ebenfalls in allen Fällen der Einsatz als ›Ersatzwort‹, d. h. als eine Art Pronomen gegeben, dazu kommt aber in diesen Fällen eine Zusatzfunktion, nämlich als Fragewort (Interrogativadverb), als Einleitung eines Relativsatzes (Relativadverb) und als verbindende Einleitung eines Satzes (Konjunktionaladverb). Man muss in diesen Fällen also zwei Subklassen von Adverbien gleichzeitig annehmen.

Interrogativadverbien werden für Fragen eingesetzt: *Wo, wann, wie, wozu, womit, wodurch, weswegen, weshalb, wieso* etc. Achtung: Es besteht eine Verwechslungsgefahr mit Interrogativpronomen! Diese haben zwar genau die gleichen Fragefunktionen, sind aber anders als die Interrogativadverbien flektierbar. – Ein Interrogativpronomen ist z. B. *wer*:

Wer hat das getan? (Nominativ)
Wessen gedenken wir heute? (Genitiv)
Wem hast du das angetan? (Dativ)
Wen hast du gestern gesehen? (Akkusativ)

Interrogativadverb vs. Interrogativpronomen

Interrogativadverbien wie *wo* oder *wie* tragen keine Informationen bezüglich des Kasus, sind also nicht deklinierbar.

Bei den Interrogativadverbien gibt es einerseits einteilige Adverbien wie *wo, wann, wie*, die ausschließlich der Klasse der Interrogativadverbien angehören. Daneben gibt es, wie oben erläutert, auch zweiteilige Adverbien wie *wozu, womit, wodurch*, die aus einem Adverb und einer Präposition bestehen, und damit zugleich den Präpositionaladverbien (Pronominaladverbien) angehören. Außerdem gibt es darüber hinaus Interrogativadverbien, bei denen ein Pronomen ›eingebaut‹ ist (bei *weshalb* und *weswegen* ist z. B. das Pronomen *wessen* verwendet worden), sowie solche, die aus zwei Adverbien zusammengesetzt wurden (*wieso*). Alle diese Adverbien werden aber wie ein einziges Wort behandelt.

Relativadverbien dienen dazu, einen Relativsatz einzuleiten. Sie bilden sozusagen das nicht flektierbare Gegenstück zu den Relativpronomen. Typische Relativadverbien sind *wo, wie, warum, wohin, woher, worauf, worüber* etc. Die Relativadverbien sind formal nicht von den Interrogativadverbien zu unterscheiden. Es ist daher bei der Verwendung in einem Satz jeweils zu fragen, ob das Adverb eine Frage einleitet oder einen Relativsatz:

Relativadverb vs. Interrogativadverb

Wo steht dein Auto? (Interrogativadverb)
Er fragte ihn, wo dein Auto steht. (Relativadverb)
Warum verhält er sich so? (Interrogativadverb)
Ich sehe keinen Grund, warum er sich so verhalten sollte. (Relativadverb)

Auch bei den Relativadverbien gibt es sowohl einteilige (*wo, wie*) als auch mehrteilige, die dann zugleich den Präpositionaladverbien zugeordnet werden müssen (*worauf, worüber*).

Konjunktionaladverbien funktionieren genau wie Konjunktionen bzw. Subjunktionen, d. h. sie verbinden Sätze miteinander. Anders als Konjunktionen können sie allerdings das Vorfeld von Sätzen besetzen. Sie stehen nicht außerhalb des Satzes wie die koordinierenden Konjunktionen und sorgen auch nicht dafür, dass das Verb am Ende des Satzes steht, wie es bei den subordinierenden Konjunktionen der Fall ist. Es handelt sich also formal um Adverbien, lediglich die verbindende Funktion teilen sie mit einer Konjunktion. Beispiele für Konjunktionaladverbien sind *trotzdem, deshalb, sonst, insofern, einerseits … andererseits, nichtsdestotrotz, dennoch, währenddessen, dazwischen, gleichwohl, jedoch, allerdings* etc. Morphologisch betrachtet, d. h. in Bezug auf ihren inneren Aufbau, sind die Konjunktionaladverbien hochkompliziert. Das liegt daran, dass sie im Laufe der Sprachgeschichte aus einzelnen Phrasen entstanden sind und irgendwann in der Schrift zu einem einzelnen Wort ›verbacken‹ wurden: Aus *auf der einen Seite* wurde *einerseits* aus *nichts desto trotz* wurde *nichtsdestotrotz* etc. Beispiele für die Verwendung von Konjunktionaladverbien sind:

Das Adverb

Er hat keine Zeit. Trotzdem *geht er ins Seminar.*
Einerseits hat er keine Zeit. Andererseits *ist der Seminarstoff sehr wichtig.*
Wir haben keine Lust. Insofern *macht es keinen Sinn, dass wir ins Seminar gehen.*

Viele der Konjunktionaladverbien sind zugleich Präpositionaladverbien (*dazwischen*, *dazu*, *dagegen* etc.), alle anderen sind aus unterschiedlichsten Wortarten zusammengesetzt (*trotzdem*: Präposition + Pronomen; *notfalls*: Nomen + Konjunktion; *allerdings*: Pronomen + Nomen etc.).

Kommentaradverbien bilden eine besondere Subklasse der Adverbien, da sie über zusätzliche distributionelle Eigenschaften verfügen. Es handelt sich um Wörter wie *vielleicht, leider, immerhin, natürlich, sicherlich, zweifelsohne* sowie viele Adverbien, die mit der Endung *-weise* gebildet werden (*unglücklicherweise, möglicherweise, erfreulicherweise, dummerweise, dankenswerterweise* etc.). Sie heißen Kommentaradverbien, weil ihre Funktion darin besteht, einen Kommentar des Sprechers zu einer Aussage auszudrücken. Dieser Kommentar kann entweder den Grad der Wahrscheinlichkeit angeben, nach dem der Inhalt der Aussage zutrifft, oder der Sprecher kann eine Bewertung der Äußerung vornehmen.

Beispiele für die erste Gruppe, die den Grad der Wahrscheinlichkeit angibt, sind:

Zweifelsohne *kommt er morgen.* (Man ist sich sicher.)
Möglicherweise *kommt er morgen.* (Man ist sich unsicher.)
Sicherlich *kommt er morgen.* (Man weiß es nicht sicher, nimmt es aber an.)

Beispiele für die zweite Gruppe, die eine bewertende Stellungnahme durchführt, sind:

Leider *haben wir keine Zeit.*
Klugerweise *hat er sich schnell aus dem Staub gemacht.*
Lobenswerterweise *hat sie die Arbeit schon erledigt.*
Natürlich *hat sie wieder keine Zeit.*
Immerhin *müssen wir nun die ganze Arbeit nicht selbst erledigen.*

Kommentaradverbien haben die distributionelle Besonderheit, dass sie als einzige der Adverbien als Antworten auf eine Entscheidungsfrage (*ja/nein*-Frage) verwendet werden können:

A: *Kommt er morgen?*
B: *Vielleicht. / Leider. / Möglicherweise. / Glücklicherweise.* etc.

Alle anderen Adverbien können nicht auf Entscheidungsfragen, sondern nur auf Ergänzungsfragen (*w*-Fragen, d. h. Fragen mit einem *w*-Fragewort) antworten:

A: *Wann kommt er? / Wo wohnt er? / Womit ist er gefahren?*
B: *Heute. / Hier. / Damit.* etc.

Natürlich ist es auch möglich, auf die Frage *Kommt er morgen?* mit *Heute.* zu antworten. Dabei handelt es sich aber um eine Kurzform für zwei Antworten, die Langform wäre *Nein,* (Antwort auf die Entscheidungsfrage) *er kommt heute.* (zusätzliche Information) Bei einem Kommentaradverb dagegen liegt nur eine einzige Antwort vor, die mit einem Kommentar versehen wird, das die Sprechereinstellung zeigt: *Kommt er heute? Leider.* (das bedeutet so viel wie *Leider ja.*, das wiederum bedeutet so viel wie *Ja, und das gefällt mir nicht.*).

Arbeitsaufgaben

Aufgabe 1: Welche der unterstrichenen Wörter sind Adverbien und welche nicht? Begründen Sie Ihre Entscheidung.
(1) *Der morgige Tag wird schönes Wetter bringen.*
(2) *Wir haben ihn gestern in der Stadt getroffen.*
(3) *Wozu brauchst du denn einen neuen Computer?*
(4) *Wem hast du deinen alten Computer geschenkt?*
(5) *Er hat vielleicht Lust, morgen auch auf die Party zu kommen.*
(6) *Gut schmeckt der Wein erst, wenn er einige Jahre gelagert wurde.*
(7) *Es ist laut hier, also schlage ich vor, dass wir gehen.*

Aufgabe 2: Bestimmen Sie in den folgenden Sätzen jeweils das Adverb inklusive der Subklasse, der es angehört (z. B. Temporaladverb):
(1) *Es ist möglicherweise zu spät, ihn um Hilfe zu fragen.*
(2) *Wenn wir uns beeilen, können wir danach noch ins Restaurant gehen.*
(3) *Es ist sehr spät, deswegen sollten wir schnell schlafen gehen.*
(4) *Ich habe heute keine Zeit.*
(5) *Wo hat er seine Schlüssel denn verloren?*

7.2 | Die Präposition

Auch die Präposition ist als Wortart leicht zu bestimmen: Als einzige der nicht flektierbaren Wortarten stellt sie die Forderung nach einem Nomen in einem bestimmten Kasus auf, d. h. Präpositionen ›regieren‹ jeweils ein Nomen (Rektion). Das ist auch der Grund, warum Präpositionen nicht alleine im Vorfeld eines Satzes stehen können: Sie stehen immer in direkter Nachbarschaft zu der Nominalphrase, die sie regieren:

[Über das Wetter] kann man sich nicht beklagen.
Nicht: **Über kann das Wetter man sich nicht beklagen.*

Die Präposition *über* ›regiert‹ die Nominalphrase *das Wetter* und muss stets mit dieser zusammen im Satz verschoben werden:

Man kann sich [über das Wetter] nicht beklagen.
Man kann sich nicht [über das Wetter] beklagen.
Man kann sich nicht beklagen [über das Wetter].

1. Kasusforderung von Präpositionen: Präpositionen lassen sich zunächst nach der Art der Kasusforderung unterscheiden, d. h. also danach, was für eine Nominalphrase in welchem Kasus sie ›regieren‹.

Die Präposition

Präpositionen, die nur einen Kasus fordern:
- **Präpositionen, die nur den Akkusativ fordern** sind selten. Beispiele sind: *bis, durch, ausgenommen, für, gegen, ohne, pro, um* sowie als Postposition *betreffend* (*Er geht [durch den Wald]. [Für einen Euro] kannst du das haben. Ich habe noch einige Fragen [die Bestellung betreffend]*.).
- **Präpositionen, die nur den Dativ fordern** sind etwas häufiger zu finden: *bei, dank, nach, samt, von, zu, ab, außer, entsprechend, entgegen*; als Postpositionen z. B. *zufolge* oder *zuliebe* (*[Bei unserem Engagement] muss es einfach klappen. [Entgegen unseren Erwartungen] sind die Aktien nicht gefallen. [Seiner Frau zuliebe] macht er dieses Jahr Urlaub am Meer.*).
- **Präpositionen, die den Genitiv fordern:** Vor allem neugebildete Präpositionen, oft aus der Verwaltungssprache, fordern den Genitiv, darunter z. B. *binnen, anhand, anlässlich, einschließlich, fern, links, mangels, mittels, seitlich, abzüglich, aufgrund, ausgangs, diesseits* etc. Auch die Postposition *halber* und die Zirkumpositionen *um … willen* und *von …. wegen* fordern den Genitiv: *Der Ausgang befindet sich [seitlich der Treppe]. Er weilte [fern der Heimat]. [Der Vollständigkeit halber] erwähnen wir das auch. [Von Rechts wegen] sollte er verurteilt werden.*).

Präpositionen, die mehrere Kasus fordern:
- **Präpositionen, bei denen freie Kasuswahl zwischen Dativ, Akkusativ und Genitiv besteht,** ohne dass eine Bedeutungsveränderung eintritt: Dies ist sehr ungewöhnlich und betrifft nur die untypischen Präpositionen *entlang* (*Die Straße verläuft entlang des Baches*. (Genitiv); *Die Straße verläuft den Bach entlang*. (Akkusativ). *Die Straße verläuft entlang dem Weg*. (Dativ) sowie *plus* und *minus*. Diese beiden letzten Präpositionen können als einzige (!) alle vier Kasus fordern: *vier Katzen plus ein Hund* (Nominativ); *vier Katzen plus eines Hundes* (Genitiv); *vier Katzen plus einem Hund* (Dativ); *vier Katzen plus einen Hund* (Akkusativ). Die Variante mit dem Genitiv wird allerdings nur sehr selten verwendet und klingt für viele sogar falsch, ist aber in der Standardschriftsprache möglich.
- **Präpositionen, die den Dativ oder den Akkusativ fordern:** Diese Präpositionen nennt man Präpositionen mit Wechselkasus oder Wechselpräpositionen (*an, auf, zwischen, neben, über, unter, vor, in* etc.). Das Besondere ist dabei, dass die Wahl des Kasus nicht willkürlich ist, sondern mit bestimmten Funktionen einhergeht: Der Dativ zeigt einen Ort oder festen Zeitpunkt an, der Akkusativ eine Richtung bzw. temporale Bewegung.

Beispiele für lokale Präpositionen mit Wechselkasus sind:
Das Flugzeug fliegt über die Alpen. Die Nominalphrase *die Alpen* hat den Kasus Akkusativ. Die Bedeutung der gesamten Präpositionalphrase (Präposition + ›regierte‹ Nominalphrase) ist die einer Richtungsangabe: Das Flugzeug überquert die Alpen.
Das Flugzeug fliegt über den Alpen. Die Nominalphrase *den Alpen* hat den Kasus Dativ. Die Bedeutung der gesamten Präpositionalphrase ist die einer Ortsangabe: Das Flugzeug befindet sich gerade über den Alpen.

Ich hänge das Bild an die Wand. Der Akkusativ gibt an, dass das Bild sich im weiten Sinne in einer Bewegung auf die Wand zu befindet.
Das Bild hängt an der Wand. Der Dativ zeigt an, dass das Bild sich stationär an der Wand befindet.

Beispiele für temporale Präpositionen mit Wechselkasus sind:
Er legt seinen Joggingtermin vor die Arbeit. Der Akkusativ zeigt an, dass es sich um einen Prozess (das Verlegen des Termins) handelt.
Wir wollen vor der Arbeit noch Joggen gehen. Der Dativ zeigt an, dass die Arbeit als zeitlicher Punkt konzeptualisiert wird.
Sie reist in Gedanken in ihre Kindheit. Der Akkusativ zeigt Bewegung in der Zeit an.
Sie lebt in Gedanken in ihrer Kindheit. Der Dativ zeigt einen Zeitpunkt an.

2. Stellung von Präpositionen: Eine zweite Einteilung von Präpositionen betrifft deren Stellung in Relation zu der Nominalphrase, die sie ›regieren‹. Die meisten Präpositionen im Deutschen stehen vor der von ihnen ›regierten‹ Nominalphrase. Daher verwendet man auch die eigentlich nicht korrekte Bezeichnung der ›Präposition‹ (wörtlich: ›Voranstellung‹). Korrekterweise müsste man vielmehr von einer ›Adposition‹ (wörtlich: ›Beistellung‹) als Oberbegriff sprechen, denn neben den vorangestellten ›Prä‹positionen gibt es auch nachgestellte ›Post‹positionen (wörtlich: ›Nachstellungen‹) sowie umklammernde ›Zirkum‹positionen (wörtlich: ›Herumstellungen‹). Die Bezeichnung ›Adposition‹ ist insofern neutral, als sie nicht festlegt, ob das betreffende Wort vor, nach, oder um die regierte Nominalphrase herum platziert ist.

Drei Adpositionen im Deutschen

Im Folgenden werden die **drei Adpositionen im Deutschen** kurz vorgestellt:

- **Präposition (Voranstellung):** Der weitaus größte Teil der Adpositionen im Deutschen befindet sich vor der jeweils regierten Nominalphrase – anders ausgedrückt heißt das, dass die Mehrzahl der Adpositionen des Deutschen Präpositionen sind. Dies erklärt, warum man ›Präposition‹ meist als Oberbegriff für alle Adpositionen verwendet. Da die Verwendung von ›Präposition‹ anstelle ›Adposition‹ so verbreitet ist, wird in der Folge weiter von Präpositionen gesprochen, auch wenn Post- oder Zirkumpositionen mitgemeint sind. Beispiele für Präpositionen im engeren Sinne, also für Voranstellungen, sind *auf dem Dach*, *neben der Straße*, *vor einem Jahr*, *nach zwei Monaten*, *wegen des schlechten Wetters*, *aufgrund der Verspätung*, *bezüglich Ihrer Anfrage* etc.
- **Postposition (Nachstellung):** Weitaus seltener sind die Postpositionen im Deutschen, wie etwa *den Berg hinauf*, *den Abhang hinab*, *die Straße hinüber*. Zu der Gruppe von Postpositionen, die ausschließlich nach der von ihnen regierten Nominalphrase auftreten, treten noch die Adpositionen, die sowohl als Präposition als auch als Postposition auftreten können. So kann z. B. *wegen* sowohl vor als auch nach der regierten Nominalphrase auftreten: *[Wegen des schlechten Wetters] / [Des schlechten Wetters wegen] bleiben wir zu Hause.* Manche Adpositionen wechseln dabei die Kasusforderung. So fordert die Präposition *entlang* den

Genitiv (_entlang der Straße_), während die Postposition _entlang_ den Akkusativ fordert (_die Straße entlang_).
- **Zirkumposition (Herumstellung):** Die sicherlich ›exotischsten‹ Adpositionen sind die Zirkumpositionen. Von diesen gibt es nicht sehr viele. Beispiele sind: <u>um</u> _Himmels <u>willen</u>, <u>um</u> des lieben Friedens <u>willen</u>, <u>von</u> Anfang <u>an</u>, <u>auf</u> den Berg <u>hinauf</u>_ etc.

3. Interner Aufbau von Präpositionen: Eine dritte Einteilung erfolgt nach der internen Komplexität von Präpositionen. Es gibt einfache (primäre) Präpositionen wie _auf, an, in, um, vor, hinter, seit, statt, nach_ etc., komplexe (sekundäre) Präpositionen wie _hinauf, zufolge, aufgrund, angesichts, anstatt_ etc., die aus einer Präposition und einem anderen Wort (z. B. einem Nomen wie bei _zufolge_) zusammengesetzt sind, und schließlich phrasale Präpositionen (tertiäre Präpositionen), bei denen die Wörter (noch) nicht zu einer einzigen Präposition verschmolzen sind, die Bestandteile also in der Schrift getrennt werden: _im Verlauf von, anstelle von, in Bezug auf, in Anbetracht von_. Die genannten Stufen bilden die historische Entstehung ab: Im Laufe der Zeit kann aus einer phrasalen Präposition eine komplexe lexikalische Präposition werden.

4. Bedeutung und Funktion von Präpositionen: Die vierte Einteilung von Präpositionen erfolgt über ihre Semantik bzw. Funktion. Die Grundfunktion einer Präposition kann immer damit angegeben werden, dass sie eine Relation in Bezug auf eine Nominalphrase anzeigt. – Die folgenden Relationen werden dabei unterschieden:

Semantisch-funktionale Subklassen von Präpositionen

- **lokale Präpositionen** wie _auf, unter, über, in, neben, an, durch_ etc. zeigen Raum, Lage oder Richtung an (_Das Buch liegt <u>auf</u> dem Tisch. Wir fahren <u>in</u> den Wald._);
- **temporale Präpositionen** wie _seit, innerhalb, bis, ab, nach, gegen_ etc. kodieren Zeitpunkt und Dauer (_Er wartet schon <u>seit</u> drei Stunden. <u>Gegen</u> Abend kommt er kurz vorbei._);
- **modale Präpositionen** wie _außer, ohne, entgegen, anstelle, bis auf, bis zu, einschließlich, exklusive, aus, auf_ etc. geben die Art und Weise an (_Der Pullover ist <u>aus</u> Wolle. Sie kommt <u>ohne</u> ihr Auto. Ihrer Freundin <u>gegenüber</u> hat sie sich nicht gut verhalten_);
- **kausale/konzessive Präpositionen** wie _angesichts, seitens, trotz, wegen, zwecks, infolge, betreffs, bezüglich, mangels, laut_ etc. zeigen Begründungen, Einräumungen, Einschränkungen u. a. an (_<u>Trotz</u> des guten Wetters blieben wir zu Hause. <u>Mangels</u> besserer Alternativen bleibt uns nichts anderes übrig._);
- **neutrale Präpositionen** haben keine eigene Bedeutung, sondern werden von einem Verb (_hoffen <u>auf</u>, lachen <u>über</u>, erschrecken <u>vor</u>, träumen <u>von</u>, warten <u>auf</u>_ etc.), Adjektiv (_arm <u>an</u>, fähig <u>zu</u>, stolz <u>auf</u>, frei <u>von</u>_ etc.) oder Nomen (_Freiheit <u>von</u>, Achtung <u>vor</u>, Hoffnung <u>auf</u>_ etc.) gefordert.

5. Verschmelzung von Präposition und Artikel: Eine Besonderheit ist im Deutschen die Tatsache, dass in manchen Fällen Präpositionen und Artikel miteinander verschmelzen können. Das betrifft allerdings nur Artikel im Dativ oder Akkusativ. Bei dem Verschmelzungsprozess handelt es sich um ein Phänomen des Sprachwandels. Eine Reihe von Verschmelzungsformen ist bereits standardsprachlich akzeptiert (*am, im, beim, zum, zur, vom*), andere Formen sind mehr oder weniger akzeptiert (*aufs, ins, ans*) und wieder andere gelten (noch) als umgangssprachlich (*übers, hinterm, aufm, übern* etc.). Im Bereich der standardschriftsprachlich akzeptierten Verschmelzungsformen ist zudem in vielen Fällen eine Obligatorik entstanden, d. h. man hat überhaupt nicht mehr die Wahl, zwischen Präposition + Artikel oder Verschmelzungsform zu wählen. Die Verschmelzungsform wird obligatorisch verwendet

- bei substantivierten Infinitiven und Adjektiven (*ins Schwitzen kommen, ans Joggen denken, beim Schlafen schnarchen, ein Tag im Grünen, ins Blaue hinein phantasieren, es im Guten versuchen* etc.)
- bei Abstrakta, Stoffbezeichnungen, Eigennamen und Datums- und Zeitangaben (*zur Freiheit streben, am System scheitern, im Wasser kochen, vom Shampoo trockene Haare bekommen, im Roten Meer baden, am 28. April, um 14 Uhr* etc.)
- bei generischen Verwendungsweisen von Nomen (*Die Ausbildung zum Mechaniker, Stammt der Mensch vom Affen ab?* etc.)
- in festen Floskeln (*jemanden übers Ohr hauen, ums Leben kommen* etc.)

In diesen Fällen gibt es eine Arbeitsteilung zwischen der Variante mit Präposition und Artikel und der verschmolzenen Form: Letztere zeigt an, dass etwas generisch verwendet wird oder im Sinne einer Einrichtung bzw. Institution gemeint ist (*Er geht zum Arzt. Sie geht aufs Gymnasium. Wir sonnen uns im Garten.*), während erstere auf konkrete Einheiten verweist: *Er geht zu dem Arzt (zu dem ich auch gehe). Sie geht auf das Gymnasium (auf dem auch schon ihre Eltern waren). Wir sonnen uns in dem Garten, (der unseren Nachbarn gehört).*

Arbeitsaufgabe

Aufgabe 1: Welchen Kasus fordern die folgenden Präpositionen?
an, auf, zufolge, außerhalb, ausgenommen, durch, wegen, seit, entlang, hinter, diesseits, entsprechend, ohne, gegen, über

7.3 | Die Konjunktion

Bei der Konjunktion handelt es sich um eine Wortart, die erstens nicht flektierbar ist, zweitens nicht alleine im Vorfeld eines Satzes auftreten kann, drittens keine Kasusforderungen aufstellt und viertens eine verknüpfende Funktion hat.

Dieses letzte, funktionale Merkmal darf erst an letzter Stelle als Definitionskriterium herangezogen werden, da es, wie wir bei der Diskussion der Konjunktionaladverbien im vorigen Abschnitt gesehen haben, auch

Adverbien wie *trotzdem, deshalb, sonst, notfalls, insofern* etc. gibt, die eine satzverknüpfende Funktion haben, aber alleine im Vorfeld eines Satzes stehen können:

Das Kind traut sich schon alleine in den dunklen Keller. Trotzdem hat es natürlich Angst.
Das Kind traut sich schon alleine in den dunklen Keller, obwohl es natürlich Angst hat.
Das Kind traut sich schon alleine in den dunklen Keller, aber es hat natürlich Angst.

Im ersten Fall ist das Wort *trotzdem* Teil des Satzes und besetzt alleine das Vorfeld, d. h. es steht vor dem finiten Verb *hat*. Es handelt sich daher um ein Adverb mit einer verknüpfenden Funktion, also ein Konjunktionaladverb. Im zweiten Fall dagegen besetzt das Wort *obwohl* nicht das Vorfeld, sondern ›zwingt‹ das Verb an das Ende des Satzes, so dass die Nebensatzwortstellung entsteht. Das ist ein typisches Merkmal für subordinierende Konjunktionen. Im dritten Fall steht das Wort *aber* außerhalb des Satzes, d. h. es steht vor dem Vorfeld, das in diesem Fall durch *es* besetzt wird. Bei *aber* handelt es sich um eine koordinierende Konjunktion.

Koordinierende und subordinierende Konjunktionen: Damit sind die zwei Teilklassen der Konjunktionen genannt: Es gibt koordinierende Konjunktionen und subordinierende Konjunktionen. Letztere können auch verkürzt als Subjunktionen bezeichnet werden. Während subordinierende Konjunktionen ausschließlich dazu dienen, Sätze zu verknüpfen, können koordinierende Konjunktionen ›alles Mögliche‹ verknüpfen, angefangen von einzelnen Wörtern über Phrasen bis hin zu Sätzen. In manchen Grammatiken findet sich auch der Ausdruck ›Junktor‹ als Sammelbezeichnung für koordinierende und subordinierende Konjunktionen. Wir werden hier aber trotz der Verwechslungsgefahr als Sammelbezeichnung ›Konjunktion‹ verwenden, d. h. mit ›Konjunktion‹ werden sowohl koordinierende als auch subordinierende Konjunktionen erfasst.

Im Folgenden soll daher zuerst die ›einfachere‹, weil ausschließlich Sätze verbindende, Subjunktion dargestellt werden.

Subordinierende Konjunktionen (Subjunktionen): Wie bereits erwähnt, sind Subjunktionen besonders leicht daran erkennbar, dass sie das Verb an das Ende des Satzes verdrängen. Dieses Merkmal teilen sie nur mit den Relativpronomen bzw. Relativadverbien. Während Relativpronomen allerdings flektierbar sind (*Dort geht der Mann, dem das neugebaute Haus gehört. / dessen neugebautes Haus vor kurzem abgebrannt ist. / den ich dir kürzlich beschrieben habe. / der vor kurzem in das neugebaute Haus eingezogen ist.*) und sowohl Relativpronomen als auch Relativadverbien darüber hinaus auch noch als Satzglieder zentrale Bestandteile eines Satzes sind (das Relativadverb *wo* erfüllt in dem Satz *Wir fahren in den Süden, wo die Sonne scheint.* z. B. die Funktion eines Adverbials), sind Subjunktionen nicht flektierbar und auch nicht als Satzglieder Bestandteile des Satzes (*Er ärgert sich darüber, dass sein neugebautes Haus abgebrannt ist.*).

Typische Subjunktionen des Deutschen sind *dass, obwohl, weil, während, als, ob, nachdem, bis, bevor, wenn, indem, sooft, während, falls, so-*

fern etc. Die Grundfunktion aller dieser Subjunktionen besteht darin, einen Satz einem anderen unterzuordnen und mit ihm zu verbinden. Den übergeordneten Satz nennt man Matrixsatz, den untergeordneten nennt man eingeleiteten Nebensatz. Es ist auch möglich, dass ein untergeordneter Satz selbst wieder einen weiteren untergeordneten Satz enthält und so zugleich Matrixsatz und untergeordneter Satz ist:

Matrixsätze und eingeleitete Nebensätze

Er konnte nicht verstehen, dass er, obwohl er so fleißig arbeitete, immer noch keinen Erfolg hatte.

- 1. Matrixsatz I: *Er konnte nicht verstehen, X*
- 1.1 Dem Matrixsatz I untergeordneter Satz: *dass er […] immer noch keinen Erfolg hatte*
- 2. Matrixsatz II: *dass er immer noch keinen Erfolg hatte*
- 2.1 Dem Matrixsatz II untergeordneter Satz: *obwohl er so fleißig arbeitete*

Fast alle Subjunktionen sind einteilig, d. h. sie bestehen nur aus einem einzigen Wort. Mit *so … wie*, *so … dass*, *ohne dass*, *anstatt dass* liegen allerdings auch Sonderfälle zweiteiliger Konjunktionen vor. Man fasst bei Verwendungsweisen wie *Er hat immer so viel zu tun, dass er seit Jahren keinen Urlaub mehr gemacht hat. / Anstatt dass sie klein beigibt, trägt sie auch noch zur Eskalation des Streites bei. / Dieses Jahr war es so heiß, wie es seit mindestens hundert Jahren nicht mehr heiß war.* die beiden Teile zu einer einzigen Subjunktion zusammen.

Bedeutung von Subjunktionen: In Bezug auf die Semantik, d. h. die Bedeutung der Subjunktionen, kann man eine Unterteilung treffen in
- neutrale (*dass, ob*)
- temporale (*während, seit, nachdem, solange* etc.)
- kausale (*weil, da, zumal* etc.)
- konsekutive (*sodass, so … dass*)
- konditionale (*wenn, falls, sofern* etc.)
- finale (*damit, (auf) dass*)
- konzessive (*obwohl, auch wenn, doch, gleichwohl* etc.)
- adversative (*wohingegen, anstatt dass* etc.)
- restriktive (*insofern, außer dass, nur dass* etc.)
- instrumentale (*indem, ohne dass* etc.)
- komparierende (*als, als ob, je … desto, je* etc.)

Koordinierende Konjunktionen: Wie bereits erwähnt, können koordinierende Konjunktionen nicht nur zur Verbindung von Sätzen, sondern auch von kleineren Einheiten (Wortteile, Wörter, Phrasen) verwendet werden. Anders als die Subjunktionen sind die koordinierenden Konjunktionen nie unterordnend, sondern immer beiordnend, d. h. es werden zwei (oder mehr) gleichwertige Teile miteinander koordiniert:

Möglichkeiten der Koordination

Koordination von Wortteilen:
Er mochte die [[Kirsch-] und [Apfel]kuchen] seiner Oma sehr.
Bei der Audioaufnahme muss man darauf achten, dass [weder [über-] noch [unter]steuert] wird.

7.3 Die Konjunktion

Koordination von einzelnen Wörtern:
Er mochte die leckeren [[Kuchen] und [Torten]] sehr.
Ausgerechnet [[heute] und [morgen]] wird es regnen.

Koordination von Phrasen:
Er mochte [[die leckeren Kuchen] und [die ausgezeichneten Torten]].
Wir sind bereits [[über die Alpen] und [durch den Schwarzwald]] gewandert.

Koordination von Sätzen, am Beispiel der Koordination (a) von Hauptsätzen, (b) von Imperativsätzen und (c) von Nebensätzen:
(a) *[[Er mochte die Torten seiner Oma] und [wir liebten ihre Kuchen]].*
(b) *[[Räum das Zimmer auf] und [geh dann ins Bett]]!*
(c) *Das Kind beklagt sich darüber, [[dass es immerzu aufräumen muss] und [dass es so früh ins Bett muss]].*

Auch bei den koordinierenden Konjunktionen gibt es eine Reihe von zweiteiligen Formen:

sowohl ... als auch, weder ... noch, entweder ... oder, nicht nur ... sondern auch, wenn auch etc.

Bedeutung von koordinierenden Konjunktionen: Inhaltlich kann man die koordinierenden Konjunktionen unterteilen in
- additive (hinzufügende) Konjunktionen (z. B. *und, sowie, sowohl ... als auch, weder ... noch*)
- alternative (Alternativen aufzeigende) Konjunktionen (*oder, entweder ... oder*)
- adversative (einen Gegengrund liefernde) Konjunktionen
- konzessive (eine Einräumung liefernde) Konjunktionen (*aber, doch, jedoch, wenn auch, sondern, nicht nur ... sondern auch* etc.)
- kausale (begründende) Konjunktionen (*denn*)

Auch *weil* und *da* werden immer dann als koordinierende Konjunktionen aufgefasst, wenn sie Phrasen oder Wörter koordinieren (*Das hervorragende, weil sehr schnelle, Auto hat sehr viel Geld gekostet. / Der Job ist unattraktiv, da gefährlich.*). Wenn Sätze koordiniert werden, handelt es sich dagegen um Subjunktionen (*Das Auto ist hervorragend, weil es sehr schnell ist. / Der Job ist unattraktiv, da er gefährlich ist.*). Gleiches gilt für *so ... wie* und *als*, die als komparierende (vergleichende) Konjunktionen aufgefasst werden, solange sie nur Wörter oder Phrasen verknüpfen (*Dieser Sommer ist so heiß wie der im letzten Jahr. / Du als Grammatikexperte musst das doch wissen!*).

Arbeitsaufgaben

Aufgabe 1: Bestimmen Sie die Subjunktionen und die zu den Subjunktionen gehörigen Matrixsätze in den folgenden Sätzen:

Nachdem er geduscht hatte, zog er seine neue Hose an, die er erst vor kurzem gekauft hatte. Dabei merkte er allerdings, dass er auch zur Farbe der Hose passende Hemden hätte kaufen müssen, obwohl natürlich weiße Hemden immer passen, weil Weiß eine neutrale Farbe ist.

Aufgabe 2: Welches der unterstrichenen Wörter ist eine koordinierende Konjunktion, welches eine subordinierende Konjunktion und welches ein Konjunktionaladverb? Begründen Sie Ihre Entscheidung:
(1) *Wir sind kurz vor dem Ziel, aber wir müssen dennoch noch etwas Arbeit investieren.*
(2) *Wir sind kurz vor dem Ziel. Trotzdem müssen wir noch etwas Arbeit investieren.*
(3) *Wir sind kurz vor dem Ziel, wenngleich wir noch etwas Arbeit investieren müssen.*

7.4 | Die Partikel

Die Wortart ›Partikel‹ ist bislang nur in Ansätzen erforscht. Das liegt daran, dass eine große Gruppe der Partikeln dem ›Interaktionsmanagement‹ dient und vor allem in der gesprochenen Sprache bzw. in neuerer Zeit in der interaktionalen computervermittelten Kommunikation (Chat, SMS, E-Mail, Instant Messenger etc.) vorkommt. Da sich die Linguistik lange Zeit vor allem mit konzeptionell geschriebener, monologischer Sprache befasst hatte, wurden somit viele Partikeln nicht näher untersucht. Stattdessen diente diese Kategorie als eine Art ›Auffangbecken‹ für alle nicht flektierbaren Wörter, die man keiner der anderen, ›etablierten‹ Wortarten (Konjunktion, Präposition, Adverb) zuordnen konnte. Eisenberg (2013: 210) beschreibt diesen Zustand treffend:

»Die Partikeln, diese Zaunkönige und Läuse im Pelz der Sprache, wurden lange und aus verschiedenen Gründen stiefmütterlich oder gar nicht behandelt. Heute spielen sie die wichtige Rolle einer Restklasse. Wusste man früher ein Wort nicht recht einzuordnen, so erklärte man es zum Adverb. Heute sagt man, es sei wohl eine Partikel.«

Beide Gründe – die mangelhafte Erforschung von Partikeln und die Verwendung der Bezeichnung ›Partikel‹ als Restklasse – führten dazu, dass die Wortart Partikel mit Abstand die heterogenste ist. Sie enthält mit den Gradpartikeln, den Fokuspartikeln, den Modalpartikeln, der Negationspartikel, der Infinitivpartikel, den Verbpartikeln und der Superlativpartikel einerseits eine Reihe von relativ gut beschriebenen, auch in monologischen bzw. standardschriftsprachlichen Texten verwendeten Partikeln, aber mit Antwortpartikeln, Sprechersignalen, Hörersignalen, Diskursmarkern, Ver-

Die Partikel

gewisserungssignalen und Interjektionen auch viele nur in Ansätzen verstandene und in ihrer Distribution und Funktion erfasste Partikeln.

Gradpartikeln (auch: Intensitätspartikeln oder Steigerungspartikeln) wie *sehr* (*Das Konzert war sehr laut.*) gehören zu den Partikeln, die auch in normierter Schriftsprache verwendet werden. Sie sind daher entsprechend gut beschrieben (Breindl 2009). Syntaktisch handelt es sich bei Gradpartikeln um nicht flektierbare, nicht vorfeldfähige, nicht kasusfordernde, nicht verknüpfende Wörter, die zudem die Eigenschaft besitzen, dass sie sich auf ein nachfolgendes Adjektiv (*sehr laut*) oder Adverb (*sehr oft*) beziehen. Unklar ist, inwieweit sie sich auch auf ein Verb beziehen können: Bei der Äußerung *Wir haben sehr gelacht.* könnte man auf der einen Seite sagen, dass sich die Gradpartikel *sehr* auf das Verb *lachen* bezieht. Man könnte jedoch ebenfalls sagen, dass sie sich auf ein nicht realisiertes (elliptisches) Adjektiv bezieht: *Wir haben sehr (laut/stark/lange) gelacht.* Auch wenn die Annahme von Ellipsen in der Linguistik sehr umstritten ist, wird hier diese Analyse aus Gründen der Übersichtlichkeit bevorzugt. Auf funktionaler Ebene drücken Gradpartikeln das positive oder negative Ausmaß einer Eigenschaft aus.

Verwechslungsgefahr von Gradpartikeln mit anderen Wortarten: Fast alle Gradpartikeln haben gleichlautende Dubletten in anderen Wortarten. Das liegt daran, dass die meisten Gradpartikeln ursprünglich aus anderen Wortarten ›rekrutiert‹ wurden. Gerade im Sprachgebrauch der Jugendlichen ist dieser Prozess ständig zu beobachten, d. h. es werden immer wieder neue Gradpartikeln gebildet (und alte verschwinden). Als die prototypische Gradpartikel – und eine der ganz wenigen, die keine Dubletten in anderen Wortarten hat – kann *sehr* angesehen werden. Die meisten anderen gebräuchlichen Gradpartikeln (z. B. *Es war etwas / einigermaßen / ziemlich / so / ausgesprochen / ungemein / ganz / höchst / zu erfreulich.*) können mit ihren gleich lautenden Dubletten verwechselt werden. Hier muss man bei der Wortartenbestimmung genau hinsehen und die Frage beantworten, ob sich die Gradpartikel wirklich auf ein Adjektiv oder Adverb bezieht oder nicht. Diese Frage beantwortet die Wortartenzugehörigkeit:

Er hat etwas vergessen. (Indefinitpronomen)
Er hat [etwas lange] gebraucht. (Gradpartikel)
Hat die Bundeskanzlerin schon ihr Vertrauen ausgesprochen? (infinites Verb)
Er hat eine ausgesprochene Vorliebe für Süßigkeiten. (Adjektiv)
Das war eine [ausgesprochen dumme] Entscheidung. (Gradpartikel)

Abgrenzung von Gradpartikeln zu anderen Wortarten

Noch größer ist die Verwechslungsgefahr bei neuen, jugendsprachlichen Gradpartikeln: *Es war irre / wahnsinnig / abartig / krass / tierisch / extrem / voll laut.* Fast alle dieser neuen Gradpartikeln haben eine Dublette als Adjektiv, d. h. sie können sich auf ein Nomen beziehen: *Eine irre / wahnsinnige / abartige / krasse / tierische / extreme Lautstärke.* Wie man sehen kann, sind die hier verwendeten Adjektive, anders als die Gradpartikeln, flektierbar. Auf eine sehr subtile Weise ändert sich im Übrigen auch die Bedeutung der Ausdrücke: Die Adjektive sind deutlich näher an ihrer ursprünglichen Bedeutung, während die Gradpartikeln die Adjektivbedeutung verloren und nur noch die Bedeutung *sehr* übrig behalten haben. Besonders klar wird das bei der Gradpartikel *voll*: Während man problemlos sagen kann *Es war voll laut., Es war voll gemein.* und sogar *Es war voll leer.*, ist dies bei der Verwendung von *voll* als Adjektiv nicht möglich, da dann statt der Gradpartikelbedeutung *sehr* die Adjektivbedeutung *angefüllt* aktiviert wird: *?Die volle Leere. ?Die volle Gemeinheit. Die volle Lautstärke.* Man kann zwar *die volle Lautstärke* sagen, das bedeutet aber nur, dass z. B. ein Radio mit maximaler Kapazität Musik erzeugt, nicht aber, dass es auch laut ist (vgl. *Selbst bei voller Lautstärke ist es immer noch zu leise, um etwas zu verstehen.*).

Fokuspartikeln benötigen ähnlich wie die Gradpartikeln ein Bezugswort oder sogar eine ganze Bezugsphrase, die bei den Fokuspartikeln allerdings sehr frei wählbar ist. Das Bezugswort wird durch die Fokuspartikel hervorgehoben (fokussiert). Die prototypische Fokuspartikel ist *nur*. Weitere Fokuspartikeln sind *allein*, *sogar*, *bloß*, *selbst* und (etwas altmodisch) *einzig*. Wenn die Fokuspartikel sich auf ein Pronomen bzw. ein Nomen oder eine ganze Nominalphrase bezieht, kann sie vor oder nach dem Bezugswort stehen:

Stellung der Fokuspartikeln

- Bezug auf ein Pronomen: *[Sogar er] hat sich darüber beschwert! / [Er sogar] hat sich darüber beschwert.*
- Bezug auf eine Nominalphrase: *[Nur das Auto] blieb ihnen nach der Pfändung erhalten. / [Das Auto nur] blieb ihnen nach der Pfändung erhalten.*
- Bezug auf ein Verb: *Er hat [sogar gelacht], nicht nur gelächelt!*
- Bezug auf ein Adjektiv: *Das Konzert war [sogar großartig], nicht [bloß nett].*
- Bezug auf ein Adverb: *Der Schlussverkauf findet [nur heute] statt.*
- Bezug auf eine Präpositionalphrase: *Kartoffeln sollte man [nur im Keller], nicht auf dem Dachboden lagern.*
- Bezug auf einen Satz: *[Nur weil sie keine Lust hat], boykottiert sie unsere Bemühungen.*

Modalpartikeln (auch: Abtönungspartikeln) gehören zu einer der am besten erforschten Partikelgruppen im Deutschen (Thurmair 1989). Wie fast alle Partikeln sind auch die Modalpartikeln immer aus anderen Wörtern ›rekrutiert‹, so dass jeweils Verwechslungsgefahr mit anderen Wortarten besteht. Als typische Modalpartikeln können die folgenden gelten: *aber, auch, bloß, denn, doch, eben, etwa, halt, eh, ja, mal, nur, ruhig, schon, wohl.*

Wie man sehen kann, besteht z. B. bei *aber* oder *denn* die Gefahr der Verwechslung mit einer Konjunktion, bei *doch* oder *nur* mit einem Adverb, bei *ruhig* mit einem Adjektiv etc. Es ist also wichtig, folgende Kriterien zu beachten, die typisch für Modalpartikeln sind:

Merkmale von Modalpartikeln

1. Modalpartikeln sind nicht vorfeldfähig:
Er hat ja überhaupt keine Ahnung! (*Ja hat er überhaupt keine Ahnung.*)

7.4 Die Partikel

2. Modalpartikeln sind mit bestimmten Satztypen verbunden:
Kommst du denn morgen? (*denn* steht in Fragesätzen)
Bleib ruhig sitzen! (*ruhig* steht in Aufforderungen)
Da haben wir halt einen Fehler gemacht. (*halt* steht in Aussagesätzen) etc.

3. Modalpartikeln können weggelassen werden und sie haben keinen semantischen Gehalt, d. h. sie unterscheiden sich in ihrer Bedeutung bzw. Funktion von ihren Dubletten:

Bleiben Sie ruhig sitzen, ich komme schon vorbei.

Es handelt sich nicht um das Adjektiv *ruhig* im Sinne von ›Bleib sitzen und sei still dabei.‹, sondern um die Modalpartikel *ruhig*: ›Es ist kein Problem, wenn du sitzen bleibst.‹

Da muss er sich eben mehr konzentrieren.

Es handelt sich nicht um das Temporaladverb *eben* im Sinne von ›Er muss sich in diesem Moment mehr konzentrieren.‹, sondern um die Modalpartikel *eben*: ›Es hilft nichts, er muss sich konzentrieren.‹

4. Die Funktion der Modalpartikeln besteht darin, einen dialogischen Bezug herzustellen. Modalpartikeln sind sozusagen Kurzformen für einen Sprecherkommentar:
- *Bleib ruhig sitzen.* Die Interpretation dabei ist: ›Bleib sitzen.‹ + ›Ich weiß, dass du denkst, du müsstest aufstehen, aber es ist kein Problem.‹
- *Warum hast du denn die Kühlschranktür offengelassen?* Die Interpretation ist: ›Warum hast du die Kühlschranktür offengelassen?‹ + ›Meine Frage ist berechtigt, denn man lässt normalerweise die Kühlschranktür nicht offen.‹

Aufgrund dieses dialogischen Aspekts haben Modalpartikeln eine höflichkeitserzeugende (eben modalisierende, abtönende) Wirkung und kommen daher in der interaktionalen Sprache besonders oft vor.

Die Negationspartikel: Dabei handelt es sich um die überschaubarste Partikelklasse: Es gibt nur die Negationspartikel *nicht*. Aus distributioneller Sicht zeichnet sich *nicht* durch eine äußerst freie Stellung im Satz aus. Je nach Stellung wird mit *nicht* entweder der komplette Satz negiert, oder es werden Teile des Satzes negiert. – Ein Beispiel für Satznegation (Bezug von *nicht* auf die gesamte Äußerung) ist:

[*Er fährt nicht gerne mit dem Auto durch die Berge.*]

Bezugseinheiten für *nicht*

Beispiele für die Negation von einzelnen Komponenten eines Satzes sind:
- Negation eines Pronomens: [*Nicht er*](*, sondern sie*) *fährt gerne mit dem Auto durch die Berge.*
- Negation eines Adverbs: *Er fährt* [*nicht gerne*](*, sondern sogar mit allergrößter Begeisterung*), *mit dem Auto durch die Berge.*
- Negation einer Präpositionalphrase: *Er fährt gerne* [*nicht mit dem Auto*] (*, aber dafür mit dem Zug*), *durch die Berge.* Oder *Er fährt gerne mit dem Auto* [*nicht durch die Berge*](*, sondern lieber weit um sie herum*).

Die Infinitivpartikel *zu* bzw. *um … zu* zeigt an, dass ein Verb im Infinitiv verwendet wird. Sie wird vor allem zur Bildung von sogenannten Infinitivsätzen verwendet:

Er freut sich darüber, wieder arbeiten zu können.
Es ist schön, dich zu sehen.

Die Verbpartikeln: Als Verbpartikeln bezeichnet man die trennbaren Partikeln, mit denen komplexe Verben, die Partikelverben, gebildet werden (s. auch Kap. 5.2):

aufmachen / Ich mache die Tür auf. Verbpartikel: *auf-*
abholen / Ich hole dich von der Uni ab. Verbpartikel: *ab-* etc.

In Fällen, in denen etwas wie eine Partikel aussieht, aber nicht abgetrennt werden kann, handelt es sich nicht um eine Partikel, sondern um ein Präfix (d. h. um eine morphologische, nicht um eine syntaktische Einheit):

unterschreiben / Ich unterschreibe den Vertrag. Präfix: *unter-*
behindern / Ich behindere ihn bei seiner Arbeit. Präfix: *be-*

Die Superlativpartikel: Bei der Superlativpartikel *am* handelt es sich um eine von den meisten Grammatikdarstellungen ›übersehene‹ Partikel. Sie wird eingesetzt, um den Superlativ bei Adjektiven zu bilden: *schnell* (Positiv), *schneller* (Komparativ), *am schnellsten* (Superlativ). Das Problem ist, dass man diese Partikel mit einer Präposition (bzw. genauer Präposition + Artikel) verwechseln könnte. Der Unterschied ist aber, dass eine Präposition ein Nomen fordert, die Steigerungspartikel dagegen zu einem Adjektiv gehört. In dem Satz *Ich warte am größten Eingang des Bahnhofs.* ist *am* eindeutig als Präposition zu erkennen. In dem Satz *Ich warte am größten.* besteht dagegen die Gefahr einer Verwechslung. Hier muss man erkennen, dass sich *am* nicht auf *größten* bezieht, sondern dass elliptisch ein Wort weggelassen wurde: *Ich warte am größten (Eingang)*. In dem Satz *Dieser Eingang des Bahnhofs ist am größten.* ist dagegen *am* eindeutig eine Superlativpartikel. Man muss bei *am* also immer die Frage stellen: Besteht die Funktion darin, den Superlativ zu bilden, oder fordert *am* ein Nomen. Nur im ersten Fall ist es als Superlativpartikel zu klassifizieren.

Die Gesprächspartikeln: Die Gruppe der Gesprächspartikeln bildet nach dem heutigen Stand des Wissens eine noch weitgehend unerforschte ›Restekiste‹, in der eine große Zahl sehr heterogener Partikeln ›aufbewahrt‹ wird. Zu diesen gehören die Folgenden:

Antwortpartikeln werden zum Ausdruck von Zustimmung oder Ablehnung verwendet. Auf Entscheidungsfragen (*ja/nein*-Fragen) kann mit *ja*, *nein* und *doch* geantwortet werden. Auf Aussagen, die bestätigt oder abgelehnt werden, kann man mit *doch, genau, eben, schon* und *nein* antworten:

A: *Ich habe das nie versprochen.*   B: *Doch.*
A: *Ich habe nie darüber nachgedacht.*   B: *Genau! / Eben!*
A: *Du hast mir das doch geschenkt!*   B: *Schon. / Nein.*

Die Antwortpartikeln haben dabei stets einen satzwertigen Charakter, d. h. sie können autonom als eigenständige Äußerungen verwendet werden.

7.4 Die Partikel

Hörersignale zeigen an, dass man einem Gesprächspartner noch zuhört, dass man ihn versteht und ihm folgen kann, dass er mit seinen Äußerungen fortfahren kann etc. Typische Hörersignale im Deutschen sind *mhm, ja, jaja, aha, klar, gut, genau, eben, richtig, stimmt* etc. Hörersignale werden typischerweise parallel zu den Äußerungen des Gesprächspartners produziert:

A: *...und nachdem ich ihm Bescheid gesagt hatte, bin ich zu Maria gefahren, ...*
B: mhm   ja   ah

Sprechersignale: Mit Sprechersignalen zeigt ein Sprecher entweder am **Äußerungsanfang** (z. B. durch *ja, also, nun, äh, so* etc.) an, dass er das Rederecht ergreifen will (*Ja äh also gestern habe ich ja Hannes besucht, und da...*), oder **innerhalb einer Äußerung** (z. B. durch *äh, ähm, jedenfalls, sozusagen, wie auch immer, sagen wir mal so* etc.), dass er das Rederecht behalten will, aber Zeit zum Nachdenken benötigt (*Wir haben dann jedenfalls ähm sozusagen die Sache einfach abgebrochen und...*), oder schließlich **am Ende einer Äußerung** (z. B. durch *gut, ja, okay, und so, und so weiter, so, tja* etc.), dass er mit seinem Sprecherbeitrag zu Ende ist und ein Gesprächspartner das Rederecht übernehmen kann (*Wir müssen noch einkaufen und die Wohnung putzen und so.*).

Innerhalb der Sprechersignale kann man zwei große Gruppen ausmachen, die so eigenständige Funktionen haben, dass es sinnvoll ist, sie als getrennte Subgruppen der Partikeln zu behandeln. Es handelt sich um Diskursmarker und Vergewisserungssignale.

Diskursmarker werden jeweils vor einer Äußerung (oft im sogenannten Vor-Vorfeld; s. Kap. 10.5.1) platziert, projizieren eine Folgeäußerung (kündigen eine Folgeäußerung an) und geben dem Hörer Verstehensanweisungen, d. h. sie zeigen an, welcher Art die projizierte Äußerung ist. In der geschriebenen Sprache werden die Diskursmarker normalerweise durch einen Gedankenstrich oder einen Doppelpunkt von der Folgeäußerung abgesetzt. In der gesprochenen Sprache finden sich dagegen sowohl prosodisch z. B. durch Pausen abgesetzte als auch angebundene Diskursmarker. **Beispiele für Diskursmarker** im Deutschen sind *weil, obwohl, also, aber, und, nur, ich mein* u. a.:

- *Ich nehme noch ein Stück Kuchen. Obwohl: Ich hab ja schon zwei gegessen, ich lass es lieber. Obwohl* kündigt eine neue Äußerung und eine neue Handlung an: Es wird kein Kuchen gegessen. Damit steht das Diskursmarker-*obwohl* im vollen Gegensatz zu dem Konjunktions-*obwohl* in dem Satz *Ich nehme noch ein Stück Kuchen, obwohl ich ja schon zwei gegessen habe.* In diesem Satz würde der Sprecher noch ein drittes Stück Kuchen nehmen.
- *Ich kann nicht mehr so schnell gehen. Ich mein – ich bin jetzt auch schon 63 Jahre alt. Ich mein* kündigt eine begründende Handlung an, keine Meinungsäußerung im engen Sinn (vgl. die äußerst zweifelhafte Äußerung ?*Ich bin der Meinung, dass ich 63 Jahre alt bin.*).
- *Die Mannschaft hat heute etwas besser gespielt als letzte Woche. Nur – wenn die Verbesserungen in diesem Tempo zunehmen, wird der Einzug ins Halbfinale nicht wahrscheinlich sein. Nur* kündigt dabei eine Folge-

Beispiele für Diskursmarker

äußerung an, in der Gegenargumente, kritische Kommentare o. ä. erwartet werden.

Vergewisserungssignale (Rückversicherungssignale, ›tag questions‹, ›question tags‹) lassen sich generell den Sprechersignalen zuordnen, bilden darin aber eine eigenständige Gruppe. Auch das Deutsche hat genau wie das Englische die Möglichkeit, ›tag questions‹ an Äußerungen anzuhängen. Anders als beim Englischen, wo die meisten ›tag questions‹ frei auf der Basis von Hilfsverben gebildet werden (*You have seen her, haven't you?*), gibt es im Deutschen nur einige wenige Partikeln, die dafür aber sehr häufig verwendet werden: *Du hast sie doch gestern gesehen, oder? / nicht wahr? / ne?*.

Neben in ganz Deutschland verbreiteten Vergewisserungssignalen wie *nicht?*, *nich?*, *ne?*, *nicht wahr?*, *verstehst du?*, *weißt du?*, *okay?*, *ja?* und *oder?* gibt es auch regionale Varianten wie *odr?* (Schweiz), *gell?* (Süddeutschland, Österreich), *wa?* (Berlin, Ostdeutschland) oder *woll?* (Nordwestdeutschland). Die Funktion dieser Partikeln (die Phrasen *weißt du?*, *nicht wahr?* und *verstehst du?* werden wegen ihrer Floskelhaftigkeit wie Partikeln behandelt) besteht darin, eine Reaktion einzufordern, das Ende des eigenen Redebeitrags anzuzeigen oder auch generell Aufmerksamkeit einzufordern. Die ersten beiden Funktionen werden v. a. dann aktiviert, wenn das Vergewisserungssignal am Ende der Äußerung platziert wird (*Du kommst doch morgen, nicht wahr?*), die dritte Funktion eher, wenn das Signal am Anfang der Äußerung steht (*Nicht wahr, du kommst doch morgen!*).

Interjektionen drücken meist Emotionen, Empfindungen oder Bewertungen aus. Sie sind nicht Teil eines Satzes und daher also autonom und können im Prinzip überall stehen. Sie können dabei unterschiedliche Teilfunktionen übernehmen.

Funktionen von Interjektionen

- **Ausdruck von Emotionen und Empfindungen:** *Hurra!*, *Pfui!*, *Igitt!*, *Bäh!*, *Hoppla!*, *Oh!*, *Ach!*, *Hihi!*, *Juhu!*, *Aua!*, *Autsch!*, *Wow!*, *Ach du grüne Neue!*, *Mensch!*, *Mann oh Mann!*, *Klasse!*, *Fett!* etc.
- **Aufforderungen:** *Psst!*, *He!*, *Kscht!*, *Pfui!*, *Aus!*, *Hü!*, *Brrr!* etc.
- **Flüche** (meist sind das komplexe Interjektionen): *Scheiße!*, *Mist!*, *Herrgott noch mal!*, *Verdammt!* etc.
- **Inflektive** (in Comics und computervermittelter Kommunikation verwendet): *Ächz!*, *Klapper!*, *Krach!*, *Stöhn!*, *Seufz!*, **Kaffekoch**, **grins**, **trauriggluck** etc.
- **Manche Onomatopoetika** (lautmalerische Wörter) können ebenfalls zu den Interjektionen gerechnet werden, so z. B. die Tierstimmennachahmungen: *Wau!*, *Miau!*, *Wuff!*, *Pieppiep!*, *Kikeriki!* etc.

Zur Vertiefung

Onomatopoetika

Onomatopoetika selbst können nicht als Wortart bezeichnet werden. Ein Onomatopoetikum ist ein lautmalerisches Wort, d. h. mit Hilfe des Wortlautes wird versucht, ein akustisches Ereignis nachzuahmen. Onomatopoetika können in allen Wortarten vorkommen: *der Wauwau*, *der Kuckuck*, *das Töfftöff* (Nomen); *klirren*, *plumpsen*, *scheppern*, *blöken* (Verben); *glitschig*, *zischend* (Adjektive); *Quak!*, *Boing!*, *Zakk!* (Interjektionen) etc.

Arbeitsaufgaben

Aufgabe 1: Bestimmen Sie die Partikeln in den folgenden Beispielsätzen:
(1) *Du bist aber ziemlich dumm!*
(2) *Du redest so großspurig, aber du hast ja überhaupt keine Ahnung!*
(3) *Autsch, du tust mir weh, rück doch mit dem Stuhl ein Stück weiter weg.*
(4) *Wer nur Campingurlaub macht, kann immerhin nicht mit dem Flugzeug abstürzen.*
(5) *Das letzte Stück Kuchen zu nehmen, war sehr unhöflich.*

Aufgabe 2: Wie vielen und welchen unterschiedlichen Partikelklassen kann das Wort *ja* angehören?

8 Vom Wort über die Phrase zum Satz

8.1 Die Bestimmung von Phrasen
8.2 Die Nominalphrase (NP)
8.3 Die Adjektivphrase (AdjP)
8.4 Die Präpositionalphrase (PP)
8.5 Die Adverbphrase (AdvP)
8.6 Nicht phrasenfähige Wortarten
8.7 Der Satz

Nachdem in den ersten Kapiteln das Inventar der Wortarten des Deutschen beschrieben wurde, kann nun der nächste Schritt auf dem Weg vom Wort zum Satz eingeschlagen werden. Es ist sicherlich einleuchtend, dass man nicht alle Wörter ›einfach so‹ direkt zu einem Satz zusammenfügen kann. Wenn man folgenden Satz betrachtet,

(1) *Mit dem Flugzeug benötigen die Touristen für eine Reise nach Wladiwostok leider über zehn Stunden.*

so wird klar, dass es zwischen Wort und Satz noch ›Zwischenebenen‹ geben muss, mit denen Wortgruppen erfasst werden können, die inhaltlich oder syntaktisch, z. B. über Kongruenz oder Rektion, enge Bezüge aufweisen.

Phrasen: Diese Zwischenebenen umfassen Wortgruppen (im minimalen Fall auch nur ein einziges Wort), die zusammengehören und zugleich hierarchisch strukturiert sind. Der Fachausdruck für eine solche Wortgruppe lautet **Phrase**. Phrasen sind z. B. *[mit dem Flugzeug]*, *[für eine Reise nach Wladiwostok]* und *[über zehn Stunden]*. In diesem Zusammenhang muss noch eine weitere Bezeichnung eingeführt werden, die im Kontext der Phrasenstrukturanalyse verwendet wird, die **Konstituente**.

Konstituenten sind ›Bausteine‹ für einen Satz. Konstituenten können auf zwei Ebenen angesiedelt sein: Zunächst sind alle Wörter zusammen mit den Informationen über ihre Wortartenzugehörigkeit Konstituenten. Aus diesen Basiskonstituenten werden dann die Konstituenten auf der zweiten Ebene aufgebaut. Diese umfassen einerseits Phrasen (also Wortgruppen) und andererseits ganze Sätze (ein Satz ist im Endeffekt nichts anderes als die höchste Stufe auf der Phrasenebene, also die maximale Wortgruppe). Sätze sind insofern auch Konstituenten, als sie wieder Bestandteile von anderen Sätzen sein können (z. B. bei einer Verbindung von Haupt- und Nebensatz, aber auch bei koordinierten Sätzen).

Es muss nun ein System entwickelt werden, mit dem man die Konstituenten oberhalb der Wortebene bestimmen kann, d. h. mit dem man erstens herausfinden kann, welche Wörter eng zusammen gehören und somit Phrasen bilden (**Konstituententests**), und zweitens darstellen kann, wie diese Phrasen aufgebaut und intern hierarchisch strukturiert sind (**Phrasenbäume**).

8.1 | Die Bestimmung von Phrasen

Konstituententests: Um zu dem Inventar an Phrasen zu gelangen, die im Deutschen vorkommen, muss man eine Reihe von syntaktischen Tests, die sogenannten Konstituententests, anwenden (Permutationstest, Substitutionstest, Tilgungstest, Reduktionstest, Koordinationstest, Fragetest). Wir werden uns auf die beiden wichtigsten Tests beschränken:
- **Der Permutationstest** (die Verschiebeprobe) fragt danach, welche Wortgruppen zusammen verschoben werden können. Von besonderer Bedeutung ist dabei die Möglichkeit der Verschiebung von Phrasen in das Vorfeld eines Hauptsatzes.
- **Der Substitutionstest** (die Ersatzprobe) fragt danach, mit welchen einzelnen Wörtern (Pronomen oder Adverbien) sich eine Phrase ersetzen lässt.

Mit Hilfe dieser Tests lassen sich nun Phrasen von unterschiedlicher Komplexität herausfinden, was anhand des Beispielsatzes *Mit dem Flugzeug benötigen die Touristen für eine Reise nach Wladiwostok leider über zehn Stunden.* gezeigt werden soll.

Der Permutationstest (die Verschiebeprobe): Wenn man die Frage stellt, ›was‹ man in einem Satz jeweils an andere Stellen verschieben kann, stellt man fest, dass die Verschiebung in den meisten Fällen nicht für einzelne Wörter möglich ist, sondern nur für Wortgruppen (wie wir sehen werden, müssen auch einzelne Wörter, die im Vorfeld stehen, immer als Wortgruppen, d. h. also als Phrasen, beschrieben werden). Einer der wichtigsten Permutationstests besteht darin, Phrasen in das Vorfeld eines Hauptsatzes zu verschieben. Dieser Test ist bereits aus der Bestimmung der Adverbien aus Kapitel 3 bekannt. Die Verschiebeproben ergeben folgende Phrasen:
- *[Mit dem Flugzeug]*: Diese Phrase steht bereits im Vorfeld, d. h. vor dem finiten Verb *benötigt*. Man kann nicht einzelne Teile aus der Phrase verschieben: **Mit benötigt man dem Flugzeug für eine Reise...* oder **Flugzeug benötigen die Touristen mit dem für eine Reise...* etc., d. h. die Phrase bildet eine abgeschlossene Einheit, sie ist eine Konstituente.
- *[Für eine Reise nach Wladiwostok]*: *Für eine Reise nach Wladiwostok benötigen die Touristen mit dem Flugzeug leider über zehn Stunden.*
- *[Über zehn Stunden]*: *Über zehn Stunden benötigen die Touristen leider für eine Reise nach Wladiwostok mit dem Flugzeug.*
- *[die Touristen]*: *Die Touristen benötigen für eine Reise nach Wladiwostok mit dem Flugzeug leider über zehn Stunden.*
- *[Leider]*: *Leider benötigen die Touristen für eine Reise nach Wladiwostok mit dem Flugzeug über zehn Stunden.* (Auch *leider* ist nicht nur als Wort, sondern zugleich auch als Phrase zu behandeln; mehr dazu bei der Diskussion von Adverbphrasen in Kapitel 8.5).

Der Substitutionstest (die Ersatzprobe): Während man mit den Verschiebeproben die wichtigsten Phrasen im Satz bestimmen kann, ermöglichen die Ersatzproben (typischerweise durch Pronomen sowie Pronominaladverbien) auch die Bestimmung untergeordneter Phrasen,

Die Bestimmung von Phrasen

d. h. von Phrasen, die in andere eingebettet sind. Es ist also immer notwendig, sowohl Verschiebe- als auch Ersatzproben durchzuführen, um den Aufbau von Sätzen zu bestimmen. Als Ausgangsmaterial für die Ersatzproben verwendet man vor allem Pronomen (meist Personalpronomen wie *er*, *ihn*, *sie* etc. sowie Demonstrativpronomen wie *der*, *das*, *dieser* etc.) und Adverbien (entweder einfache Adverbien, die kaum eine eigene Bedeutung haben und daher gut als Platzhalter geeignet sind, wie z. B. *so* oder *da* oder Pronominaladverbien wie *dafür*, *damit*, *darüber* etc.), seltener müssen auch mal Adjektive verwendet werden. Die Ersatzproben liefern die folgenden Phrasen:

- *mit dem Flugzeug* lässt sich vollständig durch das Pronominaladverb *damit* ersetzen, daher ist *mit dem Flugzeug* eine Phrase.
- *dem Flugzeug* kann man durch das Pronomen *ihm* ersetzen, also ist auch *dem Flugzeug* eine Phrase, die hierarchisch der Präposition *mit* untergeordnet ist: *mit ihm*.
- *die Touristen* kann durch das Pronomen *sie* ersetzt werden und ist somit eine Phrase.
- *für eine Reise nach Wladiwostok* kann durch das Pronominaladverb *dafür* ersetzt werden.
- *eine Reise nach Wladiwostok* kann durch das Pronomen *sie* ersetzt werden, auch hier ist die Phrase *eine Reise nach Wladiwostok* der Präposition *für* in der übergeordneten Phrase *für eine Reise* untergeordnet: *für sie*.
- *nach Wladiwostok* kann durch das Pronominaladverb *dorthin* ersetzt werden und ist dem Nomen *Reise* untergeordnet.
- *Wladiwostok* kann (wenn auch holprig) durch das Platzhalteradverb *da* oder *dort* ersetzt werden und ist der Präposition *nach* untergeordnet.
- *über zehn Stunden* kann durch das Adjektiv *lange* ersetzt werden. Auch *zehn Stunden* ist eine Phrase, allerdings liefern die beiden Tests keine Ergebnisse. Das liegt daran, dass es sich bei Zeitangaben eher um feste Floskeln als um ›frei‹ gebildete Phrasen handelt. In der Analyse muss man aber auch hier davon ausgehen, dass *zehn Stunden* als Phrase der Präposition *über* untergeordnet ist.

Vor allem die Ersatzprobe macht zwei Tatsachen der Satzstruktur deutlich: Zum einen, dass manche Wortgruppen enger zusammengehören als andere, und zum anderen, dass diese Wortgruppen auch noch intern hierarchisch organisiert sind, d. h. dass es in einer Wortgruppe einen ›Chef‹ gibt und ›Untergebene‹. Das wird einerseits daran deutlich, dass man eine Wortgruppe in eine andere einbetten kann, und andererseits daran, dass man für die Ersetzung der Wortgruppen unterschiedliche Wörter verwenden muss: *für eine Reise nach Wladiwostok* muss durch das Präpositionaladverb (Pronominaladverb) *dafür* ersetzt werden, wodurch klar wird, dass die Präposition *für* eine wichtige Rolle in der Phrase spielt. Bei *eine Reise nach Wladiwostok* dagegen wird das Pronomen *sie* verwendet, was darauf hindeutet, dass ein Nomen der ›Chef‹ in der Phrase ist etc.

Phrasenköpfe: In der Linguistik nennt man die Einheiten, die den Phrasen ihren Namen geben und hierarchisch an der höchsten Stelle stehen, die **Köpfe** einer Phrase. Da es nur Phrasen geben kann, bei denen eine innere hierarchische Struktur zumindest möglich ist, bedeutet das, dass es weniger Phrasen als Wortarten gibt, denn Artikel (inklusive Begleiterpronomen), Konjunktionen und Partikeln können keine weiteren Phrasen unter sich haben, sie können nicht erweitert werden und stehen daher stets an unterster Stelle in der Hierarchie: Man kann ein Nomen wie *Haus* zu einer Phrase erweitern, indem man Artikel oder Adjektive hinzufügt (<u>das Haus, das alte Haus</u>), Adjektive können erweitert werden, indem man Gradpartikeln hinzufügt (<u>sehr alt</u>), Adverbien können mit Fokuspartikeln erweitert werden (<u>nur heute, ausgerechnet jetzt</u>) etc. Eine Konjunktion wie *dass*, ein Artikel wie *ein*, eine Partikel wie *sehr* oder ein Begleiterpronomen wie *dieses* können dagegen nicht erweitert werden.

Phrasentypen: Es gibt unterschiedliche Vorstellungen über die genaue Bestimmung und die Anzahl der Phrasen des Deutschen. Das liegt daran, dass manche Linguisten versuchen, auf der Basis von Phrasen ein kohärentes, formal einheitliches oder gar computerlesbares Grammatikmodell zu erstellen. In dieser Einführung werden Phrasen dagegen lediglich dafür verwendet, hierarchische Strukturen innerhalb von Sätzen abzubilden, ambige (mehrdeutige) Sätze beschreiben zu können sowie die Grundlage für die Satzgliedanalyse (s. Kap. 9) zu liefern. Aus diesem Grund werden wir eine möglichst einfache Strukturanalyse anstreben. Gearbeitet wird mit folgenden **Phrasen**:

Phrasen

NP	– Nominalphrase
AdjP	– Adjektivphrase
PP	– Präpositionalphrase
AdvP	– Adverbphrase
VP	– Verbphrase
InfP	– Infinitivphrase
S	– Satz
S_{Sub}	– subordinierter Satz
S_{Rel}	– Relativsatz

8.2 | Die Nominalphrase (NP)

Wie der Name andeutet, zeichnet sich die Nominalphrase dadurch aus, dass sie ein Nomen als ›Kopf‹ hat. Etwas komplizierter wird es dabei dadurch, dass auch ein Pronomen, solange es ein Stellvertreterpronomen (und nicht ein Begleiterpronomen!) ist, Kopf einer Phrase sein kann und dann normalerweise alleine steht. Diese Tatsache ist allerdings insofern nicht überraschend, als Stellvertreterpronomen ja genau den Zweck haben, eine Nominalphrase zu ersetzen – es verwundert daher nicht, dass sie dem gleichen Phrasentyp angehören. Die Kasusangabe ist bei Nominalphrasen sehr wichtig, wie in Kapitel 9 zur Satzgliedanalyse deutlich wird. Daher müssen alle Nomen (und alle Nominalphrasen) immer mit der Information über den Kasus versehen werden, d. h. bei der Markierung von Nomen (und Stellvertreterpronomen) gibt man jeweils an, ob sie im Nominativ stehen (N_{Nom}), im Akkusativ (N_{Akk}), Dativ (N_{Dat}) oder Genitiv (N_{Gen}). Diese Information wird an die jeweilige übergeordnete Nominalphrase weitergereicht: NP_{Nom}, NP_{Akk}, NP_{Dat}, NP_{Gen}.

Doch zunächst zum Aufbau typischer Nominalphrasen. Nominalphrasen zeichnet aus, dass sie ein Nomen (oder Stellvertreterpronomen) als Kopf haben, also die wichtigste grammatische und semantische Information in der Phrase jeweils von dem Nomen (oder Stellvertreterpronomen) bereitgestellt wird. In dem oben eingeführten Beispielsatz finden sich insgesamt fünf Nominalphrasen, die zum Teil auf einer hohen Hierarchieebene, zum Teil auf niedrigeren Hierarchieebenen stehen:

(2) *Mit dem Flugzeug benötigen die Touristen für eine Reise nach Wladiwostok leider über zehn Stunden.*

Beispielsatz

Die Ersatzproben ergeben die folgenden Nominalphrasen:
- *dem Flugzeug*: Diese Nominalphrase ist der Präposition *mit* untergeordnet und somit in eine Präpositionalphrase eingebettet. Man kann sie durch das Pronomen *ihm* ersetzen: *Mit ihm benötigen die Touristen...*.
- *die Touristen*: Diese Nominalphrase, die durch das Pronomen *sie* ersetzt werden kann, steht an der höchsten Stelle in der Satzhierarchie.
- *eine Reise*: Die Nominalphrase *eine Reise*, die durch das Pronomen *sie* ersetzt werden kann, ist ebenfalls Teil einer Präpositionalphrase (*für eine Reise*) und somit hierarchisch untergeordnet.
- *Wladiwostok*: Gleiches gilt für *Wladiwostok*, das Teil der Präpositionalphrase *nach Wladiwostok* ist und (wenn auch etwas holprig) durch *dort* oder *da* ersetzt werden kann. Generell kann aber Wladiwostok, wenn es nicht Teil einer Präpositionalphrase ist, problemlos durch das Personalpronomen *es* ersetzt werden: *Wladiwostok liegt in Russland. Es wurde 1860 gegründet.*
- *zehn Stunden*: Auch *zehn Stunden* ist eine Nominalphrase, die allerdings nur sehr unbeholfen mit *sie* ersetzt werden könnte. Bei Zeitangaben klingt eine Ersatzprobe immer holprig.

Die Struktur einfacher Nominalphrasen: Im Folgenden soll nun die Struktur von einfachen Nominalphrasen, die nur aus einem Artikel oder einem Begleiterpronomen und einem Nomen bestehen, vorgestellt werden. Dies betrifft etwa die Nominalphrasen *die Touristen*, *dem Flugzeug* und *eine Reise* aus dem vorigen Satz, aber auch Fälle wie *diese Touristen*, *jenem Flugzeug* und *manche Reise* gehören dazu.

Grundsätzlich gilt für die Analyse von Phrasen (und Sätzen), dass zunächst alle Wörter mit den notwendigen Wortarteninformationen versehen werden müssen, also sozusagen ›etikettiert‹ werden. Wir werden hier die Wortarteninformationen immer über das betreffende Wort schreiben. Wichtig ist auch, dass Nomen (und Nominalphrasen) immer mit der Information über den Kasus versehen werden, in dem sie realisiert sind. Ein weiterer Grund dafür ist, dass die Basisregel für die Bildung von Sätzen darin besteht, dass eine Nominalphrase im Nominativ mit einer Verbphrase kombiniert werden muss – man benötigt also die Information über den Kasus der Nominalphrase, um die Satzanalyse beenden zu können. Die Kasusinformationen werden jeweils an das Nomen und die Nominalphrase ›angehängt‹, wobei für den Nominativ die Abkürzung $_{Nom}$ verwendet wird, für Genitiv $_{Gen}$, für Akkusativ $_{Akk}$ und für Dativ $_{Dat}$:

(3) (4)

Artikel	Nomen$_{Nom}$	Begleiterpronomen	Nomen$_{Nom}$
Die	*Touristen (schlafen.)*	*Diese*	*Touristen (schlafen.)*

Erst wenn die Wörter mit Wortarteninformationen versehen sind, kann man die Phrase aufbauen:

(5) (6)

NP$_{Nom}$ NP$_{Nom}$

Artikel	Nomen$_{Nom}$	Begleiterpronomen	Nomen$_{Nom}$
Die	*Touristen (schlafen.)*	*Diese*	*Touristen (schlafen.)*

Dieser Typ von Nominalphrasen, der aus einem Nomen zusammen mit einem Artikel oder Begleiterpronomen besteht, ist sehr häufig. Artikel bzw. Begleiterpronomen sind dem Nomen untergeordnet, d. h. die Information ›Nomen‹, die in beiden Fällen an dem Wort *Touristen* ›hängt‹, wird nach ›oben‹ an die Phrase weitergereicht, die Information ›Artikel‹ bzw. ›Begleiterpronomen‹ dagegen nicht. Die Darstellung zeigt also an, dass das Nomen als Kopf der Phrase über dem Artikel bzw. Begleiterpronomen steht.

Die Struktur komplexer Nominalphrasen: Selbstverständlich werden im Deutschen nicht nur einfache Nominalphrasen verwendet. In dem Satz *Die erschöpften Touristen, die bereits zehn Stunden geflogen sind, freuen sich auf ihre Betten.* kommt eine besonders lange und komplexe Nominalphrase vor: *die erschöpften Touristen, die bereits zehn Stunden geflogen sind*. Dass es sich dabei um eine Nominalphrase handelt, erkennt man sowohl an der Verschiebeprobe – die gesamte Phrase kann an einem Stück verschoben werden, man kann z. B. schreiben *Auf ihre Betten freuen sich die erschöpften Touristen, die bereits zehn Stunden geflogen sind.* – als auch an der Ersatzprobe, denn die komplette Phrase kann durch ein einziges Pronomen ersetzt werden: *Sie freuen sich auf ihre Betten.* Woraus besteht nun die Nominalphrase? Auch hier muss zunächst eine Wortartenbestimmung durchgeführt werden.

Von nun an werden folgende **Abkürzungen für die Wortarten** verwendet, um Platz zu sparen:

Die Nominalphrase (NP)

N	Nomen
V_{fin}	finites Verb
V_{inf}	infinites Verb
Art	Artikel
$Pron_S$	Stellvertreterpronomen
$Pron_B$	Begleiterpronomen
Adj	Adjektiv
Adv	Adverb
Präp	Präposition
Part	Partikel
$Konj_K$	Koordinierende Konjunktion
$Konj_S$	Subordinierende Konjunktion

Abkürzungen für die Wortarten

Auf diese Weise erhält man eine Darstellung der Nominalphrase wie in (7):
(7)

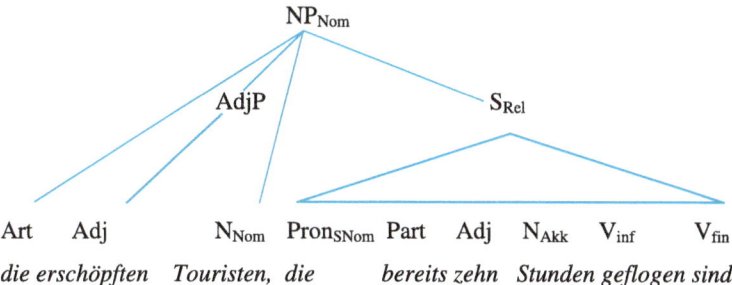

Adjektivphrasen und Relativsätze werden weiter unten noch detaillierter beschrieben. Der Relativsatz wurde daher in (7) einfach ›abgekürzt‹, d. h. es wurde keine Analyse der inneren Struktur des Relativsatzes selbst vorgenommen. Die Nominalphrase besteht also aus einem Artikel, einem Adjektiv, dem Nomen selbst, das der Kopf der Nominalphrase ist, und einem Relativsatz. Adjektivphrasen und Relativsätze sind die häufigsten Phrasen, die einer Nominalphrase hierarchisch untergeordnet werden. Durch die Darstellung in der Baumstruktur erkennt man, dass die wichtigste Information das Nomen *Touristen* ist. Der Relativsatz bestimmt *Touristen* näher und kann syntaktisch problemlos weggelassen werden, ohne dass der gesamte Satz ungrammatisch wird. Gleiches gilt auch für die Adjektivphrase. Dazu kommt noch, dass sowohl die Adjektivphrase als auch der Artikel syntaktisch eindeutig untergeordnet sind, denn sie müssen in Kasus, Numerus und Genus mit dem Nomen *Touristen* kongruieren. Der Artikel bildet keine Phrase, da Artikel, Partikeln und Begleiterpronomen grundsätzlich keine Phrasen bilden können. Der Grund dafür ist, dass diese Wörter nicht selbst potentiell erweitert werden können, also keine anderen Wörter ›unter sich‹ haben können.

Außer durch Artikel, Adjektivphrasen und Relativsätze können Nomen auch durch eine Präpositionalphrase oder eine Adverbphrase erweitert

werden, wie in dem Satz *Das Auto auf der Straße parkt sehr gefährlich.* (Beispiel (8)) oder *Das Auto dort parkt sehr gefährlich.* (Beispiel (9)):
(8)

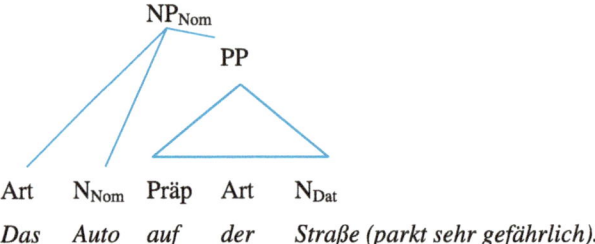

Die Präpositionalphrase wurde in (8) nur ›abgekürzt‹ dargestellt, Details zu ihrem Aufbau finden sich im entsprechenden Kapitel. Der Strukturbaum zeigt an, dass die Präpositionalphrase *auf der Straße* sowie der Artikel *das* dem Nomen *Auto* untergeordnet sind.
(9)

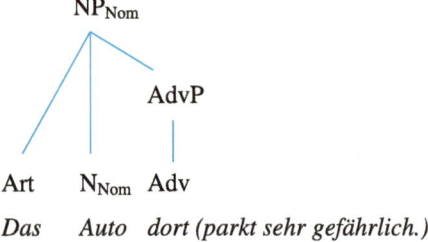

In (9) wird das Nomen *Auto* um die Adverbphrase *dort* erweitert. Auch wenn diese Phrase nur aus einem einzigen Wort besteht, muss das Adverb erst zu einer Adverbphrase ›aufgebaut‹ werden. Das liegt an der Grundregel, dass alle Wortarten, die ›phrasenfähig‹ sind, also Phrasen bilden können, immer und ausschließlich als Phrase in einem Satz ›weiterverarbeitet‹ werden dürfen, da sie prinzipiell selbst erweiterbar sind (z. B. könnte man *dort* zu *[nur dort]* erweitern; mehr zu den Erweiterungsmöglichkeiten von Adverbien in Kapitel 8.5). Dass das Adverb *dort* der Nominalphrase untergeordnet ist, merkt man sowohl dann, wenn man nach der Bedeutung der Struktur fragt (*dort* bestimmt in (9) *das Auto* näher, nicht das Verb *parkt*, d. h. es hilft dem Hörer oder Leser, herauszufinden, welches Auto gemeint ist) als auch daran, dass es im Deutschen die Regel gibt, dass vor dem finiten Verb im Hauptsatz nur eine Phrase stehen darf: Wenn *dort* nicht dem *Auto* untergeordnet wäre, würde diese Regel verletzt, was zu einem ungrammatischen Satz führen würde: *[Das Auto] [dort] parkt auf der Straße.*

Eine weitere Möglichkeit, Nomen zu erweitern, besteht darin, eine zweite, untergeordnete Nominalphrase hinzuzufügen, wobei sich die untergeordnete Nominalphrase auf das übergeordnete Nomen bezieht. Ein

sehr verbreiteter Typ einer solchen Erweiterung besteht darin, ein Nomen durch eine Nominalphrase im Genitiv zu ergänzen, wie in Sätzen wie *Ich leihe mir das Auto meiner Mutter aus. Ich kann die Probleme der Vermieter gut verstehen. Wir gedenken der Toten des letzten Krieges.* etc.:
(10)

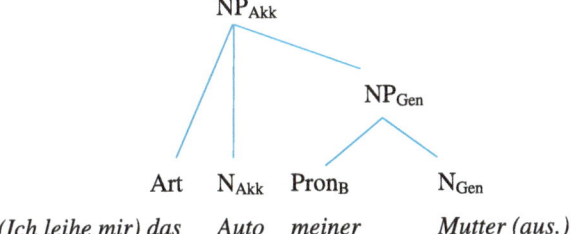

Die Darstellung in (10) gibt an, dass *Auto* den Kopf der Phrase (und damit auch die syntaktisch und semantisch wichtigste Information) stellt. Die Nominalphrase *meiner Mutter* ist dagegen dem Nomen *Auto* untergeordnet und bezieht sich darauf, d. h. spezifiziert es näher.

Die zweite Variante, eine Nominalphrase mit einer weiteren Nominalphrase zu erweitern, nennt man **Apposition**. Das Besondere bei Appositionen ist, dass die beiden Nominalphrasen sich inhaltlich auf die gleiche Einheit beziehen und entsprechend im gleichen Kasus stehen.

Man unterscheidet zwischen engen und weiten Appositionen. Enge Appositionen zeichnen sich dadurch aus, dass die appositive Nominalphrase vor dem Nomen steht, auf das sie sich bezieht. Typische enge Appositionen stammen aus dem Bereich der Mengenangaben (*eine Flasche Bier, ein Kilo Mehl, eine Tasse Kaffee, zehn Meter Stoff* etc.) sowie der Personenbezeichnungen (*Professor Müller, Doktor Meier, Angela Merkel, Frau Merkel, Bundeskanzlerin Merkel, Hausmeister Willie* etc.). Bei weiten Appositionen ist die appositive Nominalphrase typischerweise dem Bezugsnomen nachgestellt. Eine wichtige Funktion von weiten Appositionen besteht darin, Informationen zu einem Nomen nachzureichen (*Angela Merkel, die Bundeskanzlerin Deutschlands, wird morgen eine Rede halten. Der neue Volkswagen, ein Auto mit Hybridantrieb, wurde gestern auf der Automesse vorgestellt. Wir waren in unserem letzten Urlaub in Tiflis, der Hauptstadt Georgiens.*).

In der Analyse muss man entsprechend darstellen, dass bei Appositionen eine Nominalphrase einer anderen untergeordnet ist. Im Folgenden soll dies anhand der Beispielsätze *Ich hätte gerne ein Glas kaltes Wasser.* (11), *Präsident Obama hat für morgen eine Rede angekündigt.* (12) und *Der demokratische Präsident Obama hat für morgen eine Rede angekündigt* (13) (alles enge Appositionen) sowie *Barack Obama, dem Präsidenten der Vereinigten Staaten, gefällt sein Amt schon lange nicht mehr.* (14) (weite Apposition) gezeigt werden:

Enge und weite Appositionen

(11)

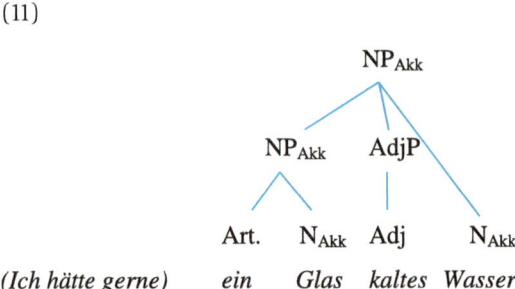

(Ich hätte gerne)   ein   Glas   kaltes   Wasser.

Welche Informationen enthält die Darstellung in (11)? Erstens weiß man, dass *ein Glas* eng zusammengehört und eine Einheit bildet, wobei *Glas* der Kopf in dieser Nominalphrase ist. Zweitens weiß man, dass sich *kaltes* auf *Wasser* bezieht und nicht auf *Glas*, da der Verbindungsstrich direkt bis zur oberen Nominalphrase – und damit zum Kopf (*Wasser*) der gesamten Nominalphrase (*ein Glas kaltes Wasser*) – reicht. Gleiches gilt auch für die Nominalphrase *ein Glas*, die sich als Ganze auf *Wasser* bezieht. Und drittens weiß man, dass *Wasser* als Kopf der gesamten Nominalphrase die semantisch und syntaktisch zentrale Einheit ist, weil dieses Nomen direkt mit der oberen Nominalphrase verbunden ist, also Kopf der Phrase ist. Mit anderen Worten: Man möchte Wasser. Frage: *Was für Wasser?* Antwort: *Kaltes.* Frage: *Wie viel Wasser?* Antwort: *Ein Glas.*

Wie sieht es nun mit Phrasen wie *Präsident Obama* aus?

(12)

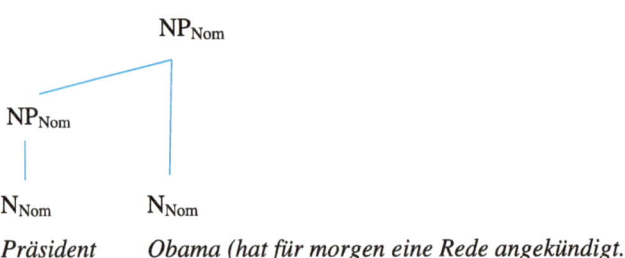

Präsident   *Obama (hat für morgen eine Rede angekündigt.)*

Die zentrale Information ist bei *Präsident Obama* das Nomen *Obama*, das den Kopf der Phrase bildet. Die Nominalphrase *Präsident* ist dagegen untergeordnet und bezieht sich auf den Kopf, d. h. spezifiziert in diesem Fall das Amt von Obama. Das Nomen *Präsident* muss als eigene Nominalphrase abgeschlossen werden, weil, wie oben erwähnt, alle phrasenfähigen Wortarten nur als Phrasen ›weiterverarbeitet‹ werden dürfen. Der Grund besteht auch hier darin, dass das Nomen *Präsident* erweitert werden könnte, die Nominalphrase also auch größer sein könnte:

(13)

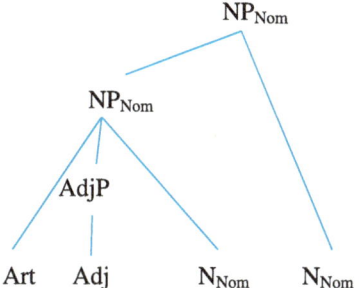

Der demokratische Präsident Obama (hat für morgen eine Rede angekündigt.)

In (13) wird deutlich, dass die komplette Phrase *der demokratische Präsident* sich auf *Obama* bezieht (und natürlich auch, dass *demokratische* sich auf *Präsident* und nicht etwa auf Obama bezieht).

(14)

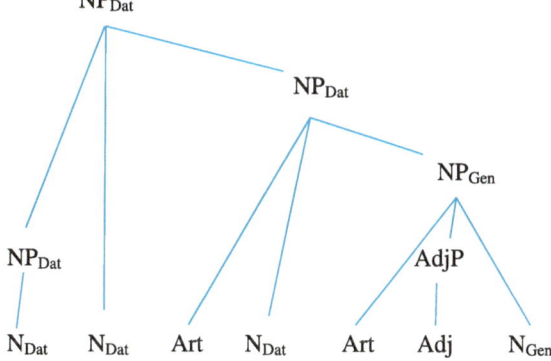

Barack Obama, dem Präsidenten der Vereinigten Staaten, (gefällt sein Amt schon lange nicht mehr.)

Über die Behandlung von *Vereinigten Staaten* in (14) kann man sich streiten: Man kann entweder *Vereinigten* als Adjektiv analysieren, wie hier geschehen, oder einfach den kompletten Ausdruck als ein einziges Nomen behandeln, da es sich um einen festen Ausdruck handelt.

Die vorliegende Nominalphrase ist äußerst komplex: Sie enthält zunächst eine enge Apposition, bei der sich *Barack* auf *Obama* bezieht, wobei *Obama* Kopf der ›obersten‹ Nominalphrase ist. Außerdem bezieht sich auch die ihrerseits komplexe Nominalphrase *dem Präsidenten der Vereinigten Staaten* als weite Apposition auf *Obama*. Innerhalb der Nominalphrase *dem Präsidenten der Vereinigten Staaten* bezieht sich wiederum die Nominalphrase im Genitiv (*der Vereinigten Staaten*) auf *Präsidenten*. Alle diese Bezüge und Hierarchien lassen sich durch die Angabe der Baumstruktur deutlich machen.

›Minimale‹ Nominalphrasen: Nominalphrasen, die nur aus einem einzigen Wort bestehen, finden sich oft bei Eigennamen und Stellvertreterpronomen. Beispiele für Nominalphrasen, die nur aus einem einzigen Nomen bestehen, sind *Frankreich vermisst Depardieu.* (15) oder *Er vermisst sie.* (16)

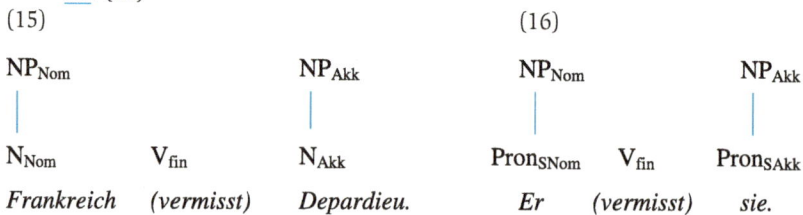

Warum gilt in (15) und (16) die Regel, dass das Nomen nicht einfach alleine steht und im Satz direkt ›weiterverwendet‹ wird, sondern dennoch zu einer Nominalphrase aufgebaut wird? Der Grund besteht darin, dass man dadurch anzeigt, dass *Frankreich* und *Depardieu* zwar hier alleine stehen, dass diese Nomen aber dennoch prinzipiell erweiterbar sind. Man könnte die Nomen z. B. durch Relativsätze, Adjektive, Artikel oder Appositionen erweitern:

Nomen sind prinzipiell erweiterbar

- *Frankreich, das schon lange keinen großen Schauspieler mehr hervorgebracht hat, vermisst den berühmten Depardieu.* Hier wurde *Frankreich* um einen Relativsatz erweitert und *Depardieu* um einen Artikel und ein Adjektiv; beides sind nun komplexe Nominalphrasen.
- *Die Kinonation Frankreich vermisst Schauspieler Depardieu.* Hier wurden sowohl *Frankreich* als auch *Depardieu* um eine Apposition in Form einer Nominalphrase erweitert.
- *Er, der sonst immer damit prahlt, alleine leben zu können, vermisst nur sie.* Hier wurde *er* um einen Relativsatz und *sie* um eine Fokuspartikel erweitert.

Eine leicht zu merkende Regel lautet also: Immer dann, wenn ein Wort in einem Satz vorkommt, das zu einer Wortart gehört, die eine Phrase bilden kann (also alle Nomen, Adjektive, Adverbien, Präpositionen und Verben; darüber hinaus zudem subordinierte Sätze, Relativsätze und Infinitivsätze), muss dieses Wort bei der Satzanalyse zunächst als Phrase erfasst werden und kann nicht ›einfach so‹ verwendet werden. Die Verwendung ›einfach so‹ ist nur bei Artikeln, Partikeln (inklusive Interjektionen), Begleiterpronomen und bei Konjunktionen möglich, da diese vier Wortarten keine Phrasen bilden können.

8.3 | Die Adjektivphrase (AdjP)

Bei der Analyse der Nominalphrasen stellte sich heraus, dass diese häufig Adjektivphrasen enthalten. Eine einfache Adjektivphrase besteht lediglich aus einem einzelnen Adjektiv, wie in (17):

(17)

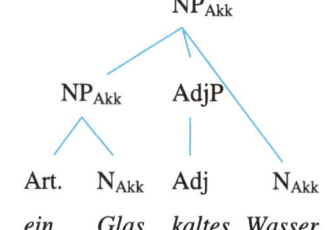

(Ich hätte gerne) ein Glas kaltes Wasser.

Obwohl Adjektive oft ›alleine‹ verwendet werden, müssen sie stets zu Phrasen ›aufgebaut‹ werden. Das liegt daran, dass man Adjektive prinzipiell erweitern kann. Ein Beispiel für eine relativ einfache Erweiterung ist die durch Gradpartikeln (oder andere Adjektive), wie in (18):

(18)

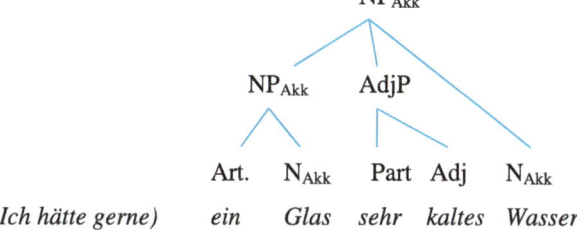

(Ich hätte gerne) ein Glas sehr kaltes Wasser.

In (18) besteht die Adjektivphrase aus dem Adjektiv *kaltes*, das der Kopf (und damit die syntaktisch und semantisch zentrale Einheit in der Phrase) ist, und der Gradpartikel *sehr*, die dem Adjektiv *kaltes* untergeordnet ist und sich darauf bezieht.

Die Erweiterung durch Gradpartikeln oder andere Adjektive ist ein häufiges Phänomen. Allerdings ist bei vielen dieser untergeordneten, sich auf andere Adjektive beziehenden Adjektive oft unklar, ob man sie noch als Adjektive oder schon als Gradpartikeln bezeichnen soll. In diesen Fällen gibt es zwei mögliche Analysen, einmal als Partikel und einmal als Adjektiv – je nachdem, für wie weit fortgeschritten man den Wandel vom Adjektiv zur Partikel einstuft:

(19)

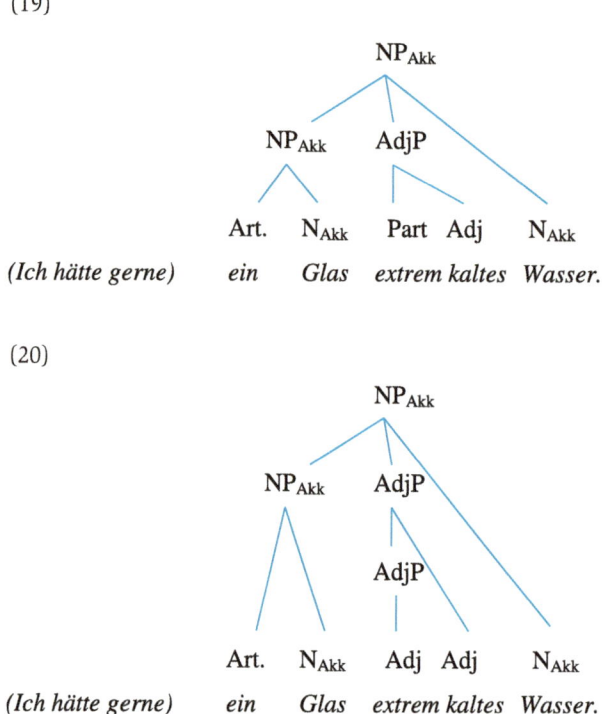

(Ich hätte gerne) ein Glas extrem kaltes Wasser.

(20)

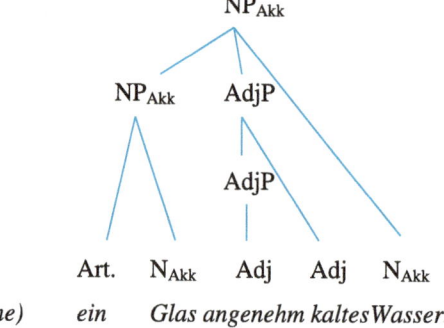

(Ich hätte gerne) ein Glas extrem kaltes Wasser.

Während bei Adjektiven mit einer ›verstärkenden‹ Bedeutung, die noch dazu häufig wie Gradpartikeln verwendet werden (*extrem, voll, ausgesprochen, übermäßig* etc.), die Analyse als Gradpartikel (19) plausibler erscheint als die als Adjektiv (20), ist es bei anderen Wörtern dagegen plausibler, sie als Adjektive zu analysieren, wie in (21):

(21)

(Ich hätte gerne) ein Glas angenehm kaltes Wasser.

Angenehm kann weder inhaltlich noch strukturell besonders plausibel als Gradpartikel eingestuft werden, die Analyse als Adjektiv ist angemessener. Zu beachten ist, dass auch hier das Adjektiv erst zu einer Phrase ›aufgebaut‹ werden muss, bevor es weiterverwendet werden kann. Der Grund liegt wieder in der prinzipiellen Erweiterbarkeit, d. h. *angenehm* könnte selbst wieder durch Gradpartikeln wie *sehr* erweitert werden. In den Strukturen (20) und (21) haben wir es also mit einer Adjektivphrase zu tun (*extrem* bzw. *angenehm*), die sich auf ein anderes Adjektiv bezieht und diesem untergeordnet ist.

Wie in der Diskussion der Wortart Adjektiv bereits erwähnt, können manche Adjektive in ihrer Valenz auch Forderungen nach Begleitern aufstellen. Diese sind dann entsprechend ebenfalls den Adjektiven unterzuordnen, was zu komplexeren Adjektivphrasen wie in (22) führt:

(22)

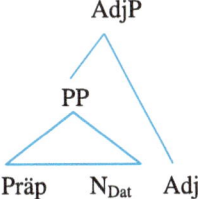

(Der) von Geldsorgen freie (Unternehmer kaufte sich gestern seine dritte Yacht.)

In (22) bezieht sich die Präpositionalphrase *von Geldsorgen* (Präpositionalphrasen werden in Kapitel 8.4 diskutiert) auf das Adjektiv *freie*, das den Kopf der Phrase bildet und somit die zentrale syntaktische und semantische Information stellt. Das Adjektiv *frei* hat in seiner Valenz den Eintrag, dass es eine Ergänzung mit der Präposition *von* fordert (*frei von X*).

Im Deutschen können Adjektive mit drei unterschiedlichen Funktionen – und, damit einhergehend, drei unterschiedlichen Positionen im Satz – verwendet werden: Ein Adjektiv kann sich auf ein Nomen beziehen, wobei es zwischen Artikel und Nomen steht und sich in Kasus, Numerus und Genus dem Nomen anpasst (*Die laute Sängerin singt wieder.*). Es kann sich aber auch auf ein Verb beziehen und wird dann nicht flektiert (*Die Sängerin singt laut.*). Schließlich kann es sich zwar auf ein Nomen beziehen, tut dies aber mit Hilfe eines Kopulaverbs (*sein, bleiben, werden*). Auch dann wird es nicht flektiert (*Die Sängerin ist laut.*). Funktional, d. h. in der Satzgliedanalyse, bezeichnet man das erste Adjektiv als Attribut, das zweite als Adverbial und das dritte als Prädikativ (s. Kap. 9.2, 9.1.4 und 9.1.5 zu diesen drei Satzgliedern). Diese Funktions›etiketten‹ interessieren uns an dieser Stelle noch nicht, es soll lediglich gezeigt werden, dass die verschiedenen Positionen entsprechend mit unterschiedlichen Baumstrukturen einhergehen, die diese Funktionen erklären können:

(23)

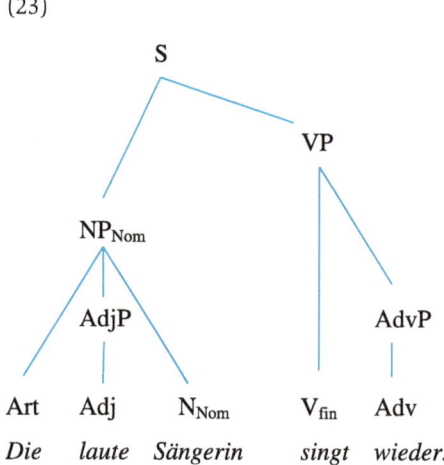

(24)

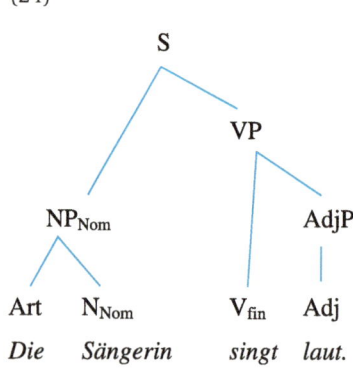

(25)

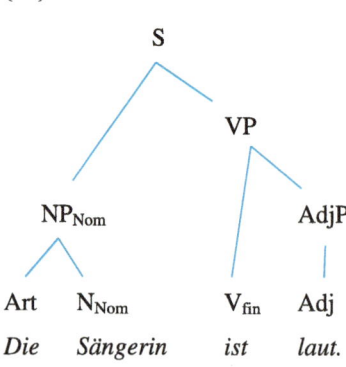

Details der Analyse des gesamten Satzes brauchen an dieser Stelle noch nicht zu interessieren: Wichtig ist lediglich zu zeigen, dass nur in (23) das

Adjektiv unmittelbar dem Nomen untergeordnet ist und als Teil der Nominalphrase auftritt, also einen relativ unselbständigen Charakter hat. Das erklärt, warum nur diese Adjektive flektiert werden: Sie müssen mit dem Nomen kongruieren. In (24) und (25) ist das Adjektiv dagegen weitaus autonomer: Es ist dem Verb untergeordnet und somit Teil der Verbphrase. Diese formalen Unterschiede haben (s. Kap. 9.1.4, 9.1.5 und 9.2) ihren Niederschlag in den funktionalen Unterschieden der Adjektivphrasen.

Partizipien werden genau wie Adjektive behandelt:
(26)

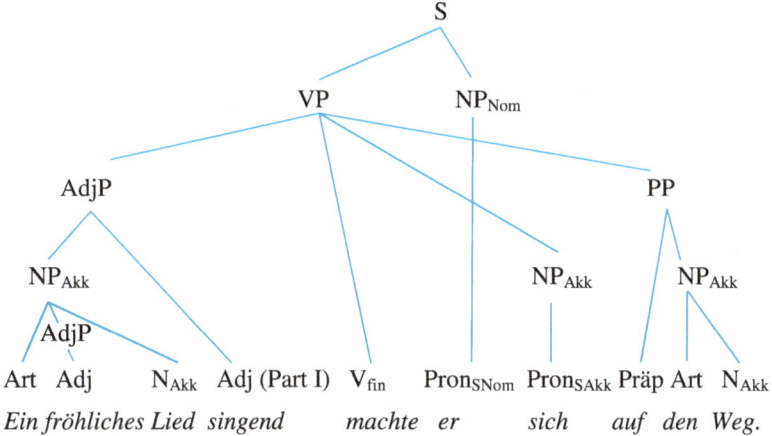

Das Partizip I *singend* aus (26) wird, wie immer bei einem Partizip I, als Adjektiv verwendet. Dem Adjektiv/Partizip ist die Nominalphrase *ein fröhliches Lied* untergeordnet, *singend* ist Kopf der Phrase. Die Adjektivphrase selbst ist wiederum dem Verb untergeordnet.

Partizip I und Partizip II

Auch das Partizip II wird in den Fällen, in denen es nicht Teil eines Verbkomplexes ist, wie ein Adjektiv behandelt, wie in (27):
(27)

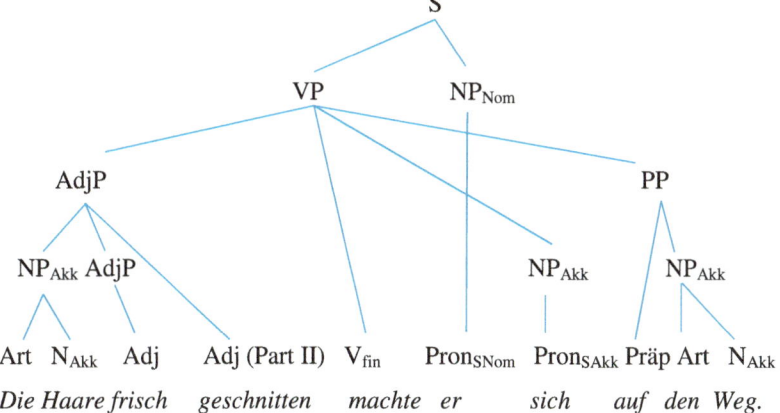

Auch in (27) wird das Partizip II *geschnitten* als Adjektiv verwendet, das zugleich Kopf der Phrase ist. Dem Adjektiv/Partizip *geschnitten* ist erstens die Nominalphrase *die Haare* untergeordnet und zweitens eine weitere Adjektivphrase, die nur aus dem unflektierten Adjektiv *frisch* besteht. Die beiden untergeordneten Phrasen geben jeweils zusätzliche Informationen darüber, was geschnitten wurde (nämlich die Haare) und wann es geschah (kürzlich). Die Adjektivphrase selbst ist dem Verb untergeordnet.

8.4 | Die Präpositionalphrase (PP)

Die Präpositionalphrase ist bereits zweimal bei den Beispielen oben aufgetaucht, und zwar in den Sätzen *Das Auto [auf der Straße] parkt sehr gefährlich.* und *Der [von Geldsorgen] freie Unternehmer kaufte sich gestern seine dritte Yacht.* Dass Präpositionen Phrasen bilden – und die jeweilige Präposition dann der Kopf der Phrase ist –, verwundert nicht, da Präpositionen ja eine Kasusforderung aufstellen und somit einen Begleiter (typischerweise eine Nominalphrase) in einem bestimmten Kasus regieren. Das impliziert, dass sie hierarchisch über dieser Nominalphrase stehen müssen. Der Aufbau von Präpositionalphrasen kann also immer so zusammengefasst werden, dass die Präposition der Kopf der Phrase ist und eine Nominalphrase ›unter‹ dieser Präposition steht, wie in (28) und (29):

(28)

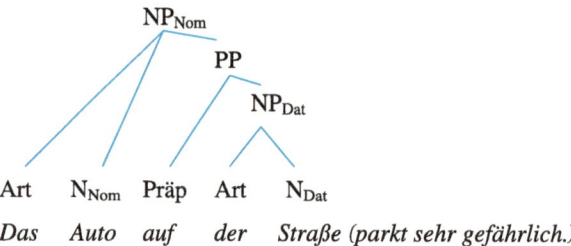

Das Auto auf der Straße *(parkt sehr gefährlich.)*

(29)

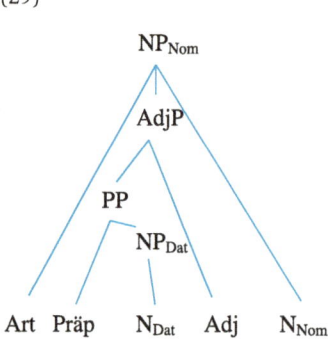

Der von Geldsorgen freie Unternehmer *(kaufte sich gestern seine dritte Yacht.)*

8.4 Die Präpositionalphrase (PP)

In beiden Fällen ist die Präposition der Kopf der Präpositionalphrase: In (28) ist der Präposition *auf* die Nominalphrase *der Straße* untergeordnet, während in (29) die Nominalphrase *Geldsorgen* der Präposition *von* untergeordnet wird.

Wie bei der Diskussion der Wortart ›Präposition‹ angesprochen, gibt es neben Präpositionen auch Postpositionen (z. B. *den Bach entlang*) oder Zirkumpositionen (z. B. *um des lieben Friedens willen*). Bei Zirkumpositionen muss man die beiden Teile der Präposition jeweils als Präposition 1 und 2 bezeichnen. Strukturell ändert sich ansonsten aber nichts:

(30)

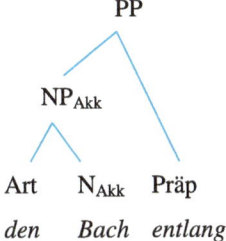

Art	N$_{Akk}$	Präp
den	*Bach*	*entlang*

(31)

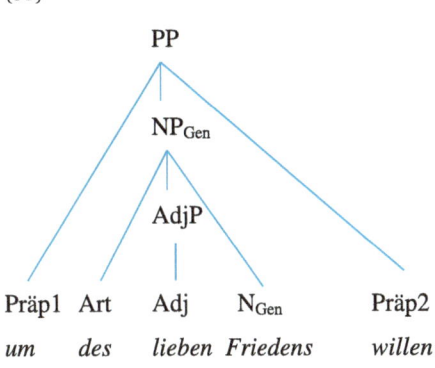

Präp1	Art	Adj	N$_{Gen}$	Präp2
um	*des*	*lieben*	*Friedens*	*willen*

Präpositionalphrasen können selbstverständlich intern sehr komplex sein, was jedoch immer damit zusammenhängt, dass Nominalphrasen einen sehr komplexen Aufbau aufweisen können: Da Präpositionalphrasen stets eine Nominalphrase enthalten, können sie entsprechend auch eine komplexe Nominalphrase enthalten, wie in (32).

(32)

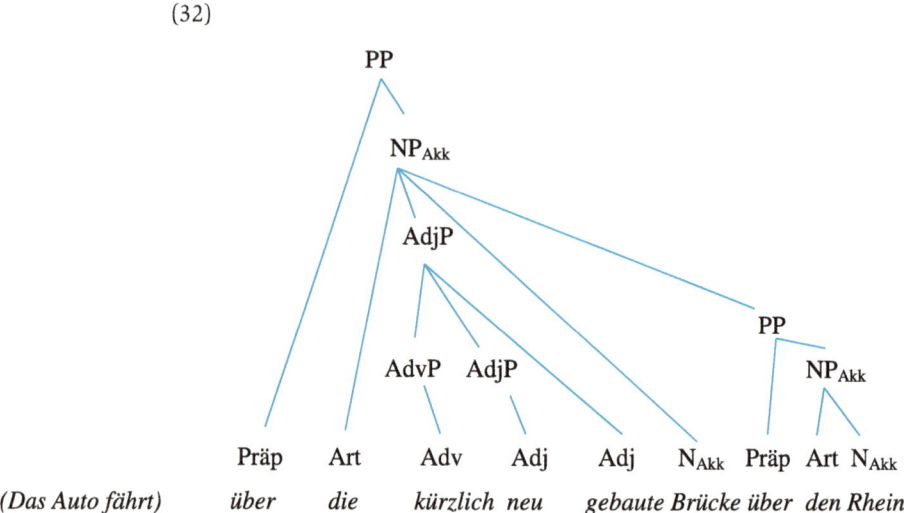

Die Darstellung in (32) sieht zwar auf den ersten Blick abschreckend aus, wenn man sich die Zeit nimmt, sie zu ›lesen‹, werden die Organisationsprinzipien aber schnell klar: Zunächst bildet *den Rhein* eine Nominalphrase, die von der Präposition *über* gefordert wird und entsprechend dieser untergeordnet ist. Die Präpositionalphrase *über den Rhein* wiederum bezieht sich auf das Nomen *Brücke* (*Was für eine Brücke? Die Brücke über den Rhein.*) und muss daher diesem Nomen (d. h. dem Kopf der Nominalphrase) untergeordnet werden. Sowohl das Adverb *kürzlich* als auch das Adjektiv *neu* beziehen sich beide auf das Adjektiv (genauer: Partizip II; s. die Diskussion von Adjektivphrasen, die aus Partizipien aufgebaut werden, in Kapitel 8.3) *gebaute* und werden diesem untergeordnet (*Wie ist die Brücke gebaut? Sie ist neu gebaut. Wann wurde die Brücke gebaut? Sie wurde kürzlich gebaut.*). Die gesamte Adjektivphrase *kürzlich neu gebaute* wiederum bezieht sich auf das Nomen *Brücke* (*Was für eine Brücke? Die [kürzlich neu gebaute] Brücke.*). Gleiches gilt für den Artikel *die*, so dass sich insgesamt drei Konstituenten auf *Brücke* beziehen: erstens *die*, zweitens *kürzlich neu gebaute* und drittens *über den Rhein*. Schließlich ist dann die gesamte Nominalphrase der Präposition *über* untergeordnet. (Eine mögliche alternative Struktur wäre hier übrigens dadurch möglich, noch eine weitere Hierarchieebene einzufügen und zu sagen, dass sich die Adverbphrase *kürzlich* auf das Adjektiv *neu* bezieht, also diesem untergeordnet ist. Semantisch betrachtet ist die Analyse [*kürzlich neu*] allerdings fragwürdig).

8.5 | Die Adverbphrase (AdvP)

Die meisten Adverbien stehen alleine, d. h. sie bilden minimale Phrasen. Ein Satz, der gleich drei Adverbien enthält, die alle alleine stehen, ist etwa *Gestern hat es hier leider sehr stark geregnet.* aus Beispiel (33).

(33)

Gestern (hat es) hier leider (sehr stark geregnet).

Diese ›autonome‹ Verwendung ist zwar typisch für Adverbien, allerdings ist es durchaus möglich, Adverbien zu erweitern. Aus diesem Grund gilt wie bei allen phrasenfähigen Wortarten, dass sie immer zu Phrasen aufgebaut werden müssen, bevor sie ›weiterverwendet‹ werden können. Beispiele für Adverbphrasen, die komplexer sind, sind z. B. *Es hat [nur gestern] kurz geregnet, die restliche Woche war schönes Wetter. [Ausgerechnet heute] kommt Oma zu Besuch! Das Buch liegt [dort auf dem Tisch].*
(34)

(Es hat) nur gestern (kurz geregnet, die restliche Woche war schönes Wetter.)

Die häufigste Erweiterung von Adverbien geschieht, wie bei *nur gestern* oder *ausgerechnet heute*, durch Fokuspartikeln. Die Phrasenstruktur zeigt an, dass die syntaktisch und semantisch zentrale Information durch das Adverb geliefert wird, die Fokuspartikel ist dagegen untergeordnet und bezieht sich auf das Adverb. Da Partikeln selbst nicht erweitert werden können, werden sie nicht zu Phrasen aufgebaut.

Eine andere Erweiterungsmöglichkeit ist die durch eine Präpositionalphrase, wie in (35):

(35)

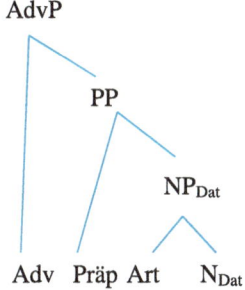

(Das Buch liegt) dort auf dem Tisch.

Es handelt sich bei (35), wie man in der Darstellung sehen kann, um eine Erweiterung des Adverbs *dort* durch die Präpositionalphrase *auf dem Tisch*, die wiederum aus der Präposition *auf* besteht, der die Nominalphrase *dem Tisch* untergeordnet ist. In dieser Darstellung zeigt man an, dass das Adverb *dort* die zentrale Information ist, die Präpositionalphrase ist lediglich eine Zusatzinformation, die auch weggelassen werden könnte. Manchmal ist es schwierig zu entscheiden, welche Einheit die über- und welche die untergeordnete ist. Dabei hilft ein wenig die Wortstellung: Die erste Einheit, das Adverb, ist hier zentral, der Rest ist die untergeordnete Zusatzinformation. Wenn man die Wortstellung verändert, verändert sich auch die Hierarchie: *Das Buch liegt auf dem Tisch dort.* In diesem Satz ist *auf dem Tisch* die Hauptinformation, und *dort* liefert zusätzliche Informationen. Entsprechend muss man die hierarchische Darstellung dann so verändern, dass *dort* ›irgendwo‹ unter der Präposition steht. Wenn man fragt, auf was sich *dort* in diesem Satz genau bezieht, dann merkt man jedoch, dass es sich auf *Tisch* bezieht (*der Tisch dort*), nicht auf *auf* (*auf dort). Das heißt, dass in der Baumdarstellung (36) *dort* dem Nomen *Tisch* untergeordnet werden muss, nicht der Präposition *auf*.

(36)

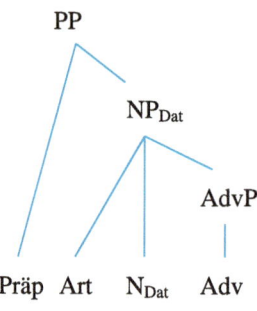

(Das Buch liegt) auf dem Tisch dort.

Wie ist die Darstellung in (36) zu ›lesen‹, d. h. welche Informationen wurden so visualisiert?
- Es wird angezeigt, dass das Adverb *dort* alleine steht, d. h. nicht intern erweitert ist und für sich allein eine Phrase bildet.
- Des Weiteren wird deutlich, dass das Nomen *Tisch* eine relativ wichtige Einheit ist, die durch zwei weitere Einheiten näher spezifiziert wird, nämlich durch den definitiven Artikel *dem*, der anzeigt, dass es sich um einen für den Hörer identifizierbaren Tisch handelt, und das Adverb *dort*, das den ungefähren Ort angibt, an dem der Tisch zu lokalisieren ist (d. h. *Was für ein Tisch? Der Tisch. Welcher Tisch? Der Tisch dort.*).
- Zuletzt wird angezeigt, dass die Präposition der ›Chef‹ der gesamten Konstruktion ist, d. h. auf die Frage *Wo liegt das Buch?* lautet die Antwort *auf X*. Dabei stellt die Präposition *auf* die Forderung nach einer Nominalphrase im Dativ auf, die der Präposition untergeordnet ist.

8.6 | Nicht phrasenfähige Wortarten

In diesem Abschnitt wird noch einmal zusammengefasst, welche Wortarten nicht zu Phrasen aufgebaut werden können (und müssen). Es handelt sich um die Artikel, die Begleiterpronomen, die Partikeln bzw. Interjektionen und die Konjunktionen.

Artikel und Begleiterpronomen sind immer Teil einer Nominalphrase und innerhalb der Nominalphrase stets dem Nomen untergeordnet. Das liegt daran, dass Artikel und Begleiterpronomen nie erweitert werden können, d. h. sie stehen immer alleine, und dass das Nomen, auf das sie sich beziehen, ihnen ›vorschreibt‹, in welchem Kasus, Numerus und Genus sie zu stehen haben. Daher ist das Nomen hierarchisch übergeordnet.

Partikeln und Interjektionen sind ebenfalls nicht erweiterbar. Da die Wortart der Partikeln sehr heterogen ist, gibt es Partikeln an unterschiedlichen Stellen im Satz. Manche können alleine stehen und praktisch die Funktion eines vollständigen Satzes erfüllen (z. B. *Oh!* oder *Aua!*). Andere stehen im Satz und beziehen sich auf das Verb oder die gesamte Satzaussage (z. B. *Mach doch mal das Fenster zu! Weißt du denn, wann er zu Besuch kommen will?*) und wieder andere sind in andere Phrasen eingebettet, wie die bei den Adverbien diskutierten Fokuspartikeln (*[Nur heute] gilt der Preisrabatt!*) oder die Gradpartikeln (*Es war [sehr kalt].*). Ganz gleich, ob Partikeln frei stehen oder Teil anderer Phrasen sind, sie müssen immer ohne selbst eine Phrasenkategorie zu bilden weiterverwendet werden.

Die dritte nicht phrasenfähige Gruppe sind die **Konjunktionen**. Dabei muss man unterscheiden zwischen koordinierenden Konjunktionen, die in Kapitel 8.7.4 ausführlich erklärt werden, und subordinierenden Konjunktionen (s. Kap. 8.7.3). Auch Konjunktionen können nicht intern erweitert werden.

8.7 | Der Satz

8.7.1 | Satz und Verbphrase (VP)

Mit der Nominalphrase, der Präpositionalphrase, der Adjektivphrase und der Adverbphrase wurden diejenigen Phrasen vorgestellt, die eine gewisse Autonomie haben, d. h. die ohne Bezug auf den ganzen Satz analysiert werden können. Die Verbphrase ist dagegen nur im Kontext des gesamten Satzes zu erläutern. Das liegt daran, dass ein Satz aus der Sicht der Phrasenstrukturgrammatik wie folgt definiert ist:

Phrasenstrukturelle Satzdefinition: **Ein Satz besteht aus einer Nominalphrase im Nominativ und einer Verbphrase**. Aus dieser Definition folgt, dass die Verbphrase – mit Ausnahme der Nominalphrase im Nominativ – alle (!) Konstituenten des Satzes enthalten muss. Die einzige Ausnahme von dieser Regel sind die – allerdings sehr seltenen und zudem langsam aussterbenden – Verben, die keine Nominalphrase im Nominativ, sondern eine im Akkusativ bei sich haben, wie *Mich dürstet. Mich friert. Mich fröstelt.* Aufgrund ihrer Seltenheit können wir diese Ausnahmen hier ignorieren. Die Verbphrase hat also eine Art ›Sammelfunktion‹, was sie von den übrigen Phrasen unterscheidet. Verbphrasen können sehr minimal sein, wie in den Sätzen (37) bis (39):

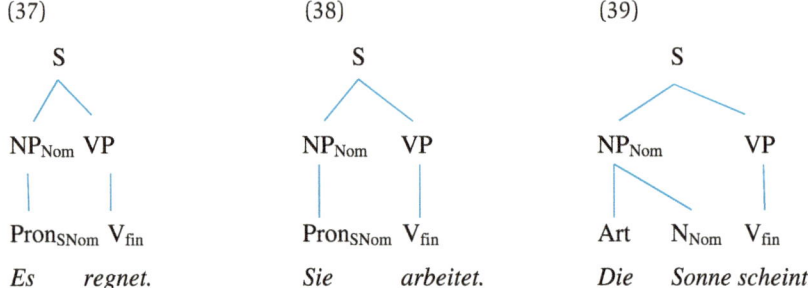

Der Kopf der Verbphrase besteht immer mindestens aus einem finiten Verb (wie in den Beispielen (37) bis (39)) oder aus den finiten und infiniten Verbteilen, wie in (40) bis (42):

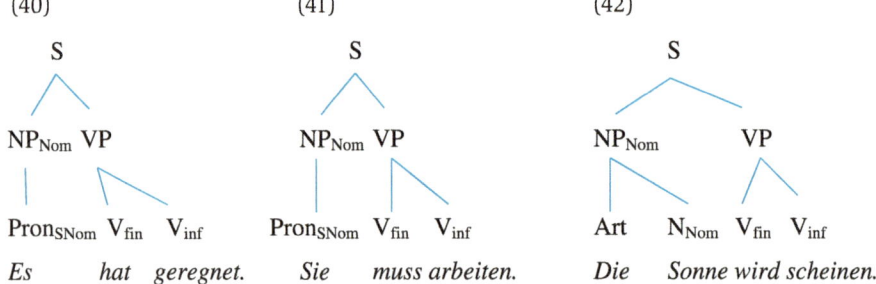

Darüber hinaus werden auch alle anderen Konstituenten außer der Nominalphrase im Nominativ von der Verbphrase ›eingesammelt‹:
(43)

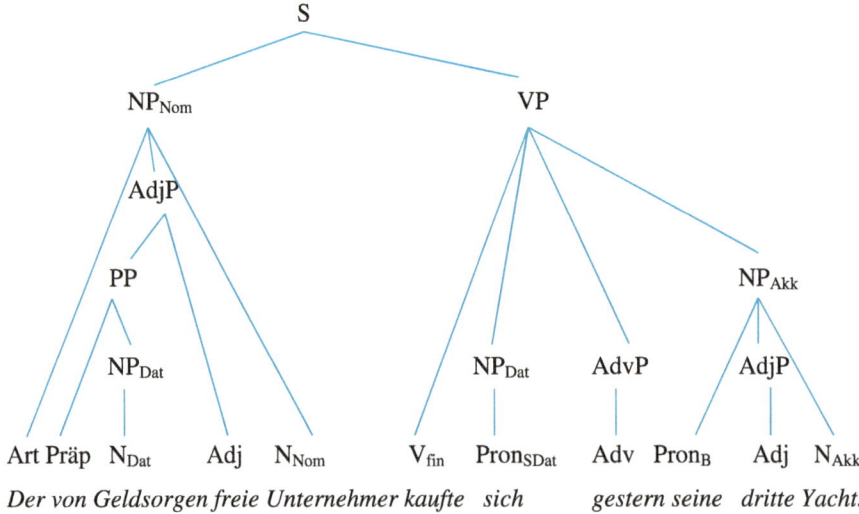

Die Phrasenstrukturanalyse von Beispiel (43) kodiert folgende Informationen:
- Die Nominalphrase im Nominativ ist *der von Geldsorgen freie Unternehmer*. Dass dies eine Phrase ist – und dass das Nomen *Unternehmer* Kopf der Phrase ist –, kann man durch Verschiebeproben (die Phrase besetzt ja bereits das Vorfeld vor dem finiten Verb, wo nur eine einzige Phrase stehen darf) und Ersatzproben (z. B. durch das Pronomen *er*) herausfinden.
- Das Pronomen *sich* steht alleine und wird direkt dem Verb untergeordnet: Damit zeigt man an, dass das Verb die Ergänzung *sich* fordert. Das gleiche gilt für *seine dritte Yacht*. Diese Nominalphrase mit *Yacht* als Kopf (durch die Ersatzprobe mit dem Pronomen *sie* gut zu bestimmen) ist ebenfalls direkt dem Verb untergeordnet. Damit sind alle Forderungen des Verbs *kaufen* nach Begleitern erfüllt (<u>Wem</u> *wird etwas gekauft?* und <u>Was</u> *kauft sich jemand?*).
- Schließlich ist auch die Adverbphrase *gestern* direkt dem Verb untergeordnet. Damit zeigt man an, dass das Adverb *gestern* die Handlung, die durch das Verb ausgedrückt wird, näher bestimmt: *Der Einkauf fand gestern statt*.

Auch wenn manche Sätze auf den ersten Blick sehr kompliziert erscheinen, zeigt die Phrasenstruktur durch ihre Darstellung der Hierarchien, dass den meisten Sätzen eine relativ einfache Grundstruktur zu Grunde liegt:
(44)

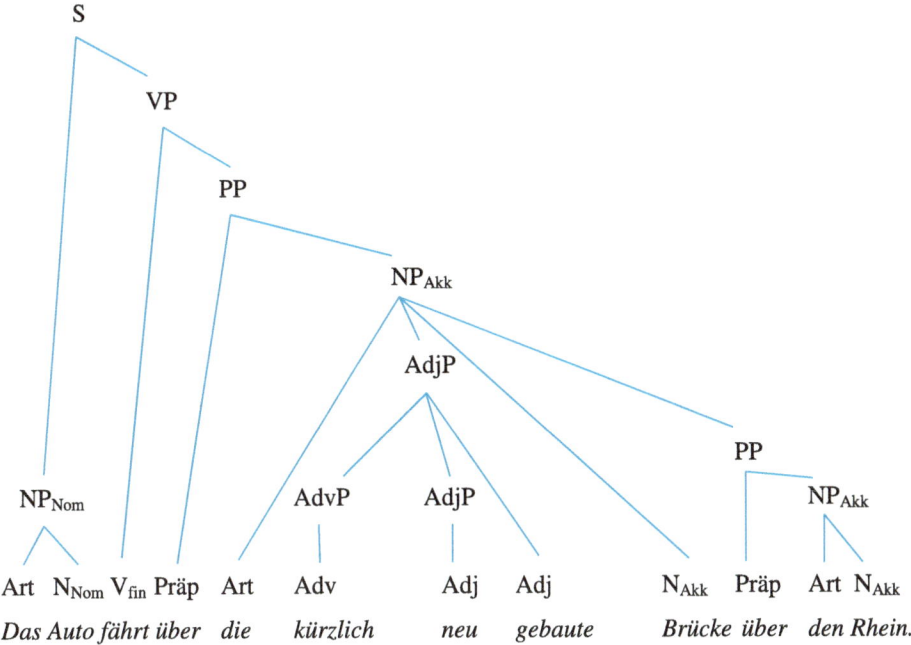

Auch in (44) gilt wieder, dass durch die Hierarchien in der Baumstruktur entsprechend Bezüge und Unterordnungen angezeigt werden. Die Grundstruktur dieses Satzes besteht tatsächlich ›nur‹ aus der ›handelnden‹ Einheit (dem Auto), dem Verb und der Ortsangabe. Führt man Ersatzproben durch, erhält man die Struktur: *Es fährt dort*. Das bedeutet, dass nur die Präpositionalphrase direkt dem Verb untergeordnet ist (*Es fährt über X*). Alle anderen Komponenten sind jeweils der Präposition bzw. noch ›tiefer‹ der Nominalphrase untergeordnet.

Die Struktur von Hauptsätzen im Deutschen

Bislang haben wir Fälle betrachtet, die insofern ›ordentlich‹ aussahen, als die Nominalphrase im Nominativ stets am Anfang des Satzes stand. Da die deutsche Hauptsatzstellung, wie zu Anfang erwähnt, nicht mit SPO (Subjekt – Prädikat – Objekt) beschrieben werden kann, sondern mit ›vor dem finiten Verb darf nur eine Konstituente (eine Phrase) stehen‹, kann es aber auch vorkommen, dass man sehr unübersichtliche und chaotische Baumstrukturen erhält:

(45)

```
                              S
                       ┌──────┴──────┐
                                     VP
                  ┌──────┬───────┬───┼────┬──────┐
         AdvP         NP_Nom   AdvP  AdvP     AdjP
          │             │       │     │      ┌──┴──┐
         Adv          V_fin   Pron_SNom  Adv   Adv    Part  Adj   V_inf
      Gestern         hat     es        hier  leider sehr  stark geregnet.
```

Die Struktur in (45) mag unübersichtlich aussehen, unterscheidet sich aber nicht von den weiter oben dargestellten Phrasenstrukturbäumen. Auch hier wird über die Baumstruktur angezeigt, welche Einheit welcher anderen untergeordnet ist, d. h. sich auf sie bezieht oder von ihr gefordert wird. In diesem Fall fordert das Verb *regnen* keine Begleiter. Dafür beziehen sich drei Adverbphrasen und eine Adjektivphrase auf das Verb: Eine Adverbphrase mit dem Temporaladverb *gestern* als Kopf gibt an, wann die Aktivität des Regnens stattfand, eine zweite mit dem Lokaladverb *hier* kodiert, wo die Aktivität vor sich ging, eine dritte mit dem Kommentaradverb *leider* legt die Haltung des Sprechers zu der Aktivität dar und die Adjektivphrase mit dem Adjektiv *stark* als Kopf gibt die Qualität des Regnens an. Schließlich gilt auch hier wieder, dass die Verbphrase alle Konstituenten außer der Nominalphrase im Nominativ einsammelt und mit dieser den Satz bildet.

Es gibt allerdings ein Problem bei der Regel, dass ein Satz aus einer Nominalphrase im Nominativ und einer Verbphrase, die alle übrigen Phrasen enthält, besteht: Dieses Problem entsteht bei Sätzen wie *Sie ist Ärztin. Obama bleibt nach der Neuwahl Präsident. Mein Bruder ist bald ein Doktorand.* etc. In diesen Sätzen kommen zwei Nominalphrasen im Nominativ vor. Funktional betrachtet ist dabei die erste Nominalphrase das Subjekt, d. h. die Einheit, über die etwas ausgesagt wird, und die zweite das Prädikativ, d. h. diese Nominalphrase macht eine Aussage über die erste Nominalphrase oder liefert eine Eigenschaftszuschreibung (zum Subjekt s. Kap. 9.1.2 und zum Prädikativ Kap. 9.1.5). Bei solchen Sätzen mit Kopulaverb besteht der Satz dann immer aus der Nominalphrase im Nominativ, über die die Aussage gemacht wird, und der Verbphrase, die die zweite Nominalphrase im Nominativ, die die Aussage macht, in sich einschließt. Fast immer ist die erste Nominalphrase im Nominativ in einem Kopulasatz auch die, über die die Aussage gemacht wird, wie in (46) bis (48):

(46)

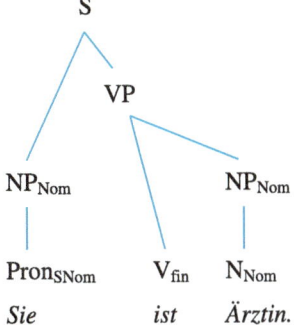

(47)

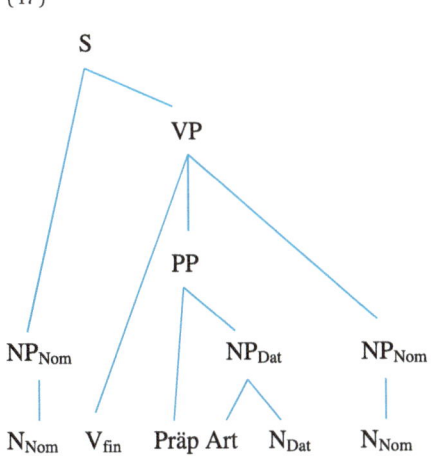

(48)

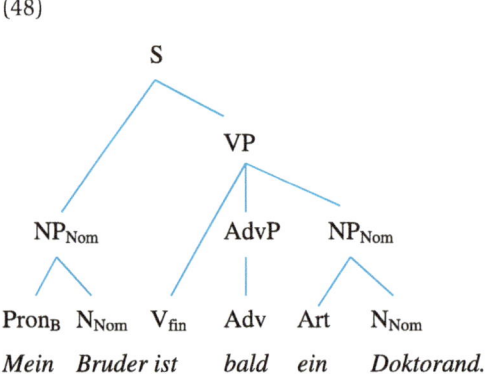

Die Verbphrase ›sammelt‹ in diesen Fällen also immer die Nominalphrase ein, die die Aussage macht, nicht die, über die die Aussage gemacht wird.

Komplexe Sätze

Satzverbindungen: Es gibt selbstverständlich nicht nur allein stehende Sätze, sondern es ist auch möglich, Sätze miteinander zu verbinden. Dabei hat man zwei Möglichkeiten:

Parataxe: Die erste besteht darin, zwei oder mehr Sätze gleichwertig miteinander zu verknüpfen. Dadurch entsteht eine **Satzreihe** bzw. ein parataktisches Satzgefüge (Parataxe; Beiordnung). Satzreihen können entweder durch bestimmte Satzzeichen wie durch ein Komma oder ein Semikolon verbunden werden oder durch koordinierende Konjunktionen (s. Kap. 8.7.4). In dem Satz *Wir sind gestern ins Kino gegangen, danach haben wir in einem tollen Restaurant zu Abend gegessen und zum Abschluss sind wir noch in eine Bar gegangen.* wurden drei Sätze als Parataxe verbunden: Der Hauptsatz *Wir sind gestern ins Kino gegangen.* wird mit einem Komma parataktisch mit dem Hauptsatz *Danach haben wir in einem tollen Restaurant zu Abend gegessen.* verbunden und schließlich wird der dritte Hauptsatz *Zum Abschluss sind wir noch in eine Bar gegangen.* mit der koordinierenden Konjunktion *und* verbunden. Alle drei Sätze könnten auch alleine und unverbunden nebeneinander stehen: *Wir sind gestern ins Kino gegangen. Danach haben wir in einem tollen Restaurant zu Abend gegessen. Zum Abschluss sind wir noch in eine Bar gegangen.*

Hypotaxe: Während die Parataxe auszeichnet, dass die Sätze, die verbunden werden, jeweils eigenständige und potentiell allein stehende Sätze sind, zeichnet die Hypotaxe (Unterordnung) aus, dass hier Sätze hierarchisch miteinander verbunden werden, wobei es über- und untergeordnete Sätze gibt. Letztere können nicht alleine stehen. Die Hypotaxe bezeichnet man auch als **Satzgefüge**. Ein Beispiel ist: *Weil meine Schwester gestern Geburtstag hatte, sind wir in einem tollen Restaurant gewesen, wo wir eine großartige Pizza gegessen haben.* Hier ist der Hauptsatz *Wir sind in einem tollen Restaurant gewesen.* Diesem Hauptsatz, der auch alleine stehen könnte, sind zwei Sätze untergeordnet: *weil meine Schwester gestern Geburtstag hatte* und *wo wir eine großartige Pizza gegessen haben.* Diese beiden Sätze können nicht alleine stehen, sie benötigen einen Hauptsatz, dem sie untergeordnet werden. Zusammen bilden Haupt- und

Nebensätze ein Satzgefüge. Der Hauptsatz wird hier **Matrixsatz** genannt. Matrix leitet sich etymologisch vom lateinischen Wort ›matrix‹ her, das ursprünglich so etwas wie ›trächtiges Tier‹ oder ›Muttertier‹ heißt. Der Matrixsatz ist also sozusagen die ›Mutter‹ für die untergeordneten Sätze. Mehr zu subordinierten Sätzen in Kapitel 8.7.3.

8.7.2 | Fragesätze und Imperativsätze

Bislang wurden ausschließlich Hauptsätze, d. h. Sätze mit Verbzweitstellung, analysiert. In diesem Abschnitt soll nun kurz ein Überblick über einige andere Satzmuster gegeben werden, wobei hier nur solche Satzmuster behandelt werden, die autonom sind, d. h. die wie Hauptsätze alleine stehen können. Nicht-autonome Satzmuster (Nebensätze, Relativsätze, Infinitivphrasen) werden erst im folgenden Abschnitt diskutiert.

Als Beispiele werden ein Entscheidungsfragesatz (*ja/nein*-Fragesatz) (49), zwei Ergänzungsfragesätze (*w*-Fragesätze) (50) und (51) und schließlich drei Imperativsätze (52) bis (54) diskutiert (zu den Satzmustern des Deutschen s. Kap. 10):

(49)

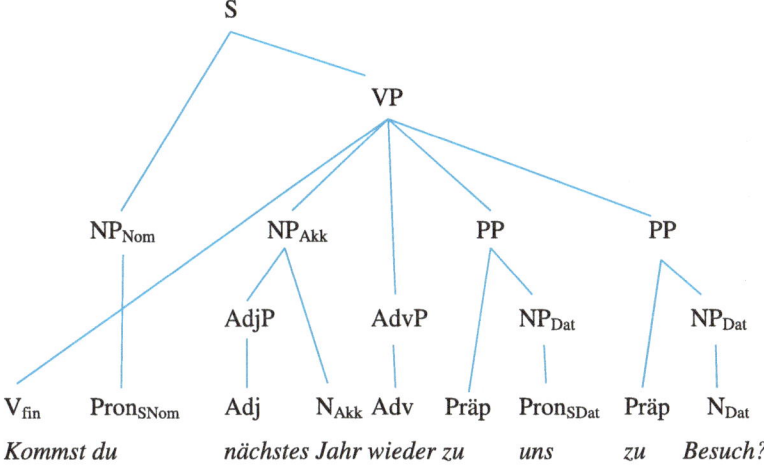

Die einzige Besonderheit bei Entscheidungsfragesätzen ist, dass bei diesen immer das Verb an erster Stelle stehen muss. Daher werden die Phrasenbäume automatisch etwas ›unübersichtlich‹. Die Struktur ist aber die gleiche wie bei den Hauptsätzen auch. Bei Ergänzungsfragesätzen steht dagegen das Fragepronomen oder Frageadverb an erster Stelle, wie in (50) und (51):

(50)

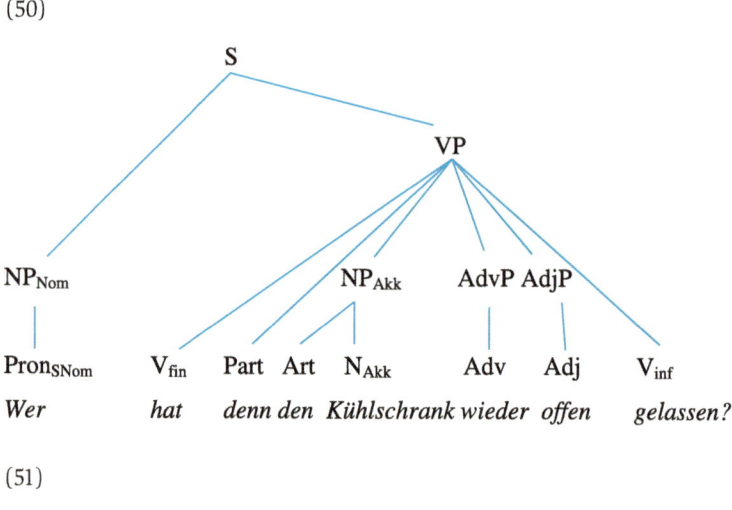

(51)

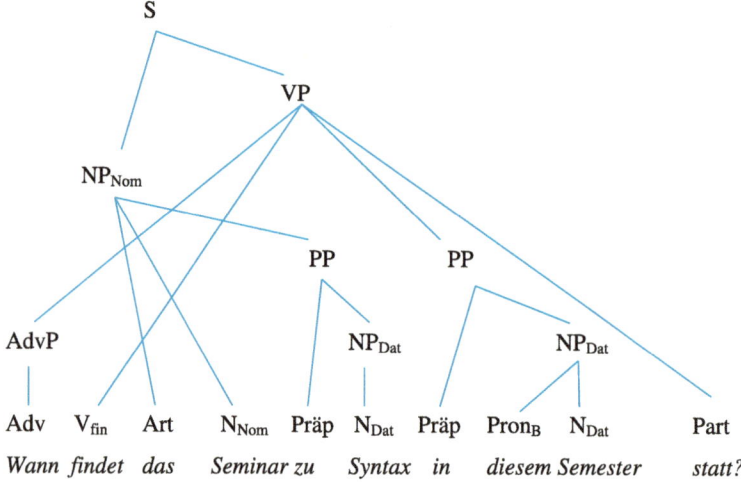

Auch die Grundstruktur von Ergänzungsfragesätzen ist identisch mit der von Hauptsätzen.

Während Entscheidungs- und Ergänzungsfragesätze ganz regulär analysiert werden können, da sie wie Hauptsätze im Kern aus einer Nominalphrase im Nominativ und einer Verbphrase bestehen, sind Imperativsätze insofern besonders, als sie nur aus einem Verb bestehen. Es gibt zahlreiche, teils hochkomplexe Vorschläge, wie man diese Sätze phrasenstrukturell analysieren kann (meist wird mit einer ›versteckten‹ Nominalphrase im Nominativ gearbeitet). Diese Vorschläge sind allerdings wenig erhellend für die Satzanalyse. Wir werden daher mit einer einfachen Regel arbeiten: Imperativsätze enthalten meist keine Nominalphrase im Nominativ und bestehen daher nur aus einer Verbphrase, die alles ›einsammelt‹, wie die Beispielsätze (52) bis (54):

(52) (53)

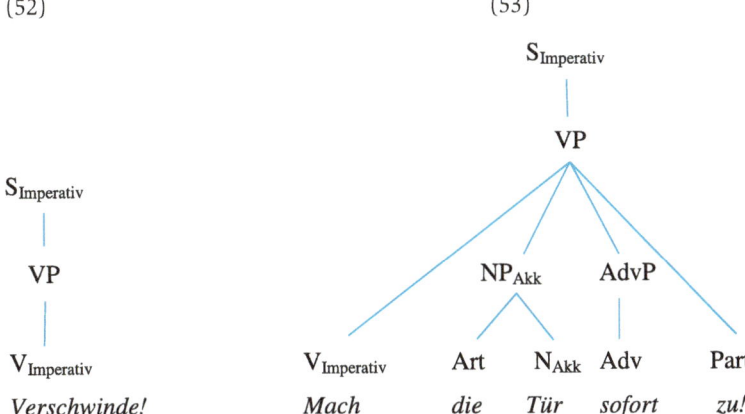

Der Grund, warum man nicht auf die Verbphrase verzichtet und stattdessen direkt alle Konstituenten mit dem Imperativsatz $S_{Imperativ}$ verbindet, besteht darin, dass es möglich ist – auch wenn dies selten vorkommt –, eine Nominalphrase im Nominativ hinzuzufügen, wie in (54):

(54)

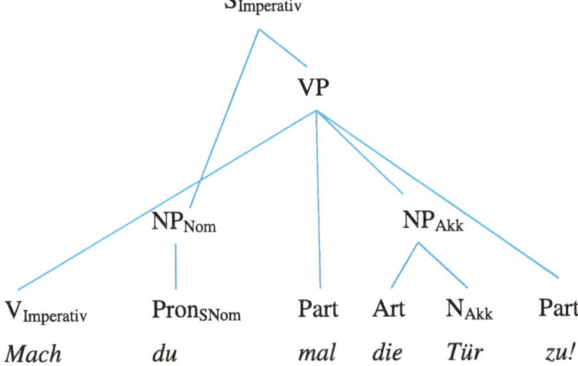

In (54) liegt wieder die ›klassische‹ Struktur eines Satzes vor, der sowohl eine Nominalphrase im Nominativ enthält als auch eine Verbphrase, der alle übrigen Konstituenten untergeordnet sind.

8.7.3 | Untergeordnete Sätze

Untergeordnete Sätze sind insofern sehr komplex in ihrer Beschreibung, als sie stets in einen übergeordneten Satz (Matrixsatz) eingebettet sind und daher eine ›Satz-im-Satz‹-Struktur entsteht.

Der subordinierte Satz (S_{Sub}): Subordinierte Sätze werden mit einer subordinierenden Konjunktion eingeleitet, die jeweils das Verb (bzw. alle

Verbbestandteile) an das Satzende verdrängt. Subordinierte Sätze können an verschiedenen Stellen in einen Matrixsatz eingebettet werden, etwa im Vorfeld, d. h.

- vor dem finiten Verb (*Dass heute die Sonne scheint, macht uns glücklich.*),
- im Satzinneren (*Wir haben, weil die Zeit zu knapp war, die Arbeit nicht erledigen können.*) oder
- am Satzende (*Der Kuchen schmeckt gut, obwohl ich die Rosinen vergessen habe.*).

Die subordinierende Konjunktion wird in der hier verwendeten Darstellung immer direkt zusammen mit der Nominalphrase im Nominativ und der Verbphrase dem Symbol S$_{Sub}$ zugeordnet. Die subordinierende Konjunktion ›etikettiert‹ somit einen Satz (S) dahingehend, dass der Satz nicht alleine stehen kann, sondern einem anderen untergeordnet werden muss (S$_{Sub}$). Subordinierte Sätze können unter anderem die Nominalphrase im Nominativ ersetzen und daher zusammen mit einer Verbphrase einen Satz bilden, wie in (55):

(55)

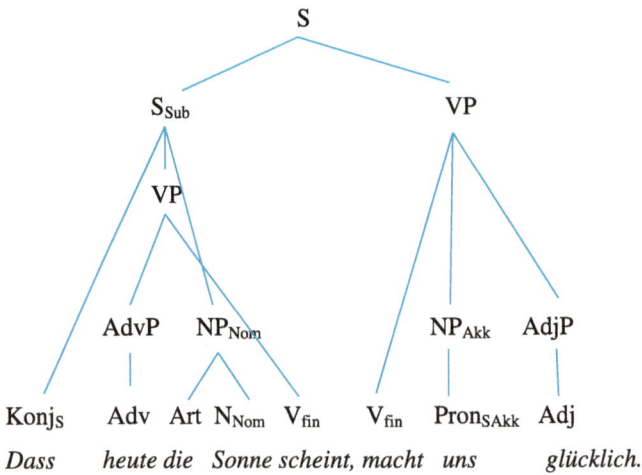

Der Phrasenstrukturbaum aus (55) muss wie folgt ›gelesen‹ werden: Die Nominalphrase *die Sonne* bildet zusammen mit der Verbphrase *heute ... scheint* und der subordinierenden Konjunktion *dass* den subordinierten Satz. Dieser wiederum nimmt die Rolle der Nominalphrase im Nominativ in Bezug auf den übergeordneten Matrixsatz ein. Erkennen kann man das an dem Kasusfragetest: Frage: *Wer oder was macht uns glücklich?* Antwort: *Dass die Sonne scheint*. Das Verb *macht* sowie das Pronomen *uns* und das Adjektiv *glücklich* gehören zu der Verbphrase des Matrixsatzes. Diese wird dann mit dem subordinierten Satz, der als Ersatz für die Nominalphrase im Nominativ für den Matrixsatz dient, zu einem Satz verbunden.

Selbstverständlich können subordinierte Sätze auch an anderen Positionen im übergeordneten Satz auftauchen, wie in (56):

(56)

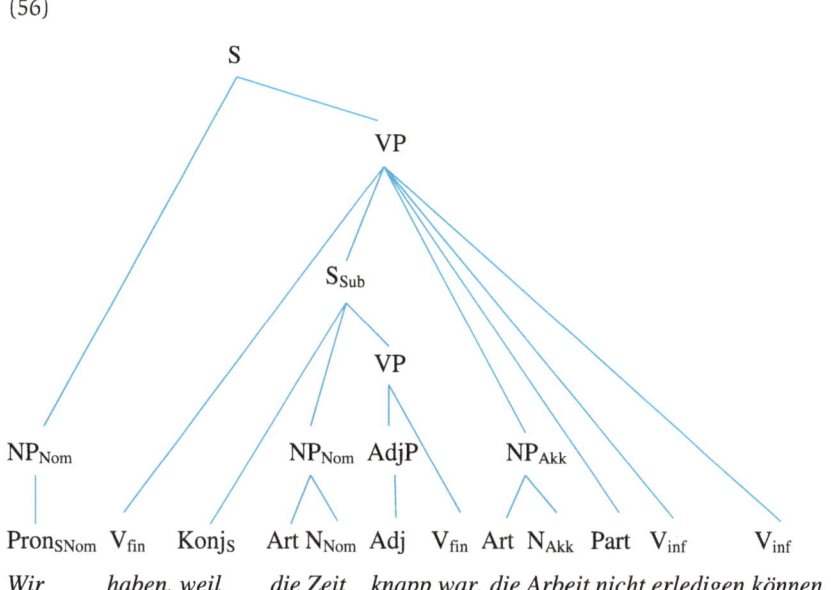

Wir haben, weil die Zeit knapp war, die Arbeit nicht erledigen können.

In (56) ist der subordinierte Satz nicht ein Ersatz für die Nominalphrase im Nominativ, die ja für den Matrixsatz durch das Pronomen *wir* gegeben ist. Der subordinierte Satz wird deshalb genau wie alle anderen Phrasen im Satz behandelt, d. h. er wird von der Verbphrase des Matrixsatzes ›eingesammelt‹, steht also unterhalb der VP des Matrixsatzes.

Auch am Ende einer Äußerung kann ein subordinierter Satz stehen, wie in (57):

(57)

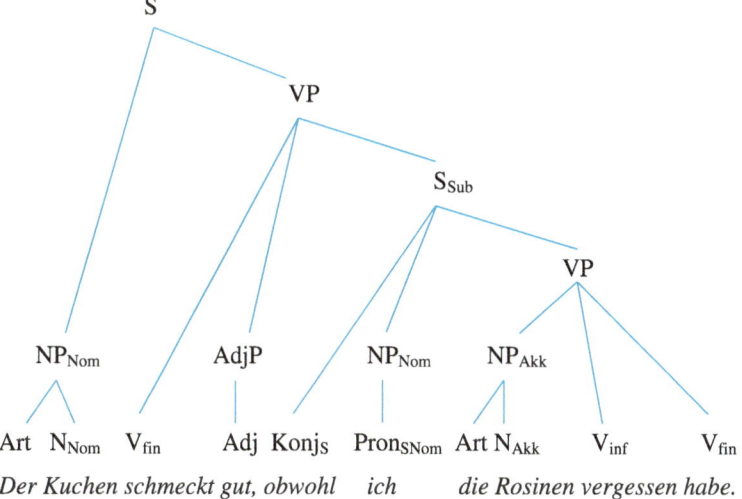

Der Kuchen schmeckt gut, obwohl ich die Rosinen vergessen habe.

In (57) ist der subordinierte Satz, der aus der subordinierenden Konjunktion *obwohl*, der Nominalphrase *ich* und der Verbphrase *die Rosinen vergessen habe* besteht, Teil der Verbphrase des übergeordneten Satzes.

Der Relativsatz (S_{Rel}): Relativsätze werden von einem Relativpronomen (bzw. einem Relativadverb wie z. B. *wo*) eingeleitet und sind meist als Teil einer Nominalphrase einem Nomen untergeordnet. Wie subordinierende Konjunktionen ›verdrängen‹ auch Relativpronomen das Verb an das Satzende. Das betrifft Beispiele wie *Das Kind, das sich gerade das Eis gekauft hat, steht dort.*, *Wir werden unseren Bekannten, den wir schon seit Jahren nicht gesehen haben, nächste Woche treffen.*, *Der Tisch, auf dem die Geschenke liegen, ist nebenan.* oder *Der Computer, dessen Festplatte defekt ist, wird gerade repariert.*

Daneben gibt es auch noch **freie Relativsätze** wie *Er hat sich über das Geschenk sehr gefreut, was zu erwarten war.* Die freien Relativsätze beziehen sich nicht auf ein Nomen und sind daher auch keiner Nominalphrase untergeordnet, sondern sie beziehen sich auf den übergeordneten Satz (den Matrixsatz) und sind deshalb Teil der Verbphrase, deren Kopf das Matrixsatzverb ist. Die meisten Relativpronomen sind Stellvertreterpronomen und müssen entsprechend als eigenständige Nominalphrasen im Satz aufgebaut werden, was sie deutlich von den subordinierenden Konjunktionen unterscheidet, die nicht Teil des Satzes im engeren Sinn sind. Manchmal können Relativpronomen aber auch Begleiterpronomen sein, wie in *Der Computer, dessen Festplatte defekt ist, wird gerade repariert.* Solche Begleiterpronomen werden genau wie Artikel als Teil einer Nominalphrase analysiert.

(58)

```
                                S
                   ┌────────────┴────────────┐
                NP_Nom                       VP
           ┌──────┴──────┐           ┌───────┼────────┐
           │           S_Rel         │       │        │
           │      ┌──────┴────┐      │       │        │
           │      │           VP     │       │        │
           │      │   ┌────┬──┼──┐   │       │        │
           │      │ NP_Nom NP_Dat AdvP NP_Akk │       │
           │      │   │     │    │    ┌─┴─┐  │       │
          Art N_Nom RelPron_SNom Pron_SDat Adv Art N_Akk V_inf V_fin AdvP
                                                                      │
                                                                     Adv
          Das Kind,   das        sich    gerade das Eis gekauft hat, steht dort.
```

In dem Strukturbaum aus (58) wird deutlich, dass der Relativsatz *das sich gerade das Eis gekauft hat* dem Kopf der Nominalphrase, also *Kind*, untergeordnet ist. Diese Information kodiert auf inhaltlicher Ebene, dass durch den Relativsatz *das Kind* näher bestimmt wird. Wichtig ist bei Relativsätzen, dass das Relativpronomen, sofern es ein Stellvertreterpronomen und nicht ein Begleiterpronomen ist, als Ersatz für eine Nominalphrase auftritt. In Beispiel (58) ersetzt das Relativpronomen die Nominalphrase im Nominativ und bildet daher zusammen mit der Verbphrase den Satz. Relativpronomen können aber auch Nominalphrasen im Akkusativ, Genitiv oder Dativ ersetzen oder auch Präpositionalphrasen. In (59) ersetzt das Relativpronomen eine Nominalphrase im Akkusativ:

(59)

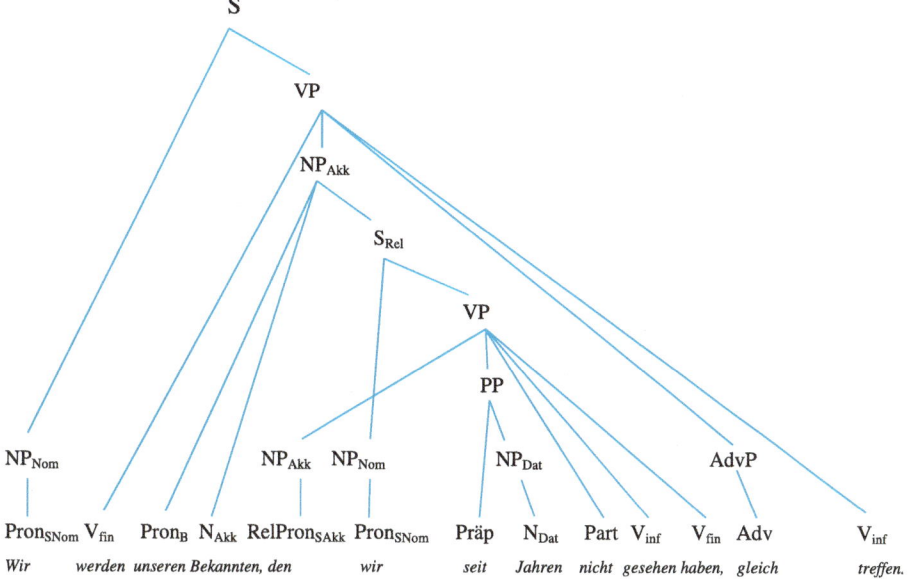

In (59) ist der Relativsatz *den wir seit Jahren nicht gesehen haben* Teil der Nominalphrase, deren Kopf *Bekannten* ist. Die gesamte Nominalphrase ist wiederum Teil der Verbphrase und stellt eine Ergänzung zu dem Verb *treffen* dar.

In (60) wird ein Satz analysiert, in dem das Relativpronomen Teil einer Präpositionalphrase ist.

(60)

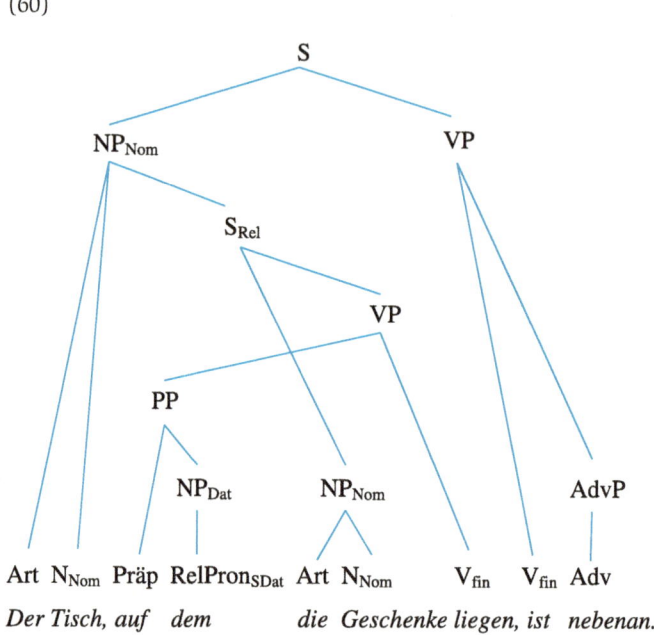

Das Relativpronomen *dem* aus Beispiel (60) ist ein Stellvertreterpronomen, ersetzt allerdings nicht eine Nominalphrase, die von einem *Verb* als Ergänzung gefordert wird, sondern eine Nominalphrase, die von der Präposition *auf* verlangt wird. Das Relativpronomen ist also der Präposition untergeordnet und die gesamte Präpositionalphrase ist Teil der Verbphrase des Relativsatzes.

Mit (61) liegt ein Satz vor, in dem das Relativpronomen ein Begleiterpronomen ist:

(61)

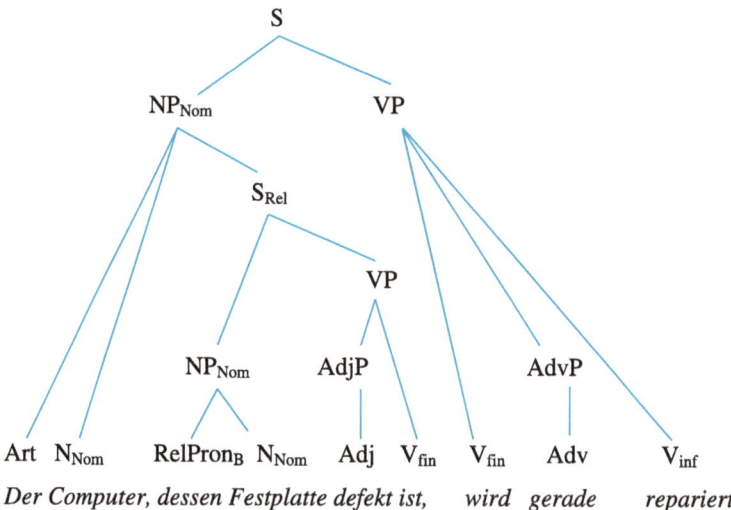

In Beispielsatz (61) ist das Relativpronomen ein Begleitpronomen, d. h. es ersetzt nicht eine Nominalphrase, sondern funktioniert ähnlich wie ein Artikel und bezieht sich auf das Nomen *Festplatte*.

Schließlich gibt es auch noch sogenannte freie Relativsätze wie in (62), d. h. Relativsätze, die nicht von einem Verb gefordert werden, sondern zusätzliche Angaben zu einem Sachverhalt liefern, der von dem Verb ausgedrückt wird (funktional sind solche Relativsätze Adverbiale, s. Kap. 9.1.4):

Freier Relativsatz

(62)

```
                                 S
                                 |
                                 VP
                 _____|_____
                |                |                |
                |                PP              S_Rel
                |          _____|_____       ___|___
                |         |             |     |       |
            NP_Nom    NP_Akk        NP_Akk   NP_Nom   VP
              |         |         ____|____    |    __|__
              |         |        |         |   |   |     |
          Pron_SNom  V_fin  Pron_SAkk  Präp Art N_Akk  Part  V_inf  RelPron_SNom  Part  V_inf  V_fin
            Er       hat    sich      über das Geschenk sehr gefreut, was         zu   erwarten war.
```

Der freie Relativsatz *was zu erwarten war* liefert eine Zusatzinformation in Bezug auf den gesamten Satz, d. h. er kann nicht in eine Nominalphrase eingebettet werden, sondern wird direkt der Verbphrase untergeordnet. Damit wird angezeigt, dass die Handlung des Verbs (*sich freuen*) näher beschrieben wird.

Die Infinitivphrase (InfP): Im Deutschen können auch satzähnliche subordinierte Strukturen mit Hilfe von Infinitiven gebildet werden. Diese werden meist wie subordinierte Sätze verwendet, also einem Matrixsatz untergeordnet. Aus diesem Grund nennt man Infinitivphrasen auch Infinitivsätze. Infinitivsätze bzw. Infinitivphrasen zeichnen sich dadurch aus, dass sie kein Subjekt haben (was sie z. B. von dem freien Relativsatz *was zu erwarten war* aus dem vorigen Beispiel unterscheidet, wo das Relativpronomen *was* das Subjekt stellt). Bei Infinitivsätzen wird die Infinitivpartikel *zu* eingesetzt, manchmal auch noch die Partikel *um* (*um ... zu*). Beispiele für solche Infinitivphrasen sind: *Es freut mich, dich zu sehen. Das Auto zu verkaufen war eine gute Idee. Er kann sich nicht erinnern, jemals in Hamburg gewesen zu sein. Wieder zu Hause zu sein ist immer schön. Er nutzt die Chance, um richtig auszuspannen. Um besser zu sehen, stellt sie sich auf die Zehenspitzen.*

Die Infinitivphrasen können dabei wie die subordinierten Sätze auch die Rolle einer Nominalphrase im Nominativ einnehmen und zusammen mit der Verbphrase einen Satz bilden. Daneben gibt es aber auch freistehende Infinitivphrasen ohne die Infinitivpartikel *zu*, sogenannte deontische Infinitive (Deppermann 2006), die eine ähnliche Funktion wie Imperative haben: *Zimmer aufräumen! Atomkraft abschaffen!* Diese Strukturen (63) und (64) können genau wie die Imperative nicht mit der strukturalistischen Satzdefinition – ›Ein Satz besteht aus einer Nominalphrase im Nominativ sowie einer Verbphrase.‹ – erfasst werden und müssen als eigenständige Strukturen beschrieben werden:

(63) (64)

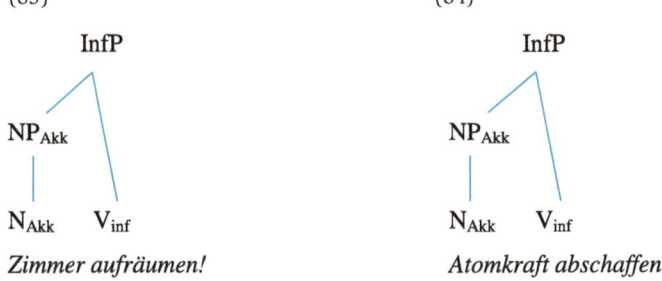

Normalerweise sind Infinitivphrasen aber in einen übergeordneten Satz, einen Matrixsatz, eingebettet und stehen nicht alleine, wie in (65):

(65)

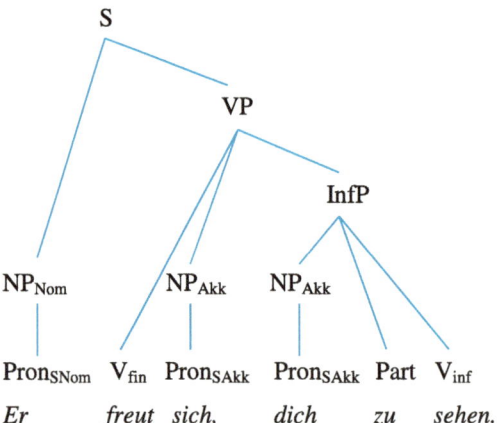

Der Strukturbaum aus (65) macht folgende Aussagen: Zunächst stellen wir fest, dass wir zwei Vollverben in einem Satz haben, nämlich *freuen* und *sehen*. Das bedeutet, dass es sich um einen komplexen Satz handeln muss. Die Infinitivphrase enthält das Pronomen im Akkusativ *dich*, die Infinitivpartikel *zu* und das Verb *sehen*. Da die Infinitivphrase ganz ähnlich ›funktioniert‹ wie z. B. eine Präpositionalphrase (*Er freut sich über deine Ankunft.*) oder ein Präpositionaladverb (*Er freut sich darüber.*) und in diesem Fall die geforderte Ergänzung des Verbs *freuen* liefert (*freuen über X*), muss die Infinitivphrase Teil der Verbphrase des übergeordneten Satzes – und damit dem Verb *freuen* untergeordnet – sein. Die Verbphrase ›sammelt‹ also die Infinitivphrase wie alle anderen Phrasen außer der Nominalphrase im Nominativ ein. Das gleiche gilt auch für (66):

(66)

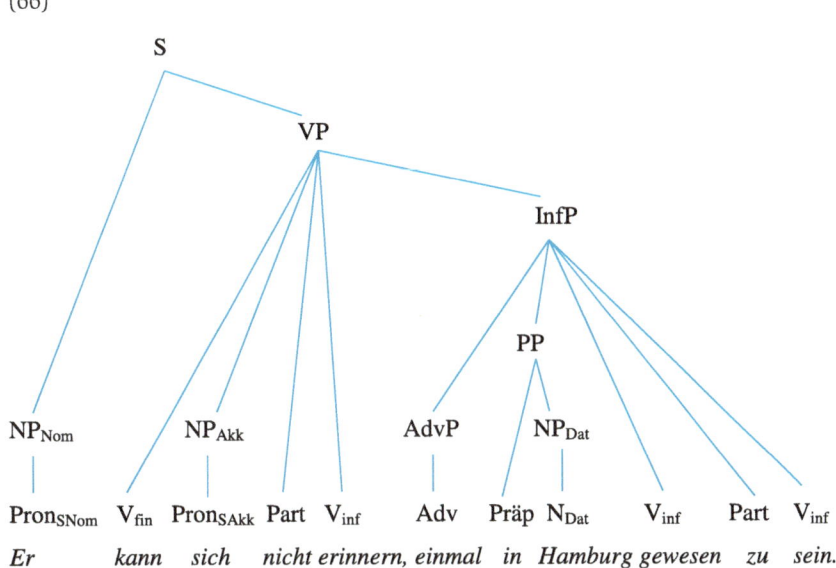

In (66) ist die Infinitivphrase Teil der Verbphrase und dem Matrixsatz *Er kann sich nicht erinnern...* untergeordnet. Die Infinitivphrase hat eine ähnliche Funktion wie auch eine Präpositionalphrase (*Er kann sich nicht an den Aufenthalt in Hamburg erinnern.*) oder eine Adverbphrase mit einem Präpositionaladverb (*Er kann sich nicht daran erinnern.*) und erfüllt die Forderung des Verbs *erinnern* nach einer Ergänzung (*erinnern an X*).

In (67) nimmt dagegen die Infinitivphrase – ganz ähnlich wie der subordinierte Satz in dem Beispiel *Dass heute die Sonne scheint, macht uns glücklich.* aus Kapitel 8.7.3 – die Funktion der Nominalphrase im Nominativ des Matrixsatzes ein (man kann fragen: *Wer oder was ist immer schön?* Antwort: *Wieder zu Hause zu sein.*):

(67)

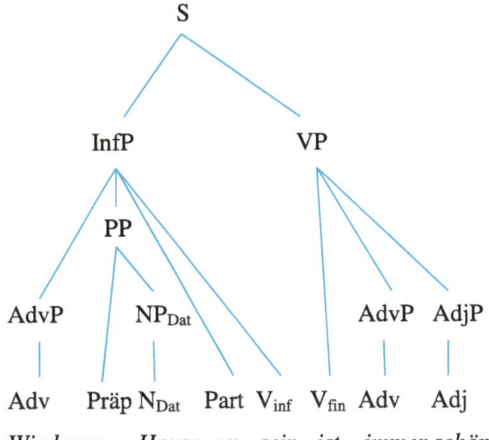

Etwas kniffliger ist die Lage dagegen in Beispielsatz (68), in dem es zwei ›Kandidaten‹ für eine Nominalphrase im Nominativ gibt:
(68)

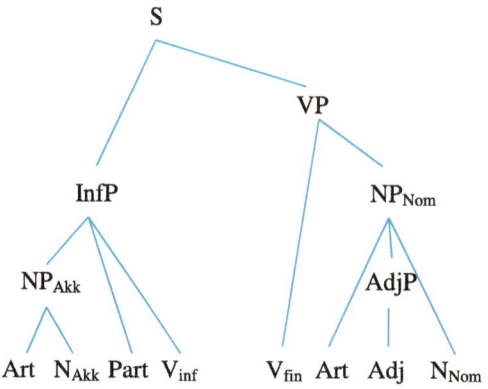

Das Auto zu verkaufen, war eine gute Idee.

In (68) liegt mit *eine gute Idee* eine Nominalphrase im Nominativ vor und mit *Das Auto zu verkaufen* eine Infinitivphrase, die als Ersatz für eine Nominalphrase im Nominativ auftritt (Frage: *Wer oder was war eine gute Idee?* Antwort: *Das Auto zu verkaufen.*). Es handelt sich bei diesem Satz wieder um einen Kopulasatz, wie er bereits in Kapitel 8.7.1 diskutiert wurde. Bei Kopulasätzen liegen zwei Nominalphrasen im Nominativ vor (wovon eine auch als subordinierter Satz oder, wie hier, als Infinitivphrase realisiert sein kann). Es muss also gefragt werden, welche die Nominalphrase im Nominativ ist, über die die Aussage gemacht wird, und welche die neue Information bereitstellt. Dabei wird klar, dass *Das Auto zu verkaufen* die Tatsache ist, über die die Aussage gemacht wird und *eine gute Idee* dagegen die neue Information. Also muss die Infinitivphrase zusammen mit der Verbphrase, die den ›Rest‹ enthält, den gesamten Satz bilden.

8.7.4 | Koordination und koordinierte Sätze

Zum Schluss muss noch auf eine besondere Struktur eingegangen werden, die Koordination von Wörtern, Phrasen und Sätzen mit Hilfe von koordinierenden Konjunktionen wie *und*, *oder*, *aber* etc. Vor allem für *und* gilt dabei die Sonderregel, dass *und* auf allen Ebenen, vom Wort über die Phrase bis zum Satz, jeweils zwei Einheiten gleichen Typs (Wort und Wort, Phrase und Phrase, Satz und Satz) verknüpft und dabei wieder die gleiche Einheit daraus macht. Dies ist weniger kompliziert als es klingt, wie (69) zeigt:

Koordination von Wörtern:
(69)

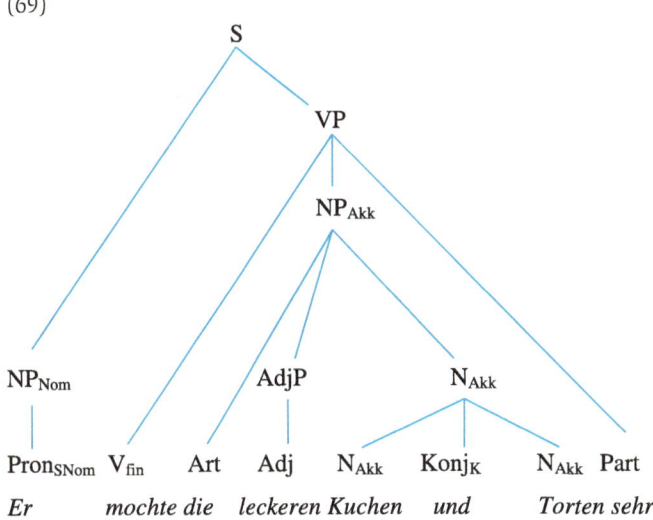

Wenn wir den Satz auf die Weise wie in (69) analysieren (in (70) wird der gleiche Satz auf eine alternative Weise analysiert), dann zeigen wir an, dass sich das Adjektiv *lecker* sowohl auf *Kuchen* als auch auf *Torten* bezieht: Die Konjunktion *und* koordiniert hier auf der Ebene der Wörter und macht aus *Kuchen* und *Torten* sozusagen ein einziges ›koordiniertes Wort‹. Dieses verbindet sich erst dann mit dem Artikel und dem Adjektiv, was dazu führt, dass sich in (69) sowohl der Artikel *die* als auch das Adjektiv *leckeren* auf beide Nomen bezieht. In (70) dagegen bezieht sich *leckeren* nur auf Kuchen, nicht auf Torten:

Koordination von Phrasen:
(70)

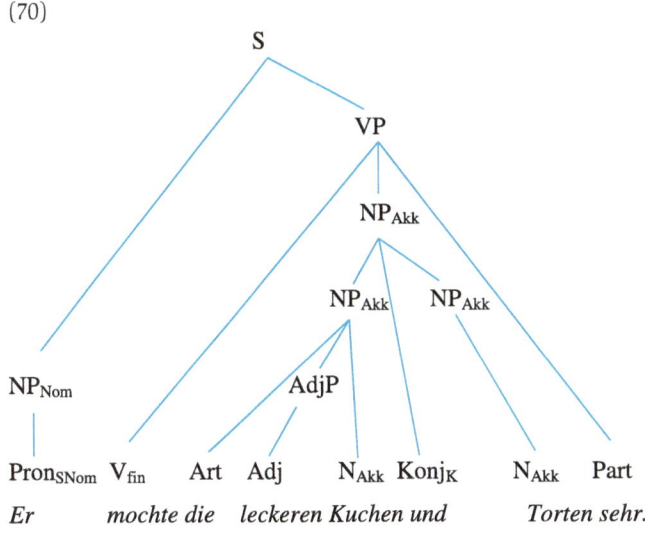

In der Analyse von (70) wollen wir erreichen, dass der Artikel *die* und das Adjektiv *leckeren* nur auf *Kuchen* bezogen werden. Die Aussage wäre inhaltlich die, dass es dem Hörer oder Leser bekannte (dies wird durch den bestimmten Artikel *die* angezeigt) und leckere Kuchen gibt, auf die der Sprecher bzw. Schreiber verweist, und dass es darüber hinaus auch noch Torten gegeben hat, über die allerdings kein Urteil gefällt werden soll oder kann. Man hat also in manchen Fällen der Koordination mit *und* Alternativen in der Darstellung, die entsprechend Alternativen im Inhalt wiederspiegeln. Eine solche systematische Alternative in Bezug auf die einem Satz zugrundeliegende Satzstruktur nennt man Ambiguität (Mehrdeutigkeit).

Ambiguität

Die übrigen Phrasen (Adjektivphrasen, Präpositionalphrasen, Adverbphrasen, Verbphrasen) können auf genau die gleiche Art durch *und* koordiniert werden, wie die Beispiele (71) bis (73) zeigen:

Koordination von Hauptsätzen:
(71)

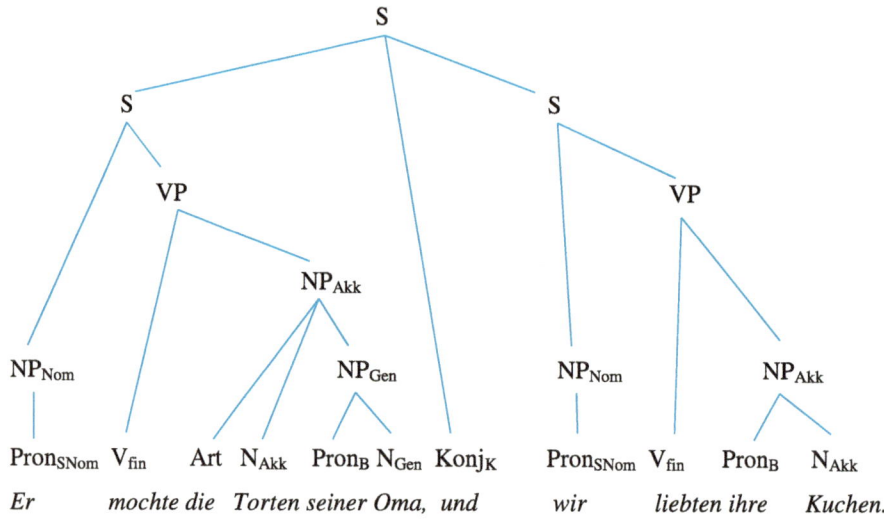

Es handelt sich hier um einen koordinierten Satz, der aus zwei selbständigen Hauptsätzen (*Er mochte die Torten seiner Oma. Wir liebten ihre Kuchen.*) besteht. Die koordinierende Konjunktion verbindet die beiden autonomen Sätze zu einem einzigen koordinierten Satz.

Koordination von Imperativsätzen:
(72)

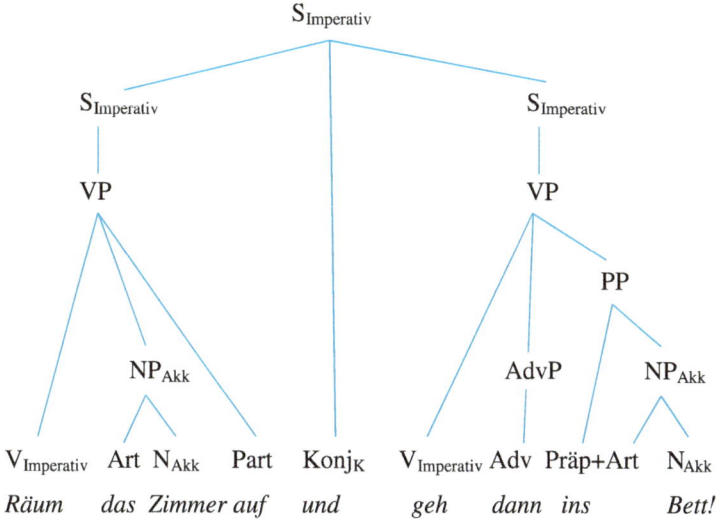

Koordination von Phrasen mit *oder*:
(73)

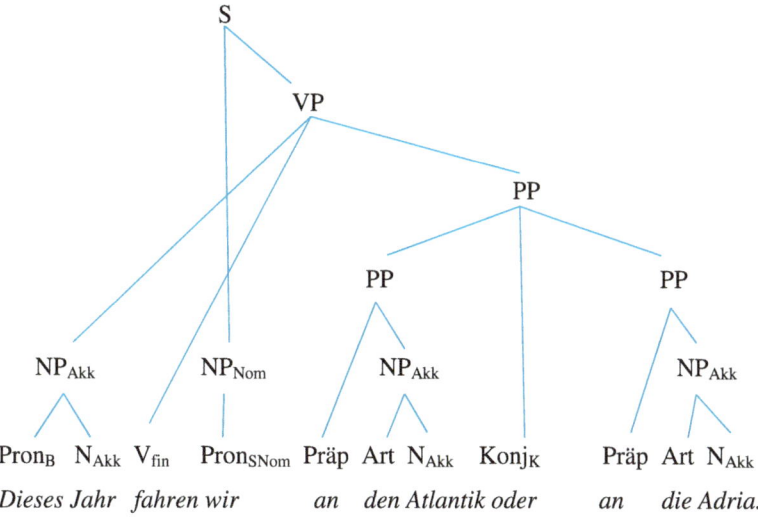

Beispiel (73) zeigt, dass die Koordination mit anderen koordinierenden Konjunktionen als *und* genauso verläuft, auch hier werden Einheiten gleichen Typs miteinander verknüpft, in diesem Fall wird aus zwei Präpositionalphrasen (*an den Atlantik* und *an die Adria*) eine gemacht.

8.7.5 | Das Erkennen und Beschreiben von ambigen Sätzen

Ein wichtiger Gewinn der Phrasenstrukturanalyse ist, dass man durch sie die inneren Bezüge der Komponenten eines Satzes visualisieren kann. Die durch die Phrasenstrukturanalyse gewonnenen Informationen über diese internen Bezüge helfen dabei, z. B. nachzuvollziehen, ob sich ein Adjektiv auf ein Nomen bezieht oder auf ein anderes Adjektiv, ob eine Präpositionalphrase sich auf ein Nomen oder ein Verb bezieht etc. Besonders wichtig werden diese Informationen dann, wenn man es mit ambigen (mehrdeutigen) Sätzen zu tun hat. Hier kann die Phrasenstrukturanalyse zeigen, woher die Mehrdeutigkeit kommt. In Kapitel 1 wurde die Überschrift aus einer Zeitung zitiert: *60 Beamte gingen gegen Urlauber mit Bierflaschen vor.* Dieser Satz schaffte es in die *Hohlspiegel*-Liste des Magazins *Der Spiegel*, in der jede Woche solche unfreiwillig komischen, da mehrdeutigen Sätze gesammelt werden. Die Phrasenstrukturanalyse (74) zeigt uns, welche beiden Lesarten möglich sind und welche die komische ist:

(74)

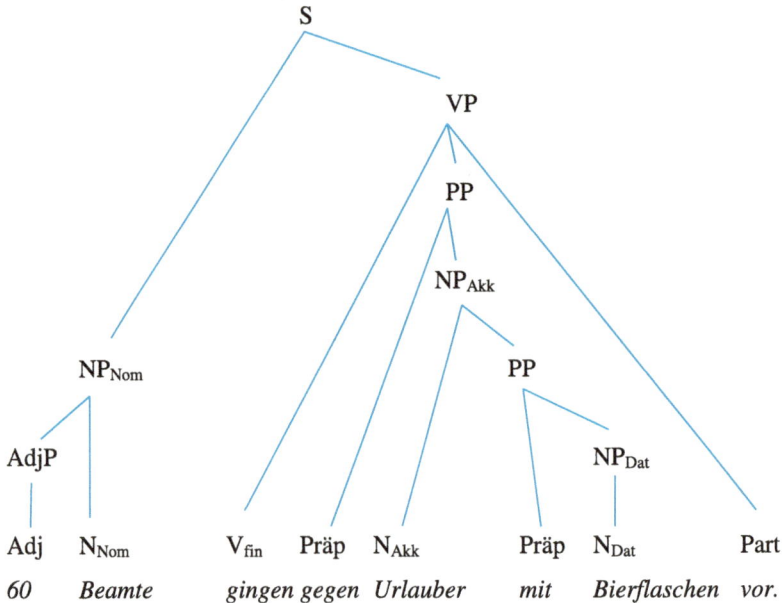

Der Satz aus Beispiel (74) ist der eigentlich von den Journalisten beabsichtigte: Es sollte ausgedrückt werden, dass sich an einem Ort Urlauber mit Bierflaschen aufhielten, die von Polizisten vertrieben wurden. Dass die *Bierflaschen* tatsächlich den *Urlaubern* zugeordnet werden und nicht den *Polizisten*, wird in dieser Analyse dadurch deutlich, dass man *mit Bierflaschen* der Nominalphrase *Urlauber* unterordnet. Dadurch bezieht sich *mit Bierflaschen* eindeutig auf *Urlauber* und bestimmt diese näher (*Was für Urlauber? Urlauber mit Bierflaschen.*). Die komplette Präpositionalphrase

lautet also: *[gegen Urlauber mit Bierflaschen]*. Die zweite mögliche Lesart des Satzes wird in (75) dargestellt:
(75)

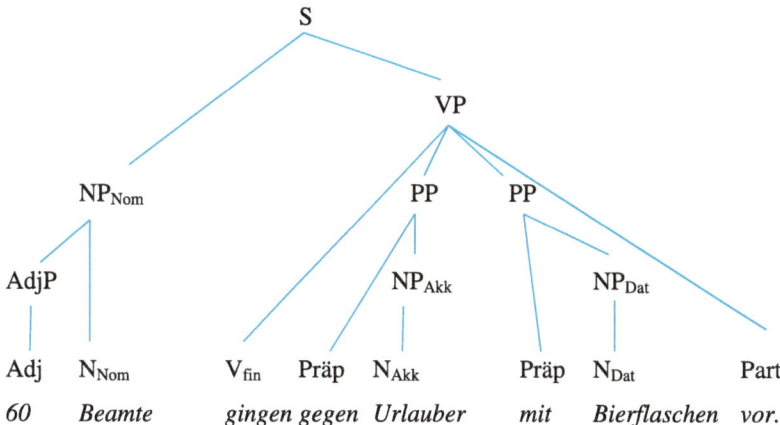

In der Analyse von (75) sind die Präpositionalphrasen *gegen Urlauber* und *mit Bierflaschen* eigenständig. Beide werden direkt mit der Verbphrase verbunden, d. h. die Information *mit Bierflaschen* ›hängt‹ nun nicht mehr an dem Nomen *Urlauber* und gibt daher auch keine Informationen über die Urlauber, sondern bestimmt das Verb näher, d. h. gibt die Art und Weise des Vorgehens der Beamten an: Es handelt sich um ein Vorgehen mit Hilfe von Bierflaschen. Dadurch, dass das Verb *vorgehen* und nicht das Nomen *Urlauber* nun durch die Präpositionalphrase *mit Bierflaschen* näher bestimmt wird, entsteht die ›komische‹, nicht von den Journalisten intendierte, Lesart: Da die Beamten diejenigen sind, die die Handlung des Vorgehens ausführen, bedeutet das automatisch, dass sie auch diejenigen sind, die sich des Mittels der Bierflaschen bedienen. Analyse (75) zeigt also an, dass Polizisten mit Bierflaschen gegen Urlauber vorgegangen sind.

Beide Analysen sind syntaktisch möglich, und nur über unser Weltwissen können wir entscheiden, welche plausibel ist. Bei einem Satz wie *Autonome gingen gegen Neonazis mit Bierflaschen vor.* könnte man z. B. ohne weiteren Kontext nicht entscheiden, ob sich *mit Bierflaschen* auf *vorgehen* (und damit auf *Autonome*) oder auf *Neonazis* bezieht – beides wäre plausibel.

Arbeitsaufgaben

Aufgabe 1: Zeichnen Sie die Phrasenstrukturbäume für die drei Sätze:
(1) *Wir müssen jede sich uns bietende Gelegenheit nutzen, um aus unseren Fehlern zu lernen.*
(2) *Das gepflegte Hotel bietet Urlaubern, die Erholung suchen, alles, was das Herz begehrt.*
(3) *Wenn sich die Wogen wieder geglättet haben, ist es Zeit für eine Analyse der Verhandlungen.*

Aufgabe 2: Stellen Sie für den folgenden ambigen Satz aus einer Überschrift aus der *Gelnhäuser Neuen Zeitung* (Zitiert nach Der Spiegel 30/2012, S. 138) die beiden möglichen Phrasenstrukturbäume dar:
Reh flüchtet nach Unfall mit Mercedes.

Welches ist die beabsichtigte, welches die ›komische‹ Lesart? Wie kommen die Lesarten zustande?

Aufgabe 3: Koordinierende Konjunktionen können sowohl Wörter als auch Phrasen verbinden. Das führt dazu, dass der folgende Satz zwei verschiedene Strukturbäume ermöglicht, die jeweils eine andere Interpretation zulassen:
Ausgerechnet heute und morgen wird es regnen.

Stellen Sie die beiden alternativen Strukturbäume dar.

9 Phrasen und ihre Funktionen: Die Satzgliedanalyse

9.1   Die Satzglieder
9.2   Das Satzteilglied Attribut

Die Phrasenstrukturanalyse alleine liefert, wie oben gezeigt wurde, bereits viele Informationen über die innere Organisation eines Satzes. Sie bildet zudem die Grundlage für die funktionale Satzanalyse, und mit dieser zusammen entwickelt die Phrasenstrukturanalyse erst ihre volle Erklärungskraft. Bei der funktionalen Analyse fragt man danach, welche Rolle die Phrasen in einem Satz haben, d. h. was ihre Funktion ist (salopp gesprochen: Welchen ›Job‹ die Phrasen im Satz erledigen). Die mit Funktionen versehenen Phrasen werden **Satzglieder** bzw. **Satzteilglieder** genannt.

Satzglieder bzw. Satzteilglieder

Nicht für alle formalen Kategorien (Wörter und Phrasen) existieren jeweils Funktionsbeschreibungen, was unterschiedliche Gründe hat: Partikeln werden z. B. in der Satzgliedanalyse traditionell nicht berücksichtigt, was einfach damit zu tun hat, dass die systematische Partikelforschung erst nach der Entwicklung der Satzgliedanalyse entstanden ist. Präpositionen und Konjunktionen alleine haben keine Funktionen im Satz und werden daher ebenfalls nicht als Satzglieder ›etikettiert‹. Auch manche Nominalphrasen haben keine Funktion. Bei Nominalphrasen muss man nämlich beachten, worauf sie sich beziehen: Während von einem Verb geforderte oder sich auf ein Nomen beziehende Nominalphrasen als Satzglieder ›etikettiert‹ werden, bleiben die von einer Präposition geforderten Nominalphrasen unberücksichtigt, bekommen also kein funktionales ›Etikett‹.

Insgesamt gibt es fünf Satzglieder und ein Satzteilglied:

9.1 | Die Satzglieder

1. Prädikat: Zu der Prädikatsdefinition gibt es unterschiedliche Ansichten. Hier wird der enge Prädikatsbegriff bevorzugt, d. h. das Prädikat umfasst lediglich das Verb (also sowohl die finiten als auch die infiniten Verbteile eines Satzes). Die Funktion (der ›Job‹) eines Prädikats besteht darin, eine Aussage über ein Subjekt zu machen.

2. Subjekt: Das Subjekt bezeichnet die Einheit, über die mit dem Prädikat eine Aussage gemacht wird. Subjekte können mit der Frage *Wer oder was?* erfragt werden. In den meisten Fällen ist das Subjekt daher auch formal betrachtet die Nominalphrase im Nominativ, die dann mit dem Verb in Bezug auf den Numerus kongruiert. Es gibt aber auch Subjektsätze, d. h. subordinierte Sätze oder Infinitivsätze, die mit *Wer oder was?* erfragt werden und über die entsprechend das Prädikat die Aussage macht. Wenn nicht eine Phrase, sondern ein subordinierter Satz das Subjekt stellt, spricht man auch von einem **Gliedsatz**, also einem Satz, der in einem übergeordneten Satz als Satzglied dient. Das gleiche gilt auch für subordinierte Sätze, die die Funktion eines Objekts oder Adverbials haben. Einen subordinierten Satz, der die Funktion eines Attributs übernimmt, nennt man **Gliedteilsatz**.

3. Objekt: Als Objekte werden ausschließlich die Phrasen oder Sätze bezeichnet, die von einem Verb gefordert werden, also in der Verbvalenz aufgeführt werden. Ein Objekt kann man in der Regel nicht weglassen, ohne dass der Satz ungrammatisch wird: In dem Satz *Er schenkt seinem kleinen Bruder eine Eisenbahn.* sind *seinem kleinen Bruder* und *eine Eisenbahn* Objekte, da das Verb *schenken* sowohl einen Beschenkten als auch ein Geschenk als notwendige Ergänzungen fordert. Weglassen kann man Objekte nur dann, wenn man elliptische Sätze (Ellipsen) produziert, d. h. wenn man sich das Objekt ›mitdenken‹ kann. Wenn man z. B. darüber redet, wer aus der Familie dem Jungen welches Geschenk macht, und die anderen Geschwister und die Eltern bereits ihre Geschenke angegeben haben, kann man auch sagen: *Er schenkt eine Eisenbahn.* Durch den Kontext ist klar, wer der Beschenkte ist. Auf der Oberfläche ist das Objekt *seinem kleinen Bruder* dann zwar nicht zu sehen, implizit ist es aber vorhanden. Der ›Objekt-Test‹ besteht also immer darin, zu fragen, ob eine bestimmte Phrase vom Verb gefordert wird und entweder im Satz realisiert oder zumindest mitgedacht werden kann, oder nicht.

Strukturell lassen sich vier Objekttypen unterscheiden. Die ersten drei Objekte bestehen formal aus Nominalphrasen oder Sätzen, das vierte besteht aus einer Präpositionalphrase:

Vier Objekttypen

- **Das Akkusativobjekt** kann entweder aus einer Nominalphrase im Akkusativ bestehen, wie *Ich sehe [den Mann$_{Akk}$]*, oder aus einem Satz (Akkusativobjektsatz): *Ich sehe, [dass er gerade über die Straße geht].*
- **Das Dativobjekt** besteht meist aus einer Nominalphrase im Dativ: *Ich traue [ihm$_{Dat}$] nicht.* Dativobjektsätze wie *Er hilft, [wem immer er kann.]* sind selten.
- **Genitivobjekt:** Auch Genitivobjekte bestehen aus Nominalphrasen: *Wir gedenken [der Toten$_{Gen}$].* Genitivobjekte sind sehr selten und Genitivobjektsätze kommen im Deutschen nicht vor.
- **Präpositionalobjekte** werden ebenfalls vom Verb gefordert. Sie bestehen nicht aus Nominalphrasen, wie die ersten drei Objekttypen, sondern entweder aus Präpositionalphrasen, aus Sätzen oder aus Adverbphrasen mit einem folgenden, dem Adverb untergeordneten Satz. Ein Beispiel für eine Präpositionalphrase als Präpositionalobjekt ist *Ich hoffe [auf eine Einigung].* Ein Beispiel für einen Präpositionalobjektsatz ist: *Ich hoffe, [dass sie sich einigen werden].* Der Satz *dass sie sich einigen werden* kann durch die Präpositionalphrase *auf die Einigung* ersetzt werden. Statt eines einfachen Satzes kann auch eine Adverbphrase mit einem folgenden, dem Adverb untergeordneten Satz als Präpositionalobjekt verwendet werden: *Ich hoffe [darauf, dass sie sich einigen werden].* Im letzteren Fall ist der Satz *dass sie sich einigen werden* dem Adverb *darauf* untergeordnet. Es handelt sich um ein Präpositionalobjekt, da das Adverb *darauf* eine Präpositionalphrase (*auf X*) ersetzt.

9.1 Die Satzglieder

Der freie Dativ: Einen Sonderfall im Bereich der Objekte stellt der sogenannte freie Dativ dar. Wie der Name sagt, handelt es sich dabei um eine Einheit, die zwar wie ein Dativobjekt aussieht (immer in Form einer Nominalphrase im Dativ), die aber nicht vom Verb gefordert wird, sondern frei zu einem Satz hinzugefügt werden kann. Dieser Umstand würde eigentlich dafür sprechen, den freien Dativ als Adverbial (s. Kap. 9.1.4) zu bezeichnen, also als eine nicht vom Verb geforderte, zusätzliche optionale Angabe. Dagegen spricht jedoch, dass das, was durch einen freien Dativ ausgedrückt wird, sehr viel Ähnlichkeit mit einem Objekt hat, also eng mit dem Verb verbunden ist. Um diese Zwischenstellung zwischen Objekt und Adverbial zu erfassen, hat man den Begriff ›freier Dativ‹ eingeführt. Es gibt eine ganze Reihe von Subtypen des freien Dativs, genauer gesagt von verschiedenen Verwendungskontexten, in denen der freie Dativ jeweils andere Funktionen ausübt:

- **Dativ des Vorteils (dativus commodi)** gibt an, zu wessen Gunsten eine Handlung geschieht: *Sie öffnet ihm die Tür. Er kocht ihr eine heiße Suppe. Das Kind singt seinen Eltern ein Lied. Wir gießen unseren Nachbarn die Blumen, wenn sie im Urlaub sind.*
- **Dativ des Nachteils (dativus incommodi)** zeigt an, zu wessen Ungunsten eine Handlung geschehen ist: *Das Glas ist ihm heruntergefallen. Der Hund ist ihr davongelaufen. Der Preis ist dem Unternehmen zu hoch.*
- **Dativ der Zugehörigkeit (Pertinenzdativ)** kodiert die Zugehörigkeit einer Einheit in einem Satz zu einer anderen: *Die Mutter putzt dem kleinen Kind die Nase. Ihm zittern die Knie. Er klopft dem Gewinner auf die Schulter.* Ohne den Pertinenzdativ wären die Sätze zwar alle korrekt, aber man würde in den meisten Fällen davon ausgehen, dass der ›Besitzer‹ zugleich das Subjekt ist: *Die Mutter putzt die Nase.* würde man interpretieren als *Die Mutter putzt sich selbst die Nase.*

Subtypen des freien Dativs

Bei den ersten drei genannten Varianten des freien Dativs ist die Nähe zum Objekt besonders stark zu spüren, weil in allen Fällen eigentlich der nicht realisierte Dativ mitgedacht werden muss: Bei *Er kocht eine Suppe.* ist klar, dass die Suppe für irgendjemanden bestimmt ist, und sei es nur für die Person, die zugleich das Subjekt stellt (Also: *Er kocht sich eine Suppe.*). Bei *Das Glas ist heruntergefallen.* gibt es immerhin zwei Möglichkeiten: Entweder gehört das Glas keiner bestimmten oder relevanten Person, also niemand kam zu Schaden, dann ist in der Tat keine Ergänzung notwendig. Sobald es aber einen Besitzer gibt, ist dieser automatisch der Benachteiligte, auch wenn er nicht genannt wird. Im Fall des Pertinenzdativs ist es wiederum im Normalfall so, dass man das Subjekt zugleich als die Einheit wahrnimmt, zu der eine andere als zugehörig dargestellt wird. Es gibt daher auch Vorschläge, die ersten drei Varianten des freien Dativs als ›normale‹ Dativobjekte zu fassen. Das ist für die letzten beiden Varianten dagegen in keinem Fall möglich:

- Der **ethische Dativ (dativus ethicus):** Dieser hat eher Ähnlichkeiten mit einer Partikel, verleiht Äußerungen einen emotionalen Gehalt und kann sie verstärken oder abschwächen. Typischerweise ist er auf die 1. Person Singular oder Plural des Possessivpronomens beschränkt: Bei-

spiele sind *Fall mir nicht hin! Mach uns bloß keine Schande! Komm mir bloß nicht wieder so spät nach Hause!*
- Der **Dativ des Beurteilens (dativus iudicantis)** modalisiert ebenfalls eine Äußerung. Meist wird damit angezeigt, dass eine Aussage nicht allgemein zu werten ist, sondern nur in Bezug auf den Sprecher oder eine an der Subjektstelle genannte Person bzw. Gruppe von Personen. Der dativus iudicantis wirkt somit eher wie eine Gesprächsfloskel (z. B. wie *meiner/deiner/seiner etc. Meinung nach* oder *meiner/deiner/seiner etc. Ansicht nach*) und nicht wie ein Objekt: *Er fährt mir zu schnell. Das Schwimmbad ist mir viel zu voll. Die meisten Syntaxeinführungen sind den Studenten zu schwierig. Fahrradfahren in der Großstadt ist ihm zu gefährlich. Ich vermute, die Band ist dir zu laut, oder?* Wie die Beispiele zeigen, geht es immer darum, eine Aussage als nicht allgemeingültig zu gestalten, sondern in Bezug auf die Einschätzung einer Person oder Personengruppe.

4. Adverbial: Als Adverbiale werden die Einheiten bezeichnet, die ein Verb, genauer die Handlungen oder Vorgänge, die ein Verb beschreibt, näher bestimmen. Adverbiale sind formal betrachtet sehr heterogen: Die Funktion eines Adverbials kann durch Adverbphrasen (*Er arbeitet hier.*), Adjektivphrasen (*Es regnet sehr stark.*), Nominalphrasen (*Letzte Woche hat es geregnet.*), Präpositionalphrasen (*Sie macht Urlaub am Meer.*), Relativsätze (*Heute scheint die Sonne, was uns sehr freut.*) und subordinierte Sätze (*Er kommt später, weil sein Auto kaputt ist.*) ausgeübt werden – salopp gesprochen, können alle diese Phrasen und Sätze als Adverbial ›jobben‹. Alle Adverbiale zeichnet aus, dass sie nicht vom Verb gefordert werden, also nicht Teil der Verbvalenz sind, und daher weggelassen werden können, ohne dass der Satz ungrammatisch wird. Es handelt sich meist um zusätzliche, optionale Angaben, anders als bei den Objekten, die vom Verb gefordert werden. Es gibt nur wenige Verben, die ein Adverbial tatsächlich als Ergänzung fordern. Ein Beispiel ist *wohnen*, da der Satz *Sie wohnt.* nur sehr eingeschränkt Sinn ergibt und daher adverbiale Ergänzungen wie *Sie wohnt hier.* oder *Sie wohnt dort drüben.* notwendig sind.

Adverbiale können nach ihrer Funktion in folgende Gruppen unterteilt werden:

Funktionale Subklassen von Adverbialen

- **Lokaladverbiale** geben den Ort einer Handlung oder eines Vorgangs an: *Sie arbeitet hier. Wir fahren auf der Straße.*
- **Temporaladverbiale** geben den Zeitpunkt oder Zeitraum einer Handlung oder eines Vorgangs an: *Es regnet seit drei Wochen. Wir machen jetzt Schluss.*
- **Modaladverbiale** geben die Art und Weise einer Handlung oder eines Vorgangs an: *Es regnet sehr stark. Er erreichte sein Ziel mühelos. Mit aller Gewalt öffnete sie die Tür.*
- **Kommentaradverbiale** geben eine bewertende Einstellung eines Beteiligten zu einer Handlung oder einem Vorgang an: *Heute regnet es leider sehr stark. Glücklicherweise hat sie die Schlüssel wiedergefunden. Zu seinem Bedauern hat er keinen Preis gewonnen.*

- **Kausaladverbiale** geben den Grund einer Handlung oder eines Vorgangs an: *Weil es heute regnet, bleiben wir zu Hause. Er benötigt wegen seiner schlechten Augen eine Brille.*
- **Konzessivadverbiale** geben eine Einräumung bzw. einen Gegengrund an: *Trotz des schlechten Wetters gehen wir heute wandern. Sie hat keine Lust zu lernen, obwohl morgen die Klausur stattfindet.*
- **Instrumentaladverbiale** geben an, welche Mittel im Rahmen einer Handlung oder eines Vorgangs verwendet werden: *Er öffnet den Brief mit der Schere. Mit dem Computer kann man schneller schreiben.*
- **Finaladverbiale** geben den Zweck oder das Ziel einer Handlung oder eines Vorgangs an: *Ich öffnete das Fenster, damit der Geruch des verbrannten Essens abziehen konnte. Für bessere Sicht sind neue Scheibenwischer einzubauen.*
- **Konditionaladverbiale** geben die Bedingungen an, unter denen eine Handlung oder ein Vorgang abläuft: *Das Konzert findet nur bei schönem Wetter statt. Wenn es regnet, bleiben wir zu Hause.*
- **Konsekutivadverbiale** geben die Folgen einer Handlung oder eines Vorgangs an: *Er beleidigte den Polizisten, was zu einer Anzeige führte. Sie hat das Seil gespannt, bis es riss.*
- **Adversativadverbiale** führen einen Gegensatz in das Geschehen ein: *Er bekam anstatt des gewünschten Südseeurlaubs nur ein Wochenende an der Nordsee. Entgegen unserer Erwartungen hat sie die Prüfungen bestanden.*
- **Benefaktivadverbiale** geben an, zu wessen Gunsten etwas geschieht: *Er bringt für seine Mutter die Briefe zur Post. Der Junge lügt für seine Schwester die Lehrerin an.*

5. Prädikativ: In manchen Grammatiken finden sich auch Ausdrücke wie ›Prädikativum‹ oder ›Prädikatsnomen‹ für diese Funktion, wobei zu beachten ist, dass mit dem Prädikatsnomen der ›weite‹ Begriff des Nomens gemeint ist, mit dem alle deklinierbaren Wortarten als Nomen bezeichnet werden. Hier wird, um Missverständnisse zu vermeiden, nur von Prädikativen gesprochen. Prädikative bereiten oft Schwierigkeiten bei der Analyse, da sie sich funktional kaum von Attributen unterscheiden, sie schreiben nämlich ebenfalls einem Nomen Eigenschaften zu. Anders als Attribute sind Prädikative aber eigenständige Satzglieder, d. h. sie sind nicht einer Nominal- oder Adjektivphrase untergeordnet, sondern direkt der Verbphrase. Die Eigenschaftszuschreibung sowohl bei Subjekts- als auch bei Objektsprädikativen muss also immer über ein Verb hinweg erfolgen. Subjektsprädikative kommen mit den Kopulaverben *sein*, *werden* und *bleiben* zusammen vor: *Das Gras ist grün. Der Winter wird hart. Das Wetter bleibt schön.*

Das Satzteilglied Attribut: Während die Satzglieder stets entweder direkt dem Satz untergeordnet sind, wie das Subjekt, oder Teil der Verbphrase sind, wie Objekte, Adverbiale, Prädikate und Prädikative, sind Attribute immer in eine Nominalphrase oder eine Adjektivphrase eingebettet, also auf einer niedrigeren Hierarchieebene angesetzt. Das bedeutet, dass Attribute funktional betrachtet innerhalb von Subjekten, Objekten, Adverbialen oder Prädikativen auftreten. Dies erklärt auch den Namen

›Satzteilglied‹: Attribute sind immer Teil eines anderen Satzgliedes: In dem Satz *Der kleine Hund, der so laut bellt, gehört meinen Eltern.* gibt es zwei Attribute: Das Adjektiv *kleine* ist ein Attribut zu dem Nomen *Hund* und *der so laut bellt* ist ein Relativsatz, der ebenfalls die Funktion eines Attributs hat, das das Wort *Hund* näher bestimmt. Beide Attribute sind somit der Nominalphrase mit dem Kopf *Hund* untergeordnet, die wiederum funktional betrachtet das Satzglied ›Subjekt‹ ist: Die Attribute sind also in ein anderes Satzglied eingebettet. Die Funktion von Attributen besteht darin, Eigenschaften oder Merkmale der Einheit zuzuschreiben, der sie untergeordnet sind. Wenn ein Attribut durch einen subordinierten Satz gestellt wird (wie bei dem Relativsatz *der so laut bellt* in dem eben genannten Beispiel), spricht man dabei auch von einem Gliedteilsatz – ein Satz, der die Rolle eines Satzteilgliedes hat.

9.1.1 | Das Prädikat

Zu den Prädikaten gibt es insofern nicht viel zu sagen, als in dieser Einführung jeweils das Verb bzw. alle Verbteile als Prädikat gewertet werden. Bei einem Satz wie *Morgen regnet es.* liegt mit dem Verb *regnen* entsprechend nur ein Prädikat vor, bei einem Satz wie *Vor zwei Wochen soll es hier sehr stark geregnet haben.* liegt dagegen ein dreiteiliges Prädikat vor: Das Modalverb *soll* bildet den Prädikatsteil I, das Vollverb *geregnet* den Prädikatsteil II und das Hilfsverb *haben* den Prädikatsteil III.

9.1.2 | Das Subjekt

Grundsätzlich kann man sagen, dass das Subjekt im Normalfall von der Nominalphrase im Nominativ gestellt wird. Wichtig ist – und hier wird nun die Relevanz der vorgeschalteten Phrasenstrukturanalyse deutlich –, dass das Subjekt nicht bloß aus dem Nomen im Nominativ besteht, sondern immer aus der kompletten Nominalphrase, also inklusive aller Begleiter des Nomens. Das Subjekt kongruiert im Numerus mit dem Verb, d. h. wenn das Subjekt im Singular steht, muss auch das Verb im Singular stehen: *[Der Mann]*Subjekt im Singular *[klettert]*Verb im Singular *auf die Leiter.* vs. *[Die Männer]*Subjekt im Plural *[klettern]*Verb im Plural *auf die Leiter.*

Eine Erweiterung des in Kapitel 8.7.1 als Beispiel (43) rein formal analysierten Satzes *Der von Geldsorgen freie Unternehmer kaufte sich gestern seine dritte Yacht.* um Satzgliedinformationen liefert Ergebnis (1):

(1)

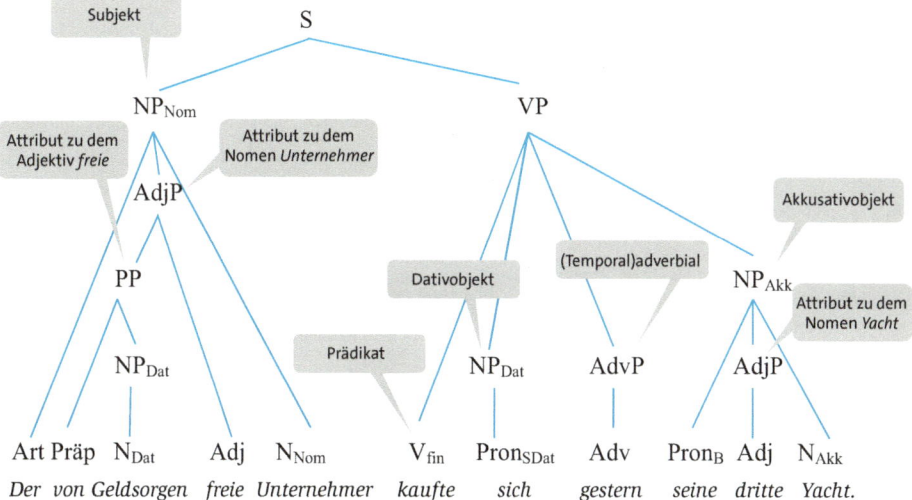

Folgende Sachverhalte lassen sich an der Darstellung aus (1) ablesen:
- Nur das Verb nimmt unmittelbar als Wort eine Funktion ein. Alle übrigen Funktionen werden ausschließlich auf der Phrasenebene markiert.
- Manche Phrasen, wie die Nominalphrase im Dativ (*Geldsorgen*), werden nicht mit Funktionen markiert (mehr dazu in Kapitel 9.1.3 und 9.1.4).
- Bei Begleitpronomen kann man sich streiten, ob sie Satzgliedstatus haben. Wir haben Begleitpronomen hier aber immer wie Artikel behandelt und nicht zu Phrasen aufgebaut. Daher bleiben hier auch Begleitpronomen wie *seine* ohne Funktion.

Die Nominalphrase *Der von Geldsorgen freie Unternehmer* bildet in dem vorliegenden Satz als Ganze das Subjekt, also die dem Satz zu Grunde gelegte Einheit, über die das Prädikat *kaufte* eine Aussage macht: Frage: *Wer oder was führte die Handlung des Kaufens durch?* Antwort: *Der von Geldsorgen freie Unternehmer*.

Beispielsatz (2) illustriert, weshalb eine phrasenstrukturelle Analyse durchgeführt werden muss, bevor die Satzfunktionen zugewiesen werden.

(2)

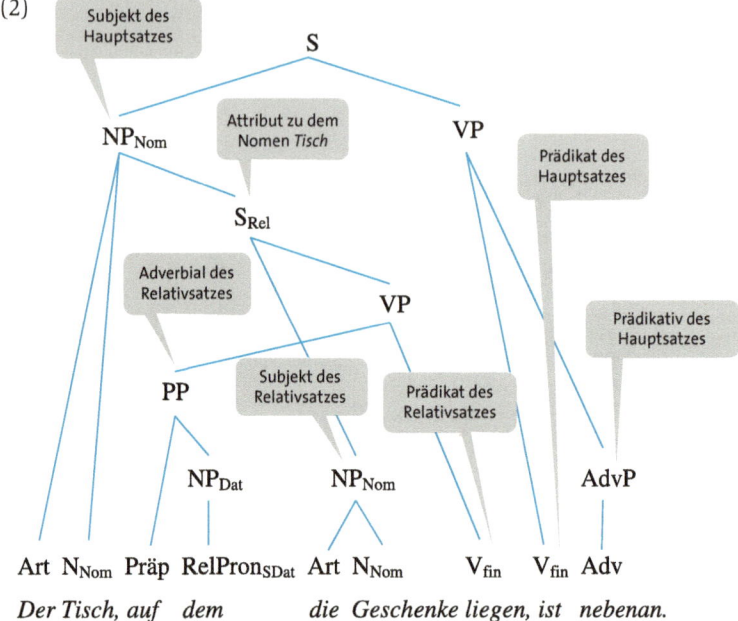

Der Tisch, auf dem die Geschenke liegen, ist nebenan.

Häufig machen ›Syntaxanfänger‹ bei Sätzen der Art wie in (2) den Fehler, die Frage nach dem Subjekt des Hauptsatzes mit *der Tisch* zu beantworten. Die Nominalphrase lautet aber *der Tisch, auf dem die Geschenke liegen*, und es ist diese komplette Konstituente, über die eine Aussage getroffen wird.

Da es sich hier um zwei Sätze handelt, einen übergeordneten Satz und einen eingebetteten Relativsatz, finden sich zwei Prädikate und Subjekte, die einmal dem Nebensatz zugehören und einmal dem übergeordneten Satz. Subjekt des Relativsatzes ist *die Geschenke*, worüber mit dem Prädikat *liegen* die Aussage getroffen wird.

Bei Sätzen, die nur eine Nominalphrase im Nominativ haben, ist die Zuordnung der Subjektfunktion meist unproblematisch. Schwieriger wird es dann, wenn zwei Nominalphrasen im Nominativ vorkommen, wie in (3) und (4):

(3)

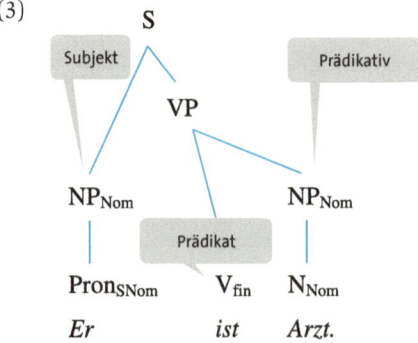

Er ist Arzt.

9.1 Die Satzglieder

(4)

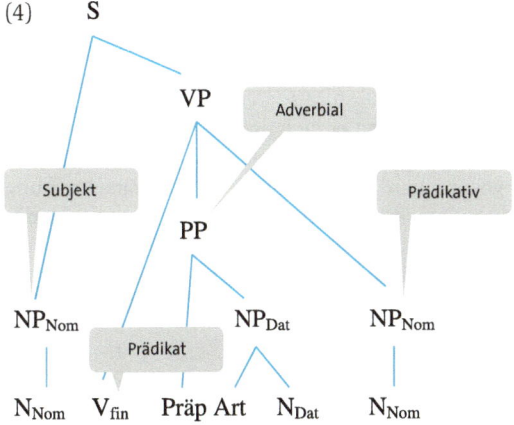

Obama bleibt nach der Neuwahl Präsident.

Bei Sätzen wie in (3) und (4), die ein Kopulaverb wie *sein*, *werden* oder *bleiben* enthalten, muss gefragt werden, welche der beiden Nominalphrasen im Nominativ die Funktion (den ›Job‹) des Subjekts hat, d. h. der zu Grunde gelegten Einheit, über die eine Aussage gemacht wird. Im ersten Fall ist das das Pronomen *er*: Um *er* überhaupt entschlüsseln zu können, muss man wissen, worauf es sich bezieht, es wird also vom Sprecher als bekannt vorausgesetzt. Die Information, dass dieser *er* ein Arzt ist, ist dagegen neu. Im zweiten Fall wird *Obama* als Grundlage vorausgesetzt, die neue Information ist, dass er Präsident bleibt. *Er* und *Obama* stellen also jeweils das Subjekt in Satz (3) bzw. (4) (Prädikative werden in Kapitel 9.1.5 analysiert).

Ein anderes Problem entsteht dann, wenn man es mit komplexen Sätzen zu tun hat. Liegt ein solcher Fall vor, muss gefragt werden, ob nach dem eingebetteten Satz (dem mit einer Konjunktion eingeleiteten subordinierten Satz oder dem Infinitivsatz) mit *Wer oder was?* gefragt werden kann (5):

(5)

Das Auto zu verkaufen war eine gute Idee.

In (5) liegt ein in einen übergeordneten Satz eingebetteter Infinitivsatz vor. Zunächst stellt die Nominalphrase *das Auto* das Subjekt des Infinitivsatzes. Prädikat des Infinitivsatzes ist das Verb *verkaufen*. Der gesamte Infinitivsatz wiederum erfüllt die Funktion (also den ›Job‹) des Subjekts im Hauptsatz. Bei dem Hauptsatz handelt es sich um einen Kopulasatz, d. h. es liegt eine Nominalphrase im Nominativ vor (*eine gute Idee*), die aber nicht das ist, worüber gesprochen wird, sondern die die Zuschreibung darstellt, also die Aussage über die zu Grunde gelegte Information (*das Auto zu verkaufen*). Deshalb ist dieser Infinitivsatz das Subjekt.

Etwas einfacher wird die Analyse, wenn auf der Hauptsatzebene gar keine Nominalphrase im Nominativ vorkommt. In diesem Fall, wie in (6), kann direkt nach einem Subjektsatz gesucht werden.

(6)

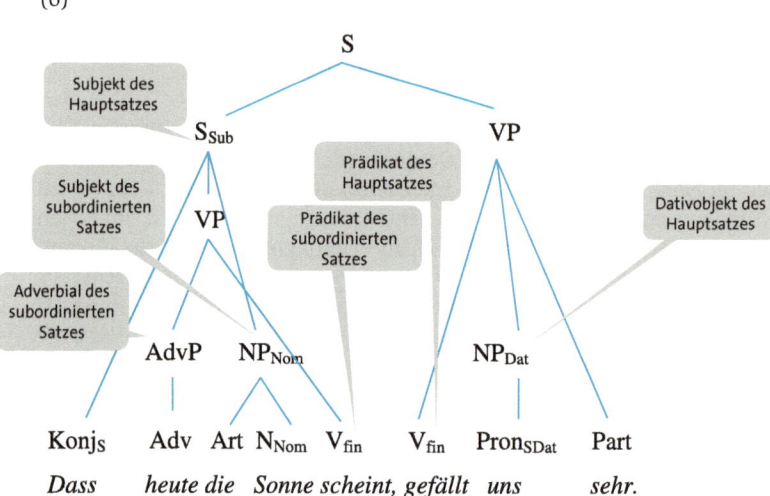

Der subordinierte *dass*-Satz als Ganzes stellt in (6) das Subjekt des Hauptsatzes. Innerhalb des subordinierten Satzes bildet dagegen die Nominalphrase *die Sonne* das Subjekt. Partikeln wie *sehr* werden in der Satzgliedanalyse für gewöhnlich nicht berücksichtigt.

Korrelate: Zuletzt muss noch auf die sogenannten Korrelate bzw. Korrelatstrukturen eingegangen werden. Dabei wird in einem Satz einerseits ein sogenanntes **Korrelatwort** (gestellt durch ein inhaltsleeres Pronomen wie *es*, *das*, *den*, *dem*, *denen* etc.) geäußert und andererseits auch die ›Füllung‹ dieses Korrelatwortes gegeben. Ein Beispiel ist Satz (7):

(7)

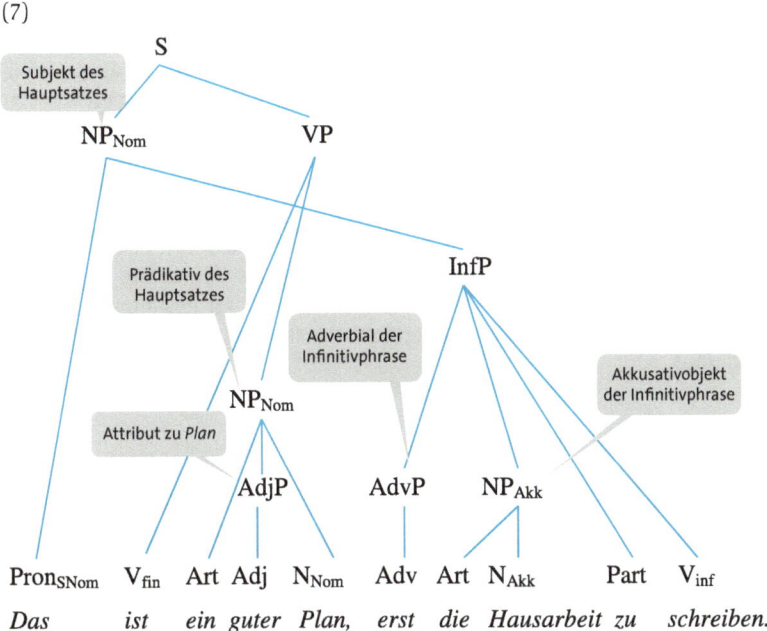

Das Demonstrativpronomen *das* ist das Subjekt des Hauptsatzes aus (7), *ein guter Plan* dagegen ein Prädikativ. Nun liegt allerdings mit dem Infinitivsatz *erst die Hausarbeit zu schreiben* ein weiteres, satzwertiges Subjekt vor. Erst dieses klärt eigentlich, was mit *das* gemeint ist. Es wäre ja auch möglich, einen Satz wie *Erst die Hausarbeit zu schreiben, ist ein guter Plan.* zu äußern. In diesem Fall wäre dann der Infinitivsatz eindeutig das Subjekt. Hier dagegen ist der Infinitivsatz dem Demonstrativpronomen untergeordnet. Es liegt eine Korrelatbeziehung vor, d. h. das Pronomen verweist darauf, dass ›irgendwo‹ der Inhalt sein muss. Wenn der Kontext klar ist, z. B. wenn A sagt *Wir schreiben erst die Hausarbeit!*, dann kann B einfach antworten *Das ist ein guter Plan.* Der Inhalt des Korrelatwortes würde dann durch die Äußerung von A bereitgestellt werden und muss nicht extra in dem Satz erwähnt werden. In (7) dagegen wird der Inhalt des Korrelatwortes im Satz selbst mit realisiert und kann daher dem Korrelatwort, also dem Pronomen, untergeordnet werden, ohne dass die Infinitivphrase eine eigene Satzgliedfunktion erhält. Die Prädikate wurden in dem Beispiel nicht markiert: Das Kopulaverb *ist* ist das Prädikat des Hauptsatzes, *zu schreiben* ist das Prädikat des Infinitivsatzes.

9.1.3 | Das Objekt

Wie oben beschrieben, gelten nur diejenigen Phrasen als Objekt, die von einem Verb gefordert werden, also in der Verbvalenz aufgeführt werden. Im Strukturbaum kann man Objekte auch daran erkennen, dass sie direkt der Verbphrase untergeordnet sind. Allerdings ist dies kein eindeutiges Kriterium, da auch Adverbiale und Prädikative unter der Verbphrase stehen. Das Kriterium hilft aber dabei, alle diejenigen Phrasen auszuschließen, die einer anderen Phrase untergeordnet sind. So können etwa Nominalphrasen innerhalb von Präpositionalphrasen nie Objekte sein, da sie nicht unter der Verbphrase stehen, sondern unter einer Präposition (was ja nichts anderes bedeutet, als dass sie von einer Präposition und nicht von einem Verb gefordert werden). Es gibt allerdings auch den alternativen Vorschlag, die von einer Präposition oder auch von einem Adjektiv oder Nomen jeweils geforderten Ergänzungen als ›sekundäre Objekte‹ zu bezeichnen. Um die Analyse nicht zu komplex zu gestalten (und weil auch diese Analyse nicht ganz unproblematisch ist), verzichten wir hier darauf.

Zur Vertiefung

Sekundäre Objekte

Ein Problem bei der Satzgliedanalyse ist, dass man sich bei solchen Fällen, bei denen ein Adjektiv oder ein Nomen eine Ergänzung fordert (*frei von X, Freiheit von X, sich uns bietend, ein Lied singend* etc.) weder mit der Funktion eines Attributs noch eines Objekts zufrieden geben kann. Besonders deutlich wird das bei Partizipien, d. h. ehemaligen Verben, die nun als Adjektive eingesetzt werden, und dabei ihre ›alten‹ Objekte mitnehmen. In den folgenden Beispielsätzen kommt das Verb *bieten* vor, das als Ergänzungen jemanden fordert, der etwas bietet, etwas, das geboten wird, und jemandem, dem etwas angeboten wird: *Er*$_{Anbieter}$ *bietet uns*$_{Empfänger}$ *ein Stück Kuchen*$_{Angebotenes}$ *an.* oder *Die Gelegenheit*$_{Anbieter/Angebotenes}$ *bietet sich*$_{Anbieter/Angebotenes}$ *uns*$_{Empfänger}$ *an.* Wenn nun ein solches Verb zu einem Partizip wird, das als Adjektiv verwendet wird, wie in *das uns angebotene Stück Kuchen* oder *die sich uns bietende Gelegenheit*, dann sind *uns* und *Stück Kuchen* in der ersten Adjektivphrase und *uns* und *Gelegenheit* in der zweiten nicht mehr einem Verb, sondern dem jeweiligen Adjektiv *angebotene* bzw. *bietende* untergeordnet. Für die Analyse bestehen dann zwei Möglichkeiten, die beide jeweils Vor- und Nachteile haben:
- Man kann diese ehemaligen Objekte weiterhin als Objekte behandeln. In der Literatur finden sich dazu Begriffe wie *sekundäre Objekte*. Der Vorteil ist, dass man damit anzeigt, dass diese Ergänzungen tatsächlich eher wie Objekte funktionieren, also Valenzergänzungen sind, und nicht wie Attribute, da sie keine Eigenschaften zuschreiben. Der Nachteil ist, dass man nun Objekte auch als Satzteilglieder hat und nicht mehr nur als Satzglieder.
- Man kann diese ehemaligen Objekte als Attribute behandeln. Der Vorteil dieser Analyse besteht darin, dass man dadurch dem Satzteilglied-Charakter dieser Einheiten gerecht wird, denn sie sind immer einem Adjektiv oder Nomen untergeordnet.

Für dieses Dilemma gibt es keine Lösung, die Wahl der beiden Analysemöglichkeiten hängt davon ab, ob man den Aspekt der Funktion (wenn eine Phrase in der Valenz eines Wortes als Forderung aufgeführt ist, dann ist es immer ein Objekt) stärker bewertet (dann wählt man Lösung (1)) oder den Aspekt der Struktur (wenn ein Wort als Kopf einer Phrase einer Verbphrase untergeordnet ist und von dem Verb gefordert wird, dann ist es ein Satzglied und somit ein Objekt, wenn ein Wort als Kopf einer Phrase dagegen einem Adjektiv oder Nomen untergeordnet ist, dann kann es nur ein Satzteilglied und somit ein Attribut sein). Diese zweite Lösung wird hier bevorzugt.

Im Folgenden sollen nun die vier Objekte (Akkusativobjekt, Dativobjekt, Genitivobjekt, Präpositionalobjekt) einzeln vorgestellt werden.

Akkusativobjekt: Ein Akkusativobjekt kann aus einer Nominalphrase oder einem Satz bestehen. Ein einfaches Akkusativobjekt findet sich in Beispielsatz (8):

(8)

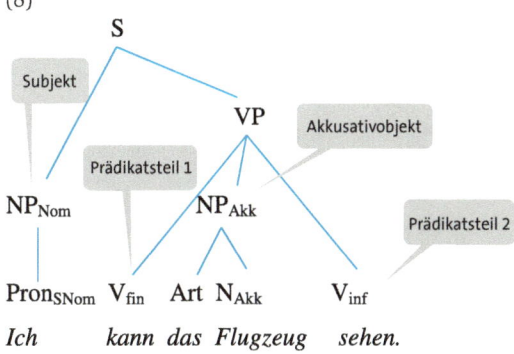

Das Verb *sehen* aus (8) fordert zwei Ergänzungen, nämlich jemanden, der sieht, und etwas, das gesehen wird. Die erste Ergänzung wird durch das Subjekt gestellt, das Pronomen *ich* kodiert den ›Seher‹. Die Nominalphrase im Akkuksativ *das Flugzeug* dagegen stellt die zweite Ergänzung, nämlich das, was gesehen wird.

In Beispielsatz (8) ist das Akkusativobjekt sehr einfach aufgebaut, es besteht nur aus einer Nominalphrase, die wiederum aus einem Artikel und einem Nomen besteht. Selbstverständlich können Nominalphrasen intern aber sehr komplex aufgebaut sein. Wichtig ist, dass das ›Etikett‹ des Objekts an die Nominalphrase ›geheftet‹ wird, d. h. dass markiert wird, dass die gesamte Phrase mit allen ihr untergeordneten Phrasen den ›Job‹ eines Akkusativobjekts ausübt. Hier zeigt sich wieder, dass die Phrasenstrukturanalyse notwendige Voraussetzung für die funktionale Analyse (d. h. die Satzgliedanalyse) ist. Häufig vergessen Grammatikanfänger, dass z. B. ein Relativsatz mit zum Objekt gehört, da er Teil der Nominalphrase ist, wie in (9).

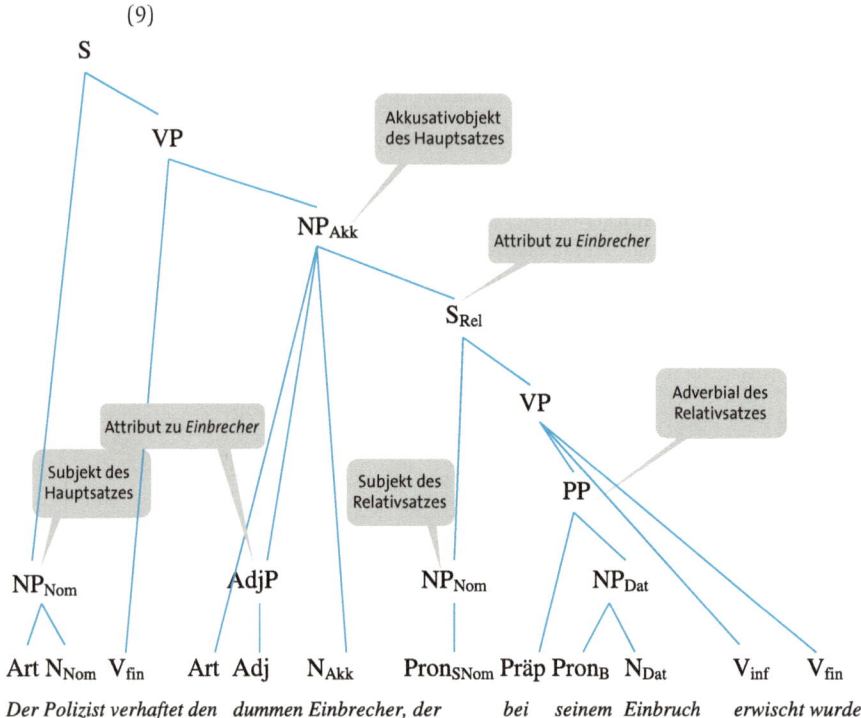

Prädikat des Hauptsatzes in (9) ist *verhaftet*, der Relativsatz enthält dagegen zwei Prädikatsteile, *erwischt* und *wurde*. In der Grundstruktur ist der Satz so einfach wie der erste im Abschnitt zu Akkusativobjekten analysierte: Das Verb *erwischen* fordert zwei Ergänzungen, nämlich jemanden, der etwas erwischt, und etwas, das erwischt wird. Die erste Ergänzung wird durch das Subjekt in Form der Nominalphrase *der Polizist* gestellt. Die zweite Ergänzung enthält als Kopf den *Einbrecher*, der durch eine Adjektivphrase als Attribut sowie einen Relativsatz als Attribut näher bestimmt wird. Das Akkusativobjekt kann also mit *Wen erwischt der Polizist?* erfragt werden, die Antwort lautet: *den dummen Einbrecher, der bei seinem Einbruch erwischt wurde*.

Auf der Ebene des Relativsatzes müssen natürlich ebenfalls wieder Satzglieder festgestellt werden: Während *der Polizist* das Subjekt des Hauptsatzes ist, ist das Relativpronomen *der* das Subjekt des Relativsatzes: Es antwortet auf die Frage: *Wer oder was wurde erwischt?* Die Präpositionalphrase *bei seinem Einbruch* hat die Funktion eines Adverbials, wobei hier schwer zu bestimmen ist, welche Art des Adverbials vorliegt: Es handelt sich entweder um ein Temporaladverbial, wenn man *bei seinem Einbruch* als Zeitangabe liest (*während er den Einbruch beging*), oder um ein Lokaladverbial, wenn man *bei seinem Einbruch* als Ortsangabe liest (*am Ort des Einbruchs*).

Akkusativobjektsatz: Akkusativobjekte können nicht nur aus Nominalphrasen im Akkusativ bestehen, sondern auch aus einem Satz (Akkusativobjektsatz), wie in (10).

(10)

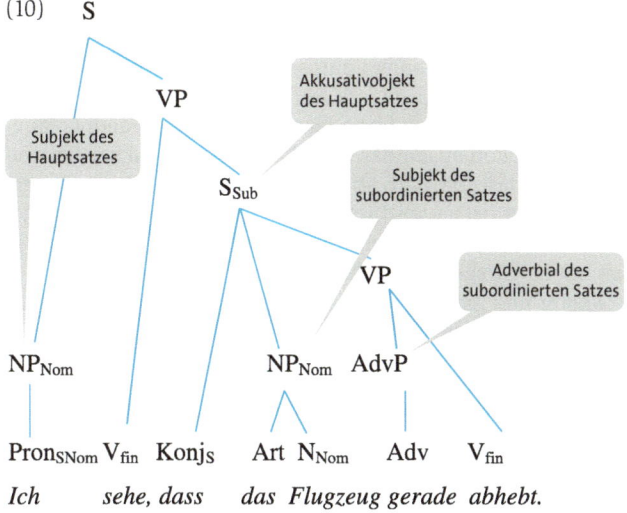

In (10) stellt das finite Verb *sehe* das Prädikat des Hauptsatzes, während das finite Verb *abhebt* das Prädikat des Nebensatzes ist. Das Verb *sehen* fordert zwei Ergänzungen (jemand, der etwas sieht und etwas, das gesehen wird). Gerade bei Wahrnehmungsverben wie *sehen, hören, fühlen*, aber auch bei kognitiven Verben wie *meinen, denken, glauben* etc., wird das Akkusativobjekt in der Regel nicht als Nominalphrase realisiert, sondern als subordinierter Satz. Das liegt daran, dass man meist sehr komplexe Sachverhalte sieht, hört, fühlt, denkt, meint, glaubt etc.

Relativpronomen als Akkusativobjekt: Eine weitere Variante eines Akkusativobjekts ist die eines Relativpronomens im Akkusativ, wie in (11).

(11)

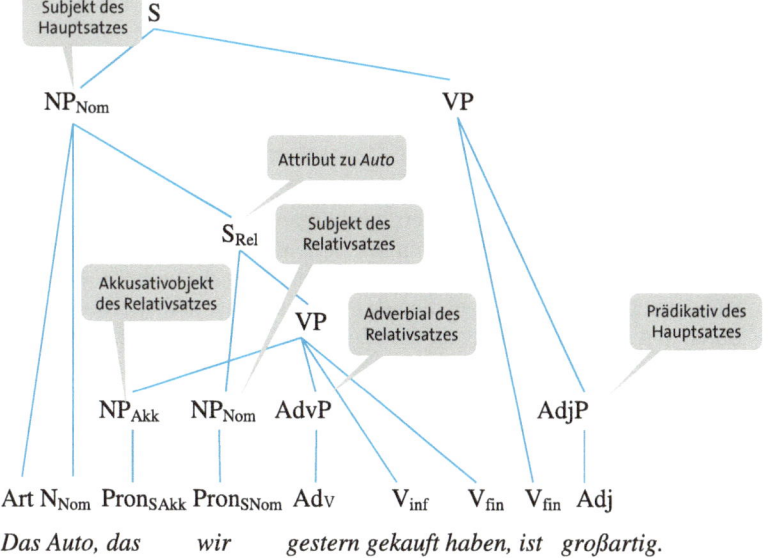

Das Prädikat des Hauptsatzes aus (11) ist *ist*, die Prädikatsteile des Nebensatzes sind *gekauft haben*. Der Hauptsatz besteht hier aus einem komplexen Subjekt, nämlich einer Nominalphrase mit einem eingebetteten Attributsatz (ein Relativsatz als Attribut zu *Auto*). Das Adjektiv *großartig* ist das Prädikativ des Hauptsatzes und bezieht sich auf *Auto*. In dem Relativsatz ist das Personalpronomen *wir* das Subjekt, das Adverbial des Relativsatzes ist *gestern* und das Akkusativobjekt, das von dem Verb *kaufen* gefordert wird (*Wer kauft was?*) wird durch das Relativpronomen *das* gestellt. Grundsätzlich kann festgehalten werden, dass alle Stellvertreter-Relativpronomen immer Satzgliedstatus haben.

Akkusativobjekte und Korrelatstrukturen: Zum Schluss soll mit (12) eine Korrelatstruktur illustriert werden.

(12)

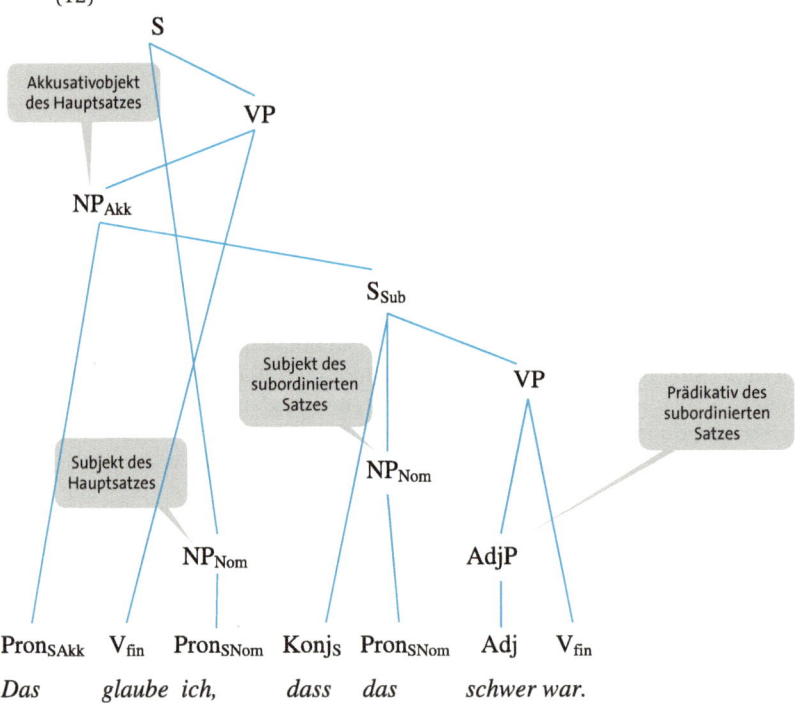

Das Verb *glauben* aus (12) fordert zwei Ergänzungen, wobei als Subjekt, d. h. als Nominalphrase im Nominativ, derjenige realisiert wird, der etwas glaubt. Das, was geglaubt wird, wird einmal formal durch ein Korrelatwort, das Demonstrativpronomen *das* im Akkusativ, kodiert, und einmal durch den subordinierten Satz, der den Inhalt stellt und dem Korrelatwort zugeordnet ist. Dieser subordinierte Satz hat keine eigene Satzgliedfunktion, da er zusammen mit dem Korrelatwort, dem Pronomen *das*, in diesem Satz das Akkusativobjekt bildet und dem Pronomen nicht untergeordnet ist. Innerhalb des subordinierten Satzes stellt ein weiteres Demonstrativpronomen das Subjekt, wobei dort allerdings keine inhaltliche ›Füllung‹ gegeben wird, d. h. das Demonstrativpronomen steht alleine. Die

Adjektivphrase *schwer* ist ein Prädikativ. Die Prädikate wurden in dem Satz nicht markiert, um die Darstellung nicht zu komplex werden zu lassen. Das Prädikat des Hauptsatzes ist *glaube*, das des Nebensatzes *war*.

Dativobjekt: Das Dativobjekt besteht meistens aus einer Nominalphrase, wie in (13), eher selten aus einem Satz (14).

(13)

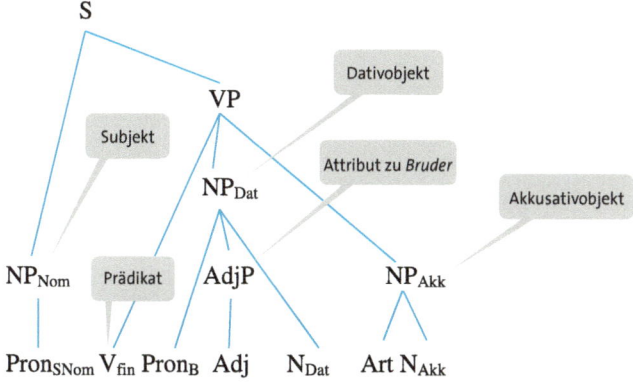

Er gibt seinem kleinen Bruder ein Geschenk.

Das Verb *geben* aus (13) fordert neben dem Subjekt, das den ›Geber‹ kodiert, zwei weitere Ergänzungen, nämlich einmal etwas, das übergeben wird, in Form einer Nominalphrase im Akkusativ (Akkusativobjekt), und einmal den Empfänger in Form einer Nominalphrase im Dativ (Dativobjekt). Dativobjekte in Form von Nominalphrasen sind der häufigste Fall. Dativobjektsätze kommen dagegen eher selten vor.

Dativobjektsatz: Ein Beispiel für einen Dativobjektsatz ist (14).

(14)

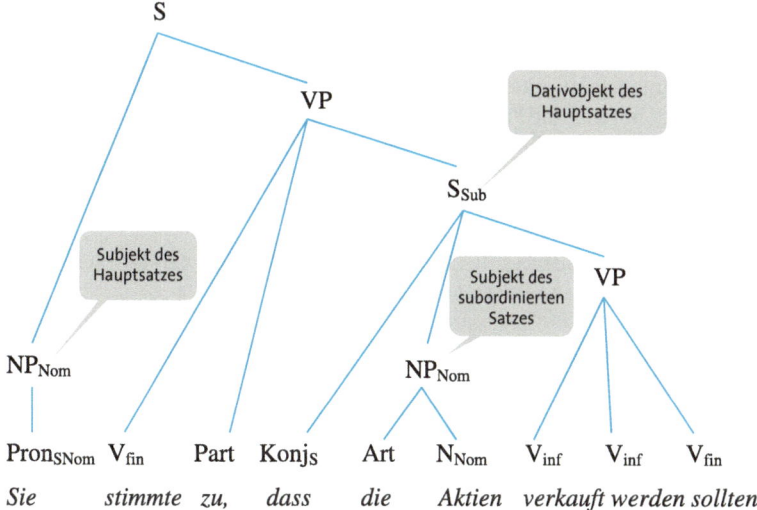

Sie stimmte zu, dass die Aktien verkauft werden sollten.

9 Phrasen und ihre Funktionen: Die Satzgliedanalyse

In (14) stellt der *dass*-Satz die von dem Verb *zustimmen* geforderte Ergänzung nach etwas, dem zugestimmt wird. Die Prädikatsteile auf der Hauptsatzebene sind *stimmte* und die Verbpartikel *zu*, auf der Nebensatzebene gibt es mit *verkauft werden sollen* drei Prädikatsteile. Dativobjektsätze sind eher selten, weitaus häufiger finden sich Konstruktionen, in denen ein solcher Satz in eine Nominalphrase eingebettet wird, so dass wieder die gebräuchlichere Struktur einer Nominalphrase als Dativobjekt entsteht (15).

(15)

[Syntaxbaum:
S
├── NP$_{Nom}$ — Subjekt des Hauptsatzes
│   └── Pron$_{SNom}$: *Sie*
└── VP
    ├── V$_{fin}$: *stimmte*
    ├── NP$_{Dat}$ — Dativobjekt des Hauptsatzes
    │   ├── Art: *dem*
    │   ├── N$_{Dat}$: *Plan*
    │   └── S$_{Sub}$ — Attribut zu *Plan*
    │   ├── Konj$_S$: *dass*
    │   ├── NP$_{Nom}$ — Subjekt des subordinierten Satzes
    │   │   ├── Art: *die*
    │   │   └── N$_{Nom}$: *Aktien*
    │   └── VP
    │   ├── V$_{inf}$: *verkauft*
    │   ├── V$_{inf}$: *werden*
    │   └── V$_{fin}$: *sollten*
    └── Part: *zu,*]

In (15) ist der *dass*-Satz nun nicht mehr Teil der Verbphrase, sondern er ist dem Nomen *Plan* untergeordnet und somit Teil der Nominalphrase. Der *dass*-Satz hat hier die Funktion eines Attributs zu *Plan*, das Dativobjekt ist somit die Nominalphrase *dem Plan, dass die Aktien verkauft werden sollten* (wie oben sind auch hier *stimmte … zu* als die beiden Prädikatsteile des Hauptsatzes und *verkauft werden sollten* als die drei Prädikatsteile des Nebensatzes zu werten).

Freier Dativ: Zuletzt sollen mit (16) und (17) noch zwei Beispiele für einen freien Dativ analysiert werden.

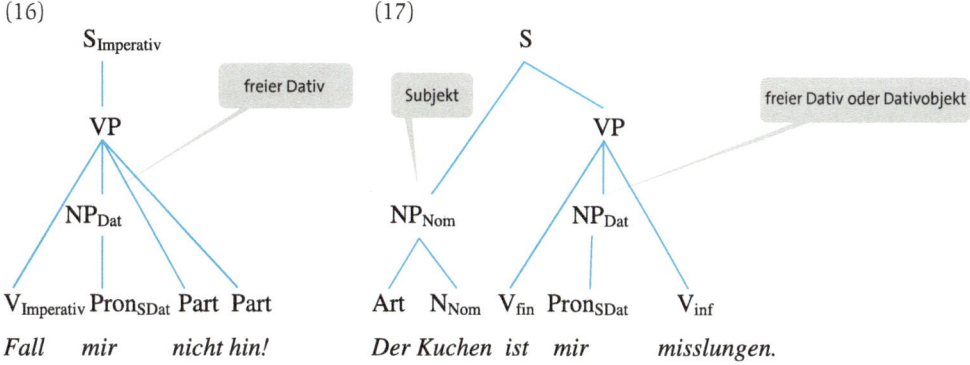

In Beispiel 16 (einem Imperativsatz, der daher kein Subjekt hat; das Prädikat wird durch den Verbteil *fall* (Prädikatsteil 1) und die Verbpartikel *hin* (Prädikatsteil 2) gestellt; zur formalen Struktur von Imperativsätzen s. Kapitel 8.7.2) liegt ein eindeutiger freier Dativ vor, konkret ein dativus ethicus. Das Verb *hinfallen* fordert keine Ergänzung, und das Personalpronomen *mir* im Dativ gibt auch nicht wirklich einen ›Mitspieler‹ in der Szene an. Die Nominalphrase im Dativ dient lediglich dazu, die Äußerung zu modalisieren, d. h. sie arbeitet auf der Ebene der Beziehungsgestaltung zwischen Sprecher und Hörer.

In Beispiel (17) kann man sich über die Einstufung der Nominalphrase im Dativ streiten, denn hier liegt ein dativus incommodi vor, der angibt, zu wessen Ungunsten etwas passiert ist. Hier könnte man durchaus argumentieren, dass das Verb *misslingen* auch einen Akteur fordern kann, der eine Handlung durchführt, die dann misslingt. Insofern könnte man dieses *mir* wahlweise als ›echtes‹ Dativobjekt oder als freien Dativ analysieren (Das Prädikat besteht aus zwei Teilen, Prädikatsteil 1 ist *ist*, während Prädikatsteil 2 durch das infinite Vollverb *misslungen* gestellt wird).

Genitivobjekt: Das Genitivobjekt ist heute selten geworden. Genitivobjekte werden nur noch von wenigen – und meist ›altmodisch‹ klingenden – Verben gefordert, wie z. B. *gedenken* (Wir gedenken der Toten.), *erbarmen* (Er erbarmt sich der leidenden Kinder.) oder *bemächtigen* (Der Investmentbanker bemächtigte sich des Firmengeldes.). Satz (18) enthält ein Genitivobjekt:

(18)

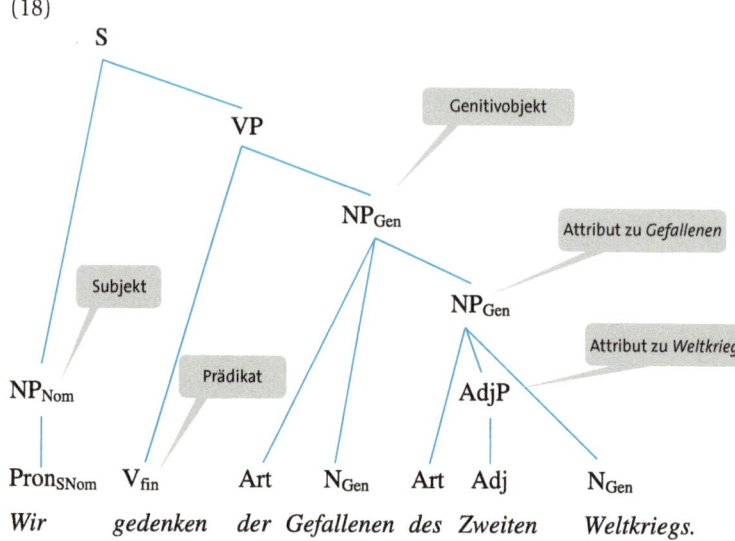

Beispiel (18) illustriert noch einmal gut den Unterschied zwischen einem Objekt und anderen Satzgliedern: Obwohl hier zwei Nominalphrasen im Genitiv vorliegen, ist nur die hierarchisch höhere (*der Gefallenen des Zweiten Weltkriegs*) ein Genitivobjekt, da diese von dem Verb *gedenken* gefordert wird (*wessen gedenken*) und direkt unter der Verbphrase steht. Die zweite Nominalphrase im Genitiv (*des Zweiten Weltkriegs*) dagegen ist der anderen Nominalphrase untergeordnet und bestimmt das Nomen *Gefallenen* näher, ›jobbt‹ also als Attribut (s. Kap. 9.2).

Präpositionalobjekt: Der Objekttyp, der bei der Bestimmung am meisten Probleme macht, ist das Präpositionalobjekt. Das liegt daran, dass die meisten Nominalphrasen, die direkt unter einer Verbphrase stehen, als Adverbial ›jobben‹ und nicht als Objekt (in Kapitel 9.1.4 wird die Unterscheidung von Adverbialen und Präpositionalobjekten ausführlich diskutiert). Es muss also die Frage gestellt werden, ob die Präpositionalphrase vom Verb gefordert wird, d. h. ob ein bestimmtes Verb eine Präposition bei sich haben muss, wie *denken an, arbeiten an, lachen über, sich freuen über, nichts wissen von, warten auf* etc. Satz (19) enthält ein Präpositionalobjekt:

(19)

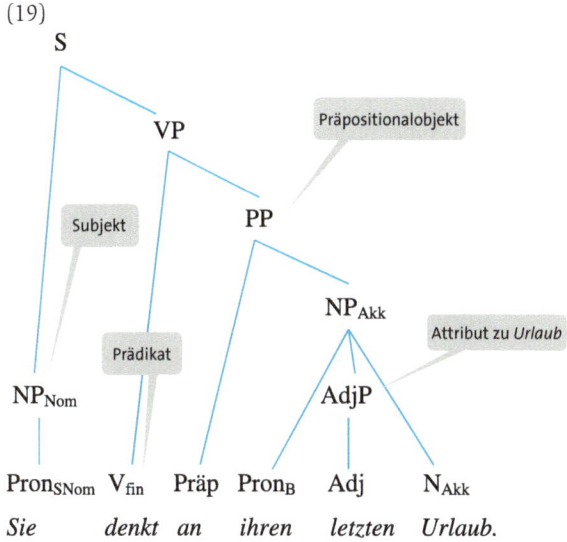

Sie denkt an ihren letzten Urlaub.

Das Verb *denken* aus (19) fordert inhaltlich eine Angabe dessen, woran gedacht wird. Diese Angabe erfolgt meist als Präpositionalobjekt (*denken an X*) oder als Satz (*Sie denkt, dass ihr letzter Urlaub großartig war.*). Die Präpositionalphrase *an ihren letzten Urlaub* stellt hier also das Präpositionalobjekt und liefert die Verbergänzung. Die Nominalphrase *ihren letzten Urlaub* hat keine eigene Funktion, sie wird von der Präposition *an* gefordert. Für von Präpositionen geforderte Ergänzungen gibt es keine Satzglied›etiketten‹.

9.1.4 | Das Adverbial

Adverbiale dienen dazu, die Handlung, die ein Verb beschreibt, näher zu bestimmen. Ein wichtiger Unterschied zwischen Adverbialen und Objekten ist, dass Adverbiale bis auf wenige Ausnahmen (z. B. bei Äußerungen wie *Sie wohnt dort.*) nicht vom Verb gefordert werden, sondern zusätzliche, grammatisch ohne Probleme weglassbare Angaben sind.

Adverb vs. Adverbial: An dieser Stelle muss auf die Verwechslungsgefahr mit der Wortart ›Adverb‹ hingewiesen werden: Ein **Adverb** ist eine nicht flektierbare, vorfeldfähige Wortart. Etymologisch betrachtet wird hier das lateinische Wort ›verbum‹ im Sinne von ›Wort‹ verwendet, ein ›ad-verbum‹ ist also wörtlich ein ›bei-Wort‹ oder ›neben-Wort‹. Damit wird auf die Tatsache verwiesen, dass Adverbien früher als eine Art ›Restklasse‹ für nicht näher klassifizierte Wörter dienten. Das **Adverbial** dagegen bezeichnet eine Funktion, d. h. ein Satzglied, das sich auf ein Verb bezieht und die vom Verb geschilderten Handlungen, Tätigkeiten oder Zustände näher bestimmt. Etymologisch steckt im Adverbial das lateinische Wort ›verbum‹ im Sinne von ›Verb‹. Ein Adverbial ist also ein ›zu-Verb‹, d. h. eine Einheit, die auf das Verb bezogen ist, sich also zu dem Verb hin orientiert.

Was die Verwechslungsgefahr zwischen Adverbien und Adverbialen noch weiter erhöht, ist die Tatsache, dass viele Adverbien auch als Adverbiale eingesetzt werden können (salopp gesagt, dass sie als Adverbiale ›jobben‹ können). Allerdings zeigt die Gegenüberstellung der Beispiele (20) und (21), dass die formalen und die funktionalen Beschreibungsebenen tatsächlich voneinander getrennt betrachtet werden müssen. Die funktional gleichen Aufgaben eines Adverbials werden in den beiden Sätzen (20) und (21) von formal verschiedenen Einheiten erfüllt: von Adjektivphrasen, Nominalphrasen, Präpositionalphrasen und subordinierten Sätzen.
(20)

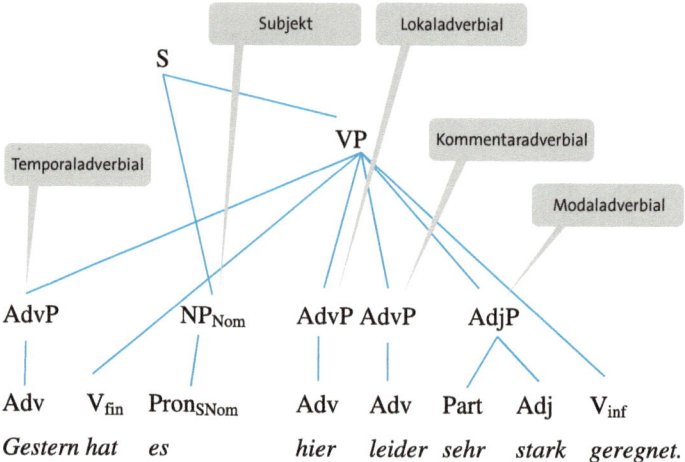

Das zweiteilige Prädikat in Beispiel (20) besteht aus *hat* als dem ersten Prädikatsteil und *geregnet* als dem zweiten. Das Verb *regnen* fordert keine Begleiter. Es benötigt lediglich das inhaltsleere Pronomen *es*, das das Subjekt stellt. Alle weiteren Angaben sind also Adverbiale: In dem Satz können alle drei Adverbiale weggelassen werden, ohne dass der Satz ungrammatisch wird: *Es hat geregnet*. Die Adverbphrase *gestern* gibt als Temporaladverbial den Zeitpunkt an, an dem der Vorgang des Regnens stattfand, die Adverbphrase *hier* als Lokaladverbial den Ort des Geschehens, die Adverbphrase *leider* kodiert als Kommentaradverbial die Sprecherhaltung zum Geschehen und die Adjektivphrase *sehr stark* gibt als Modaladverbial die Art und Weise des Geschehens an.

Formenvielfalt der Adverbiale: Wie bereits angesprochen, kann die Funktion von Adverbialen von sehr vielen unterschiedlichen formalen Kategorien ausgeübt werden. In (21) liegt genau die gleiche Struktur vor wie in (20), nur dass nun das Temporaladverbial statt von einer Adverbphrase (*gestern* in (20)) von einer Nominalphrase (*vorige Woche* in (21)) gestellt wird, das Lokaladverbial statt von einer Adverbphrase (*hier* in (20)) von einer Präpositionalphrase (*in Essen* in (21)), das Kommentaradverbial statt von einer Adverbphrase (*leider* in (20)) ebenfalls von einer Präpositionalphrase (*zu unserem Bedauern* in (21)) und das Modaladverbial statt durch eine Adjektivphrase (*sehr stark* in (20)) durch einen subordinierten Satz (*als ob die Welt untergeht* in (21)):

(21)

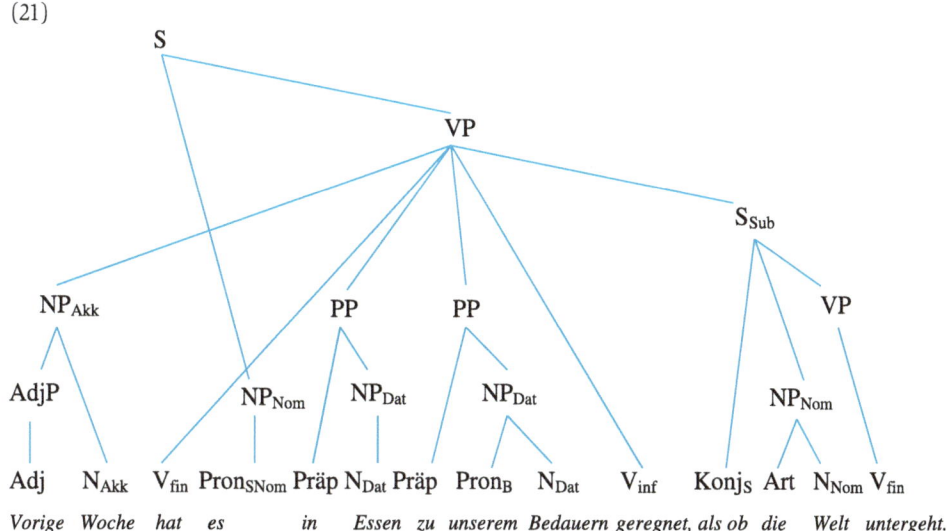

Der Übersichtlichkeit halber werden für (21) die funktionalen ›Etiketten‹ nicht im Baum selbst markiert, sondern aufgezählt:
- Die Adjektivphrase *vorige* ist ein Attribut zu *Woche*.
- Die Nominalphrase *vorige Woche* ist ein Temporaladverbial zu *hat ... geregnet*.
- Die Nominalphrase *es* ist das Subjekt des Hauptsatzes.
- *hat ... geregnet* ist das Prädikat des Hauptsatzes.
- Die Präpositionalphrase *in Essen* ist ein Lokaladverbial zu *hat ... geregnet*.
- Die Präpositionalphrase *zu unserem Bedauern* ist ein Kommentaradverbial zu *hat ... geregnet*.
- Der subordinierte Satz *als ob die Welt untergeht* ist ein Modaladverbial zu *hat ... geregnet*. Der Satz wird durch die zweiteilige Konjunktion *als ob* eingeleitet. Beide Teile zusammen werden wie *eine einzige* Konjunktion behandelt!
- Die Nominalphrase *die Welt* ist das Subjekt des subordinierten Satzes.
- *untergeht* ist das Prädikat des subordinierten Satzes.

Wie man an (21) sehen kann, können auch ganze Sätze – wie *als ob die Welt untergeht* – die Funktion von Adverbialen übernehmen. Die Beispiele (22) und (23) illustrieren exemplarisch je ein Konzessivadverbial und ein Kausaladverbial, die formal betrachtet durch Sätze gestellt werden.

(22)

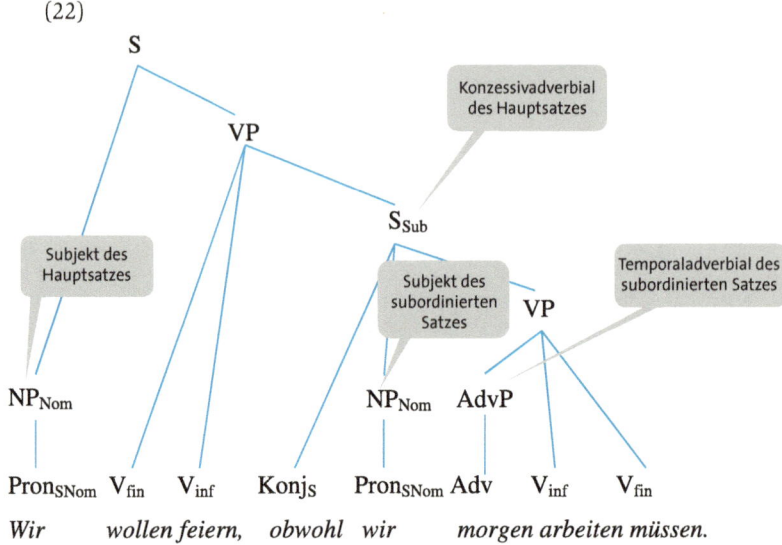

Der subordinierte Satz *obwohl wir morgen arbeiten müssen* aus (22) gibt einen Gegengrund (Konzession) zu der im Hauptsatz von dem Verb *feiern* genannten Handlung an. Der Satz ist weglassbar und wird vom Verb nicht gefordert, daher handelt es sich um einen Adverbialsatz, hier konkret um ein Konzessivadverbial. Die Prädikate wurden nicht markiert: *wollen* und *feiern* sind die beiden Prädikatsteile des Hauptsatzes, *arbeiten* und *müssen* sind die Prädikatsteile des Nebensatzes.

(23)

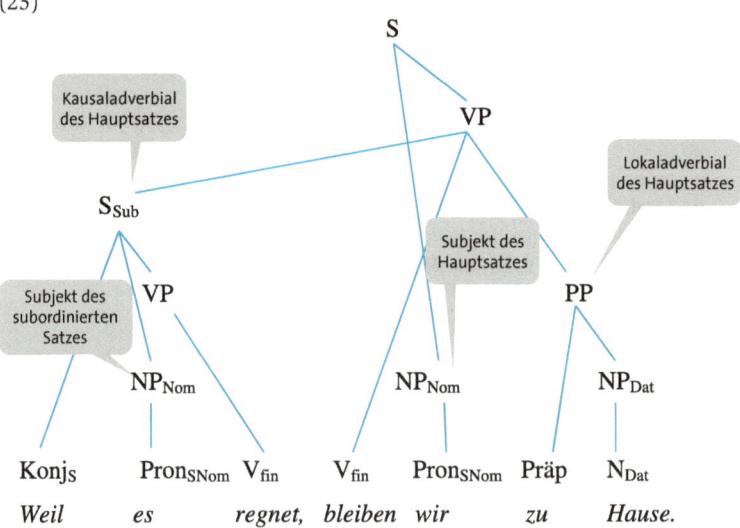

In (23) stellt der subordinierte Satz *weil es regnet* ein Kausaladverbial zu dem Prädikat *bleiben* des Hauptsatzes, für das er einen Grund (kausal =

einen Grund betreffend) angibt (*regnet* ist das Prädikat des Nebensatzes, *bleiben* das Prädikat des Hauptsatzes).

Adverbial vs. Präpositionalobjekt: Eine der schwierigsten Aufgaben bei der Bestimmung von Adverbialen besteht darin, die Aufgabe von Präpositionalphrasen zu bestimmen. Präpositionalphrasen, die direkt einer Verbphrase untergeordnet sind, sind meistens Adverbiale, d. h. sie werden vom Verb nicht gefordert. Es gibt aber auch, wie oben beschrieben, Präpositionalphrasen, die vom Verb gefordert werden und dann funktional Präpositionalobjekte des Prädikats sind, wie in (24).

(24)

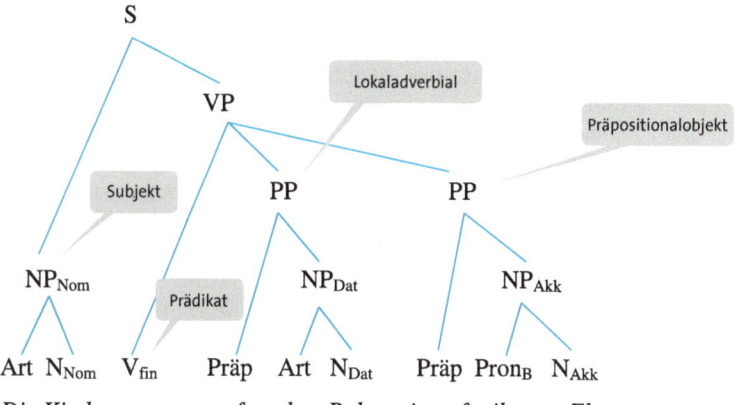

Die Kinder warteten auf dem Bahnsteig auf ihre Eltern.

Obwohl beide Präpositionalphrasen aus (24) sehr ähnlich aussehen und die gleiche Struktur aufweisen, hat die erste die Funktion eines Ortsadverbials und die zweite die eines Präpositionalobjekts. Das liegt daran, dass die Präpositionalphrase *auf dem Bahnsteig* ohne Probleme weggelassen werden kann. Sie wird vom Verb nicht gefordert, sondern liefert eine zusätzliche Angabe des Ortes, an dem die vom Verb beschriebene Handlung stattfindet. Anders sieht es dagegen mit der zweiten Präpositionalphrase aus. Diese wird vom Verb gefordert, d. h. das Verb *warten* stellt zwei Forderungen auf: Zum einen fordert es jemanden, der wartet, und zum anderen jemanden, auf den gewartet wird. Das führt zu der Struktur *X wartet auf Y*. Im Wörterbuch muss daher auch das Verb wie folgt notiert werden: *warten auf X*. Man könnte nun argumentieren, dass man ja auch *warten* ohne *auf X* verwenden kann. Das ist zwar möglich, man kann sagen: *Die Kinder warteten*. Allerdings ist dabei dann nur auf der syntaktischen Oberfläche die Ergänzung weggelassen worden, mitgedacht wird sie immer (Ellipse). Man kann nie ›einfach so‹ warten, sondern man wartet immer auf irgendetwas. Bei der Ortsangabe ist das nicht so. Wenn man etwa einen Satz wie *Er wartet auf seine Beförderung.* sagt, dann sind dort Ortsangaben definitiv unnötig, da man ja immer und überall auf seine Beförderung warten kann.

Tests zur Unterscheidung von Adverbial und Präpositionalobjekt: Vielen fällt die Unterscheidung von Präpositionalobjekt und Adverbial schwer. Es gibt allerdings einige Tests, die die Entscheidung erleichtern:

1. Wird die Präpositionalphrase vom Verb gefordert? Wenn sie Teil der Verbvalenz ist (*warten auf*, *lachen über*, *berichten von* etc.), dann handelt es sich um ein Präpositionalobjekt, wenn nicht, um ein Adverbial.
2. Hat die Präposition ihre ursprüngliche Bedeutung oder hat sie ihre Bedeutung verändert oder gar verloren? Wenn die ursprüngliche Bedeutung aktiviert ist, dann handelt es sich um ein Adverbial, ansonsten um ein Präpositionalobjekt. Wenn man Sätze wie *Er wartet auf den Zug.*, *Sie lacht über den Witz.* oder *Er berichtet von seinem Urlaub.* äußert, merkt man, dass *auf*, *über* und *von* nicht eine Ortsrelation kodieren, sondern vom Verb abhängig sind und keine eigene Bedeutung mehr haben.
3. Kann man die Präpositionalphrase durch ein Präpositionaladverb ersetzen oder durch ein einfaches Adverb? Wenn man ein Präpositionaladverb einsetzen muss, das die ursprüngliche Präposition beinhaltet, dann handelt es sich um ein Präpositionalobjekt (*Er wartet auf den Zug. / Er wartet darauf.*; *Sie lacht über den Witz. / Sie lacht darüber.*; *Er berichtet von seinem Urlaub. / Er berichtet davon.*). Wenn man dagegen ein einfaches Adverb oder ein Präpositionaladverb, das nicht die ursprüngliche Präposition enthält, einsetzen kann, handelt es sich um ein Adverbial (*Er wartet auf dem Bahnsteig. / Er wartet dort.*; *Der Ballon schwebt über dem Haus. / Er schwebt dort.*; *Der Brandgeruch kommt von dem Stromzähler. / Der Brandgeruch kommt daher.*).
4. Kann man die Präpositionen austauschen oder nicht? Wenn ja, handelt es sich um ein Adverbial, wenn nicht, um ein Präpositionalobjekt: *Er wartet auf/neben/hinter/vor dem Bahnsteig. Der Ballon schwebt über/neben dem Haus. Der Brandgeruch kommt von/aus dem Stromkasten.* Dagegen: *Er wartet auf/*neben/*hinter/*vor seine Eltern. Sie lacht über/*neben den Witz.* Bei *Er berichtet von seinem Urlaub.* ist es möglich, einige andere Präpositionen einzusetzen. Diese sind allerdings alle ebenfalls semantisch entleert und bedeutungsähnlich zu *von*: *Er berichtet über seinen Urlaub. Er berichtet aus seinem Urlaub.*

Adverbiale vs. Prädikative: Wie mehrfach erwähnt, besteht die Funktion von Adverbialen darin, sich auf ein Verb zu beziehen, aber von diesem nicht gefordert zu werden. Beispiele (25) und (26), die auf den ersten Blick sehr ähnlich zu sein scheinen, machen noch einmal deutlich, was gemeint ist, wenn ein Satzglied sich auf ein Verb bezieht.

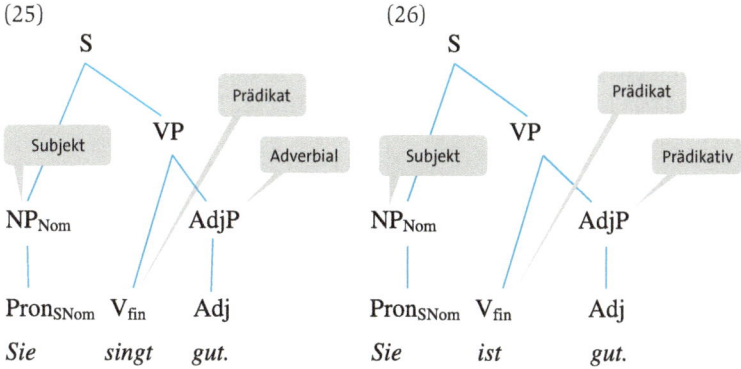

Trotz ihrer Ähnlichkeit müssen die Sätze unterschiedlich analysiert werden: In (25) bezieht sich die Adjektivphrase auf das Verb, *sie* hat also die Funktion eines Adverbials. Die Tätigkeit des Singens wird dadurch positiv bewertet. Über die Sängerin selbst wird keine Aussage gemacht, sondern nur über ihren Gesang. In (26) dagegen wird nicht eine Aussage über das Verb *ist* gemacht, das hier ohnehin nur eine inhaltsleere Kopula ist. Vielmehr möchte man der Person eine Eigenschaft zuschreiben: *Eine gute Person*. Worin die Person gut ist, wird durch den Kontext geklärt. Die Adjektivphrase ›springt‹ also sozusagen über das Verb hinweg auf das Pronomen *sie* und bestimmt es näher. Besonders deutlich wird dieser Unterschied, wenn man den Satz erweitert: Man kann im ersten Fall sagen *Sie singt gut, aber sie ist schlecht.* und im zweiten *Sie ist gut, aber sie singt schlecht.* Hier werden die Bezüge eindeutig hergestellt, d. h. im ersten Satz bewertet man den Gesang positiv und die persönliche (oder eine andere) Qualität der Person negativ, im zweiten Fall ist es umgekehrt.

Adverbiale und Prädikative im Englischen: In anderen Sprachen, wie dem Englischen, muss man die funktionalen Unterschiede auch formal markieren. Während im Deutschen in beiden Fällen ein Adjektiv verwendet wird, muss man im Englischen zu einem Adverb wechseln. Der erste Satz würde heißen *She sings well.* Das Adverb *well* zeigt auf der formalen Seite an, dass es sich funktional nicht um ein Prädikativ, sondern um ein Adverbial handelt. Wenn man dagegen die Eigenschaft einer Person beschreiben will, so müsste man sagen: *She is good.* Das Adjektiv *good* markiert formal, dass es sich funktional um ein Prädikativ handelt. Da das Englische die funktionalen Unterschiede konsequent formal, d. h. auf der Wortartenebene, wiederspiegelt, führt das dazu, dass im Englischen von allen Adjektiven immer auch eine Variante als Adverb vorliegt, was im Deutschen nicht der Fall ist. Im Deutschen gibt es nur die Adjektive *gut, schlecht, laut, schön, hoch, schnell, breit, süß* etc. Im Englischen gibt es dagegen immer zwei Formen, einmal die Adjektive (*good, bad, loud, beautiful, high, quick, broad, sweet* etc.) und einmal die Parallelformen als Adverbien (*well, badly, loudly, beautifully, highly, quickly, broadly, sweetly* etc.). Im Deutschen bestehen die Unterschiede also nur auf der funktionalen, nicht zugleich auch auf der formalen Seite.

Durch die fehlende formale Unterscheidung von Adverbialen und Prädikativen können Probleme entstehen, wie der ambige (mehrdeutige) Satz (27) »Ein Hund riecht eine Million Mal besser als ein Mensch« zeigt, der einer unfreiwillig komischen Überschrift der Zeitung *Ahrensburger Markt* entnommen ist (zitiert nach »Hohlspiegel« 3/2013: 142).

(27)

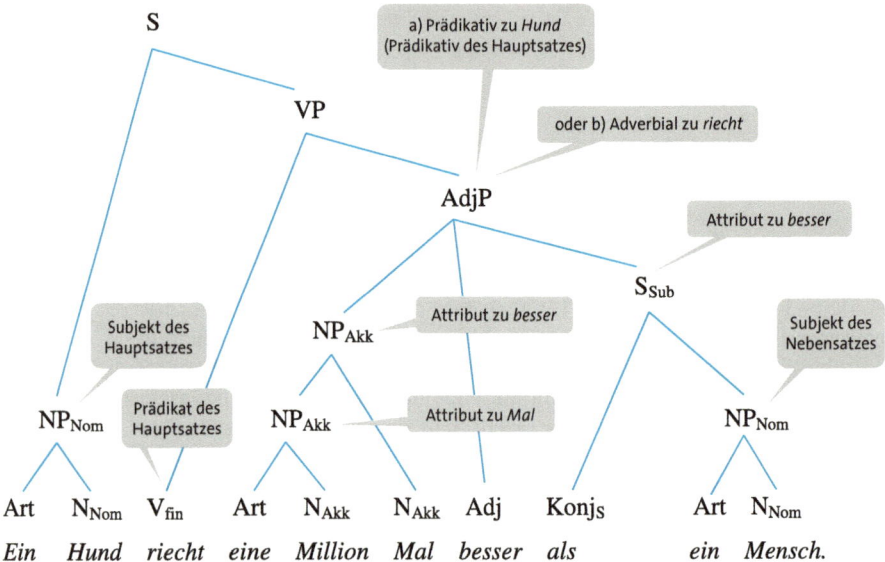

Die Ambiguität des Satzes (27) beruht darauf, dass die Adjektivphrase *eine Million Mal besser als ein Mensch* sowohl die Funktion eines Adverbials einnehmen kann als auch eines Prädikativs (s. Kap. 9.1.5).

Zur Vertiefung

als-X-Strukturen

Die Struktur *als ein Mensch* ist ein Sonderfall. Eigentlich ist diese Einheit nicht satzwertig, weil ihr ein Verb fehlt. Es gibt auch Ansätze, nach denen *als* daher als Präposition klassifiziert wird. Gegen diese Sichtweise spricht, dass *als* keinen Kasus fordert. Zudem hat *als* eindeutig verknüpfende Funktionen. Eine Lösung besteht darin, dass man annimmt, dass mit *als* ein elliptischer Satz koordiniert wird, d. h. der *als*-Satz wäre hier: *...als ein Mensch riecht*. In diesem Fall wäre mit *riecht* dann die Verbphrase gegeben, die mit der Nominalphrase im Nominativ *ein Mensch* den Satz vollständig aufbaut.

Im ersten Fall der Analyse von Beispiel (27) würde sich die Adjektivphrase *eine Million Mal besser als ein Mensch* auf das Verb *riechen* beziehen, d. h. die Handlung des Riechens würde positiv bewertet werden. Das ist die Absicht, die der Journalist der Zeitung eigentlich hatte: Ein Hund kann die Tätigkeit des Riechens eine Million Mal besser ausüben als ein Mensch, da er eine feinere Nase hat. Es ist aber strukturell ebenfalls möglich, die Adjektivphrase als Prädikativ zu deuten. Ein Prädikativ bezieht sich nicht auf ein Verb, sondern ›springt‹ über ein Verb hinweg zu einem Nomen. In diesem Fall würde die Adjektivphrase sich als Subjektsprädikativ auf den Hund beziehen und diesem eine Eigenschaft zuweisen. Es ist nun nicht mehr die Aktivität des Riechens, die beschrieben wird, sondern dem Hund selbst wird eine Eigenschaft zugewiesen, nämlich eine sehr positive: Der Hund hat eine einhundert Mal bessere Qualität als der Mensch, und zwar bezogen auf seinen Körpergeruch – mit anderen Worten: Der Hund duftet! Das Verb *riechen* würde in dem Fall nicht mehr eine aktivische Handlung angeben, sondern lediglich anzeigen, auf was sich die Qualitätsangabe bezieht. Unser Weltwissen hilft uns natürlich in diesem Fall, sehr schnell die Entscheidung für die Lesart als Adverbial zu stimmen und nicht für die als Prädikativ, weil wir wissen, dass (vor allem nasse) Hunde nicht gut riechen. Das Potential für ein Missverständnis bleibt aber bestehen.

Im Englischen müsste auch hier auf der Wortartenebene der Unterschied wieder eindeutig markiert werden: Wenn man über einen gerade frisch gewaschenen und schamponierten Hund sagen will, dass er nun gut riecht (im Sinne von duftet), müsste man ein Adjektiv verwenden, das auf der formalen Seite bereits markiert, dass die Funktion eines Prädikativs beabsichtigt ist: *The dog smells good*. Wenn man dagegen stolz auf seinen Jagdhund mit hervorragendem Geruchssinn ist und sagen will, dass er besonders gut die Tätigkeit des Riechens ausüben kann, muss man das entsprechende Adverb verwenden: *The dog smells well*. Diese Koppelung von formaler und funktionaler Seite ist im Deutschen nicht gegeben, wir verwenden in beiden Fällen ein Adjektiv, was zu dem potentiellen Missverständnis und somit zur Aufnahme des oben analysierten Satzes im »Hohlspiegel« führte.

9.1.5 | Das Prädikativ

Man unterscheidet zwischen zwei Arten von Prädikativen, den Subjekts- und den Objektsprädikativen. Erstere sind weitaus häufiger, da sie typisch für Sätze mit Kopulaverben sind. Ein Prädikativ hat eine gewisse Ähnlichkeit mit einem Attribut, da auch die Prädikative Eigenschaften zuschreiben. Allerdings sind Prädikative, anders als Attribute, nicht in ein anderes Satzglied eingebettet, sondern sie sind Teil der Verbphrase. Die Eigenschaften, die Prädikative einer Nominalphrase zuschreiben, müssen also sozusagen immer über ein Verb hinweg ›springen‹. Im Folgenden werden mit (28) bis (32) fünf Beispiele für verschiedene Arten von Subjektsprädikativen illustriert, danach mit (33) ein Beispiel für einen Objektsprädikativ.

(28)

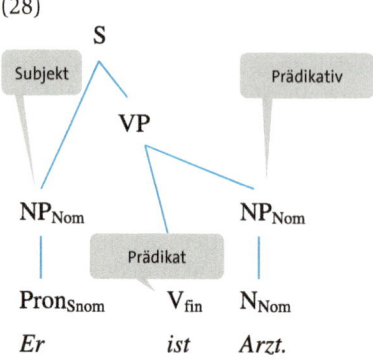

(29)

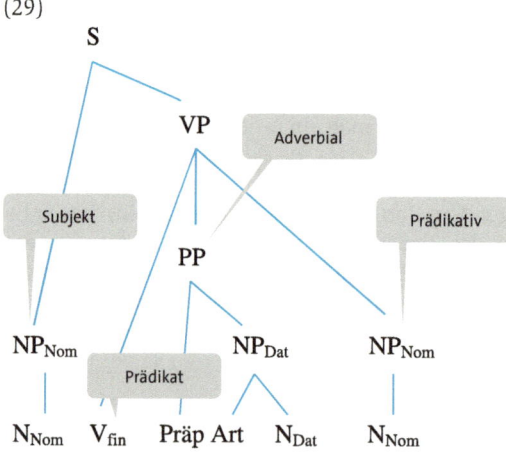

Obama bleibt nach der Neuwahl Präsident.

In (28) und (29) liegen jeweils zwei Nominalphrasen im Nominativ vor. Um zu klären, welche die Funktion des Subjekts hat (also als Subjekt ›jobbt‹) und welche nicht, muss gefragt werden, welche der Nominalphrasen die Grundlage im Satz ist, über die die Aussage gemacht wird. Im ersten Fall ist dies das Pronomen *er*, im zweiten *Obama*. Die jeweils zweite Nominalphrase im Nominativ ist dann das Subjektsprädikativ, d. h. sie schreibt der ersten eine Eigenschaft zu. Das Pronomen *er* wird durch *Arzt* näher bestimmt und *Obama* durch *Präsident*. Die Prädikative funktionieren dabei ähnlich wie Attribute: Wenn man sagen würde *Präsident Obama*, würde sich *Präsident* als Attribut auf *Obama* beziehen und wäre diesem Nomen untergeordnet. Bei einem Prädikativ ›springt‹ die Information *Präsident* des Prädikativs aber über das Verb auf die Nominalphrase, was typisch für Prädikative ist.

Subjektsprädikative müssen nicht unbedingt Nominalphrasen im Nominativ sein, auch Adjektivphrasen (30), Adverbphrasen (31) oder Präpositionalphrasen (32) können diese Funktion haben.

(30)

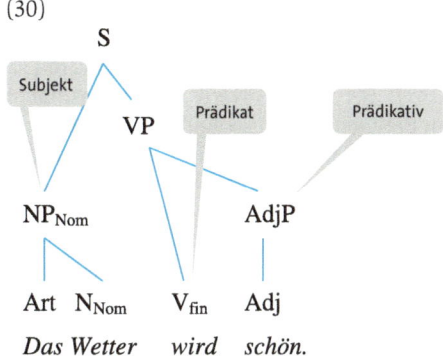

Das Wetter wird schön.

(31)

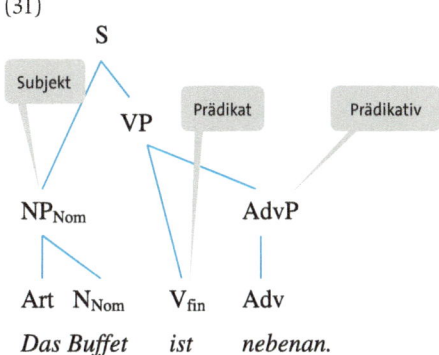

Das Buffet ist nebenan.

(32)

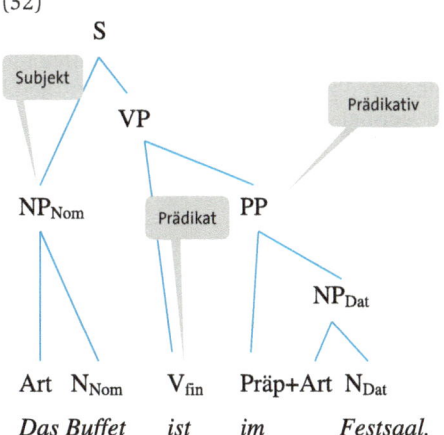

Das Buffet ist im Festsaal.

In Beispiel (30) wird dem Nomen *Wetter* eine Eigenschaft zugeschrieben, die darin besteht, *schön* zu sein. Hier sind die Bezüge zu Attributen noch deutlicher zu sehen (s. die Analyse des Satzes *Das schöne Wetter dauert an.* in Kapitel 9.2 zu Attributen), aber eben auch die Unterschiede: *schön* ist direkt der Verbphrase untergeordnet, nicht der Nominalphrase *das Wetter*, und die Information *schön* muss ebenfalls wieder über das Kopulaverb ›springen‹. In (31) stellt die Adverbphrase *nebenan* das Prädikativ, in (32) die Präpositionalphrase *im Festsaal*. Bei diesen Adverb- und Präpositionalphrasen ist die Zuordnung zum Prädikativ nicht so einfach wie bei Adjektiv- oder Nominalphrasen. Das liegt daran, dass die Eigenschaftszuschreibung zu einem Nomen oder Adjektiv bei Adverbien oder Präpositionalphrasen nicht so klar hervortritt. – Ein Objektsprädikativ findet sich in Beispiel (33).

(33)

```
                        S
          Subjekt   Akkusativobjekt   Objektsprädikativ
                        VP
          Prädikatsteil I              Prädikatsteil II
          NP_Nom       NP_Akk  NP_Akk
          Pron_SNom V_fin Pron_B N_Akk Art N_Akk V_inf
          Er       hat  seinen Bruder einen Lügner genannt.
```

Bei den Objektsprädikativen liegt das gleiche ›Problem‹ wie bei den Subjektsprädikativen vor, nur dass nun zwei Nominalphrasen in einem anderen Kasus als dem Nominativ, z. B. im Akkusativ, vorliegen. Eine der beiden Nominalphrasen bezieht sich auf die andere und schreibt dem Nomen der anderen Nominalphrase eine Eigenschaft zu. Man muss also zunächst klären, welche Nominalphrase die Grundlage bildet und welche die Zuschreibung der Eigenschaft leistet. In (33) ist *seinen Bruder* die Einheit, die als bekannt vorausgesetzt wird, während *einen Lügner* die Zuschreibung der Eigenschaft, also die Prädikation über *seinen Bruder* darstellt. Die Eigenschaft, ein Lügner zu sein, ›springt‹ also über die Verbphrase auf die Nominalphrase *seinen Bruder*.

9.2 | Das Satzteilglied Attribut

Attribute bestimmen Nomen oder Adjektive näher. Ein Attribut ist immer entweder einer Nominalphrase oder einer Adjektivphrase untergeordnet, bildet also ein Satz*teil*glied. Die Funktion eines Attributs besteht in einer Zuschreibung von Eigenschaften und Merkmalen zu einem Nomen oder Adjektiv. Den ›Job‹ eines Attributs können sehr viele unterschiedliche Phrasen ausüben: Es gibt Adjektivphrasen (34), Nominalphrasen (35), Präpositionalphrasen (37), ganze Sätze wie Relativsätze, Infinitivsätze und subordinierte Sätze (38) und Adverbphrasen (39), die funktional als Attribute ›jobben‹:

(34)

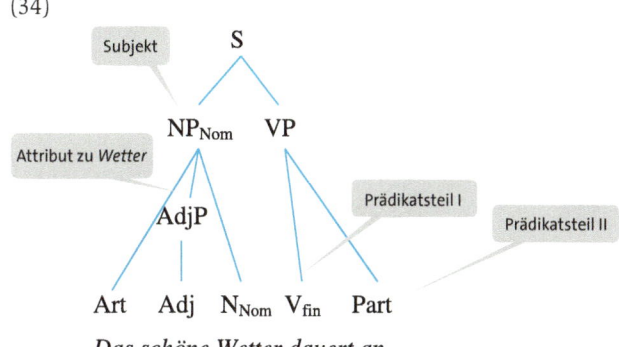

Das schöne Wetter dauert an.

Beispiel (34) stellt mit einem Adjektivattribut, d. h. einer Adjektivphrase, die ein Nomen attribuiert und diesem untergeordnet ist, den häufigsten Fall eines Attributs dar.

Beispiel (35) illustriert die Verwendung einer Nominalphrase in der Funktion eines Attributs.

(35)

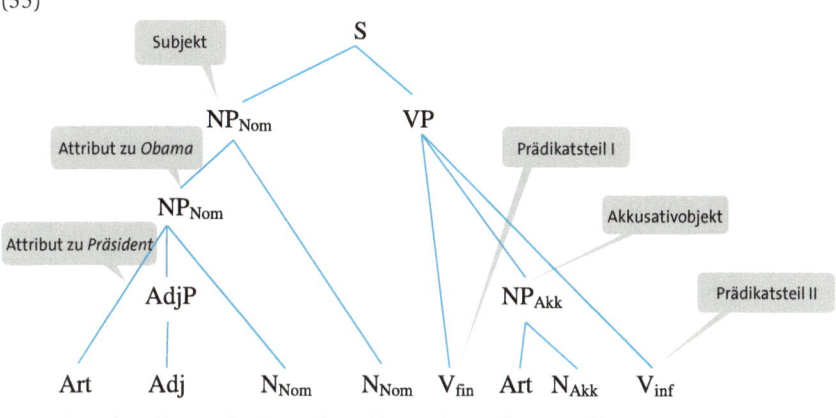

Der demokratische Präsident Obama hat die Wahlen gewonnen.

In (35) wird zunächst durch die Adjektivphrase *demokratische* das Nomen *Präsident* attribuiert. Die Nominalphrase *der demokratische Präsident* als Ganze attribuiert wiederum das Nomen *Obama*. Formal wird eine solche Struktur, bei der zwei Nominalphrasen ›nebeneinander‹ stehen und die eine sich auf die andere attribuierend bezieht, Apposition genannt (s. Kap. 8.2).

Verschachtelung von Attributen: Attribute können sehr komplex ineinander verschachtelt sein. Beispiel (36) illustriert eine solche Verschachtelung von unterschiedlichen Attributen, bei der eine Präpositionalphrase als Attribut einer Adjektivphrase untergeordnet ist, also ein Adjektiv attribuiert.

(36)

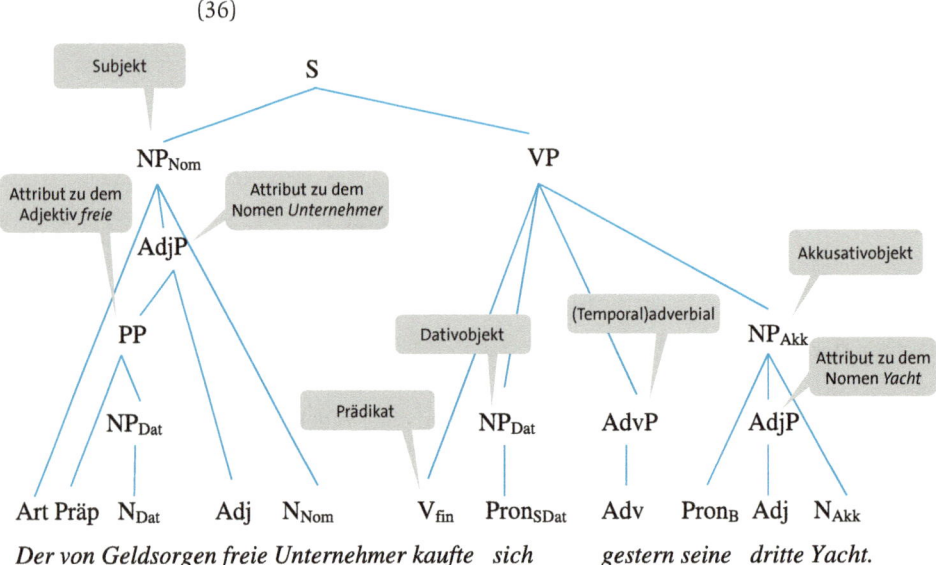

Der von Geldsorgen freie Unternehmer kaufte sich gestern seine dritte Yacht.

In (36) befinden sich insgesamt drei Attribute. Das erste ist ein einfaches Attribut, das Adjektiv *dritte* bestimmt das Nomen *Yacht* näher und ist der Nominalphrase untergeordnet. Komplizierter wird es dagegen mit *von Geldsorgen* und *von Geldsorgen freie*. Hier wird wieder deutlich, weshalb eine strukturelle Analyse vor der Satzgliedanalyse unerlässlich ist: Der Phrasenstrukturbaum zeigt an, dass die Präpositionalphrase *von Geldsorgen* der Adjektivphrase mit *freie* als Kopf untergeordnet ist. Auf die Frage nach der Qualität oder Eigenschaft von *freie* kann man also die Antwort geben, dass es sich um eine *Freiheit von Geldsorgen* handelt. Die gesamte Adjektivphrase *von Geldsorgen freie* wiederum attribuiert nun das Nomen *Unternehmer*. Es läuft also eine Art ›Fragekaskade‹ ab, bei der das jeweils untergeordnete Attribut schrittweise erfragt werden kann: Frage: *Was für ein Unternehmer?* Antwort: *Ein freier Unternehmer.* Frage: *Frei in Bezug worauf?* Antwort: *Frei von Geldsorgen.*

Beispiel (37) zeigt eine extrem komplexe Verschachtelung von Attributen, die Adjektiv-, Nominal- und Präpositionalattribute umfasst:

(37)

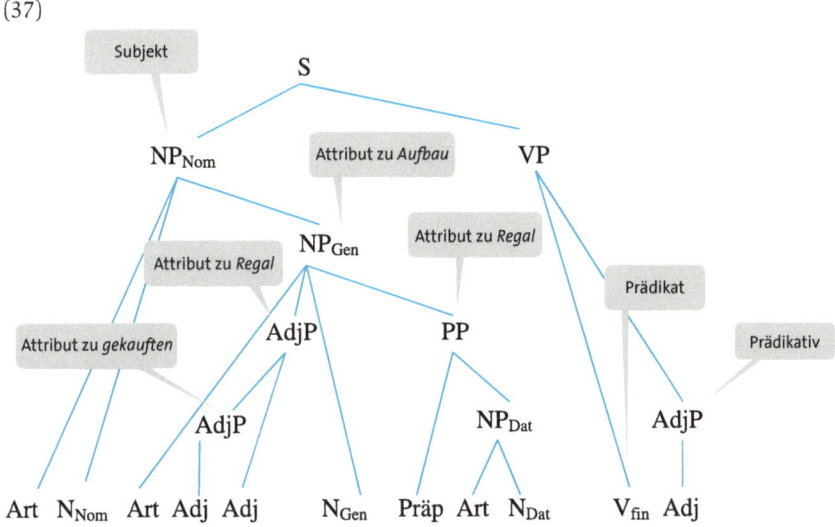

Der Aufbau des neu gekauften Regals aus dem Baumarkt war einfach.

Die Fragekaskade zeigt, wie tief die Attributhierarchien in (37) liegen: Frage: *Was für ein Aufbau?* Antwort: *Des Regals.* Frage. *Was für ein Regal?* Antwort: *Des gekauften Regals.* Frage: *Wann gekauft?* Antwort: *Neu gekauft.* Frage: *Woher?* Antwort: *Aus dem Baumarkt.* Diese Verschachtelung wird durch den Phrasenstrukturbaum deutlich gemacht. Die Adjektivphrase *neu gekauften* und die Präpositionalphrase *aus dem Baumarkt* sind dabei auf der gleichen Hierarchieebene anzusiedeln, beide bestimmen das Nomen *Regal* näher. Das Adjektiv *neu* ist auf der niedrigsten Hierarchieebene anzusetzen, es bestimmt *gekauften* näher. Die Nominalphrase *des neu gekauften Regals aus dem Baumarkt* dagegen bestimmt das Nomen *Aufbau* näher und ist das Attribut auf der höchsten Hierarchieebene. (Wie erwähnt, gibt es hier eine zweite Möglichkeit der Analyse: Man könnte diejenigen Einheiten, die von einem Adjektiv, Nomen oder von einer Präposition als Ergänzung gefordert werden, als sekundäre Objekte bezeichnen. In dem Fall wäre dann *neu* ein sekundäres Objekt und kein Attribut (s. die Vertiefung zu sekundären Objekten in Kap. 9.1.3).

Sätze als Attribute (Attributsätze): Der folgende Satz illustriert die Verwendung eines attributiven Relativsatzes:

(38)

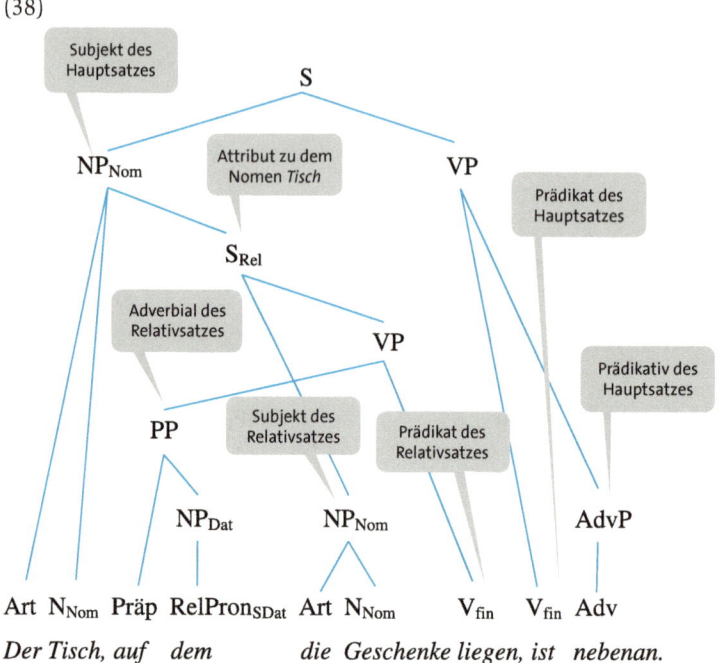

Der Tisch, auf dem die Geschenke liegen, ist nebenan.

In (38) ist der Relativsatz *auf dem die Geschenke liegen* der Nominalphrase *der Tisch* untergeordnet. Funktional dient der Relativsatz dazu, den *Tisch* näher zu bestimmen, er attribuiert also das Nomen. Auch Sätze mit subordinierenden Konjunktionen können als Attribute ›arbeiten‹, wie z. B. *Die Angabe, dass er schon volljährig sei, stimmt nicht.*, wo der subordinierte Satz *dass er schon volljährig sei* sich auf das Nomen *Angabe* bezieht. Gleiches gilt auch für Infinitivsätze wie *Der Vorschlag, noch etwas zu bleiben, wurde einstimmig angenommen.*, wo der Infinitivsatz *noch etwas zu bleiben* sich auf das Nomen *Vorschlag* bezieht.

Adverbien als Attribute: Schließlich ist es auch möglich, dass eine Adverbphrase als Attribut eingesetzt wird, wie in (39).

(39)

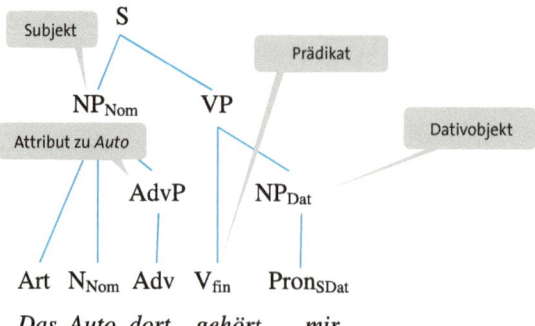

Das Auto dort gehört mir.

Die Adverbphrase *dort* ist in (39) Teil der Nominalphrase und bestimmt das Nomen *Auto* näher. Damit erfüllt die Adverbphrase die formalen (Unterordnung in eine Nominalphrase oder Adjektivphrase) ebenso wie die funktionalen (Attribuierung eines Nomens oder Adjektivs) Kriterien eines Attributs.

Arbeitsaufgaben

Aufgabe 1: In welchem der Sätze liegt ein Präpositionalobjekt vor, in welchen ein Adverbial?
(1) *Sie trinkt ein Bier an der Bar.*
(2) *Sie denkt an ihre Freunde.*
(3) *Sie lehnt an der Bar.*
(4) *Sie hängt an ihrem Leben.*
(5) *Sie studiert in Essen.*

Aufgabe 2: Am Ende des Kapitels zur Phrasenstrukturanalyse bestand die Aufgabe darin, die Phrasenstrukturbäume der folgenden drei Sätze zu zeichnen. Erweitern Sie jetzt die Phrasenstrukturanalyse um Funktionen (Satzglieder):
(1) *Wir müssen jede sich uns bietende Gelegenheit nutzen, um aus unseren Fehlern zu lernen.*
(2) *Das gepflegte Hotel bietet Urlaubern, die Erholung suchen, alles, was das Herz begehrt.*
(3) *Wenn sich die Wogen wieder geglättet haben, ist es Zeit für eine Analyse der Verhandlungen.*

10 Das Feldermodell – »Die schreckliche deutsche Sprache...«

10.1 Die Felder des Verbzweitsatzes (V2-Satz)
10.2 Die Felder des Verberstsatzes (V1-Satz)
10.3 Die Felder des Verbletztsatzes (Verbendsatz)
10.4 Die Koordinationsposition (KP)
10.5 Die Erweiterung des Feldermodells: Vor-Vorfeld und rechtes Außenfeld

Das Feldermodell (topologisches Modell) wurde speziell für die Beschreibung der deutschen Sprache entwickelt. Ein solches ›Sondermodell‹ ist deshalb notwendig, weil das Deutsche, wie Mark Twain in seinem humoristischen Aufsatz »Die schreckliche Deutsche Sprache« einfühlsam beschreibt, für Nicht-Muttersprachler besonders verwirrende Verbstellungen aufweist. Schon am Anfang dieser Einführung wurde darauf hingewiesen, dass z. B. das Englische als Wortstellung *Subjekt – Prädikat – Objekt* aufweist. Dies gilt sowohl in Hauptsätzen (*Yesterday you must have met him in the park.*) als auch in Nebensätzen (*I said that yesterday you must have met him in the park.*). Nur in den Entscheidungsfragesätzen steht im Englischen ein Prädikatsteil vor dem Subjekt (*Did you meet him in the park yesterday?*).

Im Deutschen gibt es dagegen keine feste Abfolge von Satzgliedern, sondern drei Satzgrundmuster, die durch die Verbstellung gekennzeichnet sind. Für einen Amerikaner wie Mark Twain besonders auffällig ist dabei, dass im Nebensatz das Verb an das Satzende verschoben werden muss (*Ich sagte, dass du ihn gestern im Park getroffen hast.*), und dass immer dann, wenn ein Prädikat aus mehreren Teilen besteht (z. B. Hilfsverb + Vollverb; Modalverb + Vollverb; Verbpartikel + Verb), der infinite Verbteil bzw. die Verbpartikel auch in Hauptsätzen an das Ende wandern muss: *Gestern hast du ihn im Park getroffen. Gestern musstest du ihn im Park getroffen haben. Gestern sprachst du ihn im Park an.*). Dieses Phänomen des ›auseinandergerissenen‹ Verbs wird **Verbalklammer** oder **Satzklammer** genannt.

Zur Vertiefung

Klammersprache Deutsch

Das Deutsche kann als eine ›Klammersprache‹ beschrieben werden. Am deutlichsten ist das beim Verb zu beobachten: Alle Verben, die nicht im Präsens oder Präteritum stehen, müssen grundsätzlich eine Satzklammer bilden: *Ich habe ihn nicht getroffen. Er wurde von seiner Schwester geschlagen. Sie hatte ihre Handtasche im Zug liegen lassen* etc. Darüber hinaus bilden auch im Präsens und Präteritum die Partikelverben eine Klammer, sie werden ›auseinandergerissen‹: *Ich schalte den Herd ein. Wir machten die Tür auf.* Immer dann, wenn Modalverben eingesetzt werden, wird ebenfalls eine Klammer aus Modalverb und Vollverb gebildet: *Ich kann ihn nicht leiden. Ich muss sie morgen benachrichtigen. Wir wollen unseren*

10 Das Feldermodell – »Die schreckliche deutsche Sprache...«

> *Urlaub in Spanien verbringen*. Das Feldermodell wurde aus genau dem Grund entwickelt, dass es kein Grammatikmodell gab, das diese Besonderheit, die das Deutsche mit nur sehr wenigen anderen Sprachen der Welt (u. a. dem Niederländischen) gemeinsam hat, erfassen konnte.
>
> Neben der reinen Verbklammer gibt es noch eine Klammerstruktur, die bei subordinierenden Konjunktionen zu beobachten ist. Diese interagieren mit dem Verb und verdrängen es an das Satzende, so dass eine Klammer entsteht, die aus der subordinierenden Konjunktion und dem Verbkomplex entsteht: ...*dass* er ihr die Unterlagen *gegeben hat*...; ...*wenn* wir den Abwasch *erledigt haben*...; ...*während* der Fernseher *läuft*... etc.
>
> Die Klammerstruktur geht im Deutschen aber über die Verbklammer hinaus: Man kann auch die Struktur von Nominalphrasen als eine Klammerstruktur beschreiben, da die meisten Attribute von dem Artikel oder Begleitpronomen und dem Nomen eingeklammert werden: *die* kürzlich über den Rhein gebaute und gestern eröffnete *Brücke* oder *sein* mit viel Mühen und Herzblut restauriertes *Auto* etc.
>
> Schließlich ist in manchen Regionen in Deutschland sogar die Tendenz zu beobachten, Pronominaladverbien auseinanderzureißen und so eine Pronominaladverbklammer zu bilden: *Da* kann ich nichts *für*! *Da* weiß ich nichts *von*. *Da* habe ich nichts *gegen*. anstatt *Dafür* kann ich nichts!, *Davon* weiß ich nichts. und *Dagegen* habe ich nichts.

Mark Twain merkt an, dass er als Amerikaner immer den Überblick über den Satz verliert, wenn er so lange auf das Verb warten muss, und er schlägt eine Reform des Deutschen vor: »Als nächstes würde ich das Verb weiter nach vorn schieben. Man kann mit einem noch so guten Verb laden, ich stelle doch fest, dass man bei der gegenwärtigen deutschen Entfernung nie wirklich ein Subjekt zur Strecke bringt – man verletzt es nur. Deswegen bestehe ich darauf, dass diese wichtige Wortart an einen Punkt vorgeschoben wird, wo sie mit bloßem Auge leicht zu erkennen ist« (Mark Twain o. A./1878: 23). Wie absurd deutsche Sätze durch diese Klammerstruktur wirken können, illustriert Mark Twain anhand eines angeblich aus einem deutschen Roman entnommenen Beispielsatzes (Mark Twain o. A./1878: 11):

Da die Koffer nun bereit waren, REISTE er, nachdem er seine Mutter und Schwestern geküsst und noch einmal sein angebetetes Gretchen an den Busen gedrückt hatte, die, in schlichten weißen Musselin gekleidet, mit einer einzigen Teerose in den weiten Wellen ihres üppigen braunen Haares, kraftlos die Stufen herabgewankt war, noch bleich von der Angst und Aufregung des vergangenen Abends, aber voller Sehnsucht, ihren armen, schmerzenden Kopf noch einmal an die Brust dessen zu legen, den sie inniger liebte als ihr Leben, AB.

Überträgt man diesen Satz in das Englische, so Mark Twain, kommt dabei folgender Satz heraus:

The trunks being now ready, he DE- after kissing his mother and sisters, and once more pressing to his bosom his adored Gretchen, who, dressed in simple white muslin, with a single tuberose in the ample folds of her rich brown hair, had tottered feebly down the stairs, still pale from the terror and excitement of the past evening, but longing to lay her poor aching head yet once again upon the breast of him whom she loved more dearly than life itself, PARTED.

Um diese ungewöhnlich erscheinenden Satzmuster zu erfassen, wurde das Feldermodell (**das topologische Modell**) des Deutschen entwickelt. Es hat sich vor allem im Fremdsprachenunterricht schnell durchgesetzt, wird aber auch in der Germanistik im Bereich der Erforschung der Strukturen gesprochener Sprache verwendet. Anders als die Phrasenstrukturgrammatik ist das Feldermodell eine rein oberflächenorientierte Beschreibung, d. h. es werden keine internen Hierarchien abgebildet, sondern die Sätze stets danach gegliedert, wo das Verb steht. Das Feldermodell reicht daher als alleiniges Syntaxmodell nicht aus, um das Deutsche vollständig beschreiben zu können, ist aber hervorragend dafür geeignet, ein Inventar der Satztypen des Deutschen zu liefern (d. h. der formalen Varianten von Sätzen, die über die Verbstellung gekennzeichnet sind) und diese mit Satzmodi zu verbinden (d. h. Funktionen der Satztypen).

Die folgenden Satztypen lassen sich über die Verbstellung bestimmen:

Das topologische Modell

1. Sätze mit Verbspitzenstellung: Hier steht das finite Verb an erster Stelle im Satz. Wenn infinite Verbteile oder Verbpartikeln vorhanden sind, dann stehen diese am Ende des Satzes und bilden eine Verbklammer:

Drei Satztypen

Hast du die Unterlagen? (nur finites Verb)
Hast du die Unterlagen mitgebracht? (finites und infinites Verb)
Bringst du die Unterlagen mit? (finites Verb und Verbpartikel)

Nach ihren Funktionen geordnet, unterteilen sich Sätze mit Verbspitzenstellung in:
- **Entscheidungsfragesätze (*ja/nein*-Fragesätze):** Es handelt sich dabei um Sätze, mit denen nach einer Entscheidung gefragt wird. Typische Antworten sind *ja* und *nein*, aber auch mit Kommentaradverbien (*vielleicht, leider, wahrscheinlich, unglücklicherweise* etc.) kann darauf geantwortet werden. Beispiele: *Hast du morgen Zeit? Kommt er an Weihnachten zu Besuch? Wirst du die Prüfungen bestehen? War der Vorschlag gut?* etc.
- **Imperativsätze (Aufforderungs- oder Befehlssätze):** Bei Aufforderungen und Befehlen wird ebenfalls das Verb an die Spitze des Satzes gestellt. Beispiele: *Gehen wir! Mach die Tür zu! Lass uns verschwinden!*
- **Optativsätze (Wunschsätze):** Dieser Satztyp ist nicht weit verbreitet und klingt heutzutage etwas veraltet. Beispiele: *Wäre es doch nur schon Abend! Käme er doch nur bald zurück!*
- **Konditionalsätze (Bedingungssätze):** Es gibt zwei Arten von Konditionalsätzen. Ein Typ wird mit *wenn* eingeleitet und weist Verbendstellung auf, der andere wird mit der Verbspitzenstellung realisiert. Die Konditionalsätze mit Verbspitzenstellung sind, anders als die mit Verbendstellung, nicht weit verbreitet. Beispiele: *Regnet es morgen, (bleiben wir zu Hause). Hat er seine Seminarunterlagen wieder zu Hause vergessen, (verliert er den Seminarplatz).*

2. Sätze mit Verbendstellung: Hier steht der komplette Verbkomplex, also sowohl die finiten als auch die infiniten Verbteile, am Satzende. Die Verbendstellung (auch Verbletztstellung genannt) kommt nur bei Nebensätzen vor. Das gilt für die durch eine subordinierende Konjunktion eingeleiteten

Nebensätze ebenso wie für die durch ein Relativpronomen oder Relativadverb eingeleiteten Relativsätze und die Infinitivsätze (die jeweils übergeordneten Sätze sind im Folgenden eingeklammert; es geht hier nur um die Sätze, die nicht in Klammern stehen):

- **Subordinierte Sätze** sind praktisch immer einem Matrixsatz untergeordnet, sie können im Normalfall nicht alleine stehen und sind daher unselbständige Sätze. Beispiele: *(Er sagt), dass es morgen vermutlich sehr stark regnen wird. Obwohl es eigentlich für eine Prognose noch viel zu früh ist, (hat das Allensbach Institut einen Ausgang der Wahl vorherzusagen versucht). (Es ist verboten, ein Auto zu fahren), wenn man starke Medikamente einnehmen muss.* Nur in einer etwas veralteten Form können Sätze mit Verbendstellung auch als Exklamativsätze (Ausrufesätze) alleine stehen. Beispiele: *Dass dich der Teufel hol! Dass der es wieder geschafft hat, (damit durchzukommen!).*
- **Relativsätze** sind ebenfalls immer unselbständig, brauchen also einen Matrixsatz, dem sie untergeordnet werden. Beispiele: *(Der Mann,) dessen Hund das Kind aus der Nachbarschaft gebissen hat, (wurde angezeigt). (Ich habe das neue Auto,) auf das ich lange gespart habe, (jetzt endlich gekauft.).*
- **Infinitivsätze** müssen ebenfalls einem Matrixsatz untergeordnet werden und können nicht alleine stehen. Beispiele: *(Es ist verboten,) ein Auto zu fahren, (wenn man starke Medikamente einnehmen muss.) (Wir haben vergessen,) die erst kürzlich eingebaute Alarmanlage abzuschalten. (Es ist sicherer,) abzuwarten. (Sie beeilt sich,) um noch rechtzeitig zur Klausur zu kommen. Um die Anlage in Betrieb nehmen zu können, (muss zunächst der Generator eingeschaltet werden.).*

3. Sätze mit Verbzweitstellung: Dies ist insofern die größte Gruppe, als alle ›ganz normalen‹ Hauptsätze, d. h. Aussagesätze, Verbzweitstellung aufweisen. Neben Aussagesätzen werden auch Ergänzungsfragesätze und die (relativ seltenen) Exklamativsätze mit Verbzweitstellung realisiert:

- **Aussagesätze:** Wenn in einem Satz nur ein finites Verb vorkommt, dann muss es an der sogenannten zweiten Position realisiert werden, d. h. vor dem finiten Verb darf nur eine einzige Phrase stehen. Diese Phrase kann zwar sehr komplex sein, aber es darf nur eine Phrase sein. Wenn der Verbkomplex aus mehreren Teilen besteht, steht nur der finite Verbteil an der zweiten Position, der Rest steht am Ende des Satzes. Beispiele: *Morgen regnet es in ganz Deutschland sehr stark. Morgen wird es in ganz Deutschland sehr stark regnen. Morgen soll es in ganz Deutschland sehr stark regnen. Auf dem Berg weht immer ein frischer Wind. Während unseres letzten Urlaubs haben wir uns wunderbar entspannt. Bis Ende nächster Woche muss er in jedem Fall alle Aufgaben gelöst haben.*
- Auch **Exklamativsätze (Ausrufesätze)** können in der Verbzweitstellung realisiert werden. Sie unterscheiden sich dann über die Prosodie (Tonhöhenverlauf, Akzentsetzung) oder die graphische Realisierung von Aussagesätzen. Beispiele: *Er hat die Hausaufgaben vergessen.* (Aussagesatz) *Er hat die Hausaufgaben vergessen?!?* (Exklamativsatz).

Die Felder des Verbzweitsatzes (V2-Satz) — 10.1

- **Ergänzungsfragesätze (*w*-Fragen):** Während mit Entscheidungsfragen nach *ja* oder *nein* gefragt wird, kann man mit Ergänzungsfragen nach einzelnen Satzgliedern fragen. Da dafür *w*-Fragewörter (sowohl Interrogativpronomen als auch Interrogativadverbien) eingesetzt werden, nennt man diesen Satztyp auch *w*-Frage. Beispiele: *Wo findet die Veranstaltung statt? Wann wird er am Flughafen eintreffen? Warum hast du in den letzten Jahren nie Zeit gehabt? Wen willst du denn damit überzeugen? Wessen Kind hat den Stecker aus der Steckdose gezogen?*

Wieso heißt das hier vorgestellte Syntaxmodell nun Feldermodell (bzw. topologisches Modell, von Griechisch ›tópos‹ ›Ort‹ bzw. ›Platz‹)? Die Antwort lautet: Weil jeweils das Verb bzw. die finiten und die infiniten Verbteile als wichtigste Einheiten im Satz als Orientierungspunkte genommen werden und der Satz um das Verb bzw. die Verbteile herum in Felder (bzw. Plätze) aufgeteilt wird.

10.1 | Die Felder des Verbzweitsatzes (V2-Satz)

Eines dieser Felder ist bereits bekannt, es handelt sich um das Vorfeld (VF), das für die Bestimmung der Wortarten unerlässlich ist. Im Normalfall geht man für schriftsprachliche Verbzweitsätze (Aussage-, Ergänzungsfrage- oder Exklamativsätze) von drei Feldern und zwei Satzklammern aus, die jedoch nicht immer besetzt sein müssen. Die Felder werden jeweils um das Verb bzw. die Verbteile herum bestimmt, die die Satzklammer bilden. Entscheidend bei der Bestimmung der Felder ist somit immer das Verb. Das Verb besetzt in Verbzweitsätzen mindestens die **linke Satzklammer (lSK)** und, falls mehrere Verbteile vorliegen, auch die **rechte Satzklammer (rSK)**. In einem Verbzweitsatz gibt es ausschließlich das Verb, das die Satzklammern besetzt. Von dem beiden Satzklammern kann das sogenannte Mittelfeld (MF) eingeklammert werden und nach der rechten Satzklammer kann das Nachfeld (NF) realisiert werden.

Linke Satzklammer und rechte Satzklammer

> VF – Vorfeld
> lSK – linke Satzklammer
> MF – Mittelfeld
> rSK – rechte Satzklammer
> NF – Nachfeld

Die Felder des Verbzweitsatzes

In dem Satz *Meine Eltern haben das Auto gestern zur Werkstatt gebracht, weil der Motor Öl verliert.* sind alle Felder besetzt:

(1)

VF	lSK	MF	rSK	NF
Meine Eltern	haben	das Auto gestern zur Werkstatt	gebracht,	weil der Motor Öl verliert.

203

10 Das Feldermodell – »Die schreckliche deutsche Sprache...«

Der erste Schritt beim Bestimmen der Felder eines Satzes besteht darin, das Verb bzw. alle Verbteile des Hauptsatzes ausfindig zu machen (auch der Nebensatz muss in Felder unterteilt werden; s. Kap. 10.3). Wenn nur ein einziges Verb vorhanden ist, dann besetzt dieses immer die linke Satzklammer. Wenn, wie in Beispiel (1), mehrere Verbteile (z. B. Hilfsverb(en) + Vollverb wie in *haben ... gebracht, werden ... bringen, hatten ... gebracht, werden ... gebracht haben, werden ... gebracht worden sein* oder Modalverb (+ evtl. Hilfsverb) + Vollverb wie in *müssen ... bringen, können ... gebracht haben, wollen ... bringen* etc.) vorliegen, dann stellt das finite Verb (das Hilfsverb oder Modalverb) die linke Satzklammer, während alle übrigen Verbteile zusammen in der rechten Satzklammer stehen. Das kann bei komplexen Verben entsprechend zu umfangreichen rechten Satzklammern führen: In Beispiel (2) wird das Vollverb *bringen* nicht nur mit dem Modalverb *müssen* kombiniert, sondern steht auch noch im Passiv und in der Vergangenheit:

(2)

VF	lSK	MF	rSK	NF
Das Auto	muss	von meinen Eltern in die Werkstatt	gebracht worden sein,	weil es nicht mehr in der Garage steht.

Auch immer dann, wenn ein **Partikelverb** im Hauptsatz verwendet wird, ist die rechte Satzklammer besetzt, und zwar durch die Verbpartikel, wie in Satz (3) *Der Wachmann schließt die Tür ab, wenn alle das Gebäude verlassen haben.*

(3)

VF	lSK	MF	rSK	NF
Der Wachmann	schließt	die Tür	ab,	wenn alle das Gebäude verlassen haben.

Dieses ›Auseinanderreißen‹ von Verben ist typisch für das Deutsche und trägt dazu bei, dass das Deutsche eine ›klammerbildende‹ oder ›klammerliebende‹ Sprache ist: Es besteht eine starke Präferenz dafür, in Hauptsätzen Satzklammern zu bilden. Sobald ein Verb im Passiv, Futur, Perfekt oder Plusquamperfekt steht oder der *würde*-Konjunktiv bzw. ein Modalverb verwendet wird, entsteht automatisch die Satzklammer. Nur im Präsens und im Präteritum (sowohl im Indikativ als auch im Konjunktiv) ist es überhaupt möglich, dass nur ein einziges Verb in einem Satz vorkommt. In diesem Fall ziehen die Sprecher des Deutschen es aber vor, lieber ein Partikelverb zu nehmen, wenn sie die Wahl haben, also lieber *Ich mache die Tür auf.* als *Ich öffne die Tür.*, lieber *Das Flugzeug fliegt gerade los.* als *Das Flugzeug startet gerade.*, lieber *Das Auto hält an der Ampel an.* als *Das Auto stoppt an der Ampel.* etc.

Wie bereits mehrfach erwähnt, ist eine wichtige Besonderheit des deutschen Satzbaus (genauer: des Verbzweitsatzes im Deutschen), dass vor dem finiten Verb eine – und nur eine – Konstituente stehen darf, dass die Wahl dieser Konstituente aber frei ist (jedes Satzglied kann auch im Vorfeld stehen). In Bezug auf den in Beispiel (1) vorgestellten Satz *Meine El-*

tern haben das Auto gestern zur Werkstatt gebracht, weil der Motor Öl verliert. bedeutet das, dass die in (4) dargestellten Varianten möglich sind:

(4)

VF	lSK	MF	rSK	NF
Meine Eltern	haben	das Auto gestern zur Werkstatt	gebracht,	weil der Motor Öl verliert.
Gestern	haben	meine Eltern das Auto zur Werkstatt	gebracht,	weil der Motor Öl verliert.
Das Auto	haben	meine Eltern gestern zur Werkstatt	gebracht,	weil der Motor Öl verliert.
Zur Werkstatt	haben	meine Eltern das Auto gestern	gebracht,	weil der Motor Öl verliert.
Weil der Motor Öl verliert,	haben	meine Eltern das Auto gestern zur Werkstatt	gebracht.	

Der einzige Unterschied zwischen diesen Varianten liegt auf einer argumentationsstrukturellen oder stilistischen Ebene, d.h. auf der Ebene der sogenannten Thema-Rhema-Gliederung.

> **Thema und Rhema** *Zur Vertiefung*
>
> Die Unterscheidung in Thema und Rhema bezeichnet in der Linguistik die Einordnung von Satzbestandteilen in diejenigen, bei denen der Sprecher davon ausgeht, dass sie dem Hörer bekannt sind, und diejenigen, die neue Informationen bereitstellen. Das **Thema** (das, was als bekannt vorausgesetzt wird) und das **Rhema** (die neue Information über das Thema) können erstens über die Betonung markiert werden (das Betonte ist meist das Rhema, das Unbetonte das Thema, vgl. GESTERN *habe ich das Auto zur Werkstatt gebracht. / Gestern habe* ICH *das Auto zur Werkstatt gebracht. / Gestern habe ich* DAS AUTO *zur Werkstatt gebracht.*), zweitens über die Wahl von Aktiv und Passiv (durch eine Passivkonstruktion kann man den Handelnden aus einer Aussage sozusagen ›herausnehmen‹ und somit als Thema, als bekannte und unwichtige Information markieren, (vgl. *Ich habe das Auto zur Werkstatt gebracht. / Das Auto wurde zur Werkstatt gebracht.*) und drittens über die Wortstellung: Die Konstituente, die im Vorfeld steht, wird, sofern sie nicht betont wird, als Thema wahrgenommen, der Rest als Rhema.

Bei der letzten Satzvariante aus (4), in der der subordinierte Satz – der natürlich als *Satz* auch wieder nur eine einzige (!) Konstituente ist – im Vorfeld steht, wird deutlich, dass die Felderanalyse sich immer an dem Verb orientiert: Was zählt, sind die Positionen von dem finitem und dem infiniten Verb, die die Satzklammern bilden. Die übrigen Felder entstehen um diese Satzklammern herum.

Leere Felder: Ein Problem für die Analyse entsteht dann, wenn nicht alle Felder besetzt sind, und ganz besonders dann, wenn die rechte Satzklammer nicht besetzt ist, weil nur ein einziges Verb (d.h. nur das finite

Verb) im Satz vorkommt. In einem solchen Fall sind die übrigen Felderpositionen trotzdem vorhanden, nur eben nicht besetzt:

(5)

VF	lSK	MF	rSK	NF
Es	regnet.			

Dass es wichtig ist, diese ›leeren‹ Felder zu berücksichtigen, merkt man dann, wenn man Sätze wie *Es regnet, weil gerade ein Tiefdruckgebiet vorbeizieht.* analysieren will. Auf den ersten Blick könnte man meinen, dass *weil gerade ein Tiefdruckgebiet vorbeizieht* das Mittelfeld besetzt. Das ist aber nicht der Fall, wie (6) zeigt:

(6)

VF	lSK	MF	rSK	NF
Es	regnet,			weil gerade ein Tiefdruckgebiet vorbeizieht.

Dass der subordinierte Satz im Nachfeld steht, wird deutlich, wenn man eine Satzklammer bildet, wie in (7):

(7)

VF	lSK	MF	rSK	NF
Es	hat	heute den ganzen Tag	geregnet,	weil gerade ein Tiefdruckgebiet vorbeizieht.

Auch das Mittelfeld kann, wie in (8), ›unsichtbar‹ sein.

(8)

VF	lSK	MF	rSK	NF
Wir	werden		gewinnen.	

Dass hier ein ›unsichtbares‹ Mittelfeld vorliegt, merkt man, wenn man weitere Satzglieder hinzufügt. Diese müssen dann wie in (9) zwischen linker und rechter Satzklammer positioniert werden

(9)

VF	lSK	MF	rSK	NF
Wir	werden	dieses Spiel mit Sicherheit	gewinnen.	

Fazit: Wenn man einen Satz analysiert, bei dem nur ein finites Verb (ohne Verbpartikel und ohne infinite Verbteile) vorkommt, muss man immer das Verb z. B. in das Futur oder Perfekt setzen, um zwei Verbteile zu erhalten, denn erst dann kann man die Klammern sehen und die restlichen Felder bestimmen: *Er schläft, obwohl er arbeiten müsste.* kann man in *Er hat die ganze Zeit geschlafen, obwohl er arbeiten müsste.* umwandeln. Ebenso muss man bei Sätzen, die nur aus Vorfeld und linker (und evtl. rechter) Satzklammer bestehen, z. B. adverbiale Angaben hinzufügen, um das Mittelfeld ›sichtbar‹ zu machen: *Er hat gelacht.* kann man in *Er hat laut über den Witz gelacht.* umwandeln.

Das Nachfeld: Zum Schluss muss noch das Nachfeld etwas eingehender behandelt werden. Das Nachfeld ist insofern ein besonderer Fall, als die Einheiten, die im Nachfeld platziert werden können, dort nicht grammatikalisch zwingend stehen, sondern die Nachfeldbesetzung eher stilistische Gründe hat.

Typische Nachfeldbesetzungen sind normalerweise subordinierte Sätze. Das liegt daran, dass im Deutschen eine stilistische Regel existiert, die besagt, dass das Mittelfeld nicht zu umfangreich werden sollte, d. h. umfangreiche Satzglieder werden ›ausgelagert‹ (ein Grund für diese Regel besteht darin, dass ein zu großes Mittelfeld kognitiv schwer zu verarbeiten ist). Das betrifft vor allem Objekt- und Adverbialsätze sowie Relativsätze. In dem bereits als Beispiel (1) analysierten Satz ist ein Adverbialsatz (ein Kausaladverbial) im Nachfeld realisiert.

(10)

VF	lSK	MF	rSK	NF
Meine Eltern	haben	das Auto gestern zur Werkstatt	gebracht,	weil der Motor Öl verliert.

Es ist aber auch möglich, wenn auch stilistisch etwas unbeholfener, den Adverbialsatz aus (10) innerhalb des Mittelfeldes, wie in (11), zu realisieren.

(11)

VF	lSK	MF	rSK	NF
Meine Eltern	haben	das Auto, weil der Motor Öl verliert, gestern zur Werkstatt	gebracht.	

Hier ist der Adverbialsatz zwischen der linken und rechten Satzklammer in das Mittelfeld integriert. Je länger das Mittelfeld ist, desto weniger akzeptabel (aus stilistischer Perspektive) wird ein solcher Satz allerdings. Auf die Spitze getrieben hat Mark Twain ein überdehntes Mittelfeld, das in (12) analysiert wird.

(12)

VF	lSK	MF	rSK	NF
Da die Koffer nun bereit waren,	reiste	er, nachdem er seine Mutter und Schwestern geküsst und noch einmal sein angebetetes Gretchen an den Busen gedrückt hatte, die, in schlichten weißen Musselin gekleidet, mit einer einzigen Teerose in den weiten Wellen ihres üppigen braunen Haares, kraftlos die Stufen herabgewankt war, noch bleich von der Angst und Aufregung des vergangenen Abends, aber voller Sehnsucht, ihren armen, schmerzenden Kopf noch einmal an die Brust dessen zu legen, den sie inniger liebte als ihr Leben,	ab.	

Ausklammerung: Ein solcher Satz ist nicht nur für Amerikaner absurd, auch Deutsche finden ihn stilistisch misslungen. Eine Möglichkeit, den Satz etwas akzeptabler zu gestalten, besteht darin, den durch die subordinierende Konjunktion *nachdem* eingeleiteten extrem komplexen Nebensatz aus dem Mittelfeld herauszunehmen und in das Nachfeld zu verschieben. Man nennt diese Prozedur Ausklammerung: Eine Konstituente wird aus dem durch die Satzklammer eingeklammerten Mittelfeld herausgenommen und in das Nachfeld verschoben, wie in (13) illustriert wird.

(13)

VF	lSK	MF	rSK	NF
Da die Koffer nun bereit waren,	reiste	er	ab,	nachdem er seine Mutter und Schwestern geküsst und noch einmal sein angebetetes Gretchen an den Busen gedrückt hatte, die, in schlichten weißen Musselin gekleidet, mit einer einzigen Teerose in den weiten Wellen ihres üppigen braunen Haares, kraftlos die Stufen herabgewankt war, noch bleich von der Angst und Aufregung des vergangenen Abends, aber voller Sehnsucht, ihren armen, schmerzenden Kopf noch einmal an die Brust dessen zu legen, den sie inniger liebte als ihr Leben.

Ausklammerungen kommen, wie bereits erwähnt, typischerweise dann vor, wenn es im Mittelfeld umfangreiche Satzglieder gibt. Wenn in einer Nominalphrase ein Relativsatz eingebettet ist, kann dieser, wie der Vergleich von (14) und (15) zeigt, ebenfalls ausgeklammert werden.

(14)

VF	lSK	MF	rSK	NF
Er	will	sein altes Auto seiner Schwester, die jeden Tag zwei Stunden zur Arbeit fahren muss,	schenken.	

(15)

VF	lSK	MF	rSK	NF
Er	will	sein altes Auto seiner Schwester	schenken,	die jeden Tag zwei Stunden zur Arbeit fahren muss.

Nachtrag: Während nach schriftsprachlichen Normen das Phänomen der Ausklammerung typisch für umfangreiche, satzwertige Einheiten ist, kommen in der gesprochenen Sprache Ausklammerungen auch bei kurzen Satzgliedern vor. Diese Nachfeldbesetzungen werden oft durch die strukturellen Bedingungen des Sprechens ausgelöst, z. B. dadurch, dass Satzglieder während einer Äußerung ›vergessen‹ wurden, d. h. die rechte Satzklammer schon geliefert wurde, und daher im Nachfeld nachgetragen werden müssen. Anders als die schriftsprachlichen Ausklammerungen sind diese Nachfeldbesetzungen oft eher ungeplant. Entsprechend nennt man diese Art der Ausklammerung auch Nachtrag. Die authentischen Beispiele in (16) stammen aus Alltagsgesprächen (zitiert nach Imo 2011: 245 und 248).

(16)

VF	lSK	MF	rSK	NF
Ich	hab	mich	beworben	in Hotels.
So	wurden	wir einmal	geweckt	hier.

Im ersten Satz wird die Präpositionalphrase *in Hotels* als Nachtrag geliefert (normgrammatisch würde man die Struktur *Ich habe mich in Hotels beworben.* erwarten) und im zweiten Satz das Adverb *hier* (*So wurden wir hier einmal geweckt.*). Nachträge können in der gesprochenen Sprache nicht nur die Funktion haben, ›Vergessenes‹ nachzuliefern, man kann das Nachfeld auch benutzen, um die Konstituente, die dort steht, besonders hervorzuheben. Wenn das Nachfeld zu einem solchen informationsstrukturellen Zweck verwendet wird, dann finden sich oft noch Einleitungsfloskeln wie *und zwar, übrigens, ausgerechnet, und das, genauer gesagt* o. Ä. vor der Einheit im Nachfeld: *Ich habe mich beworben, und zwar in Hotels. So wurden wir einmal geweckt, und das ausgerechnet hier.*

Rechtsversetzung: Neben der Ausklammerung, bei der ein Element aus dem Mittelfeld in das Nachfeld verschoben wird, gibt es auch das Phänomen der **Rechtsversetzung** (das Gegenstück **Linksversetzung** wird in Kapitel 10.5.1 behandelt). Dabei wird zwar auch ein Teil des Satzes in das Nachfeld ausgelagert, im Mittelfeld bleibt aber ein Pronomen bestehen, das als ›Platzhalter‹ für die ausgelagerte Einheit fungiert.

(17)

VF	lSK	MF	rSK	NF
Ich	habe	ihre neuen Freunde gestern im Park	getroffen.	

(18)

VF	lSK	MF	rSK	NF
Ich	habe	sie gestern im Park	getroffen,	ihre neuen Freunde.

In (17) sind bis auf das Subjekt alle Satzglieder im Mittelfeld realisiert. In (18) dagegen wurde das Akkusativobjekt *ihre neuen Freunde* in das Nachfeld verschoben, wobei dann das Pronomen *sie* als ›Platzhalter‹ im Mittelfeld erhalten bleibt und als Korrelatwort auf die zu erwartende inhaltliche ›Füllung‹ verweist.

10.2 | Die Felder des Verberstsatzes (V1-Satz)

Auch in einem Verberstsatz kann nur das Verb die rechte und linke Satzklammer besetzen. Im Unterschied zu Verbzweitsätzen besitzen Verberstsätze allerdings kein Vorfeld, sondern beginnen direkt mit der linken Satzklammer, d. h. mit dem finiten Verb. Wie oben erwähnt, gibt es vier Satztypen, die Verberststellung aufweisen:

- **Entscheidungsfragesätze (ja/nein-Fragesätze)** wie *Wird er die Prüfungen bestehen, obwohl er nicht viel dafür gearbeitet hat?* oder *Kommst du zu meinem Geburtstag?*
- **Imperativsätze (Aufforderungs- oder Befehlssätze)** wie *Mach die Tür zu!* oder *Verschwinde!*
- **Optativsätze (Wunschsätze)** wie *Wäre es doch nur schon Abend!* oder *Käme er doch nur bald zurück!*

Vier Satztypen, die Verberststellung aufweisen

- **Konditionalsätze (Bedingungssätze)** wie *Regnet es morgen, bleiben wir zu Hause.* oder *Hat er seine Seminarunterlagen wieder vergessen, obwohl ich ihn mehrmals ermahnt hatte, wird er seinen Seminarplatz verlieren.*

(19)

lSK	MF	rSK	NF
Wird	er die Prüfungen	bestehen,	obwohl er nicht viel dafür gearbeitet hat?
Kommst	du zu meinem Geburtstag?		
Mach	die Tür	zu!	
Verschwinde!			
Wäre	es doch nur schon Abend!		
Käme	er doch nur bald	zurück!	
Hat	er seine Seminarunterlagen wieder zu Hause	vergessen,	obwohl ich ihn mehrmals ermahnt hatte,

Wie man sehen kann, haben alle Verberstsätze kein Vorfeld, sondern beginnen mit der linken Satzklammer. Zudem gibt es auch bei den Imperativsätzen Verberstsätze, die ausschließlich aus der linken Satzklammer bestehen, wie bei *Verschwinde!* Konditionalsätze sind etwas komplizierter im Aufbau. Ein Verberst-Konditionalsatz kann – anders als die anderen Verberstsätze – niemals alleine stehen. Damit gleicht der Verberst-Konditionalsatz den Verbendsätzen (s. Kap. 10.3), die ebenfalls nicht alleine stehen können. Das bedeutet, dass ein Verberst-Konditionalsatz immer einen sogenannten Matrixsatz benötigt, in den er eingebettet ist. Der **Matrixsatz** ist der übergeordnete Satz, der Verberst-Konditionalsatz der hierarchisch untergeordnete, wie die komplexen Sätze in (20) und (21) zeigen.

(20)

VF			lSK	MF	rSK
lSK	MF	rSK			
Regnet	es morgen,		bleiben	wir zu Hause.	

(21)

VF			lSK	MF	rSK
lSK	MF	rSK			
Hat	er seine Unterlagen wieder	vergessen,	wird	er seinen Seminarplatz	verlieren.

Der Matrixsatz ist in (20) *Wir bleiben zu Hause.* und in (21) *Er wird seinen Seminarplatz verlieren.* Die beiden Verberst-Konditionalsätze *Regnet es morgen* und *Hat er seine Unterlagen wieder vergessen* sind diesen Matrixsätzen untergeordnet (mehr zu solchen Strukturen in Kap. 10.3). In der Phrasenstrukturanalyse wären sie in beiden Fällen Teil der Verbphrase des jeweiligen Matrixsatzes. Funktional handelt es sich um Konditionaladverbiale. Die Darstellung in der Tabelle zeigt, dass das Vorfeld des Matrixsatzes jeweils von dem Verberst-Konditionalsatz besetzt wird. Achtung: Konditionalsatz (22) besteht nur aus linker Satzklammer und Mittelfeld, Konditionalsatz (23) aus linker Satzklammer, Mittelfeld und rechter Satzklammer. Das Nachfeld bleibt in beiden Fällen leer. Die Konditionalsätze alleine werden also wie in den Beispielen (22) und (23) in Feldern dargestellt.

(22)

lSK	MF	rSK	NF
Regnet	es morgen,		

(23)

lSK	MF	rSK	NF
Hat	er seine Unterlagen wieder	vergessen,	

In beiden Konditionalsätzen (22) und (23) ist das Nachfeld nicht besetzt, es ist aber natürlich auch möglich, in diese Sätze wieder einen weiteren Satz einzubetten, der dann im Nachfeld stehen kann, wie in (24).

(24)

lSK	MF	rSK	NF
Hat	er seine Unterlagen wieder	vergessen,	obwohl ich ihn mehrmals ermahnt hatte,

10.3 | Die Felder des Verbletztsatzes (Verbendsatz)

Es gibt drei Gruppen von Verbletztsätzen:
- **Sätze mit subordinierenden Konjunktionen** (*…weil es gestern hier sehr stark geregnet hat…, …obwohl wir dazu keine Lust haben…, …während er schon den Tisch abdeckt…*)
- **Relativsätze** (*…den ich gestern getroffen habe…, …dessen Dach neu gedeckt wurde…, …von dem wir uns viel erwarten…*)
- **Infinitivsätze** (*…die deutsche Grammatik zu verstehen…, …einmal nach Venedig zu fahren…, …um nicht zu spät zur Klausur zu kommen…*)

Drei Gruppen von Verbletztsätzen

Alle Verbletztsätze sind grundsätzlich unselbständige Sätze, d. h. sie können nicht alleine stehen, sondern müssen immer in einen anderen Satz eingebettet werden. Ein solcher übergeordneter Satz, der einen untergeordneten Satz (z. B. einen mit einer subordinierenden Konjunktion eingeleiteten Nebensatz, einen Relativsatz oder einen Infinitivsatz) enthält, wird Matrixsatz genannt.

10.3.1 | Sätze mit subordinierenden Konjunktionen

Sätze mit subordinierenden Konjunktionen sind immer Verbletztsätze, d. h. bei diesen Sätzen müssen alle Verbteile am Ende, in der rechten Satzklammer, stehen. Das würde bedeuten, dass die linke Satzklammer leer bleibt. In dem Feldermodell geht man nun aber davon aus, dass die subordinierende Konjunktion die linke Satzklammer einnimmt. Man kann dies dadurch begründen, das die subordinierende Konjunktion mit dem Verb insofern interagiert, als sie es an das Ende der Äußerung ›verdrängt‹. Subordinierende Konjunktionen sind aber die einzige Ausnahme von der Regel, dass nur Verben die Satzklammern besetzen dürfen! Auch ein subordinierter Satz kann selbst wieder ein Matrixsatz sein, wodurch sehr komplexe Verschachtelungen zustande kommen können. – Die möglichen Felder eines subordinierten Satzes werden in (25) dargestellt:

Felder eines subordinierten Satzes

(25)

lSK	MF	rSK	NF
...weil	er keine Lust	hat,	das Auto zu waschen.

In (25) enthält der subordinierte Satz einen Infinitivsatz im Nachfeld, er ist also einerseits selbst einem Matrixsatz untergeordnet und bildet andererseits den Matrixsatz für den Infinitivsatz.

Doch zunächst soll die Struktur von Matrixsatz und subordiniertem Satz anhand des etwas einfacheren Beispiels (26) erläutert werden.

(26)

VF	lSK	MF	rSK	NF		
				lSK	MF	rSK
Wir	sind	gestern zu Hause	geblieben,	weil	es so stark	geregnet hat.

Der Matrixsatz ist der Aussagesatz *Wir sind gestern zu Hause geblieben*. Dieser Satz kann alleine stehen, ist also ein selbständiger Satz. Dem Matrixsatz ist der subordinierte Satz *weil es so stark geregnet hat* untergeordnet. Der subordinierte Satz besetzt dabei das Nachfeld des Hauptsatzes, womit man anzeigt, dass er Teil des Matrixsatzes ist. In der Phrasenstrukturanalyse würde der subordinierte Satz Teil der Verbphrase des Hauptsatzes sein, funktional handelt es sich um einen Adverbialsatz (Kausaladverbial).

Achtung: Ein oft begangener Fehler bei der Analyse von subordinierten Sätzen besteht darin, dass der vorherige Matrixsatz oder Teile davon als Vorfeld des subordinierten Satzes bezeichnet werden. Das ist deshalb jedoch falsch, weil *Wir sind gestern zu Hause geblieben* in keiner Weise zu *weil es so stark geregnet hat* gehört. In dem subordinierten Satz sind alle notwendigen Satzglieder enthalten ($Es_{Subjekt}$ $hat_{PrädikatI}$ *so stark*$_{Adverbial}$ *geregnet*$_{PrädikatII}$.), er ist also vollständig. Dass der subordinierte Satz tatsächlich mit der linken Satzklammer beginnt und nicht mit einem Vorfeld, kann man dann besonders deutlich sehen, wenn der subordinierte Satz im

10.3 Die Felder des Verbletztsatzes (Verbendsatz)

Vorfeld des Matrixsatzes steht – in diesem Fall (wie in 27) fängt der Satz tatsächlich mit der subordinierenden Konjunktion an.

(27)

VF			lSK	MF
lSK	MF	rSK		
Dass	es gestern so stark	geregnet hat,	war	sehr ärgerlich.

Das Vorfeld des Matrixsatzes *X war sehr ärgerlich* wird in (27) durch den subordinierten Satz *Dass es gestern so stark geregnet hat* in der Funktion eines Subjekts (Subjektsatz) besetzt. In der Phrasenstrukturanalyse würde dieser Satz die Nominalphrase im Nominativ ersetzen, die zusammen mit der Verbphrase (*war sehr ärgerlich*) den Satz bildet.

In (28) ist ein subordinierter Satz Teil des Mittelfeldes des Matrixsatzes.

(28)

VF	lSK	MF				rSK
			lSK	MF	rSK	
Er	hat	die Frage,	ob	er Lust dazu	habe,	ganz klar	verneint.

Strukturell ist der subordinierte Satz *ob er Lust dazu habe* in die Nominalphrase *die Frage* eingebettet, also dem Nomen *Frage* untergeordnet.

Wie oben erwähnt, kann ein subordinierter Satz auch selbst wieder der Matrixsatz für einen weiteren, ihm untergeordneten Satz sein. In (29) ist der subordinierte Satz der Matrixsatz für einen Infinitivsatz.

(29)

VF	lSK	MF	rSK	NF				
				lSK	MF	rSK	NF	
							MF	rSK
Er	stellt	sich wieder furchtbar	an,	weil	er keine Lust	hat,	das Auto	zu waschen.

Hier liegt eine **komplexe hierarchische Satzstruktur** vor, da der gesamte Satz aus insgesamt drei Sätzen besteht. Diese umfassen:
- Matrixsatz auf höchster Ebene: *Er stellt sich wieder furchtbar an.*
- In diesen Matrixsatz ist der subordinierte Satz *weil er keine Lust hat* eingebettet.
- Der subordinierte Satz ist wiederum Matrixsatz für den in ihn eingebetteten Infinitivsatz *das Auto zu waschen* (zur Struktur von Infinitivsätzen s. Kap. 10.3.3). Der Infinitivsatz ist auf der untersten Hierarchieebene angeordnet.

Ein Subtyp der Infinitivsätze, nämlich diejenigen Infinitivsätze, die mit *um ... zu* verwendet werden, ist ebenfalls wie ein subordinierter Satz aufgebaut. Das liegt daran, dass die beiden Infinitivpartikeln zusammen eine Klammer bilden. Die Partikel *um* funktioniert dann so ähnlich wie eine subordinierende Konjunktion und besetzt entsprechend die linke Satzklammer, wie in (30).

(30)

VF	lSK	MF	rSK	NF		
				lSK	MF	rSK
Er	beeilt	sich,		um	nicht zu spät zu der Klausur	zu kommen.

10.3.2 | Relativsätze

Etwas verwirrend ist es, dass bei Relativsätzen, also Sätzen, die mit einem Relativpronomen oder Relativadverb eingeleitet werden (*Mein Bruder, den ich gestern getroffen habe, als ich einkaufen war, hat mir von seinem neuen Job erzählt.* oder *Die Stadt, wo ich lange gelebt habe, hat sich sehr verändert.*), das Relativpronomen bzw. das Relativadverb nicht die linke Satzklammer besetzt, obwohl auch die Relativpronomen bzw. Relativadverbien insofern mit dem Verb ›interagieren‹, als sie es an das Ende des Satzes verdrängen. Anders als Konjunktionen haben Relativpronomen (im Folgenden sind Relativadverbien immer mitgemeint) aber immer eine Satzgliedfunktion, während subordinierende Konjunktionen keine Satzgliedfunktion haben. Daher besetzen Relativpronomen nicht die linke Satzklammer, sondern das Vorfeld, während die linke Satzklammer unbesetzt bleibt.

Die möglichen **Felder eines Relativsatzes** werden in Beispielsatz (31) gezeigt:

(31)

Felder eines Relativsatzes

VF	MF	rSK	NF
...den	ich gestern	getroffen habe,	als ich einkaufen war.

Der Relativsatz ist in diesem Fall selbst auch wieder ein Matrixsatz, da er einen subordinierten Satz in seinem Nachfeld enthält.

Zunächst soll jedoch in (32) eine etwas einfachere Struktur aus Matrixsatz und Relativsatz vorgestellt werden:

(32)

VF				lSK	MF	rSK
	VF	MF	rSK			
Mein Bruder,	den	ich gestern	getroffen habe,	hat	mir von seinem neuen Job	erzählt.

Der Matrixsatz ist *Mein Bruder hat mir von seinem neuen Job erzählt.* Der Relativsatz *den ich gestern getroffen habe* ist in die Nominalphrase mit dem Kopf *Bruder* eingebettet, also ein Teil des gesamten Matrixsatzes.

Deutlich komplexer ist Satz (33), in dem der Relativsatz einerseits Teil des Matrixsatzes ist, aber selbst auch wieder die Funktion eines Matrixsatzes hat.

(33)

VF						ISK	MF	rSK
	VF	MF	rSK	NF				
				ISK	MF	rSK		
Mein Bruder,	den	ich gestern	getroffen habe,	als	ich	einkaufen war,	hat	mir von seinem neuen Job	erzählt.

Der subordinierte Satz *als ich einkaufen war* ist funktional betrachtet ein (Temporal)Adverbial zu dem Relativsatz *den ich gestern getroffen habe*, er bestimmt den Zeitpunkt und die Umstände näher, unter denen das Treffen stattgefunden hatte. Formal ist der subordinierte Satz Teil der Verbphrase des Relativsatzes. Insgesamt liegen also, wie man in der Tabellendarstellung erkennen kann, drei Hierarchiestufen vor:
1. Matrixsatz auf höchster Ebene: *Mein Bruder hat mir von seinem neuen Job erzählt.*
2. In diesen Matrixsatz ist der Relativsatz *den ich gestern getroffen habe* eingebettet.
3. Der Relativsatz ist wiederum Matrixsatz für den in ihn eingebetteten subordinierten Satz *als ich einkaufen war.* Dieser subordinierte Satz ist auf der niedrigsten Hierarchieebene angeordnet.

Bei Relativsätzen ist zu beachten, dass manchmal ein Relativpronomen auch Teil einer Präpositional- oder Nominalphrase sein kann. In diesem Fall besetzt dann die gesamte Phrase das Vorfeld. In den Beispielsätzen, die in (34) zusammengefasst sind, ist das Relativpronomen einmal als Stellvertreterpronomen Teil einer Präpositionalphrase (*von dem*) und einmal als Begleiterpronomen Teil einer Nominalphrase (*dessen Dach*).

(34)

VF	lSK	MF					rSK
			VF	MF	rSK		
Wir	haben	unseren Urlaub,	von dem	wir uns viel	erwarten,		geplant.
Wir	werden	unser Haus,	dessen Dach	neu	gedeckt wurde,	bald	verkaufen.

10.3.3 | Infinitivsätze (Infinitivphrasen)

In der strukturellen Darstellung haben wir bislang immer von Infinitivphrasen gesprochen, da diese Strukturen kein finites Verb enthalten. Im Feldermodell bezeichnet man diese Infinitivphrasen aber gewöhnlich als Infinitivsätze, daher wird hier dieser Ausdruck als Synonym verwendet. Auch die Infinitivsätze benötigen einen Matrixsatz, in den sie eingebettet werden. Infinitivsätze bestehen meist nur aus dem Mittelfeld und der rechten Satzklammer, gelegentlich auch noch aus einem Nachfeld, wobei die Infinitivpartikel und das Verb in der rechten Satzklammer stehen, der Rest im Mittelfeld.

Die möglichen **Felder eines Infinitivsatzes** (ausgenommen der Infinitivsätze mit *um ... zu*, die wie subordinierte Sätze aufgebaut sind) werden in (35) skizziert.

(35)

MF	rSK	NF
einmal nach Venedig	zu fahren,	wo Italien am schönsten ist.

Hier ist in den Infinitivsatz noch ein subordinierter Satz eingebettet, d. h. der Infinitivsatz benötigt selbst einen Matrixsatz und er ist der Matrixsatz für den subordinierten Satz.

Genau wie die andere Verbendsätze können Infinitivsätze im Vorfeld, Mittelfeld oder Nachfeld des Matrixsatzes stehen. In Beispiel (36) besetzt der Infinitivsatz *die deutsche Grammatik zu verstehen* das Nachfeld des Matrixsatzes:

(36)

VF	lSK	MF	rSK	NF	
				MF	rSK
Es	ist	nicht ganz einfach,		die deutsche Grammatik	zu verstehen.

In (37) besetzt der Infinitivsatz *Einmal nach Venedig zu fahren* das Vorfeld:

(37)

VF		lSK	MF
MF	rSK		
Einmal nach Venedig	zu fahren,	ist	der Traum jedes Urlaubers.

In (38) ist in den Infinitivsatz selbst noch ein Relativsatz eingebettet:

(38)

VF					lSK	MF
MF	rSK	NF				
		VF	MF	rSK		
Einmal nach Venedig	zu fahren,	wo	Italien am schönsten	ist,	ist	der Traum jedes Urlaubers.

Die hierarchische Struktur kann wie folgt beschrieben werden:
- Matrixsatz auf höchster Ebene: *X ist der Traum jedes Urlaubers*.
- In diesen Matrixsatz ist der Infinitivsatz *einmal nach Venedig zu fahren* eingebettet.
- Der Infinitivsatz ist wiederum Matrixsatz für den in ihn eingebetteten Relativsatz *wo Italien am schönsten ist*. Dieser Relativsatz ist auf der niedrigsten Hierarchieebene angeordnet.

Man kann Infinitivsätze in das Mittelfeld einbetten. Aus stilistischen Gründen werden solche Sätze allerdings vor allem im geschriebenen Deutsch selten produziert, es gilt die Regel der Ausklammerung, d. h. der Infinitivsatz als umfangreiches Satzglied sollte eher im Nachfeld realisiert werden. Das ist jedoch eine stilistische, keine syntaktische Regel, der Infinitivsatz *das Auto zu reparieren* kann, auch wenn es etwas ›holprig‹ klingt, durchaus im Mittelfeld stehen, wie (39) zeigt.

(39)

VF	lSK	MF			rSK
			MF	rSK	
Ich	werde	morgen	das Auto	zu reparieren	versuchen.

Normalerweise wird aber der Infinitivsatz ausgeklammert, d. h. in das Nachfeld verschoben (*Ich werden morgen versuchen, das Auto zu reparieren.*).

10.4 | Die Koordinationsposition (KP)

Von allen Feldern getrennt betrachten muss man die koordinierenden Konjunktionen. Das liegt daran, dass diese Konjunktionen zwei Sätze miteinander verbinden können, aber keinem der Sätze zugeordnet werden dürfen. Es muss daher eine spezielle Position für diese Konjunktionen geben, die anzeigt, dass sie sozusagen als ›Scharnier‹ zwischen zwei Sätzen operieren. Diese Position kann man als Koordinationsposition bezeichnen. In den Beispielen (40) und (41) wird die Koordination anhand von zwei Hauptsätzen gezeigt:

(40)

VF	lSK	MF	rSK	KP	VF	lSK	MF	rSK
Wir	sind	gestern zu Hause	geblieben,	aber	wir	haben	uns trotzdem gut	unterhalten.

(41)

VF	lSK	MF	rSK	KP	VF	lSK	MF	rSK
Wir	sind	gestern zu Hause	geblieben,	und	wir	haben	Radio	gehört.

In (40) und (41) handelt es sich jedes Mal um zwei vollständige, autonome Sätze. Die koordinierenden Konjunktionen *aber* in Beispiel (40) und *und* in Beispiel (41) gehören weder zu dem ersten noch dem zweiten Satz, sie stehen außerhalb und verbinden die Sätze.

Koordinierende Konjunktionen können natürlich auch andere Satztypen als Aussagesätze mit Verbzweitstellung verbinden. In (43) werden zwei Verberst-Fragesätze verbunden und in (44) zwei subordinierte Sätze mit Verbendstellung:

(43)

lSK	MF	rSK	KP	lSK	MF	rSK
Hast	du die Kartoffeln	gekauft,	und	warst	du auch schon in der Apotheke?	

(44)

VF	lSK	MF	rSK	NF						
				lSK	MF	rSK	KP	lSK	MF	rSK
Wir	sind	zu Hause	geblieben,	weil	es	geregnet	hat	und	weil	wir sowieso auch keine Lust zum Wandern	hatten.

In Beispiel (43) sind die beiden vollständigen Sätze *Hast du die Kartoffeln gekauft?* und *warst du auch schon in der Apotheke?*. Wieder kann die koordinierende Konjunktion keinem Satz zugerechnet werden, sondern steht als eine Art verbindende ›Kupplung‹ außerhalb beider Sätze in der Koordinationsposition.

In Beispiel (44) werden zwei subordinierte Sätze verbunden. Beide zusammen besetzen das Nachfeld des Matrixsatzes. Die Koordinationsposition ist also auf der Ebene der subordinierten Sätze anzusetzen. Die beiden subordinierten Sätze *...weil es geregnet hat* und *...weil wir sowieso auch keine Lust zum Wandern hatten* sind für sich genommen jeweils vollständig, sie werden mit *und* zu einer koordinierten Nebensatzstruktur verbunden.

Achtung: Die Koordinationsposition wird ausschließlich dann relevant, wenn die koordinierende Konjunktion Sätze miteinander verbindet. Wenn die Konjunktion dagegen Phrasen oder Wörter, und nicht Sätze, verbindet, wie in (45) bis (47), dann benötigt man kein eigenes Feld.

(45)

VF	lSK	MF	rSK	NF		
				VF	MF	rSK
Sein Personalausweis und seine Schlüssel	haben	sich in der Tasche	befunden,	die	er im Zug	liegengelassen hatte.

(46)

VF	lSK	MF	rSK	NF
Er	will und muss	die Arbeit bis Ende der Woche	abgegeben haben.	

(47)

VF	lSK	MF	rSK	NF
Wir	werden	einen erholsamen, aber dennoch aktiven Urlaub	haben.	

In Beispiel (45) werden mit der koordinierenden Konjunktion zwei Nominalphrasen (*sein Personalausweis* und *seine Schlüssel*) koordiniert, die zusammen eine komplexe Nominalphrase bilden, die das Vorfeld besetzt. Da keine Sätze koordiniert werden, ist die Konjunktion hier einfach nur Teil des Vorfelds. In (46) werden zwei finite Verben, *will* und *muss*, koordiniert, die zusammen die linke Satzklammer bilden, und in (47) werden zwei Adjektivphrasen (*erholsamen* und *dennoch aktiven*) mit *aber* verbunden. In allen Fällen kann die Konjunktion keine Koordinationsposition besetzen, da es sich um koordinierte Wörter oder Phrasen handelt, nicht um koordinierte Sätze.

10.5 | Die Erweiterung des Feldermodells: Vor-Vorfeld und rechtes Außenfeld

Mit dem Aufkommen des Interesses an gesprochener Sprache wurde deutlich, dass es auch Positionen vor und nach den standardsprachlichen Satzfeldern gibt. Aus diesem Grund wurde dann noch ein Vor-Vorfeld (die Position vor dem Vorfeld eines Verbzweitsatzes oder vor der linken Satzklammer eines Verberst- oder Verbletztsatzes) eingeführt, in dem z. B. gesprächssteuernde Ausdrücke wie *ich sag mal so*, *ich mein*, *ehrlich gesagt*, *obwohl*, *weißte* etc. stehen, sowie ein rechtes Außenfeld, das am Ende einer Äußerung anzusetzen ist.

10.5.1 | Das Vor-Vorfeld (VVF)

Das Vor-Vorfeld ist der Bereich vor dem Vorfeld eines Satzes. Es wird für drei Phänomene des Deutschen benötigt, die sogenannte **Linksversetzung** – das Gegenstück zu der bereits oben beschriebenen Rechtsversetzung –, das **Freie Thema** und die **Diskursmarker** oder **Operatoren**.

Linksversetzungen und Freie Themen im Vor-Vorfeld: Bei der Linksversetzung wird ein Element aus dem Satz, das ›normalerweise‹ entweder im Vorfeld oder im Mittelfeld vorkommt, in das Vor-Vorfeld verschoben, während im Vorfeld oder Mittelfeld selbst ein anaphorisches (rückverweisendes) Pronomen stehenbleibt. Insofern ist die Linksversetzung das Gegenstück zur Rechtsversetzung, bei der das Element in das Nachfeld verschoben wird. Wenn man die Nominalphrase *ihre neuen Freunde* aus den unter (17) und (18) bereits analysierten Sätzen nicht mit einer Rechtsversetzung in das Nachfeld verschiebt, sondern wenn man eine Linksversetzung durchführt, erhält man Strukturen wie in (49):

(48)

VF	lSK	MF	rSK	NF
Ich	habe	ihre neuen Freunde gestern im Park	getroffen.	

(49)

VVF	VF	lSK	MF	rSK	NF
Ihre neuen Freunde,	ich	habe	sie gestern im Park	getroffen.	

In (49) wurde eine Einheit aus dem Mittelfeld in das Vor-Vorfeld verschoben. Es ist aber auch möglich, eine Einheit aus dem Vorfeld in das Vor-Vorfeld zu verschieben, wie in (50) und (51).

(50)

VF	lSK	MF	rSK	NF
Dein Geburtstagsgeschenk	habe	ich leider zu Hause	vergessen.	

(51)

VVF	VF	lSK	MF	rSK	NF
Dein Geburtstagsgeschenk,	das	habe	ich leider zu Hause	vergessen.	

Die Linksversetzung hat die Funktion, ein Element im Satz hervorzuheben, z. B. wenn man damit ein neues Thema beginnt oder die Aufmerksamkeit der Zuhörer auf den Gegenstand lenken möchte, über den man spricht.

Freie Themen: Auch das Freie Thema hat eine solche gesprächssteuernde Funktion. Bei einem Freien Thema wird eine Phrase (z. B. eine Nominalphrase, eine Adverbphrase, eine Adjektivphrase etc.) vor einem Satz geäußert, gehört aber syntaktisch nicht zu diesem. In der Phrasenstrukturanalyse und in der Satzgliedanalyse könnte man diese Freien Themen nicht erfassen, da sie nicht in den Satz gehören. Sie dienen dazu, die Aufmerksamkeit des Hörers auf einen neuen Gegenstand zu lenken und haben eine Art ›apropos-Funktion‹. Ein Szenario für ein Freies Thema wäre etwa eine Unterhaltung von einem Pärchen beim Abendessen. Sie reden zunächst über ihren Arbeitstag. Dann wechselt sie plötzlich das Thema: *Unser geplanter Sommerurlaub: Ich habe mir überlegt, ob wir dieses Jahr vielleicht mal nach Süditalien fahren sollten.* Die Nominalphrase *unser geplanter Sommerurlaub* aus (52) gehört nicht in den Satz und ist auch kein Satzglied, sie ›moderiert‹ lediglich die folgenden Äußerungen ›an‹.

(52)

VVF	VF	lSK	MF	rSK	NF		
					lSK	MF	rSK
Unser geplanter Sommerurlaub:	Ich	habe	mir	überlegt,	ob	wir dieses Jahr vielleicht mal nach Süditalien	fahren sollten.

Durch ihre gesprächssteuernde Funktion weisen Linksversetzungen und Freie Themen eine starke Ähnlichkeit zu Diskursmarkern und Operatoren auf, wobei letztere allerdings als hörersteuernde Partikeln oder Floskeln zu beschreiben sind.

10.5 Die Erweiterung des Feldermodells: Vor-Vorfeld und rechtes Außenfeld

Diskursmarker und Operatoren im Vor-Vorfeld: Im Vor-Vorfeld können Diskursmarker (Gohl/Günthner 1999; Günthner 2008) sowie Operatoren (Duden 2009) stehen. Bei beiden handelt es sich um gesprächssteuernde Einheiten, die dem Hörer pragmatische, also handlungsbezogene, Verstehensanweisungen liefern. Diskursmarker sind Wörter oder kurze Phrasen, die insofern kompliziert zu beschreiben sind, als sie immer auch andere Funktionen haben können. Es handelt sich z. B. um ehemalige subordinierende Konjunktionen wie *weil*, *obwohl* oder *wobei*, koordinierende Konjunktionen wie *und* oder *aber*, Adverbien und Adjektive wie *nur*, *bloß*, *freilich* oder *klar* sowie feste Phrasen wie *ich mein*, *ich glaub*, *ich find*, *ich sag mal so* etc. In der Schrift werden diese Diskursmarker typischerweise mit einem Gedankenstrich, einem Doppelpunkt oder einem Komma von der Folgeäußerung abgetrennt, um anzuzeigen, dass sie nicht Teil dieser Äußerung sind und auf einer anderen Ebene, eben der der Gesprächssteuerung, operieren: <u>Nur</u>: *Ich weiß gar nicht, was du von mir willst.* <u>Ich mein</u> – *Ich weiß gar nicht, was du von mir willst.* <u>Bloß</u>: *Ich weiß gar nicht, was du von mir willst.* etc.

Diskursmarker vs. Operator: Die Abgrenzung von Diskursmarkern zu Operatoren ist nicht ganz klar. In der Duden-Grammatik werden auch Diskursmarker als Operatoren behandelt, es hat aber durchaus Sinn, eine Trennung vorzunehmen (Imo 2012) und als Diskursmarker nur diejenigen gesprächssteuernden Einheiten zu behandeln, die ausschließlich im Vor-Vorfeld stehen können, als Operatoren dagegen die Einheiten, die auch – oder nur – innerhalb eines Satzes oder am Satzende stehen können. Gute Beispiele für Operatoren sind Phrasen wie *ehrlich gesagt* oder *offen gesagt*, der eher bildungssprachliche und veraltete Ausdruck *mit Verlaub*, aber auch das jugendsprachliche *ohne Scheiß*:

<u>Ehrlich gesagt</u>, *ich weiß gar nicht, was du von mir willst.* (Vor-Vorfeld)
Ich weiß <u>ehrlich gesagt</u> *gar nicht, was du von mir willst.* (Mittelfeld)
Ich weiß gar nicht, was du von mir willst, <u>ehrlich gesagt</u>. (rechtes Außenfeld).

Mit Diskursmarkern wie *weil* oder *obwohl* wäre ausschließlich die erste der drei Varianten möglich.

Phrasale Diskursmarker, die aus einem Pronomen und einem Verb bestehen, müssen invertiert werden, d. h. dort zeigt sich an der Form der Unterschied zwischen Diskursmarker und Operator:

<u>Ich mein</u>: *Wir sollten das lieber lassen.* (Diskursmarker im Vor-Vorfeld)
Wir sollten das, <u>mein ich</u>, *lieber lassen.* (Operator im Mittelfeld)
Wir sollten das lieber lassen, <u>mein ich</u>. (Operator im rechten Außenfeld)

Für die Felderanalyse ist die Unterscheidung zwischen Operator und Diskursmarker im Übrigen nicht besonders problematisch, da Operatoren im Vorfeld und Diskursmarker gleich behandelt werden. Operatoren im Mittelfeld eines Satzes werden nicht gesondert ausgewiesen, sie sind einfach nur Teil des Mittelfelds. Operatoren am Ende einer Äußerung wiederum werden als Einheiten im rechten Außenfeld (s. u.) behandelt.

Konjunktion vs. Diskursmarker: Anders als Operatoren kommen Diskursmarker nur im Vor-Vorfeld von Äußerungen vor. Viele Diskursmarker, wie *weil*, *obwohl* oder *wobei*, waren ursprünglich einmal Konjunktionen. Der formale und funktionale Unterschied zwischen einer Konjunktion und einem Diskursmarker lässt sich aber an dem Gegensatzpaar (53) und (54) – eine ausführliche Diskussion dieses Beispiels findet sich in Günthner (2008: 113–116) – sehr gut illustrieren.

(53)

VF	lSK	MF	rSK	NF		
				lSK	MF	rSK
Ich	*nehme*	*noch ein Stück Kuchen,*		*obwohl*	*ich schon zwei*	*gegessen habe.*

In diesem Beispiel handelt es sich um einen Matrixsatz, dem ein subordinierter Satz (*obwohl ich schon zwei gegessen habe*) untergeordnet ist. Entsprechend besetzt der subordinierte Satz auch eines der Felder, hier das Nachfeld, des Matrixsatzes. Formal betrachtet ist die subordinierende Konjunktion somit Teil des subordinierten Satzes und damit indirekt auch Teil des Matrixsatzes. Inhaltlich operiert der subordinierte Satz ebenfalls in einem engen Bezug zu dem Matrixsatz: Er gibt eine Einräumung (Konzession) an, und zwar in dem Sinne, dass der Sprecher damit sagt, dass er trotz der Tatsache, dass er schon zwei Stück Kuchen gegessen hat, sich noch ein drittes nimmt.

Ganz anders sieht es dagegen in Satz (54) aus, in dem *obwohl* keine subordinierende Konjunktion, sondern ein Diskursmarker ist:

(54)

VF	lSK	MF	rSK
Ich	*nehme*	*noch ein Stück Kuchen.*	

VVF	VF	lSK	MF	rSK
Obwohl:	*Ich*	*habe*	*schon zwei*	*gegessen.*

Schon auf der graphischen Ebene wird sofort klar, dass es sich um zwei eigenständige Hauptsätze handelt. Es liegt keine Beziehung einer Über- und Unterordnung vor und der zweite Satz ist kein subordinierter Satz. Entsprechend ist *obwohl* auch keine subordinierende Konjunktion und fordert keine Verbendstellung. Graphisch wird *obwohl* hier durch den Doppelpunkt als außerhalb der Folgeäußerung stehend markiert (in der gesprochenen Sprache wird diese Autonomie oft, aber nicht zwingend, durch eine Pause angezeigt). Die inhaltliche Beziehung ändert sich ebenfalls: Die zweite Äußerung liefert nun nicht mehr auf *inhaltlicher* Ebene eine Einräumung in Bezug auf die erste Äußerung. Vielmehr operiert *obwohl* nun auf einer *pragmatischen* Ebene, d. h. einer Handlungsebene: Der Sprecher zeigt damit an, dass er seine geplante Handlung, noch ein drittes Stück Kuchen zu nehmen, überdenkt. Es ist zu erwarten, dass das Ergebnis nun sein wird, dass er gerade kein drittes Stück Kuchen nimmt. Insofern ist das Ergebnis der zweiten Äußerung ein völlig anderes als das der ersten.

10.5 Die Erweiterung des Feldermodells: Vor-Vorfeld und rechtes Außenfeld

Diskursmarker und Operatoren können vor jeder beliebigen selbständigen Äußerung stehen, nicht notwendigerweise vor einem Hauptsatz. In (55) steht der Diskursmarker *wobei* vor einem Entscheidungsfragesatz.

(55)

VF	lSK	MF	rSK
Ich	würde	dieses Jahr gerne im Juli Urlaub	machen.

VVF	lSK	MF	rSK
Wobei:	Darfst	du im Juli überhaupt Urlaub	nehmen?

Mit dem Diskursmarker *wobei* zeigt der Sprecher an, dass er seinen Wunsch, im Juli Urlaub machen zu wollen, überdenkt, und davon abhängig macht, ob sein Gesprächspartner zu diesem Zeitpunkt überhaupt Urlaub nehmen kann. Auch hier operiert der Diskursmarker also auf der Handlungsebene, die Handlung *Vorschlag* wird unterbrochen und eine neue Handlung (in diesem Fall eine Hintergrundfrage) initiiert.

Operatoren im Vor-Vorfeld: Auch bei Operatoren im Vor-Vorfeld ist die Struktur die gleiche wie bei den Diskursmarkern, sie stehen wie in (56) vor einer Äußerung.

(56)

VVF	VF	lSK	MF	rSK
Ehrlich gesagt,	ich	kann	dich nicht	ausstehen.

Der Operator *ehrlich gesagt* liefert einen ankündigenden Metakommentar in Bezug auf die Folgeäußerung, er ›warnt‹ den Hörer, dass nun eine möglicherweise gesichtsbedrohende Äußerung zu erwarten ist. Anders als Diskursmarker können Operatoren allerdings auch im Mittelfeld oder im rechten Außenfeld einer Äußerung stehen, wie in Kapitel 10.5.2 gezeigt wird.

10.5.2 | Das rechte Außenfeld (rAF)

Es wäre eigentlich zu erwarten gewesen, dass man das ›Gegenstück‹ zum Vor-Vorfeld mit Nach-Nachfeld bezeichnet. Dass dies nicht geschieht, hat einen guten Grund: Der Ausdruck Nach-Nachfeld würde suggerieren, dass man immer ein Nachfeld benötigt, nach dem dann das Nach-Nachfeld angesetzt wird. Es gibt aber erstens viele Sätze ohne ein besetztes Nachfeld und zweitens können die im rechten Außenfeld stehenden Ausdrücke auch z. B. zwischen Mittelfeld und Nachfeld oder zwischen rechter Satzklammer und Nachfeld (*Wir haben ihn gestern gesehen, nicht wahr, als er im Park spazieren ging.*) realisiert werden. Die Position des rechten Außenfelds ist also flexibler als die des Vor-Vorfelds. Gemeinsam haben beide jedoch, dass auch das rechte Außenfeld für gesprächssteuernde Einheiten ›reserviert‹ ist. Während Diskursmarker und Operatoren im Vor-Vorfeld aber Folgeäußerungen ankündigen und sie pragmatisch (in Bezug auf die durchgeführte Handlung) rahmen, dienen die Ausdrücke im rechten Außenfeld dazu, Äußerungen zu kommentieren sowie die Aufmerksamkeit der Zuhörer zu überprüfen oder gar ihre Reaktion einzufordern.

Operatoren im rechten Außenfeld: Operatoren können, aber müssen nicht im rechten Außenfeld stehen. In (57) und (58) findet sich ein Operator im rechten Außenfeld, in Vergleichsbeispiel (59) wird der Operator aber an einer anderen Stelle im Satz realisiert.

(57)

VF	lSK	MF	rSK	NF	rAF
Ich	kann	dich nicht	ausstehen,	seitdem du mich mal angelogen hast,	ehrlich gesagt.

(58)

VF	lSK	MF	rSK	rAF	NF		
					lSK	MF	rSK
Ich	traue	ihm nicht über den Weg,		ehrlich gesagt,	auch wenn	er seine Aufrichtigkeit	beteuert.

(59)

VF	lSK	MF	rSK
Ich	traue	ihm ehrlich gesagt nicht über den Weg.	

In (57) steht der Operator im rechten Außenfeld, das unmittelbar nach der rechten Satzklammer *ausstehen* realisiert wird. Die Funktion von *ehrlich gesagt* besteht hier wie auch in den beiden anderen Sätzen in einer Kommentierung der Äußerung (Metakommunikation).

In (58) ist das rechte Außenfeld mit *ehrlich gesagt* zwischen dem Ende des Mittelfelds (nach *Weg*) und dem Nachfeld realisiert. *Ehrlich gesagt* steht nicht im Mittelfeld, sondern im rechten Außenfeld, weil man, wenn man eine Satzklammer bilden würde, diese vor *ehrlich gesagt* einfügen müsste: *Ich werde ihm nicht über den Weg trauen, ehrlich gesagt, auch wenn er seine Aufrichtigkeit beteuert.*

In (59) ist *ehrlich gesagt* Teil des Mittelfelds. In diesem Fall besetzt der Operator kein spezielles Feld, sondern ist einfach nur ein weiteres Element des Mittelfelds. Das rechte Außenfeld wird frühestens nach dem Mittelfeld angenommen.

Vergewisserungssignale im rechten Außenfeld: Für die zweite Aufgabe, die Überwachung der Aufmerksamkeit der Zuhörer und der Einforderung von Reaktionen, ist eine Gruppe von Partikeln und Floskeln zuständig, die Vergewisserungssignale genannt werden (und die gewisse Ähnlichkeiten mit den englischen ›tag questions‹ aufweisen). Es gibt im Deutschen sowohl ›universelle‹, weit verbreitete Vergewisserungssignale wie *nicht?, nicht wahr?, ne?, nich?, verstehst du?, verstehste?, weißt du?, weißte?* etc. als auch regional und dialektal verankerte, wie das süddeutsche und schweizerdeutsche *oder?* bzw. *odr?*, das im Osten verbreitete *wa?*, das in manchen niederdeutschen Regionen noch zu findende *woll?* oder das süddeutsche *gell?*. Auch die Vergewisserungssignale können entweder im Mit-

10.5 Die Erweiterung des Feldermodells: Vor-Vorfeld und rechtes Außenfeld

telfeld auftreten (in dem Fall besetzen sie keine eigene Feldposition, wie in (60)) oder im rechten Außenfeld nach dem Mittelfeld (61), nach der rechten Satzklammer (62), an der Stelle zwischen rechter Satzklammer und Nachfeld (63) oder nach dem Nachfeld (64):

(60)

VF	lSK	MF	rSK	rAF
Wir	besprechen	morgen Nachmittag, ne?, den Plan für die kommenden zwei Wochen.		

(61)

VF	lSK	MF	rSK	rAF
Wir	besprechen	morgen Nachmittag den Plan für die kommenden zwei Wochen,		ne?

(62)

VF	lSK	MF	rSK	rAF
Wir	müssen	morgen Nachmittag den Plan für die kommenden zwei Wochen	besprechen,	ne?

(63)

VF	lSK	MF	rSK	rAF	NF		
					lSK	MF	rSK
Wir	müssen	morgen Nachmittag den Plan für die kommenden zwei Wochen	besprechen,	ne?,	damit	wir Planungssicherheit	haben.

(64)

VF	lSK	MF	rSK	NF			rAF
				lSK	MF	rSK	
Wir	müssen	morgen Nachmittag den Plan für die kommenden zwei Wochen	besprechen,	damit	wir Planungssicherheit	haben,	ne?

In Beispiel (64) muss man beachten, dass das Vergewisserungssignal auf der Hauptsatzebene operiert, d. h. es gehört nicht zu einem der Felder des subordinierten Satzes *damit wir Planungssicherheit haben können*, sondern folgt diesem subordinierten Satz, der das Nachfeld des Hauptsatzes besetzt.

Arbeitsaufgabe

Aufgabe 1: Bestimmen Sie die Stellungsfelder in den folgenden Sätzen:

(1) *Die mit einem scharfen Messer unter fließendem Wasser abgeschälten Schwarzwurzeln werden in kochendes Salzwasser gegeben.*
(2) *Wegen des schlechten Wetters müssen wir zu Hause bleiben, obwohl wir eigentlich spazieren gehen wollten.*
(3) *Ich bin über seine Reaktion, die mich sehr überrascht hat, ausgesprochen verärgert, weil er zu so einem Verhalten keine Veranlassung hat.*
(4) *Die Bankräuber gruben sich 45 Meter durch die Erde und während ihre Komplizen die Polizei ablenkten, räumten sie den Tresorraum der Bank aus.*
(5) *Gib mir sofort meinen Geldbeutel zurück!*
(6) *Ganz ehrlich, mir hat dein Verhalten gestern überhaupt nicht gefallen, verstehste?*

11 Ausblick: Gibt es eine Grammatik der gesprochenen Sprache?

In dieser Einführung wurden die Besonderheiten der gesprochenen Sprache weitgehend ausgeklammert, es wurde vor allem auf den standardschriftsprachlichen Gebrauch des Deutschen fokussiert. Doch immer wieder wurde deutlich, dass die gesprochene Sprache zum Teil offener in Bezug auf den Umgang mit grammatischen Strukturen ist, zum Teil sogar eigene, nicht in der Standardschriftsprache vorkommende Strukturen aufweist. Beispiele dafür waren unter anderem die im Kapitel zu Wortarten (Kapitel 7.4) diskutierten Partikeln (vor allem die Gesprächspartikeln) oder die in Kapitel 10.5. über das Feldermodell besprochenen, für die gesprochene Sprache typischen Felder des Vor-Vorfelds und des rechten Außenfeldes.

Der **Fokus auf die Standardschriftsprache** in dieser Einführung hat mehrere Gründe: Zum einen ist für viele Zwecke (Schulunterricht, Fremdsprachenunterricht, Grammatikwissen als Grundlage für wissenschaftliches oder journalistisches Schreiben etc.) das Wissen um die schriftsprachlich orientierten Standardnormen unerlässlich. Zum anderen ist es im Moment aber auch noch so, dass die Strukturen des gesprochenen Deutsch erst in Ansätzen beschrieben sind. Ein guter Einstieg ist dabei das Kapitel zur gesprochenen Sprache in der Duden-Grammatik (2009). Dort finden sich ausführliche Beschreibungen von Phänomenen, die in dieser Einführung nicht oder nur kurz behandelt wurden, wie:

- **Anakoluthe:** Ein Anakoluth ist ein Satzabbruch. Unter einer schriftsprachlichen, oder besser standardsprachlichen, Perspektive ist das einfach ein ›Fehler‹. Man kann aber zeigen, dass es auch für Satzabbrüche ›Regeln‹ und vor allem auch interaktionale Funktionen gibt. Diese zu beschreiben, ist Aufgabe der Gesprochene-Sprache-Forschung und der Interaktionalen Linguistik (Imo 2013).
- **Reparaturen:** Wenn man einen Text verfasst, hat man Zeit, das Produkt zu überarbeiten, bevor man den Text an den Empfänger schickt. In der gesprochenen Sprache bekommt der Empfänger dagegen jeden Versprecher, jedes ›Sich-Verzetteln‹ in eine unpassende Satzstruktur etc. mit. Es gibt daher Reparaturmechanismen, mit denen man eigene und fremde Äußerungen reparieren kann. Diese sind inzwischen sehr gut beschrieben worden (z. B. Egbert 2009).
- **Ellipsen:** Es gibt einerseits Ellipsentypen wie die Koordinationsellipse, die auch schriftsprachlich Standard sind, wie in *Wir fahren dieses Jahr nach Italien und ( ) fliegen nächstes Jahr in die* USA. Bei koordinierten Sätzen müssen die Einheiten, die in beiden Sätzen gleich sind, nicht wiederholt werden, wie hier das Subjekt *wir*. Andererseits gibt es aber auch Ellipsentypen, die entweder häufiger in der gesprochenen Sprache vorkommen als in der geschriebenen oder sogar fast ausschließlich in der gesprochenen Sprache ihren Platz haben. Beispiele dafür sind die **Aposiopese**, ein absichtliches Verstummen, wie z. B. in einer Drohung (*Du räumst sofort dein Zimmer auf, sonst…!*) oder die **Verbspitzenstellung** wie in *Komme gleich!* oder *Bin gleich fertig!*

Syntaktische Phänomene der gesprochenen Sprache

11 Ausblick: Gibt es eine Grammatik der gesprochenen Sprache?

- **Apokoinu-Konstruktionen:** Bei einer Apokoinu-Konstruktion (*Apokoinu* heißt wörtlich ›vom Gemeinsamen‹) beziehen sich zwei Satzteile auf einen dritten, den sie sich sozusagen ›teilen‹. Standardschriftsprachlich wären solche Äußerungen falsch, gesprochensprachlich erfüllen sie wichtige Funktionen, wie z. B. die Rahmung von Äußerungen mit Redeanführungen: *Er meint, dass er nicht kommen kann, meint er.*
- **Parenthesen:** Parenthesen sind Einschübe in eine Äußerung, mit denen man z. B. Zusatzkommentare oder Nebeninformationen liefern kann. Sie kommen auch in der Schriftsprache vor, sind aber in der gesprochenen Sprache noch häufiger: *Ich bin gestern – du hörst mir doch noch zu, oder? – im Baumarkt gewesen und habe dort nach den passenden Schrauben gesucht.* Auch bei solchen Einschüben wurde gezeigt, dass sie nicht ›einfach so‹ irgendwo in einen Satz eingefügt werden, sondern bestimmten Regeln folgen (Stoltenburg 2007).
- **Partikeln:** Die Darstellung der Partikeln, vor allem der Gesprächspartikeln, wurde in dieser Einführung sehr knapp gehalten. Es steckt aber viel mehr in diesen unscheinbaren kleinen Wörtern. So wurde z. B. von Ehlich (1979) in einer detaillierten Analyse von Varianten der gesprochensprachlichen Partikel *hm* gezeigt, dass dieses Hörersignal extrem strukturiert, und vor allem auch extrem komplex ist: Es verändert seine interaktionalen Funktionen, je nachdem, ob man es mit fallender, steigender, steigend-fallender, fallend-steigender etc. Tonhöhe äußert.

Alle diese Phänomene konnten aus Platzgründen nicht ausführlich beschrieben werden. Als weiterführende Literatur zur Grammatik der gesprochenen Sprache muss daher auf das Kapitel zur gesprochenen Sprache in der Duden-Grammatik (2009) verwiesen werden, ebenso auf die Einführung *Gesprochenes Deutsch* von Schwitalla (2003) und, methodisch ausgerichtet, die Darstellung der Vorgehensweise der Interaktionalen Linguistik (Imo 2013).

Ein weiteres Problem bei der Analyse von gesprochener Sprache ist, dass viele der Beschreibungsinstrumente, die in dieser Einführung verwendet wurden, für die optimale Beschreibung gesprochener Sprache etwas angepasst oder verändert werden müssen. So ist zwar das Feldermodell gerade für die Beschreibung gesprochener Sprache optimal geeignet, weil es mit dem Vor-Vorfeld und dem rechten Außenfeld gesprächssteuernde Einheiten erfassen kann. Allerdings ist die Terminologie oft etwas unglücklich: Gesprochene Sprache sollte nicht räumlich dargestellt werden, denn wenn jemand spricht, dann gibt es kein *links* und *rechts*, sondern nur ein zeitliches *früher* und *später*. Die Bezeichnungen Vor-Vorfeld, Vorfeld und Nachfeld passen daher auch gut für die gesprochene Sprache, weil sie anzeigen, was früh und was spät geäußert wird. Eine Bezeichnung wie Linksversetzung oder auch rechtes Außenfeld ist dagegen ungeeignet. Da man in der gesprochenen Sprache ›live‹ redet und nicht wie in der geschriebenen Sprache erst ein Produkt herstellt, das dann bearbeitet werden kann, ergibt es wenig Sinn, davon auszugehen, dass ein Sprecher etwas ›nach links‹ verschiebt. In der Duden-Grammatik wird die Linksversetzung in der gesprochenen Sprache daher passender als »Referenz-Aussage-Struktur« bezeichnet. Das trifft den Kern dieser Struktur besser, denn erst wird etwas als Referenz eingeführt, danach eine Aussage darüber gemacht (*Die Römer*~Referenz~, *die spinnen.*~Aussage~).

Das Grammatikwissen, das in dieser Einführung vermittelt wurde, soll daher nicht als ›in Stein gemeißelt‹ und unveränderlich betrachtet werden: So wie sich die Sprache und die Situationen, in denen Sprache verwendet wird, ändern, ändert sich die Grammatik und auch das Beschreibungsinventar, das zur Beschreibung benötigt wird.

12 Anhang

12.1 | Weiterführende Literatur
12.1.1 | Grammatiken des Deutschen

Es ist nicht möglich, nur eine einzige Grammatik zu empfehlen: Alle Grammatiken haben jeweils in bestimmten Bereichen Stärken oder Schwächen.

Duden (2009): *Die Grammatik.* **Mannheim: Dudenverlag.** Ein Klassiker ist in jedem Fall die Duden-Grammatik. Diese Grammatik eignet sich vor allem als Nachschlagewerk. Besonders hervorzuheben ist, dass sie systematisch auch die gesprochene Sprache berücksichtigt. Zudem erscheinen regelmäßig Neuauflagen, die dem Sprachwandel Rechnung tragen. Auf diese Weise bleibt die Duden-Grammatik auf dem neuesten Stand.

Eisenberg, Peter (2013): *Grundriss der deutschen Grammatik.* **2 Bände. Stuttgart: Metzler.** Die Grammatik von Peter Eisenberg orientiert sich – wie auch diese Einführung – vor allem an der schriftsprachlich orientierten Standardsprache. Es handelt sich um eine systematisch aufgebaute Grammatik, die als Studienbuch ›durchgearbeitet‹ werden muss und auf deren Basis man ein sehr gutes Grammatikwissen erhält. Als Nachschlagewerk ist sie weniger geeignet.

Helbig, Gerhard/Buscha, Joachim (2005): *Deutsche Grammatik: Ein Handbuch für den Ausländerunterricht.* **Berlin: Langenscheidt.** Diese Grammatik ist zwar vor allem für den Deutsch-als-Fremdsprache-Unterricht konzipiert, aus genau dem Grund (systematischer Aufbau, umfassende Erläuterungen) ist sie aber auch für Muttersprachler/innen ohne Grammatikkenntnisse sehr gut geeignet.

Helbig, Gerhard/Buscha, Joachim (2004): *Übungsgrammatik Deutsch.* **Berlin: Langenscheidt.** Besonders praktisch – vor allem für angehende Lehrer/innen – ist der dazugehörige Aufgabenband mit dem Titel *Übungsgrammatik Deutsch*, in dem zu allen Bereichen der Grammatik zahllose Übungen (inklusive Antworten) zu finden sind. Diese Übungen lassen sich auch im Muttersprachunterricht in der Schule (und zur Überprüfung des eigenen Grammatikwissens) sehr gut einsetzen.

Hentschel, Elke/Weydt, Harald (2003): *Handbuch der deutschen Grammatik.* **Berlin: de Gruyter.** Eine speziell an Studierende gerichtete Grammatik, die gut als Nachschlagewerk geeignet ist.

Zifonun, Gisela/Hoffman Ludger/Strecker Bruno (1997): *Grammatik der deutschen Sprache.* **Berlin: de Gruyter.** Bei diesem Standardwerk mit hohem Anspruch handelt es sich um eine wissenschaftliche – und entsprechend komplexe – dreibändige Grammatik. Auf Grund der speziellen Terminologie, die u. a. der Tatsache geschuldet ist, dass auch gesprochene Sprache behandelt wird, ist die Grammatik nicht als Nachschlagewerk geeignet, sondern muss systematisch erarbeitet werden.

Hoffmann, Ludger (2014): *Deutsche Grammatik.* **Berlin: Erich Schmidt Verlag.** Eine ›abgespeckte‹ Studierendenversion der *Grammatik der deutschen Sprache* von Zifonun, Hoffmann und Strecker, die allerdings mit über 600 Seiten immer noch sehr umfangreich ist. Auch sie ist nicht unbedingt einfach zu erarbeiten, bietet aber den großen Vorteil, dass an vielen Stellen sprachstrukturelle Vergleiche mit dem Türkischen gezogen werden, was für angehende Lehrer/innen von Vorteil ist.

12.1.2 | Vertiefungen zu einzelnen Teilbereichen der Grammatik

Im Winter-Verlag ist eine Reihe von kurzen, gut lesbaren Einführungen zu ausgewählten Teilbereichen der deutschen Grammatik erschienen, bislang zu Tempus, Satzgliedanalyse, Flexion, dem Feldermodell, der Informationsstruktur von Sätzen, semantischen Rollen, der Grammatikalisierung und zu Modalpartikeln:

Ferraresi, Gisella (2014): *Grammatikalisierung*. Heidelberg: Universitätsverlag Winter.
Müller, Sonja (2014): *Modalpartikeln*. Heidelberg: Universitätsverlag Winter.
Musan, Renate (2008): *Satzgliedanalyse*. Heidelberg: Universitätsverlag Winter.
Musan, Renate (2010): *Informationsstruktur*. Heidelberg: Universitätsverlag Winter.
Primus, Beatrice (2012): *Semantische Rollen*. Heidelberg: Universitätsverlag Winter.
Rothstein, Björn (2007): *Tempus*. Heidelberg: Universitätsverlag Winter.
Thieroff, Rolf/Vogel, Petra (2009): *Flexion*. Heidelberg: Universitätsverlag Winter.
Wöllstein, Angelika (2010): *Topologisches Satzmodell*. Heidelberg: Universitätsverlag Winter.
Hoffmann, Ludger (2009) (Hg.): *Handbuch der deutschen Wortarten*. **Berlin: de Gruyter.** Dieser Band liefert eine umfassende – allerdings nicht ganz konventionelle – Darstellung der Wortarten.
Stricker, Stefanie/Bergmann, Rolf/Wich-Reif, Claudia (2012): *Sprachhistorisches Arbeitsbuch zur deutschen Gegenwartssprache*. **Heidelberg: Universitätsverlag Winter.** Das Buch fokussiert u. a. auf Problembereiche der heutigen Syntax (z. B. starke und schwache Verben, Modalverben, Ersatz des Genitivs durch Präpositionalphrasen etc.) und zeigt, wie diese historisch zustande kamen.

12.1.3 | Einführungen in Syntaxtheorien

Die folgenden Einführungen geben einen ersten Überblick über die wichtigsten Syntaxtheorien (z. B. Generative Grammatik, Funktionale Grammatik, Valenztheorie, Stellungsfeldermodell etc.):

Dürscheid, Christa (2012): *Syntax: Grundlagen und Theorien*. **Vandenhoeck & Ruprecht.** Diese Einführung orientiert sich eher an Anfängern, zu Beginn werden Wortarten und Satzglieder noch einmal erläutert sowie die Grundlagen der Satzglied- und Phrasenstrukturanalyse. Darauf aufbauend wird dann eine Auswahl von Syntaxtheorien ausführlich vorgestellt.
Pafel, Jürgen (2011): *Einführung in die Syntax. Grundlagen – Strukturen – Theorien*. **Stuttgart: Metzler.** Das Einführungsbuch geht systematisch von dem theoretischen Ansatz der Phrasenstrukturgrammatik aus und ist eher formalistisch orientiert.
Schlobinski, Peter (2003): *Grammatikmodelle*. **Opladen: Westdeutscher Verlag/VS-Verlag.** In dieser Einführung werden insgesamt sieben Grammatikmodelle recht knapp erläutert und kontrastiert. Wegen der Kürze der Darstellung benötigt man bereits gute Grundkenntnisse, um der Einführung folgen zu können.

12.1.4 | Einführungen in die Syntax des gesprochenen Deutsch

Die meisten Arbeiten zur Syntax beschäftigen sich mit standardnaher (meist geschriebener) Sprache. Die Strukturen gesprochener Sprache unterscheiden sich aber in vielerlei Hinsicht von denen der geschriebenen Sprache. Die folgenden Arbeiten befassen sich mit den Strukturen gesprochener Sprache:

Auer, Peter (Hg.) (2013): *Sprachwissenschaft: Grammatik – Interaktion – Kognition.* **Stuttgart: Metzler.** In diesem Band findet sich ein sehr gutes Kapitel mit dem Titel »Sprachliche Interaktion«, das als Einführung in die Analyse gesprochener Sprache verwendet werden kann.

Imo, Wolfgang (2013): *Sprache in Interaktion: Analysemethoden und Untersuchungsfelder.* **Berlin: de Gruyter.** Dieses Buch ist zwar kein Einführungsbuch, es stellt aber systematisch die Arbeitsweise der Interaktionalen Linguistik auf der Basis der Analyse eines Telefongesprächs dar und ist somit auch für einen Einstieg in die Gesprächsanalyse bzw. Interaktionale Linguistik geeignet.

Schwitalla, Jürgen (2011): *Gesprochenes Deutsch: Eine Einführung.* **Berlin: Erich Schmidt Verlag.** Diese Einführung hat den Status eines Klassikers und kann sowohl als Studienbuch als auch als Nachschlagewerk zu allen Phänomenen der gesprochenen Sprache, von der Phonologie bis zur Syntax, verwendet werden.

12.1.5 | Linguistische Lexika

Unbedingt zu empfehlen ist die Anschaffung eines linguistischen Lexikons, in dem die Fachtermini der Linguistik erläutert werden. Die folgenden drei Lexika können als Standardwerke angesehen werden. Für welches man sich entscheidet, ist Geschmackssache – es ist zu empfehlen, sich einige Fachtermini oder Phänomene auszuwählen, die man nicht kennt, und in der Bibliothek in allen drei Lexika nachzuschlagen. Man wird dann schnell sehen, mit welchem Lexikon man am besten zurechtkommt.

Bußmann, Hadumod (Hg.) (2008): *Lexikon der Sprachwissenschaft.* **Stuttgart: Kröner.** Ein Standardlexikon für Linguisten.

Glück, Helmut (Hg.) (2010): *Metzler Lexikon Sprache.* **Stuttgart: Metzler.** Ebenfalls ein Standardlexikon, das regelmäßig aktualisiert wird.

Lewandowski, Theodor (Hg.) (1993): *Linguistisches Wörterbuch in drei Bänden.* **Heidelberg: Quelle & Meyer** (UTB). Dieses Lexikon wird nicht mehr aufgelegt, sondern ist nur noch antiquarisch zu erhalten. Neuere Entwicklungen finden sich daher dort nicht wieder, es ist dennoch aber ein empfehlenswertes Lexikon und mit etwas Glück preiswert zu erhalten.

12.1.6 | Literaturverzeichnis

Ágel, Vilmos (2000): *Valenztheorie*. Tübingen: Narr.
Breindl, Eva (2009): Intensitätspartikeln. In: Ludger Hoffmann (Hg.): *Handbuch der deutschen Wortarten*. Berlin: de Gruyter, 397–422.
Chomsky, Noam (1957/2002): *Syntactic Structures*. Berlin: de Gruyter.
Deppermann, Arnulf (2006): Deontische Infinitivkonstruktionen: Syntax, Semantik, Pragmatik und interaktionale Verwendung. In: Susanne Günthner/Wolfgang Imo (Hg.): *Konstruktionen in der Interaktion*. Berlin, 239–262.
Duden (2009): *Die Grammatik*. Mannheim: Dudenverlag.
Egbert, Maria (2009): *Der Reparatur-Mechanismus in deutschen Gesprächen*. Mannheim: Verlag für Gesprächsforschung.
Ehlich, Konrad (1979): Formen und Funktionen von ›HM‹ – eine phonologisch-pragmatische Analyse. In: Harald Weydt (Hg.): *Die Partikeln der deutschen Sprache*. Berlin: de Gruyter, 503–517.
Eisenberg, Peter (2013): *Grundriss der deutschen Grammatik: Der Satz*. Stuttgart: Metzler.
Elspaß, Stephan/Möller, Robert (2007): Atlas zur Deutschen Alltagssprache. URL:http://www.atlas-alltagssprache.de/
Glück, Helmut (Hg.) (2010): *Metzler Lexikon Sprache*. Stuttgart: Metzler.
Gohl, Christine/Günthner, Susanne (1999): Grammatikalisierung von *weil* als Diskursmarker in der gesprochenen Sprache. In: *Zeitschrift für Sprachwissenschaft* 18, 39–75.
Günthner, Susanne (2008): »weil – es ist zu spät«: Geht die Nebensatzstellung im Deutschen verloren? In: Markus Denkler et al. (Hg.): *Frischwärts und unkaputtbar – Sprachverfall oder Sprachwandel im Deutschen*. Münster: Aschendorff, 103–128.
Helbig, Gerhard (1992): Wieviel Grammatik braucht der Mensch? In: *Deutsch als Fremdsprache* 29, 150–155.
Helbig, Gerhard (1999): *Deutsche Grammatik: Grundfragen und Abriss*. München: iudicium.
Helbig, Gerhard/Buscha, Joachim (2005): *Deutsche Grammatik: Ein Handbuch für den Ausländerunterricht*. Berlin: Langenscheidt.
Hoffmann, Ludger (2009): *Handbuch der deutschen Wortarten*. Berlin: de Gruyter.
Imo, Wolfgang (2011): Ad-hoc-Produktion oder Konstruktion? Verfestigungstendenzen bei Inkrement-Strukturen im gesprochenen Deutsch. In: Alexander Lasch/Alexander Ziem (Hg.): *Konstruktionsgrammatik* III. Tübingen: Stauffenburg, 239–254.
Imo, Wolfgang (2012): Wortart Diskursmarker? In: Björn Rothstein (Hg.): *Nicht-flektierende Wortarten*. Berlin: de Gruyter, 48–88.
Imo, Wolfgang (2013): *Sprache in Interaktion: Analysemethoden und Untersuchungsfelder*. Berlin: de Gruyter.
Köpcke, Klaus-Michael (1993) *Schemata bei der Pluralbildung im Deutschen. Versuch einer kognitiven Morphologie*. Tübingen: Narr.
Köpcke, Klaus-Michael (2005): »Die Prinzessin küsst den Prinz« – Fehler oder gelebter Sprachwandel? In: *Didaktik Deutsch* 18, 67–83.
Mark Twain (o. A./1878): Die schreckliche deutsche Sprache. Hg. von Werner Pieper, erschienen in *Der Grüne Zweig* 170. Löhrbach: Werner Pieper's Medienexperimente.
Östman, Jan-Ola (2015): From construction Grammar to construction discourse ... and back. In: Jörg Bücker/Susanne Günthner/Wolfgang Imo (Hg.): *Konstruktionsgrammatik V: Konstruktionen im Spannungsfeld von sequenziellen Mustern, kommunikativen Gattungen und Textsorten*. Tübingen: Stauffenburg, 15–43.
Primus, Beatrice (2012): *Semantische Rollen*. Heidelberg: Winter.
Schwitalla, Johannes (2003): *Gesprochenes Deutsch: Eine Einführung*. Berlin: Erich Schmidt Verlag.
Sick, Bastian (2004): *Der Dativ ist dem Genitiv sein Tod*. Hamburg: KiWi.
Sick, Bastian (2005): *Der Dativ ist dem Genitiv sein Tod. Folge 2*. Hamburg: KiWi.
Stoltenburg, Benjamin (2007): Wenn Sätze in die Auszeit gehen... In: Vilmos Ágel/Mathilde Hennig (Hg.): *Zugänge zur Grammatik der gesprochenen Sprache*. Tübingen: Niemeyer, 137–176.
Thurmair, Maria (1989): *Modalpartikeln und ihre Kombinationen*. Tübingen: Niemeyer.
Zifonun, Gisela et al. (1997): *Grammatik der deutschen Sprache*. Berlin: de Gruyter.

12.2 | Sachregister

A

Abstrakta 74
Abtönungspartikel 108
Adjektiv 14, 76–82, 94
– adverbialer Gebrauch 35, 78
– attributiver Gebrauch 35, 78
– Deklinationsklasse 79
– prädikativer Gebrauch 78
– Valenz 62, 81
Adjektivphrase 127–132
Adposition 100
Adverb 14, 93–98, 181, 196
– Interrogativadverb 95
– Kommentaradverb 97
– Konjunktionaladverb 34, 95, 96
– Lokaladverb 94
– Modaladverb 94
– Präpositionaladverb 94
– Pronominaladverb 94
– Relativadverb 95, 96, 214
– Temporaladverb 94
Adverbial 164, 181–189
– adverbiales Adjektiv
– Adversativadverbial 165
– Benefaktivadverbial 165
– Finaladverbial 165
– Instrumentaladverbial 165
– Kausaladverbial 165
– Kommentaradverbial 164
– Konditionaladverbial 165
– Konsekutivadverbial 165
– Konzessivadverbial 165
– Lokaladverbial 164
– Modaladverbial 164
– Temporaladverbial 164
Adverbialsatz 184
Adverbphrase 134–137
Adversativadverbial 165
Agens 70
Akkusativ 67, 69
Akkusativobjekt 162, 173, 175
Akkusativobjektsatz 174
ambiger Satz 158–159
Anakoluth 227
Angabe 63
Antwortpartikel 110
Apokoinu 228
Aposiopese 227
Appellativa 74
Apposition 123
– enge 123

– weite 123
Artikel 14, 34, 82, 82–88, 101, 137
– bestimmter 83, 84
– Nullartikel 83
– syntaktische Funktion 84
– unbestimmter 83, 84
Artikelfähigkeit 25
Aspekt 45
Attribut 192–197
– attributives Adjektiv 35
– Satzteilglied 165
Attributsatz 195
Ausklammerung 207
Aussagesatz 202
Außenfeld
– rechtes 219, 223–226
Auxiliarverb 37

B

Begleiterpronomen 85, 137
Benefaktivadverbial 165

D

Dativ 67, 69
– Dativ der Zugehörigkeit (Pertinenzdativ) 163
– Dativ des Beurteilens (dativus iudicantis) 164
– Dativ des Nachteils (dativus incommodi) 163
– Dativ des Vorteils (dativus commodi) 163
– ethischer Dativ (dativus ethicus) 163
– freier Dativ 163, 178
Dativobjekt 162, 177
Dativobjektsatz 177
Deklination 15, 16, 67, 80
– schwache 72, 80
– starke 72, 80
Demonstrativpronomen 85
Dependenz 57–64
Dependenzbaum 62–64
Derivation 7
Diskursmarker 111, 219, 221
Distribution 6, 14, 19–25
doppeltes Perfekt 49

E

Eigennamen 75
Elativ 77
Ellipse 38, 227
- Antwortellipse 38
- Aposiopese 39
- elliptische Routinefloskel 38
- Koordinationsellipse 38
- situative Ellipse 38
- Verbspitzenstellung 38
Entscheidungsfrage 143
Entscheidungsfragesatz (ja/nein-Fragesatz) 201, 209
Ergänzung 63
Ergänzungsfrage 144
Ergänzungsfragesatz (w-Frage) 203
Ersatzprobe 116
Exklamativsatz (Ausrufesatz) 202
Experiencer 70
expletive Struktur 91

F

Farbadjektiv 29, 31
Feldermodell 199–225
Feminina 67
Finaladverbial 165
Flektierbarkeit 34
Flexion 7, 14, 15–18
Fokuspartikel 108
Fragesatz 143
- Entscheidungsfrage 144
- Ergänzungsfrage 144
freier Dativ 178
freier Relativsatz 148
freies Thema 219, 220
Funktionsverbgefüge 56–57
Futur I 18, 41, 52
Futur II 18, 41, 53, 54

G

Gattungsnamen 74
Genitiv 67, 69
Genitivobjekt 162, 179
Genus 15, 16, 67, 68
Genus Verbi 15, 18, 44
Gesprächspartikel 110
Gliedsatz 161
Gliedteilsatz 162
Gradpartikel 93, 107
Grammatik
- Definition 3, 5
- deskriptive 10
- Geschichte 5
- normative 10

H

haben (Hilfsverb) 49
Hauptsatz 20
Hilfsverb 37
Hörersignal 111
Hypotaxe 142

I

Imperativ 44, 54
Imperativsatz 143
Imperativsatz (Aufforderungs- oder Befehlssatz) 201, 209
Indefinitpronomen 87
Indikativ 42, 43, 46, 47, 49, 51, 52, 53
Infinitiv 54, 55
- deontischer 151
Infinitivpartikel 110
Infinitivphrase 151, 152, 215–217
Infinitivsatz 169, 202, 211, 215–217
Instrument 70
Instrumentaladverbial 165
Intensitätspartikel 107
Interjektion 112, 137
Interrogativadverb 95
Interrogativpronomen 87, 95
intransitive Verben 61

K

Kasus 15, 16, 67, 69
Kasusforderung 24
Kasusfragetest 69
Kasusmarkierung 69
Kausaladverbial 165
kausale/konzessive Präposition 101
Klammersprache Deutsch 199
Kommentaradverb 97
Kommentaradverbial 164
Komparation 15, 16, 17, 76
Komparativ 15, 76
Komposition 7
Konditionaladverbial 165
Konditionalsatz (Bedingungssatz) 201, 210
Kongruenz 25, 76
Konjugation 15, 18, 39–55
Konjugationsparameter 40
Konjunktion 15, 102–106, 137
- koordinierende 23, 103, 104
- subordinierende 23, 103, 211, 212
Konjunktionaladverb 34, 95, 96
Konjunktiv 42, 48, 50, 51, 52, 54
Konjunktiv I 43
Konjunktiv II 43

Konkreta 74
Konsekutivadverbial 165
Konstituente 115
Konstituententest 115, 116
Konzessivadverbial 165
Koordination 154–157
Koordinationsposition 217–219
Kopulaverb 39, 169
Korrelat 90, 170
Korrelatwort 170

L

Linksversetzung 209, 219
Lokaladverb 94
Lokaladverbial 164
lokale Präposition 101
Lokus 70

M

Maskulina 67
Matrixsatz 104, 143, 202, 210
Mittelfeld 203
Modaladverb 94
Modaladverbial 164
modale Präposition 101
Modalpartikel 108
Modalverb 37
Modus 15, 18, 42
Monoflexion 79
Morphologie 6
Morphosyntax 6

N

Nachfeld 203, 207
Nebensatz 168
– eingeleiteter 104
Negationspartikel 109
Neutra 67
neutrale Präposition 101
Nomen 14, 34, 67–75
– Valenz 62, 75
Nominalphrase 118–126
Nomina propria 75
Nominativ 67, 69
Nullmarkierung 73
Numeralia 35
Numerus 15, 16, 18, 41, 67, 68

O

Objekt 162, 171–181
– Akkusativobjekt 162, 173, 175
– Dativobjekt 162, 177
– Genitivobjekt 162, 179

– Präpositionalobjekt 162, 180, 185
– sekundäres Objekt 172
Objektsprädikativ 189
Onomatopoetika 112
Operator 219, 221
Optativsatz (Wunschsatz) 201, 209

P

Parataxe 142
Parenthese 228
Partikel 15, 106–113, 137, 228
– Antwortpartikel 110
– Fokuspartikel 108
– Gesprächspartikel 110
– Gradpartikel 93, 107
– Infinitivpartikel 110
– Intensitätspartikel 107
– Modalpartikel 108
– Negationspartikel 109
– Superlativpartikel 110
– Verbpartikel 110
Partikelverb 56, 204
Partizip 31, 54
– Partizip I (Partizip Präsens) 31, 55
– Partizip II (Partizip Perfekt) 32, 55
Partizipialsatz 32, 33
Passiv
– Rezipientenpassiv 45
– Vorgangspassiv 44, 46
– Zustandspassiv 44, 46
Patiens 70
Perfekt 18, 41, 42, 49, 50
Perfekt, doppeltes 49
Permutationstest 116
Person 15, 18, 40
Personalpronomen 88
Phrase 115–126
Phrasenbaum 115
Phrasenkopf 117
Plural 68, 73
Pluralmarkierung 73, 74
Plusquamperfekt 18, 42, 51
Positiv 15, 76
Possessivpronomen 86
Postposition 100
Prädikat 161, 166
Prädikativ 165, 189–192
– Objektsprädikativ 189
– prädikatives Adjektiv 35
– Subjektsprädikativ 189
Prädikativum 165
Prädikatsnomen 165
Präfixverb 56

Präposition 14, 98–102
- Kasusforderung 98
- kausale/konzessive Präposition 101
- lokale Präpositionen 101
- modale Präposition 101
- neutrale Präposition 101
- temporale Präposition 101
- Valenz 62
Präpositionaladverb 94
Präpositionalobjekt 162, 180, 185
Präpositionalphrase 132–134
Präsens 18, 41, 46
Präteritum 18, 41, 42, 47, 48
Pronomen 14, 34, 82
- artikelähnliche 85
- artikelähnliche Begleiter-
  pronomen 82
- Begleiterpronomen 85, 137
- Demonstrativpronomen 85
- es 90
- Indefinitpronomen 87
- Interrogativpronomen 87, 95
- Personalpronomen 88
- Possessivpronomen 86
- Reflexivpronomen 89
- Relativpronomen 90, 214
- Stellvertreterpronomen 82, 88
Pronominaladverb 94

Q
question tags 112

R
Rechtsversetzung 209
reflexives Verb 61
Reflexivpronomen 89
Rektion 25, 57, 60
Relativadverb 95, 96, 214
Relativpronomen 90, 214
Relativsatz 148, 168, 202, 211, 214–215
Reparatur 227
Rezipient 70
reziprokes Verb 61
Rhema 205
Rückversicherungssignal 112

S
Satz 137–226
- eingebetteter 169
- koordinierter 154–157
- subordinierter 145–154, 202
- übergeordneter 170

Satzdefinition 7
- der Valenz- und Dependenzanalyse 9
- funktionale 9
- orthographische 8
- phrasenstrukturelle 137
- pragmatische 8
- semantische 8
- strukturalistische 8
- topologische 9
Satzgefüge 142
Satzglied 161–192
Satzgliedanalyse 161–197
Satzklammer 199
- linke 203
- rechte 203
Satzreihe 142
Satzstruktur
- hierarchische 213
Satzteilglied 161
Schwa 48
sein (Hilfsverb) 49
sekundäres Objekt 172
Semantik 35
semantische Rolle 70
Sexus 68
Singular 68
Sprechersignal 111
Standardschriftsprache 227
Steigerungspartikel 107
Stellvertreterpronomen 88
Struktur, expletive 91
Subjekt 161, 166–171
Subjektsprädikativ 189
Subjunktion 104
subordinierende Konjunktion 103, 212
Substantiv 67–75
Substitutionstest 116
Superlativ 15, 76
Superlativpartikel 110
Syntax 6

T
tag questions 112
Temporaladverb 94
Temporaladverbial 164
temporale Präposition 101
Tempus 15, 18, 41
Thema 205
Thema-Rhema-Gliederung 205
Topologisches Modell 201, 203
transitive Verben 60

U
untergeordnete Sätze 145–154

V
Valenz 57–63
- semantische 58
- syntaktische 58

Verb 37–57
- dreiwertiges 59
- einwertiges 59
- intransitives 61
- reflexives 61
- reziprokes 61
- schwaches 40
- starkes 40
- transitives 60
- zweiwertiges 59

Verbalklammer 199
Verbendsatz 211–217
Verbendstellung 201
Verberstsatz (V1-Satz) 209–211
Verbletztsatz 211–217
Verbpartikel 110
Verbphrase 137–143
Verbspitzenstellung 201, 227
Verbzweitsatz (V2-Satz) 203–209
Verbzweitstellung 202
Vergewisserungssignal 112
Verschiebeprobe 116
Vollverb 37
Vorfeld 19, 93, 203
Vorfeldfähigkeit 19, 21
Vor-Vorfeld 219–223

W
Wertigkeit 58
Wortarten 13–18
Wortartenbestimmung 14, 27
- Fragetest 26
- Systematik 26

Wortstellung 70
würde-Konjunktiv 48, 50

Z
Zahladjektiv 30
Zirkumposition 101